Die Zwischenfeststellungsklage des § 256 Abs. 2 ZPO

Schriften zum Verfahrensrecht

Herausgegeben von
Jens Adolphsen, Peter Gottwald und Ulrich Haas

Band 44

PL ACADEMIC RESEARCH

Michael Schick

Die Zwischenfeststellungsklage des § 256 Abs. 2 ZPO

PL ACADEMIC RESEARCH

Bibliografische Information der Deutschen Nationalbibliothek
Die Deutsche Nationalbibliothek verzeichnet diese Publikation in der Deutschen Nationalbibliografie; detaillierte bibliografische Daten sind im Internet über http://dnb.d-nb.de abrufbar.

Zugl.: Regensburg, Univ., Diss., 2010

D 355
ISSN 1619-344X
ISBN 978-3-631-60571-4 (Print)
E-ISBN 978-3-653-03042-6 (E-Book)
DOI 10.3726/978-3-653-03042-6

PL Academic Research ist ein Imprint der Peter Lang GmbH.

Peter Lang – Frankfurt am Main · Bern · Bruxelles · New York · Oxford · Warszawa · Wien

www.peterlang.de

Meinen lieben Eltern

Vorwort

Die vorliegende Arbeit wurde von der Juristischen Fakultät der Universität Regensburg als Dissertation angenommen. Die mündliche Prüfung fand am 27. Juli 2010 statt.

Bisher widmeten sich nur wenige wissenschaftliche Beiträge einer Darstellung der zentralen Probleme der Zwischenfeststellungsklage, ihrer Voraussetzungen und ihres Anwendungsbereichs. Dies erstaunt um so mehr, als diese Klage auf das engste mit der – in der zivilprozessualen Literatur und Rechtsprechung häufig umstrittenen – materiellen Rechtskraft zusammenhängt. Die Arbeit will dazu beitragen, diesem Institut des Prozeßrechts wieder mehr Geltung zu verschaffen, auch in der wissenschaftlichen Diskussion. Die Anregung, mich mit dieser Thematik zu befassen, verdanke ich meinem hochverehrten Doktorvater *Prof. Dr. Dr. h. c. Ekkehard Schumann.*

Die Arbeit wurde Ende des Jahres 2009 abgeschlossen und befindet sich inhaltlich weitgehend auf diesem Stand. Aufgrund der Änderungen durch das FamFG war vor der Drucklegung die Anpassung einzelner Abschnitte an die neue Rechtslage erforderlich. Desweiteren wurde der kostenrechtliche Abschnitt am Ende der Arbeit neu eingefügt. In diesem Zusammenhang habe ich auch die in der Zwischenzeit ergangene Rechtsprechung und Kommentarliteratur bis Januar 2013 eingearbeitet.

Zu größtem Dank verpflichtet bin ich Herrn *Prof. Dr. Dr. h. c. Ekkehard Schumann* auch dafür, daß er den Fortgang der Arbeit stets vorbildlich betreut und mit wertvoller Kritik die Entstehung der Dissertation gefördert hat. Nicht zuletzt möchte ich ihm für die Zeit danken, in der er mir als seinem wissenschaftlichen Mitarbeiter Gelegenheit gegeben hat, an seinen vielfältigen wissenschaftlichen und praktischen Tätigkeiten mitwirken zu können. Herrn *Prof. Dr. Dr. h. c. Peter Gottwald* gilt mein Dank für die zügige Erstellung des Zweitgutachtens und die darin enthaltenen Anregungen.

Beigetragen zum Gelingen dieser Arbeit hat insbesondere Frau Rechtsassessorin *Inge Kila,* der ich für ihre wertvolle Hilfe bei Durchsicht und Korrektur danke. Herrn *Dr. Maximilian Seibl* danke ich für viele konstruktive Gespräche und seine Unterstützung bei der Fertigstellung meiner Arbeit.

Besonderer Dank schließlich gebührt meinen Eltern, *Karl-Heinz* und *Heide Schick*, für ihre Unterstützung, Ermutigung und unbedingte Hilfe. Sie haben mir Studium und Promotion erst ermöglicht. Meiner Mutter und meinem viel zu früh verstorbenen Vater widme ich diese Arbeit daher in ewiger Dankbarkeit und Liebe.

München, im Januar 2013 *Michael Schick*

Inhaltsübersicht

Inhaltsverzeichnis

Abkürzungsverzeichnis

[d. Verf.]	der Verfasser
[Herv. d. Verf.]	Hervorhebung durch Verfasser
a. A.	andere(r) Ansicht
a. E.	am Ende
a. F.	alte Fassung
Abs.	Absatz
Anm.	Anmerkung
Begr.	Begründer (im Literaturverzeichnis)
BGH	Bundesgerichtshof
Bl.	Blatt
BT-Drs.	Deutscher Bundestag Drucksache
bzgl.	bezüglich
bzw.	beziehungsweise
ca.	circa
d. h.	das heißt
ders.	derselbe
Fußn.	Fußnote
gem.	gemäß
h. M.	herrschende Meinung
Hrsg.	Herausgeber (im Literaturverzeichnis)
i. H. v.	in Höhe von
i. V. m.	in Verbindung mit
LG	Landgericht
Lit.	Literatur
m. w. N.	mit weiteren Nachweisen
n. F.	neue Fassung
Nr.	Nummer
OLG	Oberlandesgericht
Rdnr.	Randnummer
Rspr.	Rechtsprechung
S.	Seite
sog.	sogenannt

sub	sub/unter
u. a.	und andere (im Literaturverzeichnis bei Erscheinungsorten)
usw.	und so weiter
v.	vom (bei Urteilen)
Var.	Variante
vgl.	vergleiche

Einleitung

Betrachtet man die hierzu erschienene Literatur, scheint die Zwischenfeststellungsklage seit Mitte des 20. Jahrhunderts ein eher wissenschaftliches Schattendasein zu führen. Angesichts der konzeptionellen Bedeutung für die Praxis, welche ihr die Reichsjustizgesetzgebung zudachte, ist das nicht gerechtfertigt.

Hatten sich gegen Ende des 19. Jahrhunderts und zu Beginn des 20. Jahrhunderts noch namhafte Autoren wie *Oertmann*, *Schollmeyer*, *Planck*, *Rocholl*, *Loening* und andere intensiv mit diesem neu geschaffenen Institut – nicht zuletzt vor dem Hintergrund der *v. Savigny*'schen Lehre von der Rechtskraft der Entscheidungsgründe – auseinander gesetzt, verlor die Zwischenfeststellungsklage mit zunehmender Herausarbeitung der Grenzen der Rechtskraft offensichtlich ihren Reiz zur wissenschaftlichen Beschäftigung.

Während Bestimmung, Grenzen und Umfang der Rechtskraft sich immer neuer Untersuchungen „erfreuten", schien das Interesse an der prozessualen Umsetzung der Erkenntnisse der Rechtskrafttheorien im Hinblick auf die Erstreckung derselben auf präjudizielle Rechtsverhältnisse in der zivilprozessualen Literatur zu schwinden. So datiert die letzte zum Prozeßrechtsinstitut der Zwischenfeststellungsklage erschienene Dissertation aus dem Jahr 1940.

Angesichts des engen Zusammenhangs mit der Rechtskraft erstaunt diese wissenschaftliche Entwicklung. In neuerer Zeit scheint jedoch eine Rückbesinnung auf die Zwischenfeststellungsklage in der zivilprozessualen Literatur statt zu finden. *Johannes Hager*[1] etwa hinterfragte kritisch die seitens der herrschenden Meinung in Literatur und Rechtsprechung überkommenen Grundsätze zur Zulässigkeit der Zwischenfeststellungsklage und *Ekkehard Schumann* belegte – nicht minder kritisch gegenüber den allenthalben anzutreffenden Thesen – in seinem Festschriftbeitrag für *Georgiades*[2] die Stellung dieses Instituts zwischen Prozeßrecht und materiellem Recht.

Die vorliegende Arbeit möchte die wissenschaftliche Beschäftigung mit der von den Schöpfern der Zivilprozeßordnung in Konsequenz der Ablehnung gemein- und partikularrechtlicher Rechtskrafttheorien geschaffenen Zwischen-

1 Vgl. *Hager*, KTS 54 (1993), S. 39-51.

2 Vgl. *Schumann*, FS Georgiades, S. 543-576.

feststellungsklage wieder aufnehmen und einen Anstoß liefern, diesem Institut die Bedeutung zurück zu geben, die es nach dem Willen des historischen Gesetzgebers haben sollte.

Erstes Kapitel: Vorüberlegungen

Bevor ich auf die Voraussetzungen und Eigentümlichkeiten der Zwischenfeststellungsklage näher eingehe, möchte ich im folgenden zum besseren Verständnis dieses Instituts des Zivilprozesses noch einige Vorüberlegungen anstellen.

§ 1 Die Regelung der Zwischenfeststellungsklage

Nach § 256 Abs. 2 ZPO[3] kann bis zum Schluß der letzten mündlichen Verhandlung der Kläger durch Erweiterung des Klageantrags, der Beklagte durch Erhebung einer Widerklage beantragen, daß ein im Laufe des Prozesses streitig gewordenes Rechtsverhältnis, von dessen Bestehen oder Nichtbestehen die Entscheidung des Rechtsstreits ganz oder zum Teil abhängt, durch richterliche Entscheidung festgestellt wird.

Da für die Auslegung und Anwendung der ZPO die Entstehungsgeschichte häufig von großer Aussagekraft ist[4], ist es angebracht, sich zunächst der historischen Entwicklung der Zwischenfeststellungsklage zuzuwenden, bevor man Regelungsinhalt, Sinn und Zweck dieser Norm umfassend untersuchen kann. Um es mit den Worten des um die Untersuchung und Weiterentwicklung der Feststellungsklage (und nicht zuletzt die „Emanzipation" des Prozeßrechts) hoch verdienten *Adolf Wach* zu sagen: „Das Recht ist historische Schöpfung; jede Rechtsdogmatik, welche das geltende Recht nur an und für sich, losgelöst von der Geschichte behandelt, ist unwissenschaftlich"[5]. Auch das Prozeßrecht hat, wie alles Organische, seine bestimmten Entwicklungsstufen[6].

---

3 Die Abkürzungen folgen – soweit sie nicht im Abkürzungsverzeichnis enthalten sind – *Kirchner/Butz*, Abkürzungsverzeichnis, und *Steinhauer/Werlin*, Duden-Abkürzungen.

4 Vgl. *Stein/Jonas/Schumann*[20], Einleitung vor § 1 Rdnr. 100.

5 *Wach*, Handbuch, § 14 II, S. 170.

6 Vgl. *Heffter*, System, S. 6.

I. Zur Entstehungsgeschichte des heutigen § 256 Absatz 2 ZPO

A. Historische Wurzeln der Feststellungsklage

Deshalb soll die Untersuchung mit einem kurzen Überblick über die Entwicklung der (Zwischen)Feststellungsklage, bei der es sich um eine vergleichsweise junge Rechtsschutzeinrichtung handelt[7], beginnen.

Nach der heute deutlich herrschenden Auffassung sind Privatrecht und Zivilprozeßrecht strikt voneinander getrennte, nur funktionell aufeinander zugeordnete, Bereiche[8]. Das *Zivilprozeßrecht* ist Teil des *öffentlichen Rechts*, da es die Einrichtung der staatlichen Zivilrechtspflege, die Tätigkeit der Rechtspflegeorgane und das anzuwendende Verfahren regelt[9]. Das formelle und materielle Recht stehen allerdings nicht beziehungslos nebeneinander, vielmehr *dient* das Zivilprozeßrecht der Durchsetzung subjektiver Rechte und der Bewährung des objektiven Rechts, der Privatrechtsordnung[10].

Ursprünglich galt jedoch das Prozeßrecht als integrierter Bestandteil des materiellen Rechts[11]. Bis in die Mitte des 19. Jahrhunderts gingen Rechtsprechung und Wissenschaft von einem einheitlichen Begriff der *actio* aus[12]. Erst durch *Windscheids* Anspruchslehre[13] wurde die Einheit von materiellem Privatrecht und prozessual verstandenem Aktionenrecht aufgebrochen[14]. Er spaltete die *actio*

---

7 Vgl. *Jacobs*, Feststellungsverfahren, S. 101; vgl. auch *Schumann*, FS Georgiades, 543 (548); *Blomeyer*, Erkenntnisverfahren, § 37 I, S. 176.

8 Vgl. *Blomeyer*, Erkenntnisverfahren², S. 3; *Herbst*, Rechtsschutzanspruch, S. 35; *Kaufmann*, JZ 1964, 482 (482); *Moser*, Zulässigkeitsvoraussetzungen, S. 4; *Rosenberg/Schwab/Gottwald*¹⁷, § 1 Rdnr. 21 ff.; *Stein/Jonas/Schumann*²⁰, Einleitung vor § 1 Rdnr. 27 ff.

9 Vgl. MünchKomm ZPO/*Lüke*², Einleitung Rdnr. 21; so auch *Rauscher* in der 4. Auflage in Rdnr. 23; *Nikisch*, Zivilprozeßrecht, S. 16; *Stein/Jonas/Schumann*²⁰, Einleitung vor § 1 Rdnr. 2 f.

10 Vgl. *Jauernig/Hess*, § 1 Rdnr. 7; MünchKomm ZPO/*Rauscher*⁴, Einleitung Rdnr. 8; *Stein/Jonas/Schumann*²⁰, Einleitung vor § 1 Rdnr. 4; mit teils unterschiedlicher Akzentuierung. Zum historischen Hintergrund der Herausbildung des materiellen Rechts bemerkt *Neussel*: „Was hier als Recht bezeichnet wird, ist das sogenannte subjektive Recht, dessen konstruktive Erkenntnis auf naturrechtliche Ideen des Individualismus zurückgeht“, vgl. *Neussel*, Anspruch, S. 13 bei Fußn. 39 unter Hinweis auf *Grotius*, *Samuel Pufendorf*, *Christian Thomasius*, *Immanuel Kant* und andere.

11 Vgl. *Kadel*, Feststellungsklage, S. 53.

12 Vgl. *Jacobs*, Feststellungsverfahren, S. 128; *Moser*, Zulässigkeitsvoraussetzungen S. 5. Dabei verstand man *actio* nach dem rezipierten römischen Recht im Sinne von Klage oder Klagerecht als das subjektive Recht in seiner durch eine Verletzung veränderten Gestalt, also im Zustand der Verteidigung gegen den Verletzer, vgl. *v. Savigny*, System V, § 204, S. 1 ff. (von ihm als „Metamorphose“ bezeichnet). Eine Darstellung der Entwicklung des Verständnisses der *actio* findet sich bei *Kaufmann*, JZ 1964, 482 (483 ff.), und *Binder*, Prozeß, S. 15 ff. Zu den rechtshistorischen Grundlagen des aktionenrechtlichen Denkens *Althammer*, Streitgegenstand, S. 11 ff.

13 Vgl. *Windscheid*, Actio, S. 3 ff.; 221 ff.

14 Vgl. *Althammer*, Streitgegenstand, S. 35.

in den materiellrechtlichen Anspruch und ein prozessuales Klagrecht auf „Hülfe des Staates" auf[15]. Rechtsverletzung war hiernach nicht mehr Rechtsschutzvoraussetzung, was bis dahin gemeinrechtliche Prozeßtheorie war[16]. Dennoch konnte sich die entstehende Prozeßrechtswissenschaft zunächst von dem materiellen Bezug nicht ganz lösen, wie gerade das Beispiel der Feststellungsklage mit seiner Historie des Anerkennungs- oder Feststellungsanspruchs zeigt[17].

Die nachfolgende Untersuchung der Entwicklung der Zwischenfeststellungsklage bis zur Kodifizierung in der „Civil-Prozeß-Ordnung für das Deutsche Reich" im Jahr 1877 beschränkt sich auf drei, jene Entwicklung besonders prägende, Epochen der Rechtsgeschichte des Prozeßrechts.

1. Feststellungsmittel des römischen Rechts

Das deutsche Zivilprozeßrecht selbst wurzelt im römisch-kanonischen Recht und im germanischen Recht[18]. Und auch die Anfänge der Feststellungsklage reichen bis in das römische Recht zurück.

a) Praeiudicialklagen

In der ältesten Prozeßart des römischen Rechts, dem *Legisaktionenprozeß*, fällte der Richter lediglich eine Entscheidung über die dem Rechtsstreit zugrunde liegende Tat- oder Rechtsfrage[19]. Zur Leistung verurteilte er hingegen nicht. Zur Restitution bedurfte es vielmehr besonderer Verträge. Da Urteils- und Feststellungsmoment bei dieser Prozeßart noch nicht unterschieden waren, kann man nicht von einem Feststellungsmittel nach heutigem Verständnis sprechen[20].

Im Zweiten Jahrhundert vor Christus wurde der Legisaktionenprozeß vom *Formularprozeß* abgelöst. Diese Prozeßart läßt bereits selbständige Feststellungsmittel, insbesondere die sog. *Praeiudicialklagen* (actiones praeiudiciales), erkennen[21]. *Cramer*[22] und *Immerwahr*[23] verstehen sie sogar als *die* Feststellungsklagen

15 Vgl. *Windscheid*, Abwehr, S. 26 ff. Auf S. 28 schreibt er über das Klagrecht: „weil dieses Recht in den Prozeß, und nicht in das Civilrecht gehört".

16 Vgl. *Kaufmann*, JZ 1964, 482 (488); *Konzen*, Rechtsverhältnisse, S. 105 ff.; *Simshäuser*, Entwicklung, S. 52 ff.

17 Dazu näher unten Text bei Fußn. 105 ff.

18 Vgl. MünchKomm ZPO/*Lüke*[2], Einleitung Rdnr. 34.

19 Vgl. *v. Bethmann-Hollweg*, Civilprozeß, S. 327; *Vorsmann*, Arbeitsgerichtliche Feststellung, S. 7.

20 Vgl. *Kadel*, Feststellungsklage, S. 11, unter Hinweis auf die gegenteilige Ansicht von *Wlassak*.

21 Vgl. *Kadel*, Feststellungsklage, S. 11; in diesem Sinne unter Berufung auf Gaius IV. $_{44}$ auch *Bekker*, Aktionen I, S. 283

22 Vgl. *Cramer*, Feststellungsinteresse, S. 24, 30.

23 Vgl. *Immerwahr*, Actio praejudicialis, S. 37.

des römischen Rechts und Vorläufer der heutigen Feststellungsklage[24], obwohl sie nur begrenzt, vor allem in *Statusfragen* (Standes- und Familienverhältnisse), Anwendung fanden[25]. Beispielsweise konnte Feststellung darüber verlangt werden, ob jemand Kind dieses Vaters, Freigelassener dieses Patrons oder Sklave dieses Herrn sei[26]. Ihre Anwendung auf schuldrechtliche Verhältnisse darf wohl bezweifelt werden[27].

Die Entscheidung des Richters konnte sowohl bejahend, vergleichbar unserer *positiven* Feststellung, oder verneinend, entsprechend der *negativen* Feststellung, sein. Sie sprach aus, daß das streitige Verhältnis bestehe oder nicht bestehe[28].

Praeiudicia (Vorentscheidungen) hießen sie, weil sie zumeist der Vorbereitung eines zweiten Prozesses dienten, wobei der Richter (judex) über die ihm vorgelegte Frage in Form einer bloßen Feststellung[29] (intentio oder pronuntiatio) ohne Verurteilung (condemnatio) vorab entschied[30]. Ursprünglich begriffen die Römer unter praiudicia Entscheidungen, welchen sich der in einem späteren Prozeß urteilende Richter anzuschließen pflegte, obschon er dazu nicht gezwungen war, durch die er sich aus Scheu vor widerstreitenden Entscheidungen jedoch gebunden fühlte[31]. Daher schrieb das römische Recht vor, daß über die wichtigere Sache (major causa) zeitlich vor der minder wichtigen (minor causa) erkannt werden solle, was den Vorteil bot, daß die Entscheidung der wichtigeren Sache die minder wichtige implizit mitentscheide, da sie für diese in vielen Fällen Rechtskraft oder jedenfalls ein einflußreiches praeiudicium begründe[32].

Als major causa wurde ursprünglich die Sache angesehen, die vor ein angeseheneres Gericht (z. B. das Centumviralgericht) gehörte. Im Justinianischen Recht wandelte sich diese Auffassung und man betrachtete etwa die Statusfragen als wichtiger oder die Sachen von größerem Vermögenswert wie im Falle von Kapital- und Zinsschuld. Aber auch diese Gesichtspunkte traten im Justinianischen Recht immer weiter zurück und man räumte schließlich der bedingenden Sache generell den Vorrang vor der bedingten Sache ein. Dies führte schließlich dazu, daß jede Partei die Einrede der Bedingung (exceptio praeiudicii) erheben konnte, was zur

---

24 So auch *Wendt*, AcP 70 (1886), 1 (23), (27).

25 Vgl. *v. Bethmann-Hollweg*, Civilprozeß, S. 330; *Kadel*, Feststellungsklage, S. 11 f.; *Jacobs*, Feststellungsverfahren, S. 103.

26 Vgl. *Kadel*, Feststellungsklage, S. 13; weitere Beispiele finden sich bei *Bekker*, Aktionen I, S. 284 f., S. 291.

27 Vgl. *Immerwahr*, Actio praejudicialis, S. 26.

28 Vgl. *Seidel*, Feststellungsklage S. 9; *Kadel*, Feststellungsklage, S. 12.

29 Vgl. *Sohm/Mitteis/Wenger*, Institutionen, § 113 II 1, S. 678 f., und § 116 II, S. 696.

30 Vgl. *v. Bethmann-Hollweg*, Civilprozeß, S. 328; *Kadel*, Feststellungsklage, S. 11 f.

31 Vgl. *Wetzell*, System, § 64 2 b, S. 804 f.

32 Vgl. *Wetzell*, System, S. 805.

Folge hatte, daß der Prätor bei gleichzeitiger Anhängigkeit von sich aus die minor causa hinausschob[33].

Die Verdrängung des Formularprozesses durch das Kognitionsverfahren bedeutete das Ende der Weiterentwicklung der Praeiudicialklagen. Die erhalten gebliebenen Praeiudicialklagen wurden mit dem Wegfall des Unterschieds zwischen *ius* (Urteilsspruch des Prätors) und *iudicium* (Spruch des Judex) und durch die einheitliche Entscheidung durch den Magistrat (decretum, interdictum)[34] immer mehr zu selbständigen Klagen[35]. Daher war es nicht mehr notwendig, derartige Fragen in einem Vorprozeß zu klären[36].

b) Kautions- und Liberationsklagen

Kadel bezeichnet die Kautions- und Liberationsklagen als „feststellungsähnliche Einrichtungen"[37]. Die *Kautionsklage* diente vor allem der Sicherung künftiger Leistungen bei noch nicht fälligen Ansprüchen[38] (vergleichbar den heutigen §§ 257 ff. ZPO), da die Praeiudicialklagen nur für eine beschränkte Zahl von Fällen zur Anwendung kamen, somit für künftige Leistungen nicht zur Verfügung standen und insbesondere schuldrechtliche Verhältnisse nicht erfaßten[39].

Der Kläger konnte danach vom Beklagten eine Kaution durch Stipulationsversprechen, d. h. eine vertragliche Anerkennung vor Gericht[40], verlangen, falls eine *iusta causa* gegeben war[41]. Ihr feststellender Charakter ist jedoch umstritten, da ihr Gegenstand letztlich ein Anspruch auf Parteierklärung, mithin ein Leistungsanspruch, war und das entscheidende Merkmal somit in der Parteitätigkeit und nicht in einer Feststellung durch Gericht lag[42].

---

33 Ausführlich *Wetzell*, System, S. 805-811.

34 Das Kognitionsverfahren war ein Verfahren ohne Einsetzung eines judicium, mithin ohne litis contestatio (Zeitpunkt der Streitannahme durch die Parteien; Bekundung ihres Willens, sich dem eingesetzten Urteilsgericht zu unterwerfen) und ohne Urteil (sententia) im Sinne des ordentlichen Verfahrens. Die ganze Verhandlung blieb vor dem Magistrat, vgl. *Sohm/Mitteis/Wenger*, Institutionen, § 120 I, S. 722; *Reischl*, Rechtskraft, S. 10 ff.

35 Vgl. *Kadel*, Feststellungsklage, S. 13; vgl. auch *Bekker*, Aktionen II, S. 190 ff.

36 Vgl. *Immerwahr*, Actio praejudicialis, S. 30.

37 *Kadel*, Feststellungsklage, S. 16.

38 Vgl. *Bekker*, Aktionen II, S. 36 f.

39 Vgl. *Jacobs*, Feststellungsverfahren, S. 104; *Kadel*, Feststellungsklage, S. 14; *Vorsmann*, Arbeitsgerichtliche Feststellung, S. 8.

40 *Bekker* spricht insoweit von einem „rechtliche[n] Erfüllungszwangsmittel", Aktionen II, S. 36.

41 Vgl. *Bähr*, Anerkennung, S. 31 ff. („Verhältniß der Stipulation zu ihrer causa"); *ders.*, Anerkennung[2], S. 316 ff.; *Jacobs*, Feststellungsverfahren, S. 104.

42 Vgl. *Seidel*, Feststellungsklage, S. 24; *Vorsmann*, Arbeitsgerichtliche Feststellung, S. 8 f.

Mit der *Liberationsklage* konnte ein Schuldverhältnis, das wegen einer Einrede materiell unwirksam war, formell aufgelöst werden, woraus *Bähr*[43] eine Ähnlichkeit zur späteren negativen Feststellungsklage ableitete[44]. Dies ist allerdings zweifelhaft, da der Zweck der Liberationsklage nicht so sehr in einer Feststellung lag, als vielmehr in der Befreiung (liberationis) von einer als bestehend angesehenen Forderung[45].

Wenn auch diese Klageformen im Gegensatz zu den eingangs erwähnten Praejudicialklagen keine Gemeinsamkeit mit der heutigen Feststellungsklage aufweisen, kann man sie dennoch aufgrund eines vergleichbaren Rechtsschutzinteresses als feststellungsähnliche Einrichtungen bezeichnen[46].

c) Die interrogatio in iure

Eine weitere Einrichtung des römischen Rechts mit Sicherungscharakter war die *interrogatio in iure.*

Diese erfolgte in Form einer vor dem Magistrat (in iure) an den Gegner gerichteten Frage, mittels derer eine bindende Erklärung darüber begehrt wurde, ob in der Person des künftigen Beklagten gewisse für den Erfolg der Klage maßgebliche Voraussetzungen begründet seien, so zum Beispiel, ob er Erbe sei oder zu welchem Teil er Erbe sei[47]. Ähnlich den meisten Praejudicialklagen verfolgte die *interrogatio in iure* den Zweck, Feststellungen für einen möglichen späteren Rechtsstreit zu treffen[48].

d) Klagen mit Zwischenbescheid

Am nächsten dürften, so *Kadel*[49], unserer heutigen Zwischenfeststellungsklage bestimmte Klagen mit einer „*pronuntiatio*“ als Zwischenbescheid und möglicher Verurteilung als Schlußentscheidung kommen:

Grundsätzlich wies der Prätor den Richter (judex) in seinem Verurteilungsbefehl an, den Beklagten zur Zahlung einer Geldsumme zu verurteilen (pecuniaria condemnatio). Dies selbst dann, wenn der Kläger etwa mit seiner Herausgabeklage Erfolg hatte. Damit wurde jedoch nicht immer dem Interesse des Klägers vollauf Genüge getan, insbesondere wenn er Wert auf die Rückgabe der Sache legte. In

43 Vgl. *Bähr*, Anerkennung^2, S. 319.

44 Ausführlich hierzu *Kadel*, Feststellungsklage, S. 15; *Jacobs*, Feststellungsverfahren, S. 104.

45 Vgl. *Degenkolb*, Einlassungszwang, S. 190; *Vorsmann*, Arbeitsgerichtliche Feststellung, S. 9.

46 Vgl. *Kadel*, Feststellungsklage, S. 15 f.

47 Vgl. *Kadel*, Feststellungsklage, S. 16; *Vorsmann*, Arbeitsgerichtliche Feststellung, S. 10.

48 Vgl. *Degenkolb*, Einlassungszwang, S. 190; *Kadel*, Feststellungsklage, S. 16.

49 Vgl. *Kadel*, Feststellungsklage, S. 16, weswegen er sie auch als „Zwischenfeststellungsklagen“ betitelt.

ähnlich mißlicher Lage befand sich der Vermieter, welcher mit der Mietklage nach beendigter Mietzeit sein Recht auf Herausgabe des Mietgegenstandes erstritten hatte, der Verleiher oder der Erbe, welcher die Herausgabe der vom vermeintlichen Erben in Besitz genommenen Erbschaft forderte[50]. In diesem Fall konnte der Prätor durch Umbildung der condemnatio helfen. Er gab dem Richter die Vollmacht, eine Entscheidung zu fällen, die den Besonderheiten des Einzelfalles entsprach, also nicht bloß zu kondemnieren, sondern auch zu arbitrieren[51]. Dazu mußte aber zuvor das Eigentum oder Erbrecht mittels pronuntiatio in einem Zwischenbescheid festgestellt werden. Anschließend erst konnte die begehrte Verurteilung erfolgen[52].

Somit läßt sich konstatieren, daß im römischen Recht zwar schon Feststellungsmittel in begrenztem Umfang ausgebildet waren, die vorgreifliche Rechtsverhältnisse zum Gegenstand haben konnten. Diese verfügte aber noch nicht über die scharfen Konturen, wie sie die heutigen Feststellungsklagen nach § 256 Abs. 1 und Abs. 2 ZPO besitzen. Wenn auch der Gedanke des Rechtsschutzes durch Feststellung schon entwickelt war, mangelte es dennoch an einer eigenständigen Feststellungsklage nach unserem heutigen Verständnis[53].

2. *Feststellungsmittel im Recht des Mittelalters*

Da das deutsche Zivilprozeßrecht im römisch-kanonischen Recht und im germanischen Recht wurzelt[54], stellt sich die Frage, inwieweit schon das mittelalterliche Recht Institute kannte, die als Vorläufer unserer Feststellungsklagen angesehen werden können.

a) Das mittelalterliche deutsche Recht

Von der späteren fränkischen Zeit bis zu den Rechtsbüchern und Stadtrechten enthielten die Klagen des mittelalterlichen deutschen Rechts, die sich gegen einen bestimmten Gegner richteten, vor allem den *Vorwurf* eines dem Kläger gegenüber *begangenen Unrechts*. Die Verteidigung des Beklagten war dagegen Antwort auf diesen Vorwurf[55].

---

50 Vgl. *Sohm/Mitteis/Wenger*, Institutionen, § 116 II, S. 694.

51 Vgl. *Sohm/Mitteis/Wenger*, Institutionen, § 116 II, S. 696: „Das arbitrium ist das von den Schranken des Kondemnationsbefehls befreite weitherzige Urteil“.

52 Vgl. *Kadel*, Feststellungsklage, S. 16.

53 Wie *Kadel*, Feststellungsklage, S. 17, bemerkt, dürfte dies nicht zuletzt in der engen Verbindung von materiellem und formellem Recht in der actio und der Organisation des römischen Prozesses begründet liegen.

54 Vgl. MünchKomm ZPO/*Lüke*[2], Einleitung Rdnr. 34.

55 Vgl. *Kadel*, Feststellungsklage, S. 18; *Weismann*, Feststellungsklage, S. 2 f.

Beispielsweise enthielt die Eigentumsklage den Vorwurf rechtswidrigen Besitzes; wer den Antrag stellte, seine Freiheit anzuerkennen, beklagte sich über deren Einschränkung; um die Echtheit einer Urkunde anzufechten, behauptete der Kläger, sie sei gefälscht; einen Vorwurf enthielt – im Gegensatz zu den Praeiudicialklagen des römischen Rechts – auch die Statusklage des deutschen Rechts[56].

Einen bestimmten Antrag verlangte die deutschrechtliche Klage im Gegensatz zu § 253 Abs. 2 Nr. 2 ZPO nicht, erforderlich war lediglich die prozessuale Bitte an den Richter, den Beklagten zur Antwort aufzufordern. Gemeinhin lautete die Frage der Parteien an das Gericht deshalb ganz allgemein: „Was darum Recht ist?", worauf das Urteil Antwort mittels einer Auskunft über die Rechtslage gab[57]. Die Feststellungswirkung bezog sich hierbei nur auf den mit der Klage erhobenen Vorwurf unrechten Verhaltens, setzte also eine bereits eingetretene Rechtsverletzung voraus[58].

Um auch dem Bedürfnis nach Feststellung ohne vorherige Verletzung (zur Sicherung des Bestehenden) gerecht zu werden, hat das deutsche Recht nach Auffassung *Weismanns* zwei Wege eingeschlagen[59]:

Zum einen verpflichteten sich die Parteien häufig vertraglich, an den Gegner oder Fiskus eine Geldbuße zu zahlen, wenn sie ein bestimmtes Rechtsverhältnis, sei es auch nur durch Bestreiten, verletzen würden. Die hierauf gegründete Klage hatte für *Weismann* ein doppeltes Ziel: Bestrafung und gleichzeitig Feststellung des Rechts[60].

Eine zweite Möglichkeit sah er in dem von der Praxis der Schöffengerichte entwickelten Verfahren, bei Behauptung einer Rechtsbedrohung die gerichtliche Entscheidung über ein streitiges Rechtsverhältnis zu veranlassen[61]. Der Vorwurf an den Beklagten war hier, daß er Unrecht begehen wolle, nicht es begangen zu haben. Beispiele hierfür waren für *Weismann* die Widerspruchsklage, wonach der Bedrohte etwa nach Ankündigung seines Herren, neue Abgaben oder Zölle zu erheben, mit der Klage die Feststellung begehren konnte, daß das Verlangen unberechtigt sei[62]. Auch den Prätendentenstreit zweier Personen über einen Anspruch gegen einen Dritten faßte *Weismann* hierunter[63]. Letztlich sollte auch das Erbieten zur Verteidigung dazu zählen[64]: Da der Rechtsstreit auch vom

---

56 Vgl. *Weismann*, Feststellungsklage, S. 3.

57 Vgl. *Kadel*, Feststellungsklage, S. 18; *Vorsmann*, Arbeitsgerichtliche Feststellung, S. 11; *Weismann*, Feststellungsklage, S. 4.

58 Vgl. *Weismann*, Feststellungsklage, S. 8.

59 So *Kadel*, Feststellungsklage, S. 19 ff. unter Verweis auf *Weismann*, Feststellungsklage, S. 8 ff.

60 Vgl. *Weismann*, Feststellungsklage, S. 8.

61 Vgl. *Kadel*, Feststellungsklage, S. 19 unter Verweis auf *Weismann*, Feststellungsklage, S. 10.

62 Vgl. *Weismann*, Feststellungsklage, S. 12.

63 Vgl. *Weismann*, Feststellungsklage, S. 15.

64 Vgl. *Weismann*, Feststellungsklage, S. 18.

möglichen zukünftigen Beklagten ausgehen konnte, bestand im mittelalterlichen deutschen Recht die Möglichkeit, daß eine Partei ihre(n) Gegner aufforderte, Ansprüche am Vermögen des sich Erbietenden geltend zu machen. Unterließ der Gegner auf die Aufforderung hin die Geltendmachung, durfte er in Zukunft kraft Präklusion nicht mehr damit hervortreten. Er war für immer damit ausgeschlossen (Grundsatz des Auferlegens ewigen Stillschweigens, sog. „Verschweigung")[65].

Ob in diesen Rechtsfiguren der Ausgangspunkt der Entwicklung deutschrechtlicher Feststellungsklagen zu erblicken ist, wie *Weismann* annahm, darf angesichts der territorialen Rechtszersplitterung bezweifelt werden[66]. Wie *Kadel* darlegt, gab es zwar mittelalterliche Urteile, die zunächst das Recht „feststellten". Nach dieser Feststellung mußte der Beklagte vor Gericht die streitige Leistung erbringen (z. B. das Grundstück förmlich übereignen), weshalb es sich nicht um Feststellungsurteile im heutigen Sinn handelte, sondern lediglich Urteil und Urteilsbegründung in der Reihenfolge vertauscht waren[67]. Nicht zuletzt bestand nach der Struktur mittelalterlicher Prozesse auch kein Bedürfnis nach einer Feststellungsklage im modernen Sinn, da sich die Urteile in großem Umfang auf ungeschriebenes Gewohnheitsrecht stützten, so daß zunächst erst festgestellt werden mußte, welcher Rechtssatz im konkreten Fall zur Anwendung kommen sollte. Ob dieser Rechtssatz auch angewendet werden konnte, war Frage des Beweisverfahrens. Diese Rechtsfeststellungen, sog. Weistümer, die oft als bloße Rechtsauskunft erfolgten, vermieden in den meisten Fällen sogar Prozesse, weshalb Feststellungsklagen nach heutigem Verständnis wahrscheinlich eher entbehrlich waren[68].

b) Feststellungsmittel des kanonischen und italienischen Rechts

Anders stellt sich die Lage im kanonischen und italienischen Recht dar. Das *Erbieten zur Verteidigung* war (als Feststellungsmittel), insbesondere in Verbindung mit der Extraiudicialappellation, auch dem kanonischen Recht bekannt und hierdurch maßgeblich an der weiteren Entwicklung des Feststellungsverfahrens beteiligt[69].

---

65 Vgl. *Kadel*, Feststellungsklage, S. 21; *Vorsmann*, Arbeitsgerichtliche Feststellung, S. 12; *Weismann*, Feststellungsklage, S. 18.

66 Vgl. *Kadel*, Feststellungsklage, S. 22; *Vorsmann*, Arbeitsgerichtliche Feststellung, S. 12.

67 Vgl. *Kadel*, Feststellungsklage, S. 22 f.

68 Vgl. *Kadel*, Feststellungsklage, S. 24; *Vorsmann*, Arbeitsgerichtliche Feststellung, S. 12.

69 Vgl. *Kadel*, Feststellungsklage, S. 25.

(2) remedium ex lege si contendat

Mittels des remedium ex lege si contendat konnte Rechtsschutz zur Erhaltung von Einreden erlangt werden[81]. Wenn der Provokant befürchtete, daß ihm Einreden durch zu späte Klage verloren gingen[82], konnte er den Gegner dazu zwingen, die Klage nicht länger aufzuschieben, was bei Nichterhebung der Klage zum Verlust des Klagerechts führte, indem dem Gegner ebenfalls ewiges Stillschweigen auferlegt wurde. Die fragliche Einrede galt damit praktisch als festgestellt, der Anspruch dementsprechend in der Wirkung als nicht bestehend[83]. Auch hier kam es zunehmend zu einer freieren Anwendung.

Beide Provokationen waren zwar keine Feststellungsklagen im heutigen Sinne, sie enthielten in ihrer ursprünglichen Form auch keine Feststellung, sondern führten zu einer Präklusion, wurden aber teilweise selbst unmittelbar zum Zweck negativer Feststellung benutzt[84]. Nicht zuletzt verfolgten sie ein ähnliches Ziel wie die heutigen Feststellungsklagen, nämlich die Beseitigung von Rechtsgefährdung und Schaffung von Rechtsgewißheit[85].

3. Feststellungsmittel des Gemeinen Rechts

Die dargestellten Feststellungsmittel blieben auch im Gemeinen Recht noch Einzelerscheinungen, denen die allgemeine Anerkennung versagt blieb[86]. Dennoch versuchte man, dem vorhandenen und steigenden Bedürfnis der Praxis nach gerichtlicher Feststellung mit verschiedenartigen Einrichtungen und Begründungen gerecht zu werden[87]. Aus diesem Grund ließen die Gerichte in zunehmendem Maße Feststellungsmittel unterschiedlichster Art zu, wobei die aus dem kanonischen und italienischen Recht mit ihren römischrechtlichen Wurzeln überkommenen Institute an die zeitgenössischen Verhältnisse angepaßt wurden[88].

---

81 Vgl. *Immerwahr*, Actio praejudicialis, S. 34; *Jacobs*, Feststellungsverfahren, S. 106; *Kadel*, Feststellungsklage, S. 31 ff.; *Weismann*, Feststellungsklage, S. 95; *Wetzell*, System, S. 111.

82 Wie die Einrede des Bürgen, daß die Mitbürgen solvent seien, die ihm zwar momentan zustand, die er aber verlieren konnte, wenn erst später gegen ihn geklagt wurde, vgl. *Immerwahr*, Actio praejudicialis, S. 34.

83 Vgl. *Kadel*, Feststellungsklage, S. 32.

84 Vgl. *Degenkolb*, Einlassungszwang, S. 216 Fußn. 2; *Kadel*, Feststellungsklage, S. 32.

85 Vgl. *Jacobs*, Feststellungsverfahren, S. 106.

86 Vgl. *Jacobs*, Feststellungsverfahren, S. 107; *Kadel*, Feststellungsklage, S. 35.

87 Vgl. *Kadel*, Feststellungsklage, S. 35.

88 Vgl. *Jacobs*, Feststellungsverfahren, S. 107. Zahlreiche Nachweise finden sich bei *Bähr*, Anerkennung[2], S. V f., 314 ff.; *Ho*, Anspruchsbegriff, S. 5 ff.; *Kadel*, Feststellungsklage, S. 38 ff.

a) Praeiudicialklagen

Nach wie vor waren in Statusfragen die römisch-rechtlichen Praeiudicialklagen in Übung[89].

Man bemühte sich, diese als Rechtschutzform für möglichst viele Rechtsverhältnisse verfügbar zu machen und weiterzuentwickeln. Beispielsweise wurden Praeiudicialklagen bei bedingten und befristeten Forderungen oder im Prätendentenstreit zugelassen[90]. So wurde auch eine Ausweitung dieses Instituts in Form einer allgemeinen Anerkennungsklage befürwortet, dies vor allem von *Windscheid*[91]. Er lehrte, das Praeiudicium verlange nicht die Realisierung, sondern nur die Anerkennung eines Rechts oder Rechtsverhältnisses. Allerdings stand die herrschende Meinung in der Wissenschaft einer Ausweitung auf schuldrechtliche Verhältnisse eher ablehnend gegenüber und ließ eine Leistungsklage zusammen mit der Klage auf „Anerkennung" des Forderungs- oder Realrechts lediglich bei künftig wiederkehrenden Leistungen zu[92]. Hinzu kommt, daß überwiegend noch – verhaftete im aktionenrechtlichen Denken – an dem bislang unumstrittenem Grundsatz festgehalten wurde, daß die Klagemöglichkeit eine Rechtsverletzung voraussetze[93]. Nichtsdestotrotz zeigen sich bereits Anfänge der später kodifizierten Präjudizial-Inzidentklage.

b) Kautions- und Liberationsklagen

Auch die Kautions- und Liberationsklagen wurden weiterhin praktiziert[94]. Gerade in ihnen sah *Bähr* diejenige römischrechtliche Einrichtung, in denen die von ihm vertretene Anerkennungsklage ihren Ursprung habe[95]. Ähnlich dem römischen Recht ließ die Praxis die Klage auf Anerkennung vor dem Verfallstermin eines Forderungsrechts oder vor Bedingungseintritt zu, um dem Kläger die spätere

---

89 Vgl. *Seidel*, Feststellungsklage, S. 10; *Kadel*, Feststellungsklage, S. 35. *Weismann*, Feststellungsklage, S. 99 ff., und *Immerwahr*, Actio praejudicialis, S. 43 ff., betonen hingegen den deutschrechtlichen Ursprung.

90 Vgl. *Jacobs*, Feststellungsverfahren, S. 108.

91 Vgl. *Windscheid*, Actio, S. 16 ff.

92 Vgl. *Kadel*, Feststellungsklage, S. 42.

93 Vgl. *Jacobs*, Feststellungsverfahren, S. 108.

94 Näher zur gerichtlichen Praxis: *Jacobs*, Feststellungsverfahren, S. 108 f.

95 Vgl. *Bähr*, Anerkennung², S. 315 ff.: Im heutigen Recht trete jedoch an die Stelle der Stipulation „bei uns die Anerkennung, welche dann wiederum, als Gegenstand einer Klage gedacht, in dem Judicat selbst ein Surrogat findet", S. 319. Dies bedeute, es könne „auch vor dem Verfalltag der Leistung auf Anerkennung (Feststellung) des Rechtsverhältnisses ex justa causa geklagt werden", S. 319. Wo ein „wirkliches Bedürfniß" vorliege, mithin eine justa causa, müsse auch auf Nichtbestehen geklagt werden können, S. 320.

Einklagung des streitig gewordenen Forderungsrechtes nicht grundlos zu erschweren oder zu vereiteln[96].

c) Provokationen

Ebenso fanden die Provokationsklagen in der gemeinrechtlichen Praxis ab Beginn des 19. Jahrhunderts zunehmende Verbreitung[97]. Im Zuge dessen nahm man immer mehr davon Abstand, eine absichtliche bzw. willkürliche Berühmung als Voraussetzung der Provokationen zu verlangen; vielmehr ließ man bereits einen bloßen Nachteil genügen, der dem Kläger aus der Berühmung erwachse[98]. Hierdurch nahmen sie schließlich die merkwürdige Gestalt einer „actio poenalis"[99] an, die dem Diffamanten aufgab, seiner Verpflichtung nachzukommen und den Anspruch dessen er sich berühmte durch Klage geltend zu machen[100]. Vielfach wurde hierin ein Verstoß gegen das Prinzip der freien Ausübung des Klagerechts gesehen[101].

Als Ergebnis läßt sich festhalten, daß es den unumstrittenen Vorläufer der zivilprozessualen (Zwischen-) Feststellungsklage nicht gibt. Am nächsten dürften dem Zweck, den die Zwischenfeststellungsklage verfolgt, und ihrer Bedeutung im Rahmen der Hauptklage noch die Präjudizialklagen gekommen sein, wenn auch der dahinter stehende Gedanke der Rechtskrafterstreckung noch nicht, insbesondere für das eine negative Feststellungsklage abweisende Urteil[102], vollends ausgeformt war. Zumal in der gemeinrechtlichen Doktrin das Erfordernis der einer Feststellung oder Anerkennung vorausgehenden Rechtsverletzung erst langsam auflockerte. Insgesamt fehlte noch ein allgemeines Prinzip, welches der Anwendung der Feststellungsmittel zu Grunde gelegen hätte[103]. Unter dem Druck der durch die Judikatur – speziell bei Dauerschuldverhältnissen – zahlreich zugelassenen und unterschiedlich gehandhabten Präjudizialklagen und Anerkennungsklagen, der Zersplitterung des materiellen Rechts in den verschieden Territorien und bereits erfolgter Regelungen in den Prozeßordnungen verschiedener Staaten wurde der Ruf nach dem Gesetzgeber und einer einheitlichen Prozeßordnung für das Deutsche Reich immer lauter und führte so zur Kodifizierung der Feststellungsklagen in § 231 und § 253 CPO[104].

---

96 Vgl. *Jacobs*, Feststellungsverfahren, S. 108 f.

97 Vgl. *Jacobs*, Feststellungsverfahren, S. 108.

98 Vgl. *Kadel*, Feststellungsklage, S. 29.

99 Vgl. *Muther*, Diffamationsklage, 53 (125).

100 Vgl. *Muther*, Diffamationsklage, 53 (127); *Schumann*, GS Michelakis, 553 (572).

101 Vgl. *Schumann*, GS Michelakis, 553 (572) unter Hinweis auf *Degenkolb*, Einlassungszwang, S. 277.

102 Dazu *Schumann*, GS Michelakis, 553 (572 f.).

103 Vgl. *Rocholl*, ZZP 8 (1885), 329 (359).

104 Vgl. *Jacobs*, Feststellungsverfahren, S. 111 ff.

B. Die Regelung durch die Reichscivilprozeßordnung[105]

Die Zwischenfeststellungsklage gehört seit Verkündung der „Civil-Prozeß-Ordnung für das Deutsche Reich" im Jahre 1877[106] zum Kernbestand der die Klagearten betreffenden Regelungen. Hierbei ist sie *inhaltlich* nicht nur unverändert geblieben, auch *sprachlich* hat sie lediglich minimale Änderungen erfahren, einzig die *Bezifferung* wechselte[107]: Aus § 253 CPO (im Entwurf noch § 243) wurde durch die Novelle im Jahre 1898 § 280 ZPO; mit der Vereinfachungsnovelle des Jahres 1976 verschob der Gesetzgeber die Vorschrift zu § 256 ZPO, dem er sie als neugeschaffenen zweiten Absatz anfügte[108]. In den seither vergangenen fast drei Jahrzehnten ist § 256 ZPO unverändert geblieben.

1. Feststellungsanspruch

Rechtsdogmatisch hingegen waren die Feststellungsklagen des § 256 Abs. 1 und 2 ZPO seit der Kodifizierung gewaltigen Umwälzungen unterworfen. Die CPO selbst ging noch wie selbstverständlich von der Existenz eines Anerkennungs- bzw. Feststellungsanspruchs aus, sah die Feststellungsklage nicht als selbständige Form prozessualen Rechtsschutzes durch Feststellung an, sondern im materiellen Recht verhaftet und als Reaktion auf die Verletzung des materiellen Feststellungsanspruchs[109].

---

105 Nicht näher eingegangen wird an dieser Stelle auf die Genese der Reichscivilprozeßordnung. Eine lesenswerte Zusammenstellung hierzu findet sich in der Allgemeinen Begründung der „Begründung des Entwurfs einer Deutschen Civilprozeßordnung und des Einführungsgesetzes", Entwurf II, Berlin 1872, S. 1-56; sowie bei *Petersen/Remele*, Einleitung S. 11 ff.; *Stein/Jonas/Schumann*[20], Einleitung vor § 1 Rdnr. 99 ff.

106 Das Gesetz wurde nach Zustimmung des Bundesrats am 30. Januar 1877 durch den Kaiser vollzogen und mit Gesetzeskraft vom 1. Oktober 1879 in der Nr. 6 des Reichsgesetzblatts vom 19. Februar 1877 verkündet, vgl. *Wach*, Handbuch, § 11 sub IV, S. 155.

107 Vgl. *Schumann*, FS Georgiades, 543 (544).

108 Vgl. *Jacobs*, Feststellungsverfahren, S. 117; *Rocholl*, ZZP 8 (1885), 329 (360 ff.); *Stein/Jonas/Roth*[22], § 256 „Gesetzesgeschichte"; *Schumann*, FS Georgiades, 543 (544).

109 Vgl. MünchKomm ZPO/*Becker-Eberhard*[4], § 256 Rdnr. 3; *Kadel*, Feststellungsklage, S. 53 ff.; *Jacobs*, Feststellungsverfahren, S. 115 f., 124 ff.; *Moser*, Zulässigkeitsvoraussetzungen, S. 8 f.; *Nikisch*, Zivilprozeßrecht, § 39 I 3, S. 151; *Rimmelspacher*, Anspruch, S. 4 ff.; *Stein/Jonas/Roth*[22], § 256 Rdnr. 14 und vor § 253 Rdnr. 8. In der Begründung zum Entwurf des § 223 [= § 231 CPO] heißt es unter expliziter Berufung auf *Bähr* insoweit: „In vielen Fällen ist es ein dringendes, ja unabweisbares Bedürfniß, den Bestand eines Rechtsverhältnisses, bevor noch die materiellen Folgen desselben in Anspruch genommen werden, festzustellen, indem nur auf Grund einer solchen Feststellung die Betheiligten ihre Handlungsweise ohne Gefahr wesentlicher Verluste bestimmen können (vgl. *Bähr*, die Anerkennung als Verpflichtungsgrund, Ed. II., S. 315)." [...] „Die Voraussetzungen zu regeln, unter denen eine Klage erhoben werden kann, ist Sache des materiellen Rechts. Nicht die Civilprozeßordnung, sondern das Civilgesetzbuch würde daher der Ort sein,

Die Rechtsprechung ließ daher auch lange Zeit Klagen auf „Verurteilung zur Anerkennung" zu[110].

Aber bereits kurze Zeit nach Inkrafttreten der CPO mehrten sich die Stimmen, die einen materiellrechtlichen Feststellungsanspruch ablehnten, und in Fortentwicklung der Lehre *Windscheids* das Klagerecht nicht als bloßen Reflex eines verletzten subjektiven Rechts ansahen[111]. Insbesondere *Wach* trat der Theorie von der Anerkennungsklage entschieden entgegen und propagierte die Loslösung prozessualer Institute vom materiellen Recht; die Feststellungsklage sei als rein prozessuales Institut zu betrachten, das keine Rechtsverletzung erfordere[112]. Statt dessen entwickelte er die Theorie vom Rechtsschutzanspruch

---

zu bestimmen, ob und inwieweit Klagen auf Feststellung zu gestatten seien; aus diesem Grunde ist die Aufnahme einer desfalligen Vorschrift in den hannoverschen Entwurf (...) sowie in die bayerische Prozeßordnung (...) abgelehnt. Wenn dessen ungeachtet der Entwurf im § 223. den § 195 Abs. 1 des norddeutschen Entwurfs reproduziert, so war hierfür nicht allein die Rücksicht auf Beseitigung der in der Praxis herrschenden Unsicherheit und auf Herbeiführung der Rechtseinheit maßgebend, es waren daneben auch gewichtige prozessuale Erwägungen von entscheidendem Einflusse.", vgl. *Hahn*, Materialien II, S. 255 f. Diese „gewichtigen prozessualen Erwägungen" waren zum einen, die gesetzliche Regelung des Klagerechts in Einklang mit der Lehre der Rechtskraft des Urteils zu bringen; zum anderen die für den Prozeßzweck des Rechtsfriedens unzweckmäßigen Provokationen abzuschaffen, vgl. dazu *Rocholl*, ZZP 8 (1885), 329 (361), dort auch Fußn. 29; *Schumann*, GS Michelakis, 553 (572). Zum *„Feststellungsanspruch"* heißt es in der Begründung weiter: „Die Mehrzahl der oben aufgeführten Gesetze und Entwürfe hebt hervor, daß die Feststellungsklage Platz greife „ohne vorausgegangene Rechtsverletzung". Das sächsische Civilgesetzbuch und der norddeutsche Entwurf haben sich einer derartigen Formulierung enthalten. Dem Vorgange derselben hat sich der Entwurf angeschlossen. Denn wenn das Gesetz neben der Klage auf die dem Rechtsverhältnisse entsprechende Leistung eine Klage auf Feststellung einräumt, so erkennt es damit an, daß aus dem Rechtsverhältnisse neben dem Anspruch auf Leistung ein weiterer selbständig verfolgbarer Anspruch auf Feststellung erwächst. Wie der Anspruch auf Leistung, so kann auch der Anspruch auf Feststellung verletzt werden – und nur, wenn er verletzt ist liegt Anlaß zur Erhebung einer Klage auf Feststellung vor. Die Aufnahme der fraglichen Worte in das Gesetz erscheint daher nicht gerechtfertigt.", vgl. *Hahn*, Materialien II, S. 257. *Struckmann/Koch*, § 253 Anm. 1, spricht daher von *Anerkennungs- (Feststellungs-) Klage. Westerburg* bezeichnete diese Sichtweise als „Zwei-Seelen-Theorie", vgl. *Westerburg*, Gruchot 26 (1882), 450 (453).

110 Nachweise bei *Ho*, Anspruchbegriff, S. 15 ff.; *Moser*, Zulässigkeitsvoraussetzungen, S. 9 Fußn. 18. Ebenso wurden Anträge auf Feststellung zugelassen, was zeigt, wie unsicher die Praxis im Umgang mit der Feststellungsklage zunächst verfuhr.

111 Vgl. *de Boor*, Gerichtsschutz, S. 55 Fußn. 94; *Langheineken*, Urteilsspruch, S. 15 ff., 127; *Stein*, Urkundenprozeß, S. 5 ff.; *Weismann*, Feststellungsklage, S. 113 ff.

112 Vgl. *Wach*, Feststellungsanspruch, S. 15 ff., 34 ff. Im Hinblick auf die auf *Bährs* Anerkennungsanspruch rekurrierenden Motive zur CPO stellt *Wach* fest (S. 5 f.): „Motivenanbeter sind nun befriedigt. Für solche, welche in den Motiven einen maßgebenden Ausdruck des gesetzgeberischen Gedankens finden, steht es jetzt fest, daß § 231 ein materielles Recht auf Anerkennung im Falle des rechtlichen Interesses giebt, daß dieses Recht verletzbar ist und in der

als konkretes publizistisches Recht[113]. Auch wenn die Lehre vom Anspruch einer Partei auf eine ihr günstige Rechtsschutzhandlung[114], mithin ein günstiges Urteil, sich nicht durchsetzte[115], ist es das große Verdienst von *Wach*, die Feststellungsklage als rein prozessuales Rechtsinstitut bestimmt zu haben.

2. *Prozeßantizipation*

Für das Institut der Zwischenfeststellungsklage und seine Anwendbarkeit war eine weitere aus dem Gemeinen Recht stammende und von der CPO übernommene Auffassung bedeutsam, die auch heute noch – wie insbesondere bei den besonderen Prozeßvoraussetzungen zu zeigen sein wird[116] – nachwirkt und besonders in der Rechtsprechung zur Zwischenfeststellungsklage nahezu unreflektiert ihren Niederschlag gefunden hat: Der Gedanke der *Prozeßantizipation*.

Die im Gemeinen Recht entwickelte Anerkennungsklage verstand man zunehmend als erweiterte Zulassung der allmählichen Erledigung eines Rechtsstreits durch Feststellung der Existenz einer Forderung oder ihres Umfangs, wodurch die Klage auf bestimmte Leistung vorbereitet werden sollte[117]. Der Feststellungsprozeß wurde als antizipierter Prozeß verstanden[118]. Dem schloß

Klage auf Feststellung verfolgt wird. [...] Es wäre müßig, an dieser Stelle noch einmal den zweifellos richtigen Satz ausführen zu wollen, daß die Motive der CPO. keine autoritative Kraft haben, ja daß die dogmatische Konstruktion, selbst wenn sie im Gesetz auftritt, nicht bindet." Er weist im Folgenden auch darauf hin, daß die erste Fassung der Motive gerade keine Rechtsverletzung forderte und auch keinen Feststellungsanspruch enthielt (S. 6). Das überzeugende Argument gegen einen materiellen Anspruch auf Feststellung/Anerkennung ist aber: „Die Feststellungsklage ist nicht Klage auf Verurteilung zur Abgabe einer Willenserklärung, – anderenfalls wäre sie eine unter den § 230 fallende Leistungsklage." (S. 6 f.). Gäbe es eine materiellrechtliche Verpflichtung auf Anerkennung, so wäre tatsächlich eine Leistungsklage gegeben, bei deren Erfolg die Anerkennungserklärung des Beklagten mit Rechtskraft nach § 894 ZPO n. F. fingiert würde, und § 256 ZPO n. F. wäre überflüssig, vgl. *Stein/Jonas/Roth*[22], § 256 Rdnr. 3.

113 Ausführlich zur Rechtsschutzanspruchslehre *Wachs* und seiner Nachfolger: *Binder*, Prozeß, S. 142 ff.; *Herbst*, Rechtsschutzanspruch, S. 103 ff.; instruktiv zur Entwicklung des prozessualen Streitgegenstandsverhältnisses auch *Althammer*, Streitgegenstand, S. 42 ff.

114 Vgl. *Wach*, Feststellungsanspruch, S. 32.

115 Vgl. *Stein/Jonas/Brehm*[22], vor § 1 Rdnr. 239 ff. und *Stein/Jonas/Schumann*[20], Einleitung vor § 1 Rdnr. 214 ff. mit Nachweisen zur ablehnenden Auffassung in Fußn. 36. Zum Wiederaufleben des Rechtsschutzanspruchs in der neueren Lehre *Herbst*, Rechtsschutzanspruch, S. 163 ff., 278 ff.

116 Dazu unten Text bei Fußn. 896 ff.

117 Vgl. *Jacobs*, Feststellungsverfahren, S. 110 f. unter Verweis auf *Seidel*, Feststellungsklage, S. 8, 20, 34 f.

118 So insbesondere *Bähr*, Urteile, S. 152 f.; *Kroll*, Klage, S. 56 („Mit Recht hat man sie daher als eine Prozeßanticipation bezeichnet"); *Weismann*, Feststellungsklage, S. 114, 150 ff.; *Rocholl*, ZZP 8 (1885), 329 (345): „Die Motive haben [...] unter „Anspruch" auf Leistung oder

sich anfangs auch die Rechtsprechung an[119]. In diesem Bedürfnis der Praxis nach antizipatorischem Rechtsschutz nach Art der Praejudicialklagen lag einer der Hauptgründe für die Kodifikation der Feststellungsklage in § 231 CPO[120]. Einige vertraten sogar, der Anwendungsbereich der Feststellungsklage sei auf die Fälle der Antizipation einer Leistungsklage zu beschränken[121]. Als Gegenstand der Feststellungsklage nach § 231 CPO sollten demnach nur Rechtsverhältnisse in Betracht kommen, aus denen Leistungsansprüche entstehen könnten, was ebenfalls in den Motiven zur CPO anklingt[122].

Auch gegen diese Theorie hat *Wach* entschieden Stellung bezogen[123]. Unbestreitbar tritt die Feststellungsklage in vielen Fällen als eine solch „antizipierende" Klage auf[124], aber weder erschöpfen sich hierin ihre Eigenschaften und ihr Anwendungsbereich noch ist die Prozeßantizipation ihr alleiniger Zweck, weshalb sich diese Auffassung – jedenfalls für die prinzipale Feststellungskla-

Feststellung das „Recht" auf Leistung oder Feststellung gemeint, wie die Vergleichung mit Bährs Anerkennung [...], dem diese Theorie entnommen ist, deutlich erkennen läßt. Das Gesetz statuiert also einen Feststellungsstreit nur unter denselben Personen, zwischen denen der Streit über die Leistung statthaben würde. Dieses ist auch *nicht anders möglich, weil* [...] der *Feststellungsstreit nur einen künftigen Leistungsstreit in irgend einer Beziehung antizipiert*, seine Erfolge sichert oder vorbereitet, vielleicht auch ihn unnöthig macht, aber *stets nur in Erwartung desselben angestellt wird*; weil die Einlassungspflicht des Beklagten nur aus der rechtlichen Beziehung hergeleitet werden kann, in welcher derselbe zum Kläger steht" [Herv. d. Verf.]. Die Prämisse der Prozeßantizipation veranlaßt *Rocholl* im Hinblick auf die Zwischenfeststellungsklage zu folgender Äußerung (S. 379): „Es wird z. B. *keine* Erweiterung des Klageantrags und keine Widerklage behufs *Inzidentfeststellung des Bestehens oder Nichtbestehens eines Darlehensvertrages statthaft* sein, wenn die erhobene *Klage die Rückzahlung der ganzen Darlehensschuld* zum Gegenstand hat. Denn das *Leistungsurtheil*, gleichviel ob es kondemnatorisch oder absolutorisch lautet, *erschöpft das Rechtsverhältniss derartig, dass ein künftiger Leistungsprozess aus demselben nicht mehr denkbar* ist." [Herv. d. Verf.]

119 Vgl. *RGZ* 4, 437 f.; 10, 413 (414); 13, 386 (387).

120 Vgl. *Jacobs*, Feststellungsverfahren, S. 111.

121 Nachweise bei *Jacobs*, Feststellungsverfahren, S. 111 Fußn. 62.

122 Vgl. hierzu das Zitat aus der Begründung des Entwurfs oben in Fußn. 109 („dringendes, ja unabweisbares Bedürfniß, den Bestand eines Rechtsverhältnisses, bevor noch die materiellen Folgen desselben in Anspruch genommen werden, festzustellen"). So auch *Jacobs*, Feststellungsverfahren, S. 111.

123 Vgl. *Wach*, Feststellungsanspruch, S. 50: „Vollends haltlos ist die Begründung obiger Thesis aus der präparatorischen Natur der Feststellungsklage, ihrer Bestimmung der zukünftigen Leistungsklage den Boden zu bereiten, aus dem Satze, der Gegenstand der Feststellungsklage sei eine rechtliche Beziehung, aus welcher ein Anspruch auf Leistung entstehen könne. Das alles sind willkürliche, bodenlose Behauptungen, die ihren gebrechlichen Anhalt in Worten der Motive finden und nur falsche Anschauungen über das Wesen des Feststellungsinteresses paraphrasieren. Es ist nach meinen früheren Ausführungen gleichgültig, ob überhaupt das fragliche Rechtsverhältnis geeignet ist, je einen klagbaren Anspruch zu erzeugen."

124 Dazu eingehend *Stoll*, FS Bötticher, 341 (345 ff.).

ge – nicht durchgesetzt hat[125]. Eine andere Sichtweise wäre auch schwerlich mit der negativen Feststellungsklage vereinbar, bei der es dem Feststellungskläger gerade nicht darauf ankommt, künftige Ansprüche vorzubereiten, da er den Bestand des Rechtsverhältnisses in Abrede stellt.

C. Die jetzige Vorschrift des § 256 Abs. 2 ZPO

Seit Inkrafttreten des ZPO-Reformgesetzes am 1. Januar 2002[126] hat § 256 ZPO die amtliche Überschrift „Feststellungsklage". Die Feststellungsklagen sind seit 1976 in einem einzigen Paragraphen geregelt: Absatz 1 erfaßt die selbständige (prinzipale) Feststellungsklage, Absatz 2 die Zwischenfeststellungsklage (Inzidentfeststellungsklage). Der Vorzug der Zusammenfassung in einer einzigen Vorschrift ist augenfällig: Der gemeinsame Standort erleichtert zum einen die einheitliche Interpretation der zentralen Begriffe des „Rechtsverhältnisses" und des „Feststellens"[127]. Zum anderen erscheinen die Feststellungsklagen als ein gleichartiges Institut mit jeweiligen zusätzlichen prozessualen Voraussetzungen, die von den anderen Klagearten (Leistungs- und Gestaltungsklage) verschieden sind[128]:

Einerseits das *Feststellungsinteresse* für die selbständige Feststellungsklage, andererseits die *Vorgreiflichkeit* für die Zwischenfeststellungsklage. Beiden Voraussetzungen ist gemein, daß sie eine unbeschränkte Zulässigkeit von Feststellungsanträgen verhindern sollen. Für die prinzipale Feststellungsklage ist anerkannt, daß durch das Erfordernis des Feststellungsinteresses die Popularklage ausgeschlossen werden soll[129]. Nicht anders will das Gebot der Vorgreiflichkeit bei der Zwischenfeststellungsklage verhindern, daß sich ein Prozeß uferlos auf verfahrensfremde Streitgegenstände ausweitet[130].

Die Entsprechung dieser beiden Voraussetzungen macht es möglich, von der einen auf die andere Feststellungsklage überzugehen[131]: So kann ein Zwischenfeststellungsantrag in eine prinzipale Feststellungsklage umgedeutet werden, falls es an der Vorgreiflichkeit des festzustellenden Rechtsverhältnisses fehlt,

125 Vgl. *Moser*, Zulässigkeitsvoraussetzungen, S. 11; *Stein/Jonas/Roth*[22], § 256 Rdnr. 3.

126 Gesetz zur Reform des Zivilprozeßrechts vom 27. Juli 2001, BGBl. I, S. 1887, vgl. *Oberheim*, Reform, S. 2 sub A.

127 Vgl. *Schumann*, FS Georgiades, 543 (544 f.). Zur Terminologie unten Text bei Fuß. 134 ff.

128 Vgl. *Schumann*, FS Georgiades, 543 (545).

129 Vgl. *Stein/Jonas/Roth*[22], § 256 Rdnr. 7. Zur Frage der Unzulässigkeit von Prozessen über fremde Rechtsverhältnisse und damit der insbesondere von der Rechtsprechung zugelassenen Feststellungsklage über Drittrechtsverhältnisse *Schumann*, FS Musielak, 457 (465 ff.) sowie unten Text bei Fußn. 341 ff.

130 Vgl. *Schumann*, FS Georgiades, 543 (545).

131 Vgl. *Schumann*, FS Georgiades, 543 (545). Dazu eingehend unten Text bei Fußn. 1035 ff.

aber gleichzeitig ein Feststellungsinteresse besteht[132], während es umgekehrt möglich ist, eine selbständige Feststellungsklage, der das Feststellungsinteresse fehlt, als eine Zwischenfeststellungsklage zu behandeln, sofern das festzustellende Rechtsverhältnis vorgreiflich ist[133].

II. Terminologie

Das Wesen einer Klage besteht in dem Gesuch an das Gericht um Rechtsschutz[134]. Um dieses Rechtsschutzbegehren im Fall des § 256 Abs. 2 ZPO sachgerecht zu formulieren, haben sich im Laufe der Zeit unterschiedliche Bezeichnungen für diese Klageform herausgebildet: *Zwischenfeststellungsklage, Inzidentfeststellungsklage, Inzidentklage, Zwischenklage, Präjudizialinzidentfeststellungsklage* und *Präjudizialinzidentklage*[135]. Die Begründung des Entwurfs der CPO selbst verwendete sowohl den Ausdruck „*Präjudizial-Inzidentklage*"[136] in Anlehnung an den römischen Begriff „praeiudicialis actio"[137], als auch „*Inzidentfeststellungsklage*"[138].

Bergerhoff favorisiert den in der heutigen Literatur und Rechtsprechung überwiegend anzutreffenden Begriff „Zwischenfeststellungsklage", um eine Häufung von Fremdwörtern zu vermeiden, zumal dies auf ihre Eigenschaft als Feststellungsklage hinweise und zugleich durch die Silbe „zwischen" andeute, daß sie selbständiger Natur entbehre[139]. *Enders* kritisiert an der Bezeichnung

---

132 Vgl. *BGH* NJW 2008, 69 (71); *BayObLGZ* 2003, 61 (66 sub b 2): „Ein unzulässiger Zwischenfeststellungsantrag kann nämlich als gewöhnlicher Feststellungsantrag zulässig sein"; *OLG Köln* FamRZ 2006, 1768; *Baumbach/Lauterbach/Albers/Hartmann*, § 256 Rdnr. 116 („Umdeutung"); *Stein/Jonas/Roth*[22], § 256 Rdnr. 104.

133 Der Bundesgerichtshof führt diesbezüglich in *BGHZ* 139, 116 (118) aus: „Der Kläger hat in der Berufungsinstanz ausdrücklich einen Feststellungsantrag gestellt. Dieser ist jedenfalls hilfsweise im Sinne des hier allein zulässigen Antrags gemäß § 256 Abs. 2 ZPO auszulegen." Hierzu auch *Baumbach/Lauterbach/Albers/Hartmann*, § 256 Rdnr. 24 („Zwischenfeststellungsklage"); *Schumann*, FS Georgiades, 543 (545); *Stein/Jonas/Roth*[22], § 256 Rdnr. 18; *Thomas/Putzo/Reichold*, § 256 Rdnr. 4, 13 a. E.

134 So bereits *Hellwig*, System I, § 97, S. 243 ff.

135 Vgl. *Bergerhoff*, Zwischenfeststellungsklage, S. 10 Fußn. 3; *v. Braun*, Inzidentfeststellungsklage, S. 18 ff.; *Loening*, ZZP 4 (1882), 1 (14); *Oertmann*, ZZP 22 (1896), 11 (12 f.); *Schumann*, FS Georgiades, 543 (546); *Stein/Jonas/Roth*[22], § 256 Rdnr. 9, 11; *Wieczorek/Schütze/Assmann*[3], § 256 Rdnr. 344; *Wilmowski/Levy*[3], § 253 Anm. 1.

136 Vgl. *Hahn*, Materialien II, S. 158 (Begründung zu § 33 CPO [Widerklage]) und S. 274 (Begründung zu § 243 des Entwurfs = § 253 CPO [Zwischenfeststellungsklage]). So auch das *Reichsgericht*, vgl. *RGZ* 9, 337 (339).

137 Vgl. *v. Braun*, Inzidentfeststellungsklage, S. 19.

138 Vgl. *Hahn*, Materialien II, S. 291.

139 Vgl. *Bergerhoff*, Zwischenfeststellungsklage, S. 10 Fußn. 3.

„Inzidentfeststellungsklage", daß „inzident" lediglich eine rechtliche Mitüberprüfung suggeriere, wohingegen durch § 256 Abs. 2 ZPO eine Teilfrage aus der bloßen inzidenten Prüfung herausgelöst und mit einem eigenen Ausspruch versehen werde, weshalb durch „Inzidentfeststellungsklage" fälschlich Assoziationen geweckt würden, die der Aufgabe dieses Rechtsinstitutes entgegen stünden[140]. *Oertmann* andererseits möchte gerade den Begriff „Inzidentfeststellungsklage" beibehalten, da er die charakteristischen Momente präzise wiedergebe[141] Hingegen ist *von Braun* der Auffassung, daß der Ausdruck „Präjudizialinzidentfeststellungsklage" der Eigenart dieser Klageform am besten entspräche, da er sie zum einen als Feststellungsklage kennzeichne und zum anderen durch die Verwendung der Silben „Präjudizial" sowie „inzident" klarstelle, daß ein vorgreifliches Rechtsverhältnis im Rahmen eines anhängigen Rechtsstreits festgestellt werden soll[142].

Ich bevorzuge im Folgenden aus sprachlichen Gründen die Ausdrücke *Zwischenfeststellungsklage, Inzidentfeststellungsklage* oder kurz *Inzidentklage*[143]. Sofern es um die Widerklage des Beklagten im Rahmen von § 256 Abs. 2 ZPO geht, spreche ich demzufolge von Zwischenfeststellungswiderklage, Inzidentfeststellungswiderklage oder kurz Inzidentwiderklage[144].

Durch die Bezeichnung als *Zwischenfeststellungsklage* bzw. *Inzident*feststellungsklage wird nicht weniger zum Ausdruck gebracht, daß diese Klage in der Rechtsschutzform der Feststellung im Laufe eines schon anhängigen Rechtsstreites erhoben wird und damit unselbständiger Natur ist[145]. Soweit die Bezeichnung Inzidentklage den Hinweis auf die Klageart der Feststellungsklage vermissen läßt, ergibt sich dies jedoch aus dem Gegenstand der vorliegenden Untersuchung. Ebenso ist in der Weglassung der Silbe „Präjudizial" nicht der Verzicht auf den Gegenstand dieser Feststellungsform, das vorgreifliche Rechtsverhältnis, zu sehen, da dies ohnehin Frage ihrer Zulässigkeit ist und somit nicht notwendigerweise in der Terminologie ausgedrückt werden muß.

Wenn im Zusammenhang mit der Zwischenfeststellungsklage von demjenigen Verfahren die Rede ist, in welchem das Rechtsverhältnis „streitig geworden" ist,

---

140 Vgl. *Enders*, ZAP 1996, 455 (456).

141 Vgl. *Oertmann*, ZZP 22 (1896), 11 (12 f.).

142 Vgl. *v. Braun*, Inzidentfeststellungsklage, S. 19.

143 So auch *Schumann*, FS Georgiades, 543 (546).

144 Wenn auch *Loening*, ZZP 4 (1882), 1 (14), bemerkt: „Die Bezeichnung der Widerklage des § 253 als einer „incidenten" ist daher jedenfalls überflüssig; denn es gibt nach Reichsprozessrecht keine Widerklage, welche nicht incident wäre."

145 Vgl. *Bergerhoff*, Zwischenfeststellungsklage, S. 10 Fußn. 3; *Nikisch*, Zivilprozeßrecht, § 44 I 1, S. 169, der darauf hinweist, daß der Begriff Inzidentklage die Zwischenfeststellungsklage sowie die gewöhnliche Widerklage umfaßt, da beide inzident erhoben würden.

hat sich in Wissenschaft und Praxis ferner der Ausdruck *„Hauptklage"* oder *„Hauptprozeß"* eingebürgert[146]. Bisweilen findet sich auch der Ausdruck „Erstklage"[147]. Diese Hauptklage kann eine Leistungs-, Gestaltungs- oder Feststellungsklage sein. Für die Entscheidung über sie verwende ich die Begriffe *„Hauptsacheentscheidung"* oder kurz *„Hauptentscheidung"*.

III. Zusammenfassung

1. Betrachtet man die rechtshistorische Entwicklung, kann man feststellen, daß bereits im römischen Recht Feststellungsmittel in begrenztem Umfang ausgebildet waren, die vorgreifliche Rechtsverhältnisse zum Gegenstand haben konnten; insbesondere die Praejudicialklagen in Statusfragen. Jedoch mangelte es an einer eigenständigen Feststellungsklageform nach unserem heutigen Verständnis. Im Recht des Mittelalters trat der Schutz vor Berühmung, vergleichbar dem Rechtsschutz durch heutige negative Feststellungsklage, in den Vordergrund, wie die Entwicklung der Provokationsklagen (mit dem Ziel, dem Gegner „ewiges Stillschweigen" aufzuerlegen) zeigt. Im Gemeinen Recht war man bemüht, dem steigenden Bedürfnis der Praxis nach gerichtlicher Feststellung mit verschiedenartigen Einrichtungen gerecht zu werden. Aus diesem Grund ließen die Gerichte in zunehmendem Maße Feststellungsmittel unterschiedlichster Art zu. Speziell die Praejudicialklagen wollte man als Rechtschutzform für möglichst viele Rechtsverhältnisse verfügbar machen. Beispielsweise wurden sie bei bedingten und befristeten Forderungen oder in Prätendentenstreitigkeiten zugelassen, wenn auch der dahinter stehende Gedanke der Rechtskrafterstreckung noch nicht, insbesondere für das die negative Feststellungsklage abweisende Urteil, vollends ausgeformt war. Den unumstrittenen Vorläufer der zivilprozessualen (Zwischen-) Feststellungsklage gibt es jedoch nicht. Insgesamt fehlte noch ein allgemeines Prinzip, welches der Anwendung der Feststellungsmittel zu Grunde gelegen hätte.
2. Unter dem Druck der durch die Judikatur zahlreich zugelassenen und unterschiedlich gehandhabten Präjudizialklagen und Anerkennungsklagen, der Zersplitterung des materiellen Rechts in den verschieden Territorien und bereits erfolgter Regelungen in den Prozeßordnungen verschiedener Staaten wurde der Ruf nach dem Gesetzgeber und einer einheitlichen Prozeßordnung für das Deutsche Reich in der zweiten Hälfte des 19. Jahrhunderts immer lauter und führte so zur Kodifizierung der selbständigen Feststellungsklage in § 231

---

146 Vgl. *RGZ* 170, 328 (330); *BGHZ* 69, 37 (43); 125, 251 (257 sub bb) *Schumann*, FS Georgiades, 543 (546) m. w. N. aus der Literatur.

147 So *Wieczorek*^{2}, § 280 Anm. B III b.

CPO und der Zwischenfeststellungsklage in § 253 CPO. Allerdings ging man zu dieser Zeit noch überwiegend von der Existenz eines materiellrechtlichen Anerkennungs- bzw. Feststellungsanspruchs aus, sah die Feststellungsklage nicht als selbständige Form prozessualen Rechtsschutzes durch Feststellung an, sondern als Reaktion auf die Verletzung des materiellen Feststellungsanspruchs. Insbesondere *Adolf Wach* trat dem entschieden entgegen und propagierte die Loslösung prozessualer Institute vom materiellen Recht; die Feststellungsklage sei als rein prozessuales Institut zu betrachten, das keine Rechtsverletzung erfordere. Ebenso wandte er sich gegen die Auffassung, der Anwendungsbereich der Feststellungsklage sei auf die Fälle der Antizipation einer Leistungsklage zu beschränken.

3. Die Feststellungsklagen sind heute in einem einzigen Paragraphen, § 256 ZPO, geregelt: Absatz 1 erfaßt die selbständige (prinzipale) Feststellungsklage, Absatz 2 die Zwischenfeststellungsklage (Inzidentfeststellungsklage). Der gemeinsame Standort erleichtert zum einen die einheitliche Interpretation der zentralen Begriffe des „Rechtsverhältnisses“ und des „Feststellens“. Zum anderen erscheinen die Feststellungsklagen als ein gleichartiges Institut mit jeweiligen zusätzlichen prozessualen Voraussetzungen, die von den anderen Klagearten (Leistungs- und Gestaltungsklage) verschieden sind: Einerseits das *Feststellungsinteresse* für die selbständige Feststellungsklage, andererseits die *Vorgreiflichkeit* für die Zwischenfeststellungsklage. Beiden Voraussetzungen ist gemein, daß sie eine unbeschränkte Zulässigkeit von Feststellungsanträgen verhindern sollen.

§ 2 Sinn und Zweck der Zwischenfeststellungsklage

I. Die Grenzen der Rechtskraft

Wie *Ekkehard Schumann* zutreffend bemerkt, lassen sich Sinn und Zweck der Zwischenfeststellungsklage nur erkennen, wenn man sich vergegenwärtigt, daß das deutsche Zivilprozeßrecht der *Rechtskraft bewußt enge Grenzen* setzt[148]. Nach § 322 Abs. 1 ZPO ist das Urteil der Rechtskraft nur insoweit fähig, als über den durch die Klage oder Widerklage erhobenen Anspruch selbst, den unmittelbaren Gegenstand des Urteils, entschieden ist. Hingegen wird die *Entscheidung über präjudizielle Rechtsverhältnisse nicht rechtskräftig*, mag sie auch in

148 Vgl. *Schumann*, FS Georgiades, 543 (547). So auch *BGH* NJW 1995, 967; 2010, 2210 Rdnr. 9; *Stein/Jonas/Leipold*[22], § 322 Rdnr. 69.

der Entscheidungsformel oder in den Gründen des Urteils stehen[149]. Es sei denn, die Feststellung des bedingenden Rechtsverhältnisses ist nach § 256 Abs. 1 ZPO von vornherein im Wege der Klageverbindung verlangt[150]. Beispielsweise erwächst bei einer (auf § 985 BGB gestützten) erfolgreichen Klage auf Herausgabe einer Sache nur die Entscheidung über den Herausgabeanspruch in Rechtskraft, nicht jedoch die in den Gründen (notwendig) enthaltene Entscheidung, daß der Kläger Eigentümer ist[151].

Die Formulierung „nur insoweit" in § 322 Abs. 1 ZPO war Folge der Ablehnung gemein- und partikularrechtlicher Auffassungen, nach denen nicht nur der Tenor eines Urteils, sondern auch die Entscheidungsgründe in Rechtskraft erwachsen sollten[152]. *Friedrich Carl von Savigny*[153] hatte noch für das gemeine

---

149 Vgl. *BGH* NJW-RR 1999, 376 (377); *Musielak/Musielak*, § 322 Rdnr. 2 und 16; *Zöller/Greger*, § 256 Rdnr. 21; *Zöller/Vollkommer*, Vor § 322 Rdnr. 36. So schon *Gaupp/Stein/Jonas*, § 280 Anm. I.

150 Vgl. *Gaupp/Stein/Jonas*, § 280 Anm. I.

151 Das ist herrschende Meinung, vgl. *RG* WarnRspr 36, Nr. 173; *BGH* MDR 1999, 218; 2008, 815 f. (Rdnr. 19); *BGH* NJW 1981, 1517; 1983, 164 (165); 1985, 1553; 2003, 3058 (3059); *BGH* NJW–RR 1999, 376 (377); *Blomeyer*, Erkenntnisverfahren[2], § 89 V 4d, S. 495; *MünchKomm ZPO/Gottwald*[4], § 322 Rdnr. 102; *Hellwig*, Lehrbuch III, S. 26; *Henckel*, Prozeßrecht, S. 184; *Jauernig/Hess*, § 63 Rdnr. 18; *Palandt/Bassenge*, § 985 Rdnr. 17; *Rosenberg/Schwab/Gottwald*[17], § 152 Rdnr. 15; *Staudinger/Gursky*, § 985 Rdnr. 155 f.; *Thomas/Putzo/Reichold*, § 322 Rdnr. 28 f.; *Zöller/Vollkommer*, vor § 322 Rdnr. 36; *Stein/Jonas/Leipold*, § 322 Rdnr. 82 (m. w. N. für bedingende Rechtsverhältnisse in Rdnr. 81 ff.); a. A. *Zeuner*, Sinnzusammenhänge, S. 143 ff., 151, der dies mit der *intendierten Ordnung* der festgestellten Rechtsfolgen begründet. Seiner Auffassung nach sei die Rechtskraft anhand des vom objektiven Recht vorgegebenen, *rechtlichen Sinnzusammenhangs* zwischen der festgestellten Rechtsfolge und der im neuen Prozeß in Frage stehenden Rechtsfolge zu bestimmen. Wenn sich damit auch „gerechtere" Ergebnisse konstruieren lassen, hat *Zeuners* Theorie doch die Schwäche, daß der „rechtliche Sinnzusammenhang" und die „intendierte Ordnung" zu unbestimmt sind, um im Sinne der Rechtssicherheit die Grenzen der Rechtskraft festzulegen. Eine derartige Ausweitung läßt sich nur schwer mit der bewußt engen Fassung der Rechtskraftgrenzen in Einklang bringen, vgl. *BGHZ* 183, 77 (80 ff.); *BGH* NJW 2003, 3058; *Stein/Jonas/Leipold*[22], § 322 Rdnr. 205; *Althammer*, Streitgegenstand, S. 554 ff. Zudem ist für viele Fälle, in denen *Zeuner* die Rechtskraftgrenzen erweitert, die Zwischenfeststellungsklage das vom Gesetzgeber hierfür vorgesehene Institut. Dazu sogleich.

152 Hierzu *Kerameus*, AcP 167 (1967), S. 241 (243 ff., 255 ff.).

153 Vgl. *v. Savigny*, System VI, § 291, S. 350 ff., insbesondere S. 358: „Aus diesen Erwägungen folgt, daß in der That die Rechtskraft auch die Gründe des Urtheils mit umfaßt, d. h. daß das Urtheil als rechtskräftig anzusehen ist nur in unzertrennlicher Verbindung mit den vom Richter bejahten oder verneinten Rechtsverhältnissen, wovon der rein praktische Theil des Urtheils (die dem Beklagten auferlegte Handlung, oder die Abweisung des Klägers) abhängig ist. In diesem Sinn des Ausdrucks: Gründe, behaupte ich die Rechtskraft derselben. Um aber der Gefahr von Mißverständnissen zu entgehen, die aus der Vieldeutigkeit jenes Ausdrucks entsteht, will ich die in diesem Sinn aufgefaßten Gründe: Elemente der streitigen Rechtsverhältnisse und des (den Streit entscheidenden) Urtheils, nennen, und nunmehr den aufgestellten Satz so ausdrücken: Die Elemente des Urtheils werden rechtskräftig." Weitere Nachweise zu dieser Lehre bei *Windscheid/*

Recht gelehrt, die Rechtskraft ergreife ebenfalls die Urteilselemente, also die das Urteil bedingenden Rechte und Gegenrechte, d. h. die die Entscheidung tragenden tatsächlichen Feststellungen und die rechtliche Beurteilung vorgreiflicher Rechtsverhältnisse.

Mit dem Prozeßverständnis der Schöpfer der CPO waren solche Ansichten nicht vereinbar[154]. In liberaler Denkweise begrenzten sie die Wirkung des staatlichen Urteils auf die von den Parteien gestellten Anträge[155]. Der Rechtskraft dürfe kein darüber hinausgehender Umfang beigemessen werden, weil sonst die Prozeßbeteiligten mit Ergebnissen konfrontiert werden könnten, mit denen sie nicht gerechnet und über die sie nicht gestritten hätten[156]: „Das Urtheil darf nicht weiter gehen, als die Absicht der Parteien gegangen ist, und darf nicht Folgen erzeugen, deren sich die Parteien im Laufe des Prozesses gar nicht bewußt geworden sind“[157].

Da somit bei der Leistungsklage unmittelbar nur die gerichtliche Entscheidung über das Bestehen der geltend gemachten konkreten Rechtsfolge in materieller Rechtskraft (verkürzt: der Tenor als Ausspruch über den Klageanspruch) erwächst[158], besteht die Gefahr, daß die Entscheidung über ein vorgreifliches Rechtsverhältnis in einem Zweitprozeß abweichend getroffen wird[159]. Den erfah-

---

Kipp, Pandektenrecht[8], § 130, S. 575 Fußn. 20. *Windscheid* war noch weiter gegangen und ließ sogar die Feststellung von Tatsachen von der Rechtskraft erfassen, vgl. *Windscheid*, Pandektenrecht[4], § 130, S. 388.

154 In der Begründung des Entwurfs zu § 283 (§ 293 CPO [=§ 322 ZPO]) heißt es diesbezüglich: „Die nach v. Savigny's Vorgange aufgestellte Formel verhütet, daß über dieselbe Rechtsfrage unter denselben Parteien in verschiedenen Prozessen widersprechend entschieden wird, welcher Vorzug nicht hoch genug angeschlagen werden kann, weil widersprechende Urtheile im Volke als ein schwerer Uebelstand empfunden werden müssen. Sie führt aber weit über die Aufgabe des einzelnen Prozesses und über die Absicht der Parteien hinaus, welche den Gegenstand ihres Streits im Petitum ausgedrückt und begrenzt haben und in diesem Prozesse nur über diesen Streitpunkt eine richterliche Entscheidung erwarten. (Unger a. a. O. II. S. 628) Das Urtheil darf nicht weiter gehen, als die Absicht der Parteien gegangen ist, und darf nicht Folgen erzeugen, deren sich die Parteien im Laufe des Prozesses gar nicht bewußt geworden sind [...]. Die Rücksicht auf den Willen der Parteien, die Rücksicht auf das Richteramt fordern daher eine Beschränkung des Umfangs der Rechtskraft.“, vgl. *Hahn*, Materialien II, S. 291.

155 Vgl. *Schumann*, FS Georgiades, 543 (547).

156 Vgl. *Grunsky*, Grundlagen, § 47 IV 2, S. 514; *Schumann*, FS Georgiades, 543 (547 f.); *Stein/Jonas/Leipold*, § 322 Rdnr. 69. So bereits *Endemann*, § 293 Anm. I vor A, S. 136.

157 Oben Fußn. 154. Zu der Kontroverse zwischen *v. Savigny* (System, Band VI, §§ 291-294) einerseits und *Wetzell* (System, S. 518 ff., 532 ff.) sowie *Unger* (System, S. 615-649) andererseits zur Frage der materiellen Rechtskraft der Entscheidungsgründe, die von der ZPO im Sinne *Wetzells* und *Ungers* entschieden wurde, vgl. *Simshäuser*, Entwicklung, S. 57; *Gaul*, AcP 168 (1968), 27 (31) Fußn. 19a.

158 Statt vieler *Stein/Jonas/Leipold*[22], § 322 Rdnr. 90.

159 Vgl. *Zöller/Greger*, § 256 Rdnr. 21. So schon *Reincke*, § 293, S. 320 f.: „Ist mit dieser Regelung der von dem v. Savignyschen Systeme erstrebte Vortheil, welcher wesentlich auf Verhütung

renen Juristen, die über den Entwurf der CPO berieten, entgingen natürlich nicht die Folgen, die sich aus einem engen Umfang der Rechtskraft ergaben. Ihnen stellte sich die Frage, wie sich die Prozeßlage gestaltet, wenn z. B., um über die eingeklagte Zinsen- oder Schuldrate zu entscheiden, über das Bestehen der ganzen Schuld zu urteilen ist[160].

II. Die Zwischenfeststellungsklage als Weg der Rechtskrafterstreckung

Die Antwort bestand in der Schaffung eines neuen[161] Prozeß-Instituts, der Zwischenfeststellungsklage. Sowohl der Kläger als auch der Beklagte haben die Möglichkeit, einen rechtskräftigen Ausspruch über das für die Hauptsache vorgreifliche Rechtsverhältnis zu erreichen, da besagtes Rechtsverhältnis zwangsläufig im Rahmen der Hauptsache geklärt werden muß[162]. Gleichzeitig werden hiermit mehrfache Prozesse vermieden. Die Zwischenfeststellungsklage gibt jeder der beiden Parteien die Möglichkeit, die Feststellung des gesamten Rechtsverhältnisses zum Streitgegenstand zu machen, wenn die Hauptklage nur einen Teil, etwa die Zinsen- oder Schuldrate, betrifft. Die Herausbildung einer derartigen Zwischenfeststellungsklage war allerdings nur möglich, indem man zuvor

---

widersprechender Entscheidungen unter den gleichen Parteien hinauslief, geopfert, so hat die CPO diesen Verlust doch auf andere Weise auszugleichen gesucht."

160 Vgl. *Schumann*, FS Georgiades, 543 (548).

161 Zum Rechtszustand vorher vgl. etwa *Oberappellationsgericht Darmstadt*, SeuffArch 27 (1873), Nr. 68 (S. 121 [123 a. E.]): Ein Institut der Präjudicialklage im weiteren Sinn habe sich in der Praxis „als Regel noch nicht ausgebildet" und dafür sei „auch – bei richtiger Anwendung der v. Savigny'schen Theorie – gar kein Bedürfniß"; ferner *Simshäuser*, Entwicklung, S. 110; *Weismann*, Feststellungsklage, S. 2-110.

162 So die Begründung des Entwurfs zu § 283 (§ 293 CPO [=§ 322 ZPO]): „Indem der Entwurf aber gleichzeitig im § 223 die Feststellungsklage sanktionierte, gewann er die Möglichkeit, die Bedenken zu beseitigen, welche von dem durch v. Savigny vertretenen Standpunkte aus gegen die Vorschrift des § 283 Abs. 1 erhoben werden können [...] gestattete er nach dem Vorbilde des nordd. Entw. § 196 jeder Partei durch die im § 243 geregelten Inzidentfeststellungsklagen [...] eine der Rechtskraft fähige Entscheidung zu erwirken, gelangte also auf diesem Wege zu einem Ergebnisse, welches im Wesentlichen dem v. Savigny'schen Standpunkte entspricht, nur daß er nicht das Gesetz, sondern den Willen der Parteien darüber bestimmen läßt, was mit einer über den Bereich des Prozesses hinausreichenden Rechtskraft entschieden werden soll", vgl. *Hahn*, Materialien II, S. 291 f. Ebenso *BGH* NJW 2010, 2210 Rdnr. 10; MünchKomm ZPO/*Becker-Eberhard*[4], § 256 Rdnr 75; *Foerste*, ZZP 108 (1995), 167 (168); *Hager*, KTS 54 (1993), 39 (40); *Schumann*, FS Georgiades, 543 (548); *Reincke*, § 253 Anm. 2., S. 275.

die Klageart der Feststellungsklage, die es vor Inkrafttreten der CPO nicht gab[163], „erfunden“ hatte[164].

Mit der Einführung der Zwischenfeststellungsklage blieb das Zivilprozeßrecht dem dargestellten Grundsatz treu, die Grenzen der Rechtskraft möglichst eng zu ziehen. Die Motive zur CPO bringen die getroffene liberale Regelung auf die einprägsame und überzeugende Formel[165]: „Nicht das Gesetz, sondern der Wille der Parteien“ bestimme, „was mit einer über den Bereich des Prozesses hinausreichenden Rechtskraft entschieden werden soll.“[166] Dies ist um so bedeutsamer, als in der gemeinrechtlichen Lehre des 19. Jahrhunderts die Erstreckung der Rechtskraft auf alle im Prozeß bestrittenen und dementsprechend entschiedenen Rechtsfolgen der Lehre *v. Savignys* folgend nahezu einhellig anerkannt war und der Ausgangspunkt seiner Lehre in der Maßgeblichkeit des *richterlichen Willens* für das, „was der Richter infolge der spruchreif gewordenen Verhandlung entscheiden *will*“[167], lag[168]. *Endemann* faßte noch vor Inkrafttreten der CPO diesen Zusammenhang zwischen der objektiven Grenze der Rechtskraft und der Inzidentfeststellungsklage folgendermaßen zusammen: „Mit der Grenze, welche Abs. 1 [des heutigen § 322 ZPO, d. Verf.] zieht, steht § 253 [§ 256 Abs. 2 ZPO n. F., d. Verf.] im innigsten Zusammenhang“[169]. Dadurch werden die Parteien nicht mit Urteilsfolgen belastet, die sie nicht erwartet haben[170]. Zugleich gewährte die CPO beiden Prozeßseiten die Freiheit, eine rechtskraftfähige Entscheidung zu

---

163 Siehe dazu das Zitat aus der Begründung des Entwurfs in der vorigen Fußnote. Ferner *Blomeyer*, Erkenntnisverfahren, § 37 I (S. 176); *Rosenberg/Schwab/Gottwald*[17], § 90 Rdnr. 4.

164 Vgl. *Schumann*, FS Georgiades, 543 (548); *Struckmann/Koch*, § 293 Anm. 2: „Durch gleichzeitige Aufnahme der Feststellungsklage und im Anschlusse an dieselbe der Inzident-Feststellungsklage (§§ 231, 253) nähert sich die C.P.O. im Resultate aber wiederum der Ansicht v. Savignys, mit dem Unterschiede, daß für die Rechtskraft präjudizieller Ansprüche in den formellen Erfordernissen des § 253 ein äußeres Kennzeichen gewonnen ist“ und § 253 Anm. 1: „Es genügt aber nicht, daß die Absicht, gewisse Präjudizial-Punkte mit entscheiden zu lassen, überhaupt erkennbar sei; sondern dieselbe muß – abgesehen von § 293 Abs. 2 – gerade in der in § 253 bestimmten Form in die Erscheinung getreten sein.“

165 Vgl. *Schumann*, FS Georgiades, 543 (549).

166 Oben Fußn. 162. So auch *v. Braun*, Inzidentfeststellungsklage, S. 18; *Kroll*, Klage, S. 311; *Stein/Jonas/Leipold*[22], § 322 Rdnr. 72; *Oertmann*, ZZP 22 (1896), 11 (11 f.); *Schumann*, FS Georgiades, 543 (548 f.).

167 *v. Savigny*, System VI, S. 359 f.; ebenso auf S. 379: „die Absicht des Richters“.

168 Vgl. *Kerameus*, AcP 167 (1967), 241 (251).

169 *Endemann*, § 293 Anm. I A (S. 137). Auch für *Hager*, KTS 54 (1993), 39 (39), hängt der Sinn des § 256 Abs. 2 ZPO „aufs engste mit dem Verständnis der Rechtskraft zusammen“. *Gaupp*, § 253 Anm. I, spricht gleichfalls vom „engsten Zusammenhang“; *Oertmann*, ZZP 22 (1896), 11 (11), vom „unmittelbaren Zusammenhang“.

170 Vgl. *Grunsky*, Grundlagen, § 47 IV 2, S. 514 (Schutz vor „Überraschungseffekten“).

beantragen. Die gleichzeitig damit bewirkte Stärkung der Dispositionsmaxime ist unübersehbar[171].

Zweck der Zwischenfeststellungsklage ist mit den Worten des *Reichsgerichts* „die Ausdehnung der Rechtskraftwirkung auf den Grund der Klage“[172]. Sie ist ein Ersatz dafür, daß die Grundlagen der Entscheidung nicht in Rechtskraft erwachsen[173]. So kann im Fall der Vindikationsklage der Kläger positive Zwischenfeststellungsklage auf Bestehen seines Eigentums, der Beklagte negative Zwischenfeststellungswiderklage auf Nichtbestehen des Eigentums des Klägers erheben und dieses rechtskräftig feststellen lassen. Im Lichte dieses Zwecks der Zwischenfeststellungsklage – der Rechtskrafterstreckung auf den Rechtsgrund – sind auch die Sachurteilsvoraussetzungen zu verstehen, wie noch zu zeigen ist.

III. Zusammenfassung

1. In Folge der Ablehnung gemein- und partikularrechtlicher Auffassungen, insbesondere der Lehre *Friedrich Carl von Savignys*, nach der auch die Entscheidungsgründe in Rechtskraft erwachsen sollten, ist das Urteil gemäß § 322 Abs. 1 ZPO der Rechtskraft nur insoweit fähig, als über den durch die Klage oder Widerklage erhobenen Anspruch selbst entschieden ist. Hingegen wird die *Entscheidung über präjudizielle Rechtsverhältnisse nicht rechtskräftig*. In liberaler Denkweise begrenzten die Schöpfer der CPO die Wirkung des staatlichen Urteils auf die von den Parteien gestellten Anträge, damit die Prozeßbeteiligten nicht mit Ergebnissen konfrontiert würden, mit denen sie nicht gerechnet und über die sie nicht gestritten hätten.
2. Da somit bei der Leistungsklage unmittelbar nur die gerichtliche Entscheidung über das Bestehen der geltend gemachten konkreten Rechtsfolge in

171 Vgl. *Schumann*, FS Georgiades, 543 (549). Für die österreichische Zivilprozeßordnung formuliert *Astrid Deixler-Hübner* dies so: „Der Zwischenfeststellungsantrag verkörpert somit neben der Klage das stärkste Angriffsmittel des Klägers und dient zudem – weil er einen Zweitprozess vermeidet – sowohl Zwecken der Prozessökonomie als auch der Rechtssicherheit“, *Fasching/Deixler-Hübner*, § 236 ZPO Rdnr. 1.

172 *RGZ* 170, 328 (330).

173 Vgl. *RGZ* 126, 234 (237); 144, 54 (59); 170, 328 (330); *RG* JW 1899, 256 Nr. 2; *RG* ZZP 59 (1935), 424 (428); *BGHZ* 42, 340 (350); 43, 144 (146 f.); *BGH* LM § 280 ZPO Nr. 2; *BGH* NJW 1992, 1897; 2007, 82 (83); 2010, 2210 Rdnr. 9 f.; *BGH* JR 1995, 157 (159 f.); *BAGE* 18, 29 (36); *BAG* NJW 1967, 647 (648); MünchKomm ZPO/*Becker-Eberhard*[4], § 256 Rdnr. 75; *Hager*, KTS 54 (1993), 39 (40); *Jacobs*, Feststellungsverfahren, S. 221; *Planck*, Lehrbuch, § 19 Fußn. 22, S. 73 („Surrogat der beseitigten Rechtskraft der Entscheidungsgründe“); *Petersen/Anger*, § 280 Anm. 1; *Stein/Jonas/Roth*[22], § 256 Rdnr. 102; *Schneider*, MDR 1973, 270 (271); *Schumann*, FS Georgiades, 543 (551); *Wilmowski/Levy*[3], § 253 Anm. 1.

materieller Rechtskraft erwächst, besteht die Gefahr, daß die Entscheidung über ein vorgreifliches Rechtsverhältnis in einem Zweitprozeß abweichend getroffen wird. Die Antwort bestand für den Gesetzgeber in der Schaffung des neuen Prozeß-Instituts der Zwischenfeststellungsklage. Mit ihrer Einführung blieb das Zivilprozeßrecht dem dargestellten Grundsatz treu, die Grenzen der Rechtskraft möglichst eng zu ziehen. Nicht das Gesetz, sondern der *Wille der Parteien* soll bestimmen, was mit einer über den Bereich des Prozesses hinausreichenden Rechtskraft entschieden werden soll. *Sinn und Zweck* der Zwischenfeststellungsklage ist daher die *Ausdehnung der Rechtskraftwirkung auf den Grund der Klage*. Sie ist ein Ersatz dafür, daß die Grundlagen der Entscheidung nicht in Rechtskraft erwachsen.

Zweites Kapitel: Die Sachurteilsvoraussetzungen der Zwischenfeststellungsklage

Die Inzidentfeststellungsklage ist ihrem Wesen nach zwar eine unselbständige (weil von einer Hauptklage abhängig[174]), aber dennoch echte Klage[175], nicht etwa nur Angriffs- oder Verteidigungsmittel, weshalb sie auch nicht als verspätet zurückgewiesen werden darf[176]. Dies ist allerdings im älteren Schrifttum von *Wendt*[177] bestritten worden. Er vertrat die Ansicht, die Zwischenfeststellungsklage führe zu „keiner neuen, sonst nicht erforderlichen Kognition und Entscheidung", sondern stelle lediglich einen prozessualen Antrag dar, um die Rechtskraft des Urteils auf das vorgreifliche Rechtsverhältnis zu erstrecken.

Diese Auffassung ist weder mit dem Wortlaut des Gesetzes noch mit dem Sinn und Zweck der Inzidentfeststellungsklage vereinbar: Indem § 256 Ab. 2 ZPO bestimmt, daß die Feststellung des inzident zu klärenden Rechtsverhältnisses vom Kläger durch Erweiterung des *Klage*antrags vom Beklagten durch Erhebung einer Wider*klage* beantragt werden kann, hat der Gesetzgeber unmißverständlich zum Ausdruck gebracht, daß er die Inzidentfeststellungsklage als wirkliche Klage aufgefaßt haben will[178].

Zudem liegt der Sinn der Zwischenfeststellungsklage darin, eine rechtkraftfähige Entscheidung über das bedingende Rechtsverhältnis herbeizuführen. Diese „richterliche Entscheidung" setzt aber eine echte Klage voraus, da anderenfalls das

174 Dazu sogleich.

175 Vgl. *RG* JW 1932, 650; *Bergerhoff*, Zwischenfeststellungsklage, S. 44 f.; Stein/Jonas/*Schumann*[21], § 256 Rdnr. 6; *Wieczorek*[2], § 280 Anm. A II; *Stein/Jonas/Roth*[22], § 256 Rdnr. 9. In diesem Sinne schon *Oertmann*, ZZP 22 (1896), 11 (66 f.) (der die Inzidentklage dessenungeachtet untechnisch als „Rechtsmittel" bezeichnet); *v. Braun*: Inzidentfeststellungsklage, S. 15 ff.

176 So bereits *LG Berlin I* JW 1930, 3008.

177 Vgl. *Wendt*, AcP 70 (1866), 39 (39).

178 Vgl. *Bergerhoff*, Zwischenfeststellungsklage, S. 45; *Oertmann*, ZZP 22 (1896), 11 (67). In der Begründung des Entwurfs zu § 243 [§ 253 CPO = § 256 Abs. 2 ZPO n. F.] heißt es daher auch: „Die Präjudizial-Inzidentklage ist ebenso wie die Präjudizial-Inzident-widerklage in Betreff der prozessualen Geltendmachung, der Rechtshängigkeit und des Zeitpunktes, bis zu welchem ihre Erhebung gestattet ist, der Widerklage gleichgestellt (...). Von selbst versteht sich, daß auch für die Widerklage und die Klage des § 243 die Bestimmungen des Entwurfs über die Vorbereitung der mündlichen Verhandlung durch Schriftsätze gelten", vgl. *Hahn*, Materialien II, S. 274.

Rechtsverhältnis nur als Element in den Urteilsgründen auftauchen würde und damit für den Inzidentkläger ein „Muster ohne Wert" wäre[179].

§ 3 Die besonderen Sachurteilsvoraussetzungen der Zwischenfeststellungsklage

Entsprechend ihrer Natur als Klage unterliegt die Zwischenfeststellungsklage, soweit nicht § 256 Abs. 2 ZPO eine abweichende Regelung trifft, allen Vorschriften, über die Klage, insbesondere denen über die allgemeinen und besonderen Prozeßvoraussetzungen[180] und Prozeßhindernisse[181]. Das Hauptaugenmerk der Untersuchung liegt auf den besonderen Voraussetzungen dieses Instituts. Im Rahmen der allgemeinen Sachurteilsvoraussetzungen werden lediglich die Unterschiede zur prinzipalen Feststellungsklage herausgestellt[182].

I. Erfordernis einer Hauptklage

Die Zwischenfeststellungsklage hat keine selbständige Bedeutung, sondern kann nur im Rahmen eines anderweitig schwebenden Rechtsstreits erhoben werden[183], sie erfordert somit stets eine Hauptklage.

179 Vgl. *Loening*, ZZP 4 (1882), 1 (17).

180 Diese Terminologie hat sich im Anschluß an *Oskar Bülow* durchgesetzt, vgl. *Bülow*, Prozeßeinreden, S. 5 ff.; ferner *Nikisch*, Zivilprozeßrecht, § 56 I 1 f., S. 222 f.; *Simshäuser*, Entwicklung, S. 16 f.: „Dabei werden die *von Amts wegen* zu beachtenden Voraussetzungen, von denen die Zulässigkeit der Sachverhandlung und Sachentscheidung in einem bestimmten gerichtlichen Verfahren abhängt, heute im Anschluß an *Oskar Bülow* unter dem Namen *Prozeßvoraussetzungen* zusammengefaßt; bedarf es zu ihrer Beachtung der Rüge seitens einer Partei, so nennt man sie, ebenfalls der Terminologie *Oskar Bülows* folgend, *Prozeßhindernisse*". Um Prozeßhindernisse handelt es sich z. B. bei § 113 S. 2, § 269 Abs. 6, § 1032 Abs. 1 ZPO, vgl. *Musielak*, Grundkurs, Rdnr. 133; *Stein/Jonas/Schumann*[20], Einleitung vor § 1 Rdnr. 317; *Schumann*, ZPO-Klausur, Rdnr. 223 Fußn. 6.

181 Vgl. *Rosenberg/Schwab/Gottwald*[17], § 96 Rdnr. 46.

182 Zum Vorrang der Prüfung der Voraussetzungen der Zwischenfeststellungsklage als solcher samt den Voraussetzungen der Verbindung vor der Prüfung der allgemeinen Sachurteilsvoraussetzungen im Prozeß, vgl. *Stein/Jonas/Roth*[22], § 256 Rdnr. 10 und 102.

183 Vgl. MünchKomm ZPO/*Becker-Eberhard*[4], § 256 Rdnr. 75; *Stein/Jonas/Schumann*[21], § 256 Rdnr. 6; *Stein/Jonas/Roth*[22], § 256 Rdnr. 9; *Wieczorek*[2], § 280 Anm. A.

A. Unselbständigkeit der Inzidentfeststellungsklage

Bergerhoff ist – bezüglich der Inzidentklage des § 280 ZPO a. F. – der Ansicht, daß diese Unselbständigkeit schon aus der Stellung im Gesetz folge[184], da die Vorschrift nicht ohne Grund in den Abschnitt „Verfahren bis zum Urteil" eingefügt worden sei. Daraus gehe hervor, daß die Zwischenfeststellungsklage nur in einem bereits schwebenden Verfahren Bedeutung gewinnen könne[185]. Dieser Sichtweise kann jedoch nicht gefolgt werden. Andernfalls müßte die (unzweifelhaft[186]) selbständige Feststellungsklage nach § 256 Abs. 1 ZPO, die ebenfalls in diesem Abschnitt steht, desgleichen nur in einem bereits schwebenden Verfahren Bedeutung gewinnen können.

Wenn man schon die Stellung im Gesetz anführen will, könnte man allenfalls argumentieren, daß in der ZPO n. F. die Unselbständigkeit der Zwischenfeststellungsklage durch die Anfügung als Absatz 2 zur selbständigen Feststellungsklage des § 256 Abs. 1 ZPO zum Ausdruck kommt.

Mehr noch streitet der *Wortlaut der Norm*[187] für eine Unselbständigkeit: Nach § 256 Abs. 2 ZPO kann bis zum Schluß derjenigen mündlichen Verhandlung, auf die das Urteil ergeht, der Kläger durch *Erweiterung des Klageantrags*, der Beklagte durch *Erhebung einer Widerklage* beantragen, daß ein *im Laufe des Prozesses* streitig gewordenes Rechtsverhältnis, von dessen Bestehen oder Nichtbestehen die *Entscheidung des Rechtsstreits* ganz oder zum Teil abhängt, festgestellt wird. Sowohl die „Klageerweiterung" als auch die „Widerklage" setzen begrifflich wie dogmatisch eine bestehende Klage voraus. Zwar ist die „gewöhnliche", d. h. nicht nach § 256 Abs. 2 ZPO erhobene, Widerklage insofern eine selbständige, als mit ihrer Rechtshängigkeit sie – insbesondere bei Rücknahme oder sonstiger

184 Vgl. *Bergerhoff*, Zwischenfeststellungsklage, S. 10, der dieses Charakteristikum schon in der Bezeichnung „Zwischenfeststellungsklage" angedeutet sieht. Meines Erachtens kommt diese Unselbständigkeit jedoch noch stärker in dem Terminus „*Inzident*feststellungsklage" zum Ausdruck.

185 Vgl. *Bergerhoff*, Zwischenfeststellungsklage, S. 10.

186 Vgl. *Stein/Jonas/Schumann*[21], § 256 Rdnr. 4.

187 Nach der allgemeinen juristischen Methodenlehre (der die Auslegung der Prozeßgesetze grundsätzlich folgt, vgl. *Rosenberg/Schwab/Gottwald*[17], § 7 Rdnr. 8 und *Stein/Jonas/Brehm*[22], vor § 1 Rdnr. 53) hat die Auslegung vom Wortlaut auszugehen und erfährt gleichzeitig ihre Begrenzung durch ihn. Der Wortlaut hat also eine doppelte Aufgabe, vgl. *Larenz*, Methodenlehre, S. 322. Bei den Prozeßgesetzen ist zu beachten, daß die Reichsjustizgesetze aus einer Zeit stammen, in der die begriffliche Gesetzgebungstechnik, wie sie vor allem das BGB zeigt, noch nicht ausgebildet war. Sie haben daher nicht die Sorgfalt des Ausdrucks und der systematischen Durcharbeitung, die das BGB aufweist. Die Wortbedeutung kann sich daher im Einzelfall von Norm zu Norm unterscheiden, vgl. *Stein/Jonas/Schumann*[20], Einleitung vor § 1 Rdnr. 53; *Rosenberg/ Schwab/Gottwald*[17], § 7 Rdnr. 9. Dennoch beginnt auch hier jede Auslegung mit dem Wortsinn.

Erledigung – vom Fortbestand der Klage unabhängig ist[188]. Dies liegt aber in der Natur der Widerklage begründet: Hauptklage und Widerklage sind nur zu gemeinsamer Verhandlung und Entscheidung in einem Verfahren verbunden, nicht aber notwendig das Schicksal der beiden Prozesse[189]. Bei der Zwischenfeststellungswiderklage als besonderer Fall der Widerklage[190] hingegen ist durch das Erfordernis der Abhängigkeit ein rechtlicher Zusammenhang gegeben, der eine Trennung (vgl. § 145 Abs. 2 ZPO) unstatthaft macht[191]. Auch die Formulierungen „im Laufe des Prozesses" und „Entscheidung des Rechtstreits" verdeutlichen, daß die Inzidentfeststellungsklage nur dort Platz greifen kann, wo eine Hauptklage, ein Hauptprozeß, ein Rechtsstreit besteht[192]. Der Lauf des Prozesses muß also bereits begonnen haben[193]. Unabhängig davon hat die Zwischenfeststellungsklage keine Existenzberechtigung.

Dies entspricht ihrem *Sinn und Zweck*, welchem gerade bei den Prozeßgesetzen entscheidende Bedeutung zukommt[194]: Die *ratio legis* des § 256 Abs. 2 ZPO ist – wie bereits dargelegt – die Erstreckung der Rechtskraft auf ein für die Hauptsache vorgreifliches Rechtsverhältnis, da besagtes Rechtsverhältnis zwangsläufig im Rahmen der Hauptsache geklärt werden muß. Wo folglich ein Hauptprozeß nicht stattfindet, kann die Inzidentfeststellungsklage somit nicht Platz greifen. In diesem Fall ist vielmehr nur der Weg der prinzipalen Feststellungsklage gangbar.

Sofern der Kläger zunächst eine prinzipale Feststellungsklage über eine Vorfrage (z. B. Vertragsnichtigkeit) erhebt und der Beklagte widerklagend Leistung aus diesem Rechtsverhältnis fordert, sieht *Roth*[195] hierin eine Ausnahme vom Grundsatz der Unselbständigkeit, da die negative Feststellungsklage in dieser Situation vom Typus her zur Inzidentklage gehöre, jedoch eine selbständige Feststellungsklage sei, die ein Rechtsschutzinteresse erfordere. Daran zeige sich,

188 Vgl. *LG München I* NJW 1978, 953; *Jauernig/Hess*, § 46 Rdnr. 3; *Rosenberg/Schwab/Gottwald*[17], § 96 Rdnr. 26; *Thomas/Putzo/Hüßtege*, § 33 Rdnr. 23; *Zöller/Vollkommer*, § 33 Rdnr. 7, 17. So bereits *Schollmeyer*, Zwischenstreit, S. 22.

189 Vgl. *Rosenberg/Schwab/Gottwald*[17], § 95 Rdnr. 26.

190 Vgl. *Stein/Jonas/Roth*[22], § 256 Rdnr. 9.

191 Vgl. *Stein/Jonas/Roth*[22], § 256 Rdnr. 119.

192 Dies mag ein Grund für die zum Teil sprachlich ungenaue Prozeßvoraussetzung der „Anhängigkeit einer Hauptklage" sein, dazu sogleich.

193 So bereits *Oertmann*, ZZP 22 (1896), 11 (14). Dies schließt freilich nicht aus, daß die Inzidentklage zusammen mit der Hauptklage erhoben wird. Dazu näher unten Text bei Fußn. 804 ff.

194 Vgl. *BGHZ* 43, 100; 44, 48 und die in Fußn. 187 zitierten Autoren. Hierbei ist stets zu berücksichtigen, daß der Zivilprozeß und die Anwendung des Prozeßrechts kein Selbstzweck ist, sondern der Verwirklichung des materiellen Rechts dient, worauf insbesondere *Schumann* hingewiesen hat, vgl. *Stein/Jonas/Schumann*[20], Einleitung vor § 1 Rdnr. 68 ff. und *Schumann*, FS Larenz, S. 571 ff.

195 Vgl. *Stein/Jonas/Roth*[22], § 256 Rdnr. 11 a. E. zu *BGH* NJW 2002, 751.

daß eine Inzidentfeststellungsklage abweichend vom gesetzgeberischen Modell des § 256 Abs. 2 ZPO durchaus nicht immer als unselbständige Feststellungsklage vorkommen müsse. Wenn *Roth* auch darin Recht zu geben ist, daß in dieser Konstellation die prinzipale Feststellungsklage als Inzidentklage erscheint, wird dennoch hierdurch das Erfordernis der Unselbständigkeit meines Erachtens nicht berührt. Vielmehr ist das zeitliche Moment[196] der Zulässigkeit der Inzidentklage betroffen. Denn würde die Feststellung der Vertragsnichtigkeit zeitlich nach der Leistungsklage erhoben, läge eine für die Inzidentklage – so sie beantragt wird – erforderliche Hauptklage vor. Die Parteien sind jedoch nicht gehalten, von der Möglichkeit der Zwischenfeststellungsklage Gebrauch zu machen[197]. Wenn eine Partei ohne vorliegende Hauptklage die Feststellung eines (vorgreiflichen) Rechtsverhältnisses begehrt, steht ihr nur der Weg über § 256 Abs. 1 ZPO offen.

B. Rechtshängigkeit der Hauptklage

1. Anhängigkeit einer Hauptklage nicht ausreichend

Bei einigen Autoren[198] findet sich die Formulierung, daß eine Hauptklage über den Anspruchsgrund noch in einer Tatsacheninstanz[199] *anhängig* sein muß.

---

196 Zum Erfordernis der Rechtshängigkeit sogleich.

197 Vgl. *Stein/Jonas/Roth*[22], § 256 Rdnr. 8 a. E. und 9.

198 Etwa MünchKomm ZPO/*Lüke*[2], § 256 Rdnr. 77, sowie an selber Stelle in der Folgeauflage *Becker-Eberhard*. Anders *Bergerhoff*, Zwischenfeststellungsklage, S. 11, der zwar ebenfalls von der Anhängigkeit eines anderweitigen Rechtsstreits spricht, allerdings darauf hinweist, daß von einem Rechtsstreit nur die Rede sein könne, wenn eine Klage oder Widerklage *rechtshängig* sei, und im übrigen für die Erhebung der Zwischenfeststellungsklage die Rechtshängigkeit eines anderen Prozesses fordert. So auch *Zöller/Greger*, § 256 Rdnr. 22, und in der älteren Literatur *Förster/Kann*, § 280 Anm. 2 a (beide „Anhängigkeit eines Rechtsstreits").

199 Wenngleich hierdurch im Instanzenzug die Abgrenzung zur Revisionsinstanz ausgedrückt werden soll, erscheint es mit Rücksicht auf die durch das ZPO-Reformgesetz vom 27. Juli 2001 (BGBl. 2001 I, Nr. 40, S. 1887 ff.) geänderte Funktion der Berufungsinstanz als primäre Fehlerkontrollinstanz (vgl. hierzu RegE vom 24. November 2000, BT-Drs. 14/4722, S. 94 zu § 513; *BGH* NJW 2010, 376; *OLG München* MDR 2003, 952; *Thomas/Putzo/Reichold*, § 513 Rdnr. 1) trotz der beschränkten Novenzulassung vorzugswürdig, von „erster oder zweiter Instanz" zu sprechen. Eingehend zur Anwendbarkeit des § 256 Abs. 2 ZPO in der Berufungsinstanz und zur Frage, ob die Inzidentfeststellungsklage noch in der Revisionsinstanz erhoben werden kann, siehe unten Text bei Fußn. 778 ff.

Im Zivilprozeß[200] ist die *Anhängigkeit*[201] eines Verfahrens bei einem Gericht von der *Rechtshängigkeit*[202] (sog. Litispendenz) zu unterscheiden.

Erstere tritt im Urteilsverfahren mit *Einreichung* der Klage bei Gericht (§§ 496, 253 Abs. 5 ZPO) ein, letztere hingegen erst mit Erhebung der Klage, d. h. *Zustellung* der Klageschrift an den Beklagten (§ 261 Abs. 1, § 253 Abs. 1, § 498 ZPO)[203].

Maßgeblicher Zeitpunkt für das Vorliegen sämtlicher Sachurteilsvoraussetzungen ist grundsätzlich der Schluß der letzten mündlichen Verhandlung (§ 296a ZPO)[204].

Für die Zwischenfeststellungsklage ist eine *rechtshängige* Hauptklage zu fordern[205].

2. Zulässigkeit trotz nicht ordnungsgemäßer Klageerhebung oder Fehlens von Prozeßvoraussetzungen der Hauptklage

Vor allem in der älteren Literatur zur Präjudizialinzidentklage findet sich die Diskussion, ob die Rechtshängigkeit der Hauptklage erfordere, daß diese ordnungsgemäß erhoben sei und alle sonstigen Prozeßvoraussetzungen vorlägen[206]:

---

200 Anders bei Klagen zum Verwaltungsgericht, Sozialgericht oder Finanzgericht, da nach der VwGO (§ 81 Abs. 1 Satz 1, § 90 Abs. 1 VwGO), dem SGG (§§ 90, 94 Abs. 1 SGG) und der FGO (§ 66 FGO) die Rechtshängigkeit bereits mit Klageeinreichung eintritt, vgl. *Stein/Jonas/Schumann*[21], Fußn. 7 zu § 253 Rdnr. 9.

201 Diesen Terminus verwendet die ZPO unter anderem in §§ 147, 172 Abs. 1, § 261 Abs. 3 Nr. 1, § 281 Abs. 2 Satz 3, § 486 Abs. 1, § 696 Abs. 1 Satz 4. Jedoch differenziert die ZPO nicht konsequent zwischen den Begriffen Rechtshängigkeit und Anhängigkeit und gebraucht in §§ 64, 66 Abs. 1, §§ 176, 217 die Formulierung „Anhängigkeit", versteht aber darunter das gleiche wie Rechtshängigkeit. Eingehend hierzu *Stein/Jonas/Roth*[22], § 261 Rdnr. 4. In diesem Sinne sind die in Fußn. 198 genannten Autoren wohl auch zu verstehen; etwa wenn *Greger* postuliert, daß ein „Urteilsverfahren über die Hauptklage" noch in einer Tatsacheninstanz anhängig sein muß, vgl. *Zöller/Greger*, § 256 Rdnr. 22.

202 Vgl. dazu *Stein/Jonas/Roth*[22], § 261 Rdnr. 5 ff.

203 Vgl. *BGH* NJW 2006, 2782; *W. Lüke*, Zivilprozessrecht, § 15 I Rdnr. 166; *Rosenberg/Schwab/Gottwald*[17], § 98 Rdnr. 2 und 4; *Stein/Jonas/Schumann*[21], § 253 Rdnr. 9; *Stein/Jonas/Roth*[22], § 261 Rdnr. 5; *Zöller/Greger*, § 253 Rdnr. 4.

204 Vgl. *BGH* NJW 1980, 520; ZIP 2001, 124; *Thomas/Putzo/Reichold*, vor § 253 Rdnr. 11; *Zöller/Greger*, vor § 253 Rdnr. 9. Veränderungen bei den den Rechtsweg oder die Zuständigkeit begründenden Umständen bleiben nach § 17 Abs. 1 S. 1 GVG bzw. § 261 Abs. 3 Nr. 2 ZPO (perpetuatio fori) außer Betracht, *Zöller/Greger*, vor § 253 Rdnr. 11a.

205 So zu Recht *Wieczorek*[2], § 280 Anm. C I. In der Folgeauflage *Wieczorek/Schütze/Assmann*[3], § 256 Rdnr. 375, findet sich allerdings die Formulierung, daß die Zwischenfeststellungsklage ein „anhängiges Hauptverfahren in der Tatsacheninstanz" voraussetze.

206 Vgl. *Bergerhoff*, Zwischenfeststellungsklage, S. 11 ff.

Loening[207], ihm insoweit folgend *Oertmann*[208], und *Krantz/Triebel*[209] vertreten, daß – soweit dies nicht der Fall sei – eine Rechtshängigkeit nicht begründet werde, da in diesen Fällen überhaupt keine Klage im Rechtssinne vorläge. Aus diesem Grund sei auch die Inzidentfeststellungsklage nicht zulässig.

Diese Ansicht ist abzulehnen. Die prozessualen Wirkungen der Rechtshängigkeit werden nicht dadurch ausgeschlossen, daß die Klage nicht ordnungsgemäß erhoben ist[210] oder die Prozeßvoraussetzungen für den Erlaß eines Urteils in der Hauptsache nicht vorliegen[211]. Denn über Mängel eines anhängigen Prozesses kann nur das erkennende Gericht selbst, nicht der Vorsitzende entscheiden[212]. Zudem sind diese Mängel späterer Heilung fähig[213]. Scheitert eine Heilung oder Nachholung (unter Umständen auch Berichtigung oder Ergänzung[214]) ist die (Haupt-)Klage zwar durch Prozeßurteil abzuweisen[215], läßt die Rechtshängigkeit jedoch nicht entfallen[216].

3. *Ursprünglich fehlende Rechtshängigkeit*

Soweit *Bergerhoff*[217] postuliert, daß für die Inzidentfeststellungsklage der anderweitige Rechtsstreit nicht nur rechtshängig gewesen sein, sondern *im Zeitpunkt ihrer Erhebung* fortbestehen müsse, ist dies zwar richtig, aber zu kurz gegriffen.

---

207 Vgl. *Loening*, ZZP 4 (1882), 1 (36), (170), der in einem solchen Fall die (Inzident-)Widerklage allerdings nur auf Parteiantrag abgewiesen wissen will.

208 Vgl. *Oertmann*, ZZP 22 (1896), 11 (14).

209 Vgl. *Sydow/Busch/Krantz/Triebel*, § 280 Anm. 1 unter Verweis auf *OLGR* 40, 367.

210 Bei fehlender Zustellung läßt *BGHZ* 25, 66 (72, 75) die Rechtshängigkeit zu dem Zeitpunkt eintreten, in welchem dieser Mangel nicht mehr gerügt werden kann, vgl. *Stein/Jonas/Roth*[22], § 261 Rdnr. 17. Anderer Auffassung ist *Thomas/Putzo/Reichold*, § 253 Rdnr. 21, wonach eine gänzlich unterbliebene Zustellung – soweit kein Verzicht auf sie vorliege – nicht heilbar sei, da es dann an der Klageerhebung überhaupt fehle; so bereits früher *OLG Darmstadt* ZZP 52 (1927), 322 (324). Richtig erscheint mir erstere Ansicht, da zwar mangels Zustellungswillen des Gerichts ein Heilung nach § 189 ZPO ausscheidet, aber nach § 295 ZPO Heilung ex nunc eintritt, wenn der Beklagte rügelos verhandelt, vgl. *BGH* NJW 1996, 1351 (1352); 1984, 926; 1974, 1557; *Stein/Jonas/Roth*[22], § 253 Rdnr. 65.

211 Vgl. *RG* JW 1917, 225; *BGH* NJW 1967, 2304; 2011, 2193 (2194); *OLG Frankfurt a. M.* FamRZ 1980, 710 (711); MünchKomm ZPO/*Becker-Eberhard*[4], § 261 Rdnr. 18; *Stein/Jonas/Roth*[22], § 261 Rdnr. 5 und insbesondere Rdnr. 17 mit weiteren Nachweisen aus der Rechtsprechung in Fußn. 49 ff.

212 Vgl. *Rosenberg/Schwab/Gottwald*[17], § 95 Rdnr. 7; *Stein/Jonas/Roth*[22], § 261 Rdnr. 17.

213 Vgl. *Stein/Jonas/Roth*[22], § 253 Rdnr. 58 ff.; *Zöller/Greger*, § 253 Rdnr. 22 ff.

214 Vgl. *Stein/Jonas/Roth*[22], § 253 Rdnr. 63 f.

215 Vgl. *RGZ* 13, 337; 45, 398; MünchKomm ZPO/*Becker-Eberhard*[4], § 253 Rdnr. 155.

216 Zur Frage, wie sich ein die Hauptklage als unzulässig abweisendes Prozeßurteil auf die Zulässigkeit der Zwischenfeststellungsklage, insbesondere im Hinblick auf die Voraussetzung der Vorgreiflichkeit, auswirkt, siehe sogleich und unten Text bei Fußn. 577.

217 Vgl. *Bergerhoff*, Zwischenfeststellungsklage, S. 12.

Zuzustimmen ist ihm jedenfalls, daß die Hauptklage zum Zeitpunkt der Erhebung der Inzidentklage noch rechtshängig sein muß, insbesondere nicht zurückgenommen sein oder sich sonst[218] erledigt haben darf. Anderenfalls ist die Zwischenfeststellungsklage von Anfang an unzulässig.

a) Bei der Zwischenfeststellungswiderklage

Für die Zwischenfeststellungswiderklage ist dies ohne weiteres einsichtig, da bei nicht mehr rechtshängiger Hauptklage die Erhebung einer Widerklage nach deren besonderen Sachentscheidungsvoraussetzungen begrifflich wie logisch ausgeschlossen ist[219], was auch für die Inzidentwiderklage gilt[220]. Jene kann aber nur erhoben werden, wenn die Hauptklage schon und noch rechtshängig ist[221].

Haben etwa die Parteien die Vindikationsklage in der Hauptsache übereinstimmend für erledigt erklärt und wird in mündlicher Verhandlung über die Kosten des Rechtsstreits entschieden (vgl. § 91a ZPO), so kann der Beklagte in der mündlichen Verhandlung nicht mehr die Inzidentfeststellung seines Rechts zum Besitz aufgrund Leihvertrages verlangen, da die Hauptklage trotz ausstehender Kostenentscheidung nicht mehr rechtshängig ist[222]. Hieran ändert auch die Tatsache nichts, daß der Richter über die Kosten nach billigem Ermessen unter Berücksichtigung des bisherigen Sach- und Streitstandes zu entscheiden hat. Dies rechtfertigt genauso wenig die Möglichkeit zur Erhebung einer Widerklage wie bei der Situation nach Klagerücknahme[223].

Ebenfalls läßt sich nicht sagen, daß die Kostenentscheidung vom Bestehen oder Nichtbestehen des Rechtsverhältnisses (hier: Recht zum Besitz aufgrund Leihvertrages) abhinge. Zwar ist im Rahmen der Kostenentscheidung neben den allge-

---

218 Etwa durch Erlaß eines rechtskräftigen (Anerkenntnis-)Urteils, übereinstimmende Erledigungserklärung oder Abschluß eines gerichtlichen Vergleichs.

219 Vgl. *RGZ* 22, 419; 34, 366; *RG* Gruchot 52, 1129; *BGH* NJW-RR 2001, 60; *Rosenberg/Schwab/Gottwald*[17], § 96 Rdnr. 10; *Stein/Jonas/Roth*[22], § 33 Rdnr. 18; *Thomas/Putzo/Hüßtege*, § 33 Rdnr. 23; *Zöller/Vollkommer*, § 33 Rdnr. 17.

220 Vgl. *Bergerhoff*, Zwischenfeststellungsklage, S. 49 ff., 59 ff. Dazu näher unten Text bei Fußn. 817 ff. Hingewiesen sei an dieser Stelle bereits darauf, daß die Zwischenfeststellungswiderklage nichtsdestotrotz eine besondere Form der Widerklage darstellt, insbesondere im Hinblick auf ihre Unselbständigkeit.

221 Siehe hierzu die Zitate in Fußn. 219 und *BGHZ* 40, 185 (187); *Jauernig/Hess*, § 46 Rdnr. 13; *Nikisch*, Zivilprozeßrecht, § 44 III 4 b, S. 172; MünchKomm ZPO/*Patzina*[4], § 33 Rdnr. 12; *Stein/Jonas/Roth*[22], § 33 Rdnr. 16.

222 Vgl. zu dieser Fallgestaltung hinsichtlich der gewöhnlichen Widerklage *Stein/Jonas/Roth*[22], § 33 Rdnr. 18 mit Nachweisen für beide Ansichten in Fußn. 63; *Stein/Jonas/Schumann*[21], § 33 Rdnr. 11.

223 Vgl. *Stein/Jonas/Roth*[22], § 33 Rdnr. 18; *Thomas/Putzo/Hüßtege*, § 33 Rdnr. 23; *Zöller/Vollkommer*, § 33 Rdnr. 17; a. A. *RG* JW 1902, 182; *OLG München* OLGZ 65, 40; *Bork*, JA 1981, 387.

meinen Grundgedanken des Kostenrechts der ZPO auf den voraussichtlichen Ausgang des Rechtsstreits („bisheriger Sach- und Streitstand") abzustellen, wenn die Hauptsache nicht erledigt erklärt worden wäre[224], allerdings stellt die Kostenentscheidung keine „Entscheidung des Rechtsstreits" i. S. v. § 256 Abs. 2 ZPO dar[225], da der Beschluß gem. § 91a ZPO mangels Entscheidung über den Anspruch keine materielle Rechtskraft hinsichtlich der erledigten Hauptsache erlangt[226]. Wiederum hilft der Blick auf die *ratio legis* der Inzidentklage. Sie soll den Parteien als Ersatz dafür, daß die Entscheidung über das bedingende Rechtsverhältnis im Rahmen der Hauptklage nicht an der Rechtskraft teilnimmt, ein Mittel an die Hand geben, die Rechtskraft hierauf zu erstrecken, sofern die Entscheidung des Rechtsstreits vom (Nicht-) Bestehen des Rechtsverhältnisses abhängt und der Richter hierüber ohnehin zu befinden hat[227]. In der Kostenentscheidung findet jedoch keine Entscheidung *über den Rechtsstreit* statt. Dieser hat sich ja gerade erledigt. Zudem genügt im Rahmen der Kostenentscheidung eine summarische Prüfung der Erfolgsaussichten der Parteien nach überwiegender Wahrscheinlichkeit[228], weshalb der Richter ein eventuell bestehendes präjudizielles Rechtsverhältnis nicht einmal umfassend zu prüfen hat.

b) Bei der Zwischenfeststellungsklage

Für den Inzidentfeststellungsantrag des Klägers gilt nichts anderes. Dies entspricht zum einen dem Grundsatz der Waffengleichheit im Prozeß, jedenfalls soweit es um die Erhebung der Klage geht[229]. Es ist nicht einzusehen, daß für die Inzidentklage des Beklagten Rechtshängigkeit der Hauptklage erforderlich, für die des Klägers bloße Anhängigkeit genügen soll. Zumal der Beklagte auf die Rechtshängigkeit der Hauptklage keinerlei Einfluß hat. Zum anderen ist es nicht Aufgabe der Zwischenfeststellungsklage, eine dem § 256 Abs. 1 ZPO entsprechende Rechtskraftwirkung unter Umgehung von dessen Voraussetzungen herbeizuführen. Will der Kläger die Feststellung eines Rechtsverhältnisses unabhängig von einer Leistungsklage erreichen, ist er auf den Weg der selbständigen Feststellungs-

---

224 Vgl. *BGH* LM § 91a Nr. 1; *BAG* BB 1985, 2180; *Thomas/Putzo/Hüßtege*, § 91a Rdnr. 47 f.; *Zöller/Vollkommer*, § 91a Rdnr. 24.

225 Ausführlich zur Unterscheidung zwischen Streitgegenstand und Urteilsgegenstand als Bezugspunkt der Entscheidung unten Text bei Fußn. 470 ff.

226 Vgl. *BGH* NJW 1991, 2280; 1999, 1337; *BGH* NJW-RR 1992, 999; *OLG Celle* FamRZ 1998, 684; *Becker-Eberhard*, FG BGH III, S. 284 ff.; *Musielak/Lackmann*, § 91a Rdnr. 19; *Thomas/Putzo/Hüßtege*, § 91a Rdnr. 50; *Zöller/Vollkommer*, § 91a Rdnr. 28.

227 Dazu oben Text bei Fußn. 148 ff.

228 Vgl. *BGHZ* 67, 345; *BGH* BB 2000, 482 (483); *OLG München* OLGR 1999, 281; *OLG Stuttgart* MDR 1997, 1138; *Zöller/Vollkommer*, § 91a Rdnr. 24 und 26a.

229 So bereits *Planck*, Lehrbuch I, S. 39.

klage verwiesen. Dem steht nicht entgegen, daß die Zwischenfeststellung schon in der Klage selbst begehrt werden kann[230]. Denn zum Zeitpunkt ihrer Erhebung, d. h. mit Zustellung an den Beklagten, ist auch die Hauptklage zugestellt und damit nach § 253 Abs. 1, § 261 Abs. 1 ZPO rechtshängig. Wo es aber keine rechtskraftfähige Entscheidung über den Hauptanspruch gibt, kann es keine Erstreckung der Rechtskraft auf ein in den Gründen ohnehin zu befindendes Rechtsverhältnis geben. Hinzu kommt, daß bei nicht rechtshängiger Hauptklage eine „Erweiterung des Klageantrags" i. S. v. § 256 Abs. 2 ZPO ausscheidet.

Sofern sich die bereits mangels rechtshängiger Hauptklage von Anfang an unzulässige Inzidentfeststellungsklage nicht als prinzipale Feststellungsklage aufrecht erhalten läßt, ist sie durch Prozeßurteil abzuweisen[231].

4. *Erfordernis fortbestehender Rechtshängigkeit*

Da die (besonderen und allgemeinen) Sachurteilsvoraussetzungen grundsätzlich zum Zeitpunkt des Schlusses der letzten mündlichen Verhandlung vorliegen müssen[232], muß auch die Rechtshängigkeit der Hauptklage noch zum Zeitpunkt der Entscheidung über die Inzidentfeststellungsklage fortbestehen. Es reicht somit nicht aus, daß sie lediglich ursprünglich im Zeitpunkt der Erhebung des Inzidentantrags vorlag.

Gerade für die Zeit *nach* Erhebung der Inzidentfeststellungswiderklage zeigt sich jedoch ein grundlegender Unterschied: Ist die gewöhnliche[233] Widerklage einmal rechtswirksam erhoben, dauert ihre Rechtshängigkeit ebenso fort wie die Zuständigkeit des Prozeßgerichts (perpetuation fori, § 261 Abs. 3 Nr. 2 ZPO). Gleichgültig ist somit, ob die Hauptklage wegen nachträglicher Unzuständigkeit abgewiesen, sie nach wirksamer Erhebung der Widerklage zurückgenommen wird oder die Rechtshängigkeit durch Erledigung bzw. (Teil-)Vergleich endet. Die rechtshängige Hauptklage ist nur Bedingung für die Erhebung der Widerklage, nicht aber für ihren Fortbestand[234].

Nicht so bei der Inzidentwiderklage. Aufgrund ihrer Unselbständigkeit kann sie nicht losgelöst von der Hauptklage existieren. Ihr Zweck der Rechtskrafterstreckung erfordert vielmehr die *fortbestehende* Rechtshängigkeit der Hauptklage

---

230 Vgl. *RGZ* 41, 372; 73, 273 (274); 113, 410 (413); 150, 189 (191); *BGH* LM § 280 a. F. Nr. 2; *BGH* NJW-RR 1990, 318 (320); *Stein/Jonas/Schumann*[21], § 256 Rdnr. 6; *Stein/Jonas/Roth*[22], § 256 Rdnr. 10. Eingehend dazu unten Text bei Fußn. 811 ff.

231 Vgl. *Schumann*, FS Georgiades, 543 (558 f.).

232 Statt vieler *Rosenberg/Schwab/Gottwald*[17], § 93 Rdnr. 37.

233 Dies soll lediglich ausdrücken, daß es sich nicht um eine Zwischenfeststellungswiderklage nach § 256 Abs. 2 ZPO handelt.

234 Vgl. *Stein/Jonas/Roth*[22], § 33 Rdnr. 17.

bis zum Zeitpunkt der Entscheidung über die Zwischenfeststellungswiderklage. Sie ist ein Ersatz dafür, daß die Grundlagen der Entscheidung nicht in Rechtskraft erwachsen. Wo aber diese Entscheidung nicht mehr stattfindet, der Richter in den Entscheidungsgründen nicht ohnehin über das streitige Rechtsverhältnis zu befinden hat, besteht weder Veranlassung noch Bedarf, eine Inzidentfeststellungswiderklage zuzulassen.

Aus diesem Grund ist bei Rücknahme der Hauptklage die Inzidentklage durch Prozeßurteil abzuweisen, sofern sie nicht als selbständige Feststellungsklage nach § 256 Abs. 1 ZPO aufrechterhalten werden kann.[235] Zu einem anderen Ergebnis gelangen die Befürworter der Ansicht, daß der Inzidentantrag ohnehin nur unter der auflösenden Bedingung erhoben sei, daß eine Entscheidung zur Hauptsache erfolge[236].

Als Ergebnis läßt sich somit festhalten, daß die Inzidentfeststellungsklage des § 256 Abs. 2 ZPO sowohl im Zeitpunkt ihrer Erhebung als auch im Zeitpunkt der Entscheidung über sie eine *schon und noch rechtshängige Hauptklage* voraussetzt[237].

II. Das streitig gewordene Rechtsverhältnis

§ 256 Abs. 2 ZPO gibt den Parteien eines Rechtsstreits die Möglichkeit, ein für die Entscheidung in der Hauptsache präjudizielles „streitig gewordenes Rechtsverhältnis" rechtskräftig feststellen zu lassen.

---

235 So auch im Ergebnis MünchKomm ZPO/*Becker-Eberhard*[4], § 256 Rdnr. 82; *Stein/Jonas/Roth*[22], § 256 Rdnr. 105; *Schumann*, FS Georgiades, S. 566, die in diesem Fall die „Abhängigkeit" weggefallen sehen. Meines Erachtens ist dies jedoch keine Frage der Abhängigkeit/Präjudizialität/ Vorgreiflichkeit, sondern der besonderen Prozeßvoraussetzung einer rechtshängigen Hauptklage, wie dies gerade am Beispiel der Inzidentwiderklage deutlich wird. Widersprüchlich ist insoweit die Auffassung von *Anger*, der zwar bei Abweisung der Hauptklage durch Prozeßurteil die Hinfälligkeit nicht bloß der Inzidentwiderklage, sondern auch der Inzidentklage postuliert, „weil dann eine der notwendigen Voraussetzungen (die Rechtshängigkeit des Klageanspruchs)" fehle; andererseits habe die nämliche Wirkung regelmäßig auch die nachträgliche Zurücknahme der Klage, „weil es nun an dem erforderlichen Abhängigkeitsverhältnisse" fehle, vgl. *Petersen/ Anger*, § 280 Anm. 4.

236 So *Seuffert/Walsmann*, § 280 Anm. 7b; *Gaupp/Stein/Jonas*, § 280 Anm. IV 2.

237 Aus diesem Grund ist die Erhebung der Zwischenfeststellungsklage im Mahnverfahren auch nicht zulässig, da die Zustellung eines Mahnbescheides gem. § 693 Abs. 2 ZPO keine Rechtshängigkeit begründet, vgl. *AG Lübeck* NJW-RR 1990, 1152; *Stein/Jonas/Roth*[22], § 33 Rdnr. 1; *Zöller/Vollkommer*, § 33 Rdnr. 17. Darüber hinaus sind Anträge nach § 256 Abs. 2 ZPO im Mahnverfahren ausgeschlossen, weil § 688 Abs. 1 ZPO nur Ansprüche auf Zahlung zuläßt, vgl. *Bergerhoff*, Zwischenfeststellungsklage, S. 13; *Stein/Jonas/Roth*[22], § 256 Rdnr. 111. Näher dazu unten § 3 V „Geeignete Prozeßart" Fußn. 760 ff.

A. Rechtsverhältnis

Der Begriff des Rechtsverhältnisses ist wesentliches Merkmal der auf Feststellung gerichteten Klagen[238], da er nicht nur ihren Gegenstand bestimmt[239], sondern zugleich Voraussetzung dieser Klage ist[240]. Die Feststellung des Rechtsverhältnisses wird entweder in der Klage behauptet (sog. positive Feststellungsklage) oder geleugnet (sog. negative Feststellungsklage)[241]. Der Begriff des Rechtsverhältnisses im Sinne von § 256 Abs. 2 ZPO ist derselbe wie in § 256 Abs. 1 ZPO[242]. Die folgende Darstellung beschränkt sich daher auf Erläuterungen, soweit diese für die Zwischenfeststellungsklage ebenfalls relevant sind oder von der prinzipalen Feststellungsklage abweichen.

1. Definition

In der ZPO selbst sowie den Motiven zur CPO findet sich keine Definition des Terminus „Rechtsverhältnis"[243], die Konkretisierung dieses unbestimmten Rechtsbegriffs[244] ist somit der Rechtsprechung und Rechtslehre überlassen[245]. Der Begriff selbst war bereits den Pandektisten bekannt[246] und ist daher keine Neuschöpfung

---

238 Vgl. *Schumann*, GS Michelakis, 553 (554), für die prinzipale Feststellungsklage. So auch *Stein/Jonas/Roth*[22], § 256 Rdnr. 7.

239 Vgl. *RGZ* 104, 303 (304); *Stein/Jonas/Roth*[22], § 256 Rdnr. 20.

240 Vgl. *RGZ* 107, 305; *Kadel*, Feststellungsklage, S. 66; *Trzaskalik*, Rechtsschutzzone, S. 21.

241 Vgl. *Stein/Jonas/Roth*[22], § 256 Rdnr. 11.

242 Vgl. *RGZ* 50, 399 (402, dort aber beiläufig); 126, 234 (237); *BGHZ* 86, 331 (331); *BGH* WM 1989, 1546 (1549 f.); *BGH* NJW-RR 1990, 320; *BGH* NJW 2011, 2195 (2196) Rdnr. 19; *OLG Schleswig* NJW-RR 1991, 190; *OLG Düsseldorf* NJW-RR 1998, 283; *Bergerhoff*, Zwischenfeststellungsklage, S. 14 f.; MünchKomm ZPO/*Becker-Eberhard*[4], § 256 Rdnr. 79; *Musielak/Foerste*, § 256 Rdnr. 41; *Stein/Jonas/Roth*[22], § 256 Rdnr. 103; *Zöller/Greger*, § 256 Rdnr. 24. So auch schon *Wilmowski/Levy*[3], § 253 Anm. 1; *Gaupp/Stein/Jonas*, § 280 Anm. II 1; *Wieczorek*[2], § 280 Anm. A I a.

243 Vgl. *Chern*, Feststellungsklage, S. 108; *Moser*, Zulässigkeitsvoraussetzungen, S. 22. Dazu bereits oben Text bei Fußn. 105 ff. In der Begründung des Entwurfs zu § 223 (§ 231 CPO) heißt es insofern lediglich: „Zwischen dinglichen und obligatorischen Rechtsverhältnissen ist nicht unterschieden, weil das Bedürfniß nach einer Feststellungsklage für beide Arten von Rechtsverhältnissen in gleichem Maaße besteht", vgl. *Hahn*, Materialien II, S. 257. *Zeuner* weist völlig zu Recht darauf hin, daß der Akzent deutlich auf der Zulassung der Feststellungsklage und nicht auf der Begrenzung ihres Gegenstandes lag, vgl. *Zeuner*, FS Schumann, 595 (602).

244 Vgl. *Jacobs*, Feststellungsverfahren, S. 245.

245 Vgl. *Chern*, Feststellungsklage, S. 108.

246 Vgl. *Kadel*, Feststellungsklage, S. 66 unter Hinweis auf *Dernburg*, *Hölder*, *Windscheid* und *Regelsberger* in Fußn. 3 f.; *Chern*, Feststellungsklage, S. 108.

und keine Eigentümlichkeit des Zivilprozeßrechts[247], nicht einmal des Prozeßrechts[248]. Vielmehr findet sich der Begriff in weiteren Gesetzen, etwa im Bürgerlichen Gesetzbuch[249], im Verwaltungsverfahrensgesetz[250], im Strafgesetzbuch[251], im Handelsgesetzbuch[252], in der Insolvenzordnung[253], in der Verwaltungsgerichtsordnung[254] oder der Abgabenordnung[255].

Die herrschende Meinung faßt unter den Begriff des Rechtsverhältnisses in Anlehnung an das Bürgerliche Recht jede durch die Herrschaft einer Rechtsnorm über einen konkreten vorgetragenen Sachverhalt entstandene *rechtlich geregelte Beziehung einer Person zu einer anderen Person oder zu einem Sachgut* (Rechtsobjekt)[256].

2. Gegenstand des Rechtsverhältnisses

Die Rechtsverhältnisse haben danach Beziehungen von Personen zu Personen (Vertrag, Vereinsmitgliedschaft, Ehe, Verwandtschaft) und Beziehungen einer

---

247 Dort findet sich der Begriff außer in § 256 in § 21 Abs. 2, § 40 Abs. 1, § 62 Abs. 1, § 69, § 76 Abs. 1 Satz 1 und Abs. 3 Satz 2, §§ 148, 254, 385 Abs. 1 Nr. 4, § 506 Abs. 1, §§ 940, 1029 Abs. 1.

248 Vgl. *Moser*, Zulässigkeitsvoraussetzungen, S. 22.

249 Vgl. §§ 168, 183, 369 Abs. 1, § 417 Abs. 1 und Abs. 2, § 503 Abs. 2 Satz 5, § 1070 Abs. 1, § 1098 Abs. 1, § 1156 Satz 1, §§ 1157, 1158, 1159 Abs. 1, § 1497 Abs. 2, §§ 1976, 2143, 2175, 2218 Abs. 1, § 2377 BGB.

250 Vgl. § 3 Abs. 1 Nr. 1, § 54 VwVfG.

251 Vgl. § 35 Abs. 1 Satz 2, § 271 Abs. 1 StGB.

252 Vgl. § 16 Abs. 1 Satz 1, § 52 Abs. 1, §§ 109, 156, § 444 Abs. 3, § 490, § 656 Abs. 1 HGB.

253 Vgl. § 84 Abs. 1 Satz 2 InsO.

254 Vgl. § 43 Abs. 1, § 52 Nr. 1 und Nr. 4, § 65 Abs. 2, § 67 Abs. 1 Satz 5, §§ 94, 123 Abs. 1 Satz 2, § 159 Satz 2 VwGO.

255 Vgl. § 155 Abs. 3 Satz 3, § 360 Abs. 3 Satz 1, § 363 Abs. 1 AO.

256 Vgl. mit z. T. variierender Wortwahl *RGZ* 84, 390; 107, 303 (304); 144, 54 (56); *BGHZ* 22, 43 (47); 37, (334); 92, 275 (278); 99, 344 (356); *BAG* NZA 1989, 687; *BSGE* 31, 226; *Baltzer*, Negative Feststellungsklage, S. 90; *Baumbach/Lauterbach/Albers/Hartmann*, § 256 Rdnr. 5; *E. Habscheid*, ZZP 112 (1999), 37 (45); *W. Lüke*, Zivilprozessrecht, Rdnr. 127; *Rosenberg/Schwab/Gottwald*[17], § 90 Rdnr. 6; *Stein/Jonas/Roth*[22], § 256 Rdnr. 21 wie auch *Schumann* in der Vorauflage an selber Stelle mit anderer Wortwahl; *Thomas/Putzo/Reichold*, § 256 Rdnr. 5; *Zöller/Greger*, § 256 Rdnr. 3. In diesem Sinne schon *Förster/Kann*, § 256 Anm. 2 a; *Hellwig*, Anspruch, S. 1 ff.; *v. Thur*, Allgemeiner Teil, S. 125; in diesem Sinne auch *Rocholl*, ZZP 22 (1885), 329 (347): „Unter einem solchen versteht man, sobald man die sogenannten Statusrechte ausser Betracht läßt, die vermögensrechtliche Bezeichnung einer Person zu einer Sache oder zu einer anderen Person, welche durch eine Norm des Privatrechts geregelt ist." Wesentlich weiter faßt *Trzaskalik* den Begriff des Rechtsverhältnisses, wonach es für die Annahme desselben genügen soll, wenn das begehrte Urteil Verhaltensrichtschnur für die Parteien oder die Grundlage für einen gegenseitigen Anspruch sein könne, da eine wesentliche Aufgabe der Feststellungsklage darin liege, den Parteien Rechtsklarheit für ihr zukünftiges Verhalten zu vermitteln, vgl. *Trzaskalik*, Rechtsschutzzone, S. 20 ff., 57, 130.

Person zu einem Rechtsobjekt (so besonders im Sachenrecht) zum Inhalt[257]. Weithin unstreitig gehören hierher *absolute*[258] *und relative subjektive Rechte aller Art*[259]. Auch die Schöpfer der CPO gingen von einem bereits bestehenden Begriff aus und befaßten sich lediglich mit der Reichweite des Rechtsverhältnisses; darunter faßten sie obligatorische sowie dingliche Rechtsverhältnisse[260].

Hinsichtlich der absoluten Rechte, insbesondere des Eigentums als dingliches Recht[261], warfen einige Autoren die Frage auf, ob Beziehungen zwischen Personen und Sachen überhaupt Gegenstand eines Rechtsverhältnisses sein könnten oder ob es sich nur um Rechtsverhältnisse zwischen Personen handele[262], eine genauere

---

257 Vgl. *BGH* LM § 2100 BGB Nr. 5; *Kadel*, Feststellungsklage, S. 66; *Stein/Jonas/Roth*[22], § 256 Rdnr. 21 a. E.

258 Durch eine Leistungsklage kann nur ein einzelner aus dem absoluten Recht entspringender Anspruch, aber nicht das absolute Recht selbst, erfaßt werden, so daß die Feststellung meist die einzige Möglichkeit ist, das absolute Recht umfassend zu schützen, vgl. *Hellwig*, Anspruch, S. 408 ff.

259 Vgl. *Stein/Jonas/Roth*[22], § 256 Rdnr. 23; MünchKomm ZPO/*Becker-Eberhard*[4], § 256 Rdnr. 11; a. A. *Flechtheim*, ZZP 25 (1899), 405 (432 f.) (zwischen den Parteien des Feststellungsprozesses bräuchten keine subjektiven Rechte bestehen); *Stoll*, FS Bötticher, 341 (350) (es sei nicht notwendig, daß die rechtliche Unsicherheit des Klägers, um die es bei der Feststellungsklage gehe, den Bestand oder den Inhalt eines subjektiven Rechts betreffe). Zutreffend ist, daß das festzustellende Rechtsverhältnis über die subjektiven Rechte hinaus auch nicht selbständige Befugnisse, Rechtspflichten und Obliegenheiten umfaßt. Denn es ist nicht erforderlich, daß es sich um ein selbständiges Rechtsverhältnis handelt; auch einzelne rechtliche Beziehungen, die nur Ausfluß eines weitergehenden Rechtsverhältnisses sind, sind feststellungsfähig. Dazu sogleich.

260 „Zwischen dinglichen und obligatorischen Rechtsverhältnissen ist nicht unterschieden, weil das Bedürfniß nach einer Feststellungsklage für beide Arten von Rechtsverhältnissen in gleichem Maße besteht. Und daß der Besitz mit zu den § 223 beregten Rechtsverhältnisses zu zählen sei, daß mithin auch für den Besitz eine Präjudizialklage durch § 223 eingeräumt werde, ist als unzweifelhaft nicht zum Ausdruck gebracht (vgl. Bruns die Besitzklagen des römischen und heutigen Rechts S. 1-7). Ebenso ist die in den preuß. Entw. aufgenommene Bestimmung, daß die Klage auf Feststellung auch bei noch nicht fälligen oder bei bedingten Forderungen stattfinde, als selbstverständlich weggelassen", vgl. Begründung CPO Entwurf S. 184 nach *Hahn*, Materialien II, S. 257.

261 Vgl. *Palandt/Bassenge*, Einl vor § 854 Rdnr. 2.

262 Letztgenannter Auffassung sind beispielsweise *Goldschmidt*, Rechtslage, S. 141; *Jacobs*, Feststellungsverfahren, S. 241 ff.; *Larenz*, Allgemeiner Teil, § 12 I, S. 195; *Röhl*, Rechtslehre, § 47 I, S. 380. Eine Sichtweise des Rechtsverhältnisses als „Sozialverhältnis", welches als rechtlich gestaltete Beziehung immer nur unter Personen als Rechtssubjekten bestehen könne, vertreten ebenfalls *Achterberg* und *Henke* mit zum Teil unterschiedlicher Akzentuierung, vgl. *Achterberg*, Rechtsverhältnisse, S. 144; *Henke*, JA 1965, 466. *Neussel* geht davon aus, daß die Natur des rechtlichen Moments postuliere, daß lediglich Menschen, nicht aber Tiere und Gegenstände, Subjekte von Rechtsverhältnissen sein könnten, da diese Verhältnisse unter dem Normensystem des Rechts also nur zwischen Normadressaten bestehen können. Normadressat sei aber nur, wer rechtsfähig sei, vgl. *Neussel*, Anspruch, S. 27 f. Im Ergebnis schließen auch diese Autoren die Beziehung zu Sachgütern nicht aus, sondern behelfen sich der Konstruktion einer mittelbaren Beziehung zu anderen Personen. Umgekehrt verfährt *Rocholl*, wenn er annimmt, daß der Zweck jedes privaten Vermögensrechtsverhältnisses die Herrschaft über eine Sache sei, da eine Person nicht unmittelbar das Herrschaftsobjekt bilden könne. Er läßt dabei z. B. Unterhaltsansprüche

Untersuchung dieser Thematik, die sich im Ergebnis nicht auswirkt[263], würde jedoch den Rahmen der vorliegenden Arbeit sprengen.

Einigkeit besteht darüber, daß nicht nur umfassende Rechtsverhältnisse wie Dienst-, Arbeits-, Miet- oder Pachtverhältnisse feststellungsfähig sind, sondern auch einzelne daraus fließende Ansprüche bzw. einzelne Rechte und Pflichten[264]. Hierzu zählen auch *Einrederechte* des BGB[265] sowie *Gestaltungsrechte*[266].

Im Übrigen ist die Reichweite des offenen Tatbestandsmerkmals „Rechtsverhältnis" sehr umstritten[267].

a) Ausschluß der Feststellungsfähigkeit

aa) Keine Feststellung von Tatsachen

Unumstritten ist, daß die Feststellung von Tatsachen ausgeschlossen ist, selbst wenn sie als Elemente eines Tatbestands rechtlich erheblich sind[268], wie etwa die Unwahrheit einer Behauptung[269], die Kenntnisse oder Fähigkeiten einer Person

---

vollkommen außer Betracht. Er faßt das Rechtsverhältnis lediglich als Herrschaftsverhältnis auf. So wenn er annimmt, daß andernfalls die unmittelbare Herrschaftsbefugnis der einen Person als Rechtssubjekt zu der anderen als Rechtsobjekt zugelassen „und damit eine Art von Sklaverei inauguriert" werde, vgl. *Rocholl*, ZZP 22 (1885), 329 (348). Die Entscheidung des Streits hängt davon ab, ob man das Wesen einer Rechtsnorm in der Begründung von Pflichten sieht (dann nur zwischen Personen möglich) oder auch andere Funktionen für wesensgemäß hält, vgl. *Mittenzwei*, Aussetzung, S. 36.

263 Vgl. *Mittenzwei*, Aussetzung, S. 36.

264 Vgl. *E. Habscheid*, ZZP 112 (1999), 37 (45); MünchKomm ZPO/*Becker-Eberhard*[4], § 256 Rdnr. 11 und 14; *Stein/Jonas/Roth*[22], § 256 Rdnr. 26 und 23 m. w. N. insbesondere aus der Rechtsprechung in Fußn. 107.

265 Vgl. *RGZ* 74, 292; *Goldschmidt*, Zivilprozessrecht, S. 57; *Schumann*, FS Georgiades, 543 (560 f.) m. w. N. in Fußn. 81; *Stein/Jonas/Roth*[22], § 256 Rdnr. 26.

266 Vgl. *RGZ* 92, 7; *Goldschmidt*, Zivilprozessrecht, S. 57; *Grunsky*, Grundlagen, S. 371.

267 Ausführlich hierzu *Jacobs*, Feststellungsverfahren, S. 9 ff.

268 Vgl. *RGZ* 85, 440 (441 f.); 144, 54 (56); *BGHZ* 68, 331 (334 f.); *BGH* NJW 200, 2280 („Mahnung" als nicht feststellungsfähige Tatsache); *BGH* NJW-RR 1992, 252; *BAG* AP Nr. 113 zu Art. 9 GG Arbeitskampf (Bl. 8); *BayObLG* ZMR 1985, 422 f.; *KG* ZMR 2004, 752 (bzgl. tatsächliche Größe der Mietfläche); *Baltzer*, Negative Feststellungsklage, S. 92; MünchKomm ZPO/*Becker-Eberhard*[4], § 256 Rdnr. 26; *Stein/Jonas/Roth*[22], § 256 Rdnr. 29; *Thomas/Putzo/Reichold*, § 256 Rdnr. 10; *Zeuner*, FS Schumann, 595 (602 f.); *Zöller/Greger*, § 256 Rdnr. 3 und 5. So schon *Loening*, ZZP 4 (1882), 1 (46) Fußn. 44, (56). Anderer Auffassung war noch *Windscheid*, der die Rechtskraft eines Urteils nicht nur wie *v. Savigny* auf die den Klageanspruch bedingenden Rechte (Vorfrage, Elemente) erstrecken wollte, sondern darüber hinaus auch auf Entscheidungen über Tatsachen ausgedehnt sehen wollte, vgl. *Windscheid*, Lehrbuch des Pandektenrechts, § 130, 5b.

269 Vgl. *BGHZ* 68, 331 (334 f.); BGH NJW 1977, 1288; *OLG Frankfurt a. M.* JZ 1974, 61; MünchKomm ZPO/*Becker-Eberhard*[4], § 256 Rdnr. 26; *Stein/Jonas/Roth*[22], § 256 Rdnr. 29; *Thomas/Putzo/Reichold*, § 256 Rdnr. 10. Anderer Auffassung sind insbesondere *Leipold*, ZZP

oder die Geeignetheit technischer Einrichtungen[270]. Denn der Zivilprozeß dient nicht der historischen, psychologischen oder technischen Untersuchung[271]. Gerichte sind weder zu Gutachtern noch zu Ermittlungsbehörden berufen[272]. Weder der Gesetzeswortlaut noch der Umkehrschluß aus der Ausnahmevorschrift des § 256 Abs. 1 Var. 2 ZPO, die als einzig feststellbare Tatsache die (Un-)Echtheit einer Urkunde zuläßt, lassen eine andere Beurteilung zu[273]. Im Rahmen der Inzidentklage ist hingegen nach allgemeiner Meinung selbst eine Feststellung der (Un-) Echtheit einer Urkunde anders als bei § 256 Abs. 1 ZPO unstatthaft[274]. Anderer Auffassung waren noch *Gaupp*[275] und *Reincke*[276], die eine analoge bzw. entsprechende Anwendung auf Feststellung von Urkunden trotz des Wortlauts – allerdings ohne nähere Begründung – befürworteten. Sofern eine Urkundenfeststellungsklage nach § 256 Abs. 1 ZPO rechtshängig ist, ist jedoch die Erhebung einer Inzidentklage über das durch die Urkunde zu erweisende Rechtsverhältnis möglich[277].

bb) Unzulässigkeit abstrakter Rechtsfragen

Da die Gerichte gemäß ihrer Rechtsprechungsfunktion prinzipiell zur konkreten Streitentscheidung, nicht aber zu theoretischen Rechtsbelehrungen und gutachterlicher Tätigkeit berufen sind[278], sind Anträge auf Feststellung bloßer Rechtsfragen oder nur gedachter rechtlicher Beziehungen – wie die Anwendbarkeit einer Vorschrift, die Rechts- oder Geschäftsfähigkeit einer Person, die Qualität einer Sache als Zubehör oder Scheinbestandteil[279] – unstatthaft[280]. Ferner geht es

84 (1971), 150 (158), und – mit rechtsvergleichender Argumentation – *Stoll*, FS Bötticher, 341 (359 ff.). Differenzierend *Musielak/Foerste*, § 256 Rdnr. 20 a. E.

270 Vgl. *Stein/Jonas/Roth*[22], § 256 Rdnr. 29.

271 Vgl. *Stein/Jonas/Roth*[22], § 256 Rdnr. 29.

272 Vgl. *Reinhard Bork*, Der Vergleich, Berlin 1988, S. 102 f.

273 Vgl. *E. Habscheid*, ZZP 112 (1999), 37 (46); *Jacobs*, Feststellungsverfahren, S. 44; *Musielak/Foerste*, § 256 Rdnr. 6; *Stein/Jonas/Roth*[22], § 256 Rdnr. 29; *Zeuner*, FS Schumann, 595 (602 f.).

274 Vgl. *RGZ* 148, 29 (31); MünchKomm ZPO/*Becker-Eberhard*[4], § 256 Rdnr. 75; *Stein/Jonas/Roth*[22], § 256 Rdnr. 103; *Wieczorek/Schütze/Assmann*[3], § 256 Rdnr. 351; *Zöller/Greger*, § 256 Rdnr. 24.

275 Vgl. *Gaupp*, § 253 Anm. II 1 a. E.

276 Vgl. *Reincke*, § 253 Anm. 2: „Diese Klage bezieht sich nach dem Wortlaute des § 253 nur auf Feststellung von Rechtsverhältnissen; doch dürfte der entsprechenden Anwendung auf Feststellung von Urkunden nichts entgegenstehen."

277 Vgl. *RG* JW 1896, 171 f.; *Stein/Jonas/Roth*[22], § 256 Rdnr. 42, 103.

278 Vgl. *Jacobs*, Feststellungsverfahren, S. 14; *Schumann*, GS Michelakis, 553 (554); *ders.*, Verfassungs- und Menschenrechtsbeschwerde, S. 65.

279 Vgl. *Chern*, Feststellungsklage, S. 118 f.; *Rosenberg/Schwab/Gottwald*[17], § 90 Rdnr. 9.

280 Vgl. *BVerfGE* 2, 79 (86); 4, 358 (363); *RGZ* 144, 54 (56); 148, 81 (100); *BGH* NJW 2006, 377 (378); 2003, 2676 (2677); 2001, 445 (447); *BGH* GRUR 1985, 571; *BAGE* 30, 189 (203);

bei allen Klagearten um konkrete rechtliche Beziehungen, die sich aus bestimmten Sachverhalten ergeben[281].

Die Unzulässigkeit einer auf Feststellung einer abstrakten Rechtsfrage gerichteten Inzidentklage ergibt sich hierbei nicht etwa aus der mangelnden Vorgreiflichkeit, sondern schon aus dem Fehlen des Tatbestandsmerkmals Rechtsverhältnis.

Die Unterscheidung zwischen Rechtsverhältnissen und Rechtsfragen wird allerdings *problematisch*, falls es sich um *konkrete Rechtsbeziehungen* handelt[282]. Im Anwendungsbereich der Inzidentfeststellungsklage kann dies etwa der Fall sein, wenn vom Richter die Feststellung verlangt wird, daß ein zwischen den Parteien unstreitig bestehendes Vertragsverhältnis – aus dem Ansprüche im Rahmen der rechtshängigen Leistungsklage verfolgt werden – bestimmter Art sei, z. B. ein Dienst- und kein Gesellschaftsverhältnis[283]. Hier dient die (Zwischen)Feststellung der Qualifikation des Rechtsverhältnisses, weshalb die Praxis mit Blick auf die Gewährleistung effektiven Rechtsschutzes ausnahmsweise eine Feststellungsklage zuläßt[284]. Diese ausnahmsweise Zulassung steht meines Erachtens unter dem Vorbehalt, daß die Rechtsordnung an die Qualifikation im konkreten Fall unterschiedliche Folgen knüpft, da anderenfalls wieder eine gutachterliche Tätigkeit des Richters im Raume stünde. In dem der Entscheidung *RGZ* 144, 54 ff. zugrunde liegen Sachverhalt hatte die Qualifikation des Vertrages (Gesellschafts- oder Dienstvertrag) unterschiedliche konkrete Rechtsfolgen bzgl. Rechnungslegung und Auseinandersetzung, weshalb das *Reichsgericht* zu Recht von einem feststellungsfähigen Rechtsverhältnis ausging.

Auch das Kapitalanleger-Musterverfahrensgesetz (KapMuG[285]) bildet hiervon nur scheinbar[286] eine Ausnahme, da ausweislich der Begründung zu § 1 des

---

MünchKomm ZPO/*Becker-Eberhard*[4], § 256 Rdnr. 22; *Musielak/Foerste*, § 256 Rdnr. 2; *Rosenberg/Schwab/Gottwald*[17], § 90 Rdnr. 6; *Stein/Jonas/Roth*[22], § 256 Rdnr. 30; *Thomas/Putzo/Reichold*, § 256 Rdnr. 11.

281 Vgl. *Zeuner*, FS Schumann, 595 (603).

282 Vgl. *Chern*, Feststellungsklage, S. 119 f.; MünchKomm ZPO/*Becker-Eberhard*[4], § 256 Rdnr. 22.

283 Vgl. *RGZ* 144, 54 (56): Der Kläger verlangte aus gesellschaftsrechtlichen Vorschriften Rechnungslegung und Mitwirkung bei der Vermögensauseinandersetzung sowie Zahlung des aus der Rechnungslegung folgenden Gewinnanteils. Da der Beklagte behauptete, es habe ein Dienstvertrag vorgelegen und der Kläger sei sein Angestellter gewesen, erhob letztere Inzidentklage, daß ein Gesellschaftsvertrag zwischen ihnen bestanden habe. In diesem Sinne auch MünchKomm ZPO/*Becker-Eberhard*[4], § 256 Rdnr. 22.

284 Vgl. MünchKomm ZPO/*Becker-Eberhard*[4], § 256 Rdnr. 22 unter Hinweis auf *RGZ* 144, 54 (57). Daneben muß freilich auch die Voraussetzung der Präjudizialität tatsächlich gegeben sein. Hieran würde es beispielsweise fehlen, sofern der Inzidentkläger die Feststellung als Arbeitsverhältnis beantragt, der Richter dies jedoch offen läßt, da in jedem Fall eine wirksame Kündigung aus wichtigem Grund vorliegt. Dazu näher unten Text bei Fußn. 481 ff.

285 Gesetz vom 16. August 2005, BGBl. I, S. 2437.

286 So auch *Stein/Jonas/Roth*[22], § 256 Rdnr. 30.

Entwurfs[287] auch reine Rechtsfragen geklärt werden können. Allerdings definiert der Entwurf diese Rechtsfragen als „solche, die der Konkretisierung einer anspruchsbegründenden oder anspruchsausschließenden Voraussetzung dienen, wenn diese in der jeweiligen Norm durch einen unbestimmten Rechtsbegriff beschrieben ist". Meines Erachtens handelt es sich insoweit nicht um eine abstrakte oder nur gedachte Rechtsfrage, diese soll ja gerade zur Konkretisierung dienen. Nicht zuletzt wird über die Bindungswirkung nach § 16 Abs. 1 KapMuG die Rechtsungewißheit beseitigt und zwischen den Parteien der Streit verbindlich entschieden, sodaß eine reine Gutachtertätigkeit des Gerichts nicht bezweckt und betrieben wird.

b) Behandlung von Vorfragen und Elementen

Den feststellungsfähigen (Teil-)Rechtsverhältnissen stellen sowohl die Rechtsprechung[288] als auch weite Teile der Literatur[289] einzelne rechtserhebliche

---

287 *BT-Drs.* 15/5091, S. 20: „Ziel des Musterfeststellungsantrags nach Satz 1 ist es, eine in verschiedenen Prozessen zu klärende Musterfrage einheitlich mit Breitenwirkung feststellen zu lassen. Abweichend vom Anwendungsbereich des § 256 ZPO können dabei auch einzelne Elemente oder Vorfragen eines Rechtsverhältnisses oder einer Anspruchsgrundlage, z. B. die Richtigkeit einer Ad-hoc-Meldung, sowie die Pflichtverletzung festgestellt werden. Nicht feststellungsfähig sind dagegen der individuelle Schaden eines Klägers, Fragen der Kausalität, soweit ihnen ein individueller Tatsachenverlauf zugrunde liegt, ein Mitverschulden des Anlegers. Der Musterfeststellungsantrag kann sowohl auf Feststellung einer Anspruchsvoraussetzung als auch auf Feststellung des kontradiktorischen Gegenteils gerichtet werden. Satz 2 stellt klar, dass in den Fällen des Satzes 1 auch reine Rechtsfragen für eine Vielzahl von Rechtsstreiten geklärt werden können. Feststellfähige Rechtsfragen sind solche, die der Konkretisierung einer anspruchsbegründenden oder anspruchsausschließenden Voraussetzung dienen, wenn diese in der jeweiligen Norm durch einen unbestimmten Rechtsbegriff beschrieben ist."

288 Vgl. *BGHZ* 22, 43 (47 f.); 37, 331 (333); 68, 331 (332); 109, 275 (276); *BGH* NZBau 2005, 163 (164) (explizit zu Inzidentklage; unzulässige Feststellung einzelner Abrechnungselemente); *BGH* NJW 2001, 3789; 2010, 2794; 2011, 2195 (2196); *BAG* AP Nr. 12 zu § 256 ZPO (Bl. 1 f.); AP Nr. 19 zu § 256 ZPO (Bl. 2); AP Nr. 24 zu § 256 ZPO; *BAG* NZA 2010, 51; 2011, 706; *BAG* NJW 2012, 1245; *BayObLGZ* 1987, 291 (294); 1988, 90 (91); *OLG Düsseldorf* NJW-RR 1998, 283; *OLG Karlsruhe* FamRZ 1989, 184 f.; *OLG Schleswig* NJW-RR 2010, 1333.

289 Vgl. *Baltzer*, Negative Feststellungsklage, S. 92 bei Fußn. 14; *Baumbach/Lauterbach/Albers/Hartmann*, § 256 Rdnr. 7 („Element", „Vorfrage"), 113; *Chern*, Feststellungsklage, S. 117 f.; *Goldschmidt*, Zivilprozessrecht, S. 57; MünchKomm ZPO/*Lüke*², § 256 Rdnr. 10, 24; *W. Lüke*, Zivilprozessrecht, § 11 II Rdnr. 128; *Rosenberg/Schwab/Gottwald*¹⁷, § 90 Rdnr. 6 f.; *Stein/Jonas/Schumann*²¹, § 256 Rdnr. 27; *Thomas/Putzo/Reichold*, § 256 Rdnr. 10; *Wieczorek*², § 256 Anm. B II; *Wieczorek/Schütze/Assmann*³, § 256 Rdnr. 350; *Zöller/Greger*, § 256 Rdnr. 3; a. A. *Assmann*, ZZP 111 (1998), 357 (360); MünchKomm ZPO/*Becker-Eberhard*⁴, §256 Rdnr. 25; *Brehm*, FG BGH III, S. 105; *Musielak/Foerste*, § 256 Rdnr. 2; *Grunsky*, Grundlagen, § 38 II 2, S. 372; *E. Habscheid*, ZZP 112 (1999), 37 (46 ff.); *Stein/Jonas/Roth*²², § 256 Rdnr. 27 ff.; *Trzaskalik*, Rechtsschutzzone, S. 131; *Zeuner*, FS Schumann, 595 (597 ff.).

Elemente oder Vorfragen eines Rechtsverhältnisses gegenüber und schließen sie von der gerichtlichen Feststellung aus. Zu den Elementen eines Rechtsverhältnisses zählen danach z. B. einzelne Tatbestandsmerkmale eines Anspruchs wie Rechtswidrigkeit oder Verschulden im Rahmen von § 823 BGB[290], das Vorliegen von Schuldnerverzug[291] oder rechtlich erhebliche Eigenschaften einer Sache (z. B. Zubehör) oder Person (z. B. Geschäftsfähigkeit), die damit gleichfalls einer Feststellungsklage prinzipiell nicht zugänglich sein sollen[292]. Begründet wird diese Ansicht damit, daß das Wesen des Feststellungsprozesses nicht in der Vorklärung von Einzelfragen eines künftigen Leistungsprozesses bestünde[293]. Zudem hätten die Gerichte prinzipiell eine umfassende Vorfragenkompetenz[294], so daß regelmäßig keine Notwendigkeit gegeben sei, einzelne Vorfragen gesondert vorab zu klären. Die Rechtsprechung hat deshalb Feststellungsklagen als unzulässig abgewiesen, mit denen die Wirksamkeit einer Vermächtnisanfechtung[295], die Wirksamkeit von Willenserklärungen generell[296], die Rechtmäßigkeit eines bestimmten Verhaltens[297], etwa von Arbeitskampfmaßnahmen[298], oder die isolierte Feststellung, daß der Beklagte sich im Annahmeverzug[299] befunden habe, begehrt wurde[300].

Nicht immer ist das Element oder die bloße Vorfrage vom (Teil-)Rechtsverhältnis exakt abgrenzbar. Es ist häufig zu beobachten, daß rechtliche Regelungen in der Gestalt eines mehrstufigen Normengefüges auftreten. Was Rechtsfolge einer ersten Rechtsnorm ist, kann zugleich Tatbestandsvoraussetzung einer zweiten sein[301]. Gerade am Beispiel der Zwischenfeststellungsklage zeigt sich, daß Rechtsverhältnissen in diesem Sinne die Bedeutung einer Vorfrage zukommen kann. So ist bei einer Klage auf Mietzinszahlung Vorfrage, ob ein Mietverhältnis besteht, bei einer Schadensersatzklage wegen Eigentumsverletzung, ob sich die betreffende Sache im Eigentum des Klägers befindet[302].

---

290 Vgl. *BGH* NJW 1977, 1288; *Thomas/Putzo/Reichold*, § 256 Rdnr. 10.

291 Vgl. *BGH* NJW 2000, 2280 (2281).

292 Vgl. MünchKomm ZPO/*Becker-Eberhard*[4], § 256 Rdnr. 25; *Stein/Jonas/Schumann*[21], § 256 Rdnr. 27; *Thomas/Putzo/Reichold*, § 256 Rdnr. 10; *Zöller/Greger*, §256 Rdnr. 3 und 5.

293 Vgl. *Stein/Jonas/Schumann*[21], § 256 Rdnr. 2.

294 Vgl. *Stein/Jonas/Schumann*[20], Einleitung vor § 1 Rdnr. 350.

295 Vgl. *BGHZ* 37, 331 (333).

296 Vgl. *BGHZ* 109, 306 (308).

297 Vgl. *BGH* NJW 2001, 3789.

298 Vgl. *BAGE* 46, 322 (328).

299 Vgl. *BGH* NJW 2000, 2663 (2664).

300 Vgl. *Jacobs*, Feststellungsverfahren, S. 36 m. w. N. aus der Rechtsprechung. In den meisten Fällen behilft sich die Rechtspechung mit einer Umdeutung des Antrags, was den Eindruck verstärkt, daß lediglich das Prinzip der Unzulässigkeit der Feststellung von Vorfragen und Elementen aufrecht erhalten werden soll.

301 Vgl. *Zeuner*, FS Schumann, 595 (597).

302 Vgl. *Zeuner*, FS Schumann, 595 (597).

Probleme bereitet des weiteren die Begriffsbestimmung. Die Diktion schwankt zwischen „unselbständigen Elementen", „Teile" eines Rechtsverhältnisses, „Rechtstatsachen" und „Vorfragen"[303]. „Elemente des streitigen Rechtsverhältnisses und des den Streit entscheidenden Urteils" hat *v. Savigny* diejenigen Urteilsgründe genannt, auf die sich nach seiner Lehre die Rechtskraft erstrecken sollte[304]. Inhaltlich sind damit hauptsächlich bedingende Rechtsverhältnisse gemeint[305]. In diesem Zusammenhang steht der Begriff des Rechtsverhältnisses nicht in einem Gegensatz zu dem des Elements.

Hinzu kommt, daß die Praxis im Interesse lückenlosen gerichtlichen Rechtschutzes und aus Zweckmäßigkeitserwägungen zahlreiche Ausnahmen zuläßt[306]. Speziell in arbeitsgerichtlichen Verfahren werden mit Blick auf die Prozeßökonomie vermehrt derartige Feststellungsklagen zugelassen[307]. Auch im Hinblick auf die Vollstreckungserleichterung nach §§ 756, 765 ZPO erachtet die Rechtsprechung Klagen auf Feststellung des Annahmeverzugs als zulässig, wenn sie mit einem Antrag auf Zug-um-Zug-Leistung verbunden werden[308]. Insbesondere werden Klagen zur Feststellung der Unwirksamkeit von Gesellschafterbeschlüssen oder Ungültigkeit von Vereinsbeschlüssen, vornehmlich über den Ausschluß eines Mitglieds, zugelassen[309].

Statthaft ist ferner die gesonderte Klage auf Feststellung, daß ein rechtskräftig titulierter Anspruch auch aus dem Gesichtspunkt des Schadensersatzes wegen unerlaubter Handlung begründet sei, um damit das Pfändungsprivileg des § 850 f Abs. 2 ZPO (Bestimmung des pfändungsfreien Betrags ohne Rücksicht auf Grenzen des § 850 c ZPO) zu erreichen[310]. Der Gläubiger hat zudem die Möglichkeit, bereits im Erkenntnisverfahren neben dem Leistungsantrag auf Schadensersatz die Feststellung zu begehren, daß der Anspruch aus dem Gesichtspunkt

---

303 Vgl. *Jacobs*, Feststellungsverfahren, S. 36.

304 Vgl. *v. Savigny*, System VI, S. 291 ff., 358.

305 Vgl. *Zeuner*, FS Schumann, 595 (598); Begründung des Entwurfs zu § 283 CPO (322 ZPO n. F.) bei *Hahn*, Materialien II, S. 290. Dazu oben Text bei Fußn. 153 ff.

306 Vgl. MünchKomm ZPO/*Becker-Eberhard*[4], § 256 Rdnr. 24.

307 Vgl. *BAG* AP Nr. 134 zu § 242 BGB Ruhegehalt (Bl. 3 R); AP Nr. 1 zu § 19 BAT (Bl. 2 f.); AP Nr. 20 zu § 7 BetrAVG (Bl. 1 R); AP Nr. 22 zu § 19 BAT-O (Bl. 2 R f.); AP Nr. 1 zu § 6 BMT-G II (Bl. 2 R); *LAG Berlin* LAGE § 256 ZPO Nr. 6 (S. 3); *ThürLAG* LAGE § 256 ZPO Nr. 8 (S. 1 f.).

308 Vgl. *BGH* NJW 2000, 2663; *BGH* WM 1987, 1496 (1498); so schon *RG* JW 1909, S. 463 Nr. 23.

309 Vgl. *RGZ* 78, 134 (137); 122, 266 (269); *RG* JW 1914, 460 (461); *BGHZ* 45, 314 (317); *BGH* NJW 1991, 485; 1994, 43; 1999, 3113 (3114); 2006, 374 (375); *BGH* NJW-RR 1992, 227; *BGH* WM 1966, 1036. Bezeichnenderweise ist in *BGH* NJW-RR 1992, 227 auch die Feststellung enthalten, daß es gekünstelt wäre anzunehmen, der Beschluß begründe zwar ein Rechtsverhältnis im Sinne des § 256 Abs. 1 ZPO, sei aber selbst kein solches, vgl. dazu auch *Zeuner*, FS Schumann, 595 (601).

310 Vgl. *BGHZ* 109, 275 (280 f.); 152, 166; *BGH* NJW 2005, 1663 (1664); NJW 2006, 2922 (2923) Rdnr. 12; MünchKomm ZPO/*Becker-Eberhard*[4], § 256 Rdnr. 18; *Brehm*, FG BGH III, 89 (105); *Zöller/Stöber*, § 850 f Rdnr. 9a.

einer vorsätzlichen unerlaubten Handlung gerechtfertigt ist[311]. Die Zwischenfeststellungsklage ist hierfür das geeignete prozessuale Instrument.

Eine ebensolche Feststellungsklage ist im Hinblick auf § 302 Nr. 1 InsO möglich, wenn der Schuldner der Einordnung einer zur Insolvenztabelle angemeldeten Forderung als aus vorsätzlich unerlaubter Handlung stammend widerspricht[312]. Die Frage, ob die Rechtskraft eines Leistungsurteils – dessen Forderung zu Tabelle als aus vorsätzlich unerlaubter Handlung stammend angemeldet wurde – daher auch die rechtliche Einordnung des streitgegenständlichen Anspruchs selbst erfaßt, wenn der Ausspruch nach materiellem Recht ein Vorsatzdelikt (z. B. § 826 BGB, § 823 Abs. 2 BGB i. V. m. § 263 StGB) voraussetzt, hat der *Bundesgerichtshof* mit Urteil vom 5. November 2009[313] unter Hinweis auf Entstehungsgeschichte und Zweck der Rechtskraftbeschränkung auf den Streitgegenstand sowie den Zusammenhang mit der Inzidentklage ausdrücklich verneint[314].

Wie *Brehm*[315] daher zu Recht konstatiert, ist die Abgrenzung zwischen nicht feststellungsfähigen Elementen eines Rechtsverhältnisses und dem feststellungsfähigen Rechtsverhältnis vom Ergebnis diktiert. Was im Prozeß als Vorfrage in Erscheinung tritt, hängt nicht zuletzt davon ab, wie der Kläger den Streitgegenstand bestimmt[316]. Deshalb sollte es auch in seinem Belieben stehen, die rechtlichen Beziehungen festzulegen, über die er eine Entscheidung begehrt, jedenfalls soweit eine Begrenzung nicht durch der Dispositionsfreiheit übergeordnete rechtliche Prinzipien gerechtfertigt ist[317].

---

311 Vgl. *BGHZ* 109, 275 (276); *Zöller/Stöber*, § 850f Rdnr. 9a.

312 Vgl. *BGH* NJW 2006, 2922 (2923); *BGH* WM 2008, 650 (652) Rdnr. 12; *BGH* NJW 2008, 3285; MünchKomm ZPO/*Becker-Eberhard*[4], § 256 Rdnr. 18.

313 *BGH* NJW 2010, 2210 (IX ZR 239/07).

314 Vgl. *BGH* NJW 2010, 2210 (2211), Rdnr. 15: „Die Erwägungen, welche zur engen Rechtskraftkonzeption des § 322 Abs. 1 ZPO geführt haben, sprechen auch im vorliegenden Zusammenhang für einen restriktiven Bindungsumfang rechtskräftiger Entscheidungen. Wie bereits die Begründung des Entwurfs zu § 283 CPO ausführt, soll das Urteil keine Folgen erzeugen, die über die Absicht der Parteien hinausgingen und deren sich die Parteien während des Prozesses nicht bewusst gewesen seien. Dem Bedürfnis, im Rechtsstreit zugleich rechtliche Vorfragen verbindlich zu entscheiden, werde durch die Zulässigkeit von Inzidentfeststellungsklagen Rechnung getragen (Hahn, Materialien aaO S. 291). Während ein zugleich mit dem Leistungsantrag anhängig gemachter Feststellungsantrag gemäß § 256 Abs. 2 ZPO dem Beklagten verdeutlicht, dass die Folgen seines Unterliegens über die Titulierung einer Verbindlichkeit hinausgehen können, ist dies bei einem bloßen Leistungsantrag nicht klar ersichtlich. Gerade die Gefahr, gemäß § 302 Nr. 1 InsO keine Restschuldbefreiung erlangen zu können, spricht daher dagegen, dem Schuldner allein aufgrund einer Verurteilung zur Zahlung das künftige Bestreiten des Rechtsgrundes einer vorsätzlich begangenen unerlaubten Handlung zu versagen."

315 Vgl. *Brehm*, FG BGH III, 89 (105).

316 Vgl. *Brehm*, a. a. O.

317 So ausdrücklich *Trzaskalik*, Rechtsschutzzone, S. 134.

Grunsky[318] vertritt deshalb einen weiten Anwendungsbereich, indem er darauf abstellt, ob den Parteien mit der Feststellung eines einzelnen Elements gedient ist. Wenn dies zu bejahen sei, solle die Klage (sog. *Elementenfeststellungsklage*) zugelassen werden. So insbesondere, wenn das Rechtsverhältnis lediglich in einem Punkt umstritten sei[319].

Angesichts der mangelnden Unterscheidungs- und Abgrenzungskriterien zum Rechtsverhältnis sowie des rechtsstaatlichen Erfordernisses einer umfassenden Bereitstellung effektiven Rechtsschutzes plädiert auch *Zeuner* für eine Orientierung an konkreten Rechtsfolgen[320]. Als Mittel zur Abwehr unsachgemäßer Belästigungen des Gegners und des Gerichts bliebe das Interesse an alsbaldiger Feststellung[321]. Im Rahmen der Zwischenfeststellungsklage reicht meines Erachtens eine restriktive Handhabung des Erfordernisses der Vorgreiflichkeit vollauf aus, um mißbräuchlichen Klagen vorzubeugen.

Letztlich scheint der Ausschluß von Vorfragen und Elementen von der Feststellungsfähigkeit auf eine am Anspruch orientierte, den präparatorischen Charakter der Feststellungsklage betonende Denkweise zurückzuführen zu sein[322].

Speziell das Institut der Zwischenfeststellungsklage zeigt, daß eine derartige Einschränkung nicht gerechtfertigt ist: Wenn die Hauptklage auf positive Feststellung des Bestehens z. B. eines Kaufvertrages gerichtet ist, wäre eine Inzidentfeststellung logisch ausgeschlossen, weil jeglicher Teil des Rechtsverhältnisses „Kaufvertrag" nur eine Vorfrage bzw. ein Element und damit von der Feststellung ausgeschlossen wäre. Eine derartige Beschränkung des Anwendungsbereichs der Inzidentfeststellungsklage ist den Motiven zur CPO[323] nicht zu entnehmen. Für die Zulassung der Zwischenfeststellungsklage spricht zudem deren Zweck. Gerade weil sie als Ersatz dafür gedacht war, daß man die Lehre *v. Savignys* ablehnte, und die Rechtskraft nicht, wie dieser vertrat, auf Elemente und Vor-

---

318 Vgl. *Grunsky*, Grundlagen, S. 372.

319 Vgl. *Grunsky*, Grundlagen, S. 372, unter Berufung auf *BAG* AP § 242 BGB Nr. 134, 143 und *BSGE* 31, 226.

320 Vgl. *Zeuner*, FS Schumann, 595 (610). Ebenso MünchKomm ZPO/*Becker-Eberhard*[4], § 256 Rdnr. 25 m. w. N. aus der Literatur; *Stein/Jonas/Roth*[22], §256 Rdnr. 27.

321 Vgl. *Zeuner*, FS Schumann, 595 (610).

322 Vgl. *Moser*, Zulässigkeitsvoraussetzungen, S. 52; *Trzaskalik*, Rechtsschutzzone, S. 131, mit dem Hinweis, daß nach herrschender Meinung nicht erforderlich ist, daß das Rechtsverhältnis zwischen den Parteien besteht, weshalb der Feststellungsstreit seinen Sinn nicht aus der präjudiziellen Wirkung für einen Anspruch erfahren könne, da er sonst stets nur zwischen den Parteien geführt werden könne. Die herrschende Meinung scheint in diesem Punkt noch vom Gedanken der Prozeßantizipation, wie ihn *Weismann*, Feststellungsklage, S. 153, zum Grundsatz erhob, nicht ganz frei zu sein.

323 Vgl. *Hahn*, Materialien II, S. 255 ff. (Begründung des Entwurfs zu § 223 CPO); *Stein/Jonas/Roth*[22], § 256 Rdnr. 27 bei Fußn. 122.

fragen erstrecken wollte, sollten die Parteien nach ihrem Willen mittels der Inzidentklage eine rechtskräftige Entscheidung hierüber erreichen können[324].

Die Abgrenzung sollte nicht (willkürlich) anhand von Begrifflichkeiten erfolgen, die noch dazu die nötige Abgrenzungsschärfe vermissen lassen[325], sondern sich meines Erachtens daran ausrichten, *Tatsachen* und *Rechtsverhältnisse ohne konkrete Rechtsfolgen* sowie *reine Rechtsfragen* auszuscheiden[326].

3. *Zeitlicher Aspekt*

Das festzustellende Rechtsverhältnis muß darüber hinaus *gegenwärtig* sein[327]. Soweit auf die zeitliche Begrenzung verzichtet wird, bezieht sich die Feststellung gegebenenfalls auf bloß hypothetische Rechtsverhältnisse[328].

a) Künftige Rechtsverhältnisse

Die Hoffnung auf ein künftig entstehendes Rechtsverhältnis oder die Befürchtung eines solchen gewährt noch kein Recht auf gerichtlichen Schutz[329]. Daher kann der voraussichtliche gesetzliche Erbe nicht auf Feststellung der Ungültigkeit des Testaments klagen[330]. Anders ist dies nur, wenn sich der künftige Anspruch als Folge eines bereits bestehenden Rechtsverhältnisses darstellt[331]. Dies ist etwa der Fall, wenn der in einem gemeinschaftlichen Testament Bedachte gegen den überlebenden Ehegatten auf Feststellung klagt, daß das Testament wirksam sei[332] oder der Testator auf Feststellung eines Rechts zur Pflichtteilsentziehung klagt[333].

---

324 Dazu bereits oben Text bei Fußn. 161 ff.

325 Wann handelt es sich um eine Vorfrage, wann um ein bloßes Element? Inwiefern unterscheiden sie sich? Was unterscheidet die Vorfrage vom bedingenden Rechtsverhältnis?

326 In diesem Sinne *Assmann*, ZZP 111 (1998), 357 (360); MünchKomm ZPO/*Becker-Eberhard*[4], § 256 Rdnr. 25; *Brehm*, FG BGH III, S. 105; *Musielak/Foerste*, § 256 Rdnr. 2; *Grunsky*, Grundlagen, § 38 II 2, S. 372; *E. Habscheid*, ZZP 112 (1999), 37 (46 ff.); *Stein/Jonas/Roth*[22], § 256 Rdnr. 27 ff.; *Trzaskalik*, Rechtsschutzzone, S. 131; *Zeuner*, FS Schumann, 595 (597 ff.).

327 Vgl. *RGZ* 49, 370 (372); 92, 1 ff.; *BGHZ* 28, 225 (233 f.); 37, 137 (144); *BGH* NJW 2001, 445 (447); 2004, 1874; *BGH* GRUR 2001, 1036 (1037); MünchKomm ZPO/*Becker-Eberhard*[4], § 256 Rdnr. 28; *W. Lüke*, Zivilprozessrecht, § 11 II Rdnr. 128; *Rosenberg/Schwab/Gottwald*[17], § 90 Rdnr. 14 ff.; *Stein/Jonas/Roth*[22], § 256 Rdnr. 37; *Zöller/Greger*, § 256 Rdnr. 3a.

328 Vgl. *Jacobs*, Feststellungsverfahren, S. 272.

329 Vgl. *BGHZ* 120, 239 (253); *BGH* MDR 1960, 371; *BGH* NJW 1992, 697 f.; *Stein/Jonas/Roth*[22], § 256 Rdnr. 37; a. A.: *Trzaskalik*, Rechtsschutzzone, S. 59 ff.; *Zeuner*, FS Schumann, 595 (605 ff.).

330 Vgl. *RGZ* 49, 372.

331 Vgl. *BGHZ* 4, 135; 100, 228 (232); *Stein/Jonas/Roth*[22], § 256 Rdnr. 38 mit weiteren Beispielen.

332 Vgl. *BGHZ* 37, 331 (334 f.); *Stein/Jonas/Roth*[22], § 256 Rdnr. 38 mit diesbezüglich kritischen Stimmen in Fußn. 215.

333 Vgl. *RGZ* 92, 1 (2 ff.); *BGHZ* 109, 306 (309); *BGH* NJW 2004, 1874. Interessanterweise wird die Entscheidung des Reichsgerichts, soweit ersichtlich, nur hinsichtlich der Abgrenzung gegen-

Im Rahmen der Inzidentklage dürfte dies jedoch nur selten der Fall sein, da hierfür eine Hauptklage rechtshängig sein muß, wofür regelmäßig – sieht man von den „Zukunftsklagen“[334] nach §§ 257-259 ZPO ab – künftige Ansprüche nicht ausreichen. Im Falle einer Zukunftsklage handelt es sich genau genommen bei dem vorgreiflichen Rechtsverhältnis nicht um ein zukünftiges, sondern ein bestehendes, gegenwärtiges, aus dem der zukünftige Anspruch abgeleitet wird.

Dagegen ist die Feststellung bedingter oder betagter Rechtsverhältnisse, etwa die Verpflichtung zum Ersatz eines noch zu erwartenden Schadens, zulässig, sofern die rechtserzeugenden Tatsachen, abgesehen von dem bedingenden Ereignis oder dem Zeitablauf, schon gegeben sind[335].

b) Vergangene Rechtsverhältnisse

Andererseits kann die Feststellung vergangener Rechtsverhältnisse – der Anspruch ist z. B. durch Erfüllung erloschen – nicht begehrt werden[336], weshalb grundsätzlich Klagen auf Feststellung eines Anspruchs als verjährt unzulässig sind[337].

Anders ist dies nur, wenn sich aus dem vergangenen Rechtsverhältnis *noch Rechtsfolgen für die Gegenwart oder Zukunft* ableiten lassen[338]. Dies ist insbesondere bei Präjudizialität des vergangenen Rechtsverhältnisses der Fall[339]:

---

wärtiger zu zukünftigen Rechtsverhältnissen zitiert, obwohl dort ausdrücklich die Feststellung von Elementen eines Rechtsverhältnisses zugelassen wird: „Solche Rechte des rechtlichen Könnens erscheinen in der Regel als Bestandteile eines bereits bestehenden Rechtsverhältnisses und sind dazu bestimmt, dieses zu einer weiteren Entwicklung zu bringen. Dies gilt auch von dem Recht zur Entziehung des Pflichtteils, das dem Erblasser die Befugnis gewährt, ein bereits bestehendes Rechtsverhältnis, kraft dessen er verpflichtet ist, gewissen ihm nahe stehenden Personen einen gewissen Teil seines Vermögens zu hinterlassen, zum Erlöschen zu bringen. Feststellbar ist nun aber nicht allein ein selbständiges Rechtsverhältnis im ganzen, sondern sind auch die einzelnen Berechtigungen, die nur Ausflüsse eines weitergehenden Rechtsverhältnisses sind“, *RGZ* 92, 1 (7).

334 So *Stein/Jonas/Roth*[22], § 257 Rdnr. 1.

335 Vgl. *RGZ* 13, 374; *BGHZ* 4, 134; 109, 306 (308 f.); MünchKomm ZPO/*Becker-Eberhard*[4], § 256 Rdnr. 29; *Hellwig*, Anspruch, S. 403 f., *Stein/Jonas/Roth*[22], § 256 Rdnr. 39 m. w. N. aus der Rechtsprechung in Fußn. 220; *Thomas/Putzo/Reichold*, § 256 Rdnr. 8. So auch die Begründung des Entwurfs zu § 223 CPO: „Ebenso ist die in den preuß. Entw. aufgenommene Bestimmung, daß die Klage auf Feststellung auch bei noch nicht fälligen oder bei bedingten Forderungen stattfinde, als selbstverständlich weggelassen“, vgl. *Hahn*, Materialien II, S. 257. Hingegen sind *unklagbare* und *unvollständige* Ansprüche von der gerichtlichen Geltendmachung ausgenommen, ausführlich hierzu *Stein/Jonas/Roth*[22], vor § 253 Rdnr. 126 ff.

336 Vgl. *BGH* MDR 1961, 305; *BAG* AP Nr. 43 m. Anm. *Schumann*; MünchKomm ZPO/*Becker-Eberhard*[4], § 256 Rdnr. 28; *Stein/Jonas/Roth*[22], § 256 Rdnr. 40.

337 Vgl. *Stein/Jonas/Roth*[22], § 256 Rdnr. 40 bei Fußn. 228.

338 Vgl. *RGZ* 27, 205; 107, 305; *BGHZ* 27, 190 (196); *BAG* NJW 1994, 1751; *Goldschmidt*, Zivilprozessrecht, S. 57; *Hellwig*, Anspruch, S. 424; *Jauernig/Hess*, § 34 Rdnr. 7; *Stein/Jonas/Roth*[22], § 256 Rdnr. 40 m. w. N. in Fußn. 231; *Thomas/Putzo/Reichold*, § 256 Rdnr. 8.

339 Vgl. *Jacobs*, Feststellungsverfahren, S. 276 f.

Beispiel[340]: K und B haben einen Vertrag über die Lieferung von Orangen getroffen. Da B nicht termingerecht liefert, heben die Parteien schließlich in gegenseitigem Einvernehmen den Vertrag auf. Später erhebt K wegen nicht rechtzeitig erfolgter Lieferung Schadensersatzklage, während B meint, ein Vertrag sei nie zustande gekommen, und deshalb widerklagend Zwischenfeststellung begehrt, daß kein Vertrag bestanden habe.

Obwohl ein Vertrag unstreitig nicht mehr besteht, ist er wegen Präjudizialität Grundlage für die Schadensersatzforderung des K, so daß aus diesem Rechtsverhältnis gegenwärtige Rechtsfolgen abgeleitet werden können.

4. *Personaler Aspekt – Feststellungsfähigkeit von Drittrechtsverhältnissen*

a) Erscheinungsformen

Die vor allem im Rahmen der prinzipalen Feststellungsklage diskutierte Frage, ob Drittrechtsverhältnisse[341] (d. h. Rechtsbeziehungen an denen entweder nur eine oder keine der Prozeßparteien selbst beteiligt ist) feststellungsfähig sein sollen, stellt sich nicht anders für die Inzidentklage, so daß die folgenden Ausführungen sich im wesentlichen auf die Besonderheit der Zwischenfeststellungsklage beschränken. Davon zu trennen, ist die Frage, wer zur Erhebung der Inzidentklage berechtigt ist[342].

Im Grunde lassen sich die für die selbständige Feststellungsklage diskutierten Fälle auf die Inzidentklage ohne Schwierigkeiten übertragen.

aa) Prätendentenstreitigkeiten

In Anlehnung an den vom *Reichsgericht*[343] entschiedenen Prätendentenstreit[344] zwischen zwei Jagdpächtern, von denen jeder das Jagdrecht für dieselbe Zeit im selben Bezirk in Anspruch nahm, wäre denkbar, daß der auf Unterlassung oder Schadensersatz wegen unerlaubter Jagd verklagte Jagdpächter widerklagend die Feststellung der Nichtigkeit des Pachtvertrages zwischen dem Kläger und dem Verpächter und die Feststellung seines eigenen Pachtrechts beantragt.

---

340 Nach *Grunsky*, Grundlagen, § 38 II 2, S. 373.

341 Die von *Schumann*, Verfassungs- und Menschenrechtsbeschwerde, S. 78 f., gewählte Bezeichnung „Drittrechtsverhältnisse“ ist terminologisch für die zu untersuchenden Fallkonstellationen dem ebenfalls anzutreffenden Ausdruck „Drittrechtsbeziehung“ vorzuziehen, da hierdurch der Gegenstand des Zwischenfeststellungsverfahrens exakter wiedergegeben wird. So auch *Bauer*, Drittrechtsverhältnisse, S. 3.

342 Dazu unten Text bei Fußn. 790 ff.

343 *RGZ* 41, 345 ff.

344 Eingehend zu Prätendentenstreitigkeiten *Bauer*, Drittrechtsverhältnisse, S. 4 f., 46 ff., 91 f.; *Jacobs*, Feststellungsverfahren, S. 136 ff., 367 ff.; *W. Lüke*, Beteiligung Dritter, S. 38 f.

Desgleichen könnte ein Zessionar gegen einen zweiten prätendierenden Zessionar auf Herausgabe der vom Schuldner an diesen geleisteten Summe und daneben auf negative Feststellung der Rechtsinhaberschaft des Beklagten klagen[345].

bb) Absolute Rechte

Ein Vollstreckungsgläubiger möchte gegen seinen Schuldner eine Eintragung im Grundbuch erreichen und verklagt den eingetragenen (Buch-) Eigentümer als Dritten auf Zustimmung zur Berichtigung und beantragt daneben die Feststellung des Eigentums seines Schuldners[346].

cc) Relative Rechte

Denkbar ist, daß ein Zessionar den Schuldner klageweise in Anspruch nimmt und dieser widerklagend die Feststellung begehrt, daß der zwischen dem Kläger und dem Zedenten geschlossene Abtretungsvertrag nichtig ist.

Ferner wenn der Vermieter gegen den Untermieter auf Herausgabe der Mietsache klagt und dieser widerklagend die Feststellung begehrt, daß das Hauptmietverhältnis besteht.

b) Stellungnahme

Daß das Rechtsverhältnis zwischen den Parteien der Inzidentklage besteht, ist nach herrschender Meinung[347] ebensowenig erforderlich wie im Fall des § 256 Abs. 1 ZPO[348]. Die gegenteilige Auffassung[349] wendet hiergegen ein, daß eine

---

345 Vgl. *Stein/Jonas/Roth*[22], § 256 Rdnr. 36.

346 Vgl. *Goldschmidt*, Zivilprozeßecht, S. 57 bei Fußn. 10; *Hahn/Mugdan*, Materialien V, Denkschrift zur alten GBO (zu § 38), S. 164.

347 Vgl. *RG* SeuffArch 68, 206 (208); *BGHZ* 69, 37 (40); 123, 44; 164, 249 (255) („Mangusta Commerzbank II"); *BGH* NJW 2011, 2195 (2196) Rdnr. 20; 1990, 2627 (2628); 1993, 2539 (2540); *BGH* FamRZ 1998, 226; *BGH* WM 1997, 2403; *Baltzer*, Negative Feststellungsklage, S. 91; *Baumbach/Lauterbach/Albers/Hartmann*, § 256 Rdnr. 27 f., 113; *Brehm*, FG BGH III, 89 (106); *Henckel*, Parteilehre, S. 108 ff.; *Hellwig*, Anspruch, S. 432 f.; *Kisch*, Feststellungsurteil, S. 47; *Musielak*, Grundkurs, Rdnr. 65; *Nikisch*, Zivilprozessrecht, § 39 II 2, S. 152; *Rosenberg/Schwab/Gottwald*[17], § 90 Rdnr. 11 ff.; *Schilken*, Zivilprozessrecht, Rdnr. 185; *Thomas/Putzo/Reichold*, § 256 Rdnr. 28, 9; *Wieczorek/Schütze/Assmann*[3], § 256 Rdnr. 359; *Stein/Jonas/Roth*[22], § 256 Rdnr. 103 bei Fußn. 576, Rdnr. 33 m. w. N. aus Rspr. und Lit. in Fußn. 160, auch zur Gegenansicht.

348 Dort mit der Einschränkung, sofern ein rechtliches Interesse an der begehrten Feststellung *gerade dem Beklagten gegenüber* gegeben ist, vgl. *BGHZ* 34, 159 (165); 96, 174 (177); *BGH* NJW 1994, 459 f.; MünchKomm ZPO/*Becker-Eberhard*[4], § 256 Rdnr. 33; Stein/*Jonas/Roth*[22], § 256 Rdnr. 35.

rechtskräftige Feststellung mit Bindungswirkung gegenüber dem Dritten gerade nicht ergehe und die Prozeßführungsbefugnis übergangen werde, soweit keine Prozeßstandschaft vorliege.

Im Grunde lassen sich die Bedenken gegen die Feststellungsklage über Drittrechtsverhältnisse auf eine Fixierung auf das materielle Recht bzw. Scheu vor der Anerkennung als eigenes Institut des Prozeßrechts zurückführen[350]. *Loening*[351] lehnte daher eine Inzidentwiderklage über Drittrechtsverhältnisse im Hinblick auf Aktiv- und Passivlegitimation, das materielle Recht, sogar bei bestehender Vorgreiflichkeit ab[352]. Das Rechtsverhältnis muß aber – wie die absoluten Rechte zeigen – nicht geeignet sein, einen Leistungsanspruch gerade gegen den Beklagten zu begründen[353]. Die Feststellungsklage findet ihre Rechtfertigung gleichfalls nicht darin, einen Leistungsprozeß vorzubereiten; mit ihr wird kein

---

349 Vgl. *Häsemeyer*, ZZP 101 (1988), 385 (396 f.); MünchKomm ZPO/*Becker-Eberhard*[4], § 256 Rdnr. 34 (so auch *G. Lüke* in der Vorauflage an selber Stelle); *G. Lüke*, FS Henckel, 567 (576); *Michaelis*, FS Larenz, 443 (452 ff.); *Musielak/Foerste*, § 256 Rdnr. 5; *Trzaskalik*, Rechtsschutzzone, S. 156 ff.; *Zöller/Greger*, § 256 Rdnr. 3b. Kritisch auch *Schumann*, FS Musielak, 457 (465 ff.). Ebenso bereits *Planck*, Lehrbuch II, S. 14 f., der unter Rechtsverhältnis das „zwischen diesem Kläger und diesem Beklagten obwaltende, der rechtlichen Ordnung bedürftige Verhältnis" verstand. Ebenfalls ablehnend *Rocholl*, ZZP 8 (1885), 329 (344 f., 405 ff.), der diese von ihm als „Konfliktlagen" bezeichneten Streitverhältnisse weder zu den Feststellungs- oder Leistungsklagen zählen will und von der Prämisse ausgeht, daß der Feststellungsstreit nur einen künftigen Leistungsstreit antizipiere und die Einlassungspflicht des Beklagten nur aus der rechtlichen Beziehung hergeleitet werden könne, in welcher derselbe zum Kläger stehe, *Rocholl*, a. a. O., S 345.

350 Vgl. *Bauer*, Drittrechtsverhältnisse, S. 23; *Stein/Jonas/Roth*[22], § 256 Rdnr. 34 unter Hinweis auf die diesbezügliche Kritik von *Zöller/Greger*, § 256 Rdnr. 3b. Die Statuierung als prozeßrechtliches Institut eigener Art nahm schon *Wach*, Feststellungsanspruch, S. 24 ff., vor. Unter beifälliger Bezugnahme auf *Wach*, Handbuch, S. 13 f., und *Weismann*, Hauptintervention, § 20 f., kritisierte auch *Stein*, Urkundenprozeß, S. 3: „Die Prozeßdogmatik aber leidet an dem Erbübel [...] die ordentliche Leistungsklage als den Urtypus [...] des Prozesses überhaupt herauszuheben, dem dann alle Definitionen und Grundprinzipien angepaßt werden, auf den allein die von der Doctrin beherrschte Gesetzgebung ihr Augenmerk richtet und neben dem die Feststellungs- [...] Klagen [...] als ‚ausserordentliche' verächtlich von dem System ausgeschlossen werden, gleichviel, ob die so gebildeten Grundbegriffe auf sie passen oder nicht. [...] Der Wissenschaft des Prozessrechts kann kein Heil werden, so lange nicht die verschiedenen Klagetypen [...] organisch in das System eingefügt sind und ihnen der gebührende Antheil an der Begriffsbildung gewährt wird."

351 Vgl. *Loening*, ZZP 4 (1882), 1 (64 ff.).

352 Vgl. *Loening*, ZZP 4 (1882), 1 (66 f.): „Daher kann auch die sogenannte Präjudizial-Inzident-Widerklage nur dann mit Erfolg erhoben werden, wenn das präjudizielle Rechtsverhältnis ebenso wie das bedingte selbst zwischen den Parteien des Hauptprozesses besteht, wogegen dieselbe dann zu verwerfen ist, wenn das Rechtsverhältnis des Hauptprozesses von dem Recht des Dritten abhängt: eine Beschränkung, welche, weil materieller Natur, durch die allgemeine Fassung des § 253 nicht beseitig wird."

353 Vgl. *Stein/Jonas/Roth*[22], § 256 Rdnr. 33.

Anspruch im materiellen Sinne verfolgt, der sich gegen einen bestimmten Gegner richtet[354].

Wie *Brehm*[355] ferner betont, führen bei der Gestaltungsklage die Klage eines Nichtberechtigten zu einem dem Zivilrecht grundsätzlich fremden Eingriff in ein fremdes Rechtsverhältnis und bei der Leistungsklage die Klage des Rechtsfremden zu einer Einmischung in fremde Rechtsangelegenheiten, weil die formelle Partei das Urteil exekutieren kann. Bei der Feststellungsklage existiert diese Gefahrenlage jedoch nicht, da sich die Urteilswirkung in der Rechtskraft erschöpft, die noch dazu auf die Parteien und die Rechtsnachfolger beschränkt ist. Dritte, über deren Rechtsverhältnis gestritten wird, werden daher von der Entscheidung nicht berührt. Der von der Gegenmeinung angeführte Einwand der mangelnden Bindungswirkung ist zwar insoweit zutreffend (subjektive Rechtskraft), spricht aber nicht gegen die Zulässigkeit, da es dem (Inzident-) Feststellungskläger ohnehin nur um autoritative Klärung und nicht um Vollstreckung geht.

Ebenfalls nicht überzeugend ist die Kritik der Übergehung der Prozeßführungsbefugnis. Zum einen macht der Feststellungskläger in diesen Konstellationen kein fremdes Recht im eigenen Namen wie bei der Prozeßstandschaft geltend, weshalb er auch kein besonderes Interesse am Schutz des Dritten darlegen muß. Zum anderen zielt die Feststellung über Drittrechtsverhältnisse gerade auf den Schutz des Klägers, der seine eigene Rechtsposition verteidigen will[356]. Damit ist er auch die „richtige" Partei[357]. Das rechtliche Interesse an der Feststellung gerade dem Beklagten gegenüber folgt bei der Zwischenfeststellungsklage aus der Vorgreiflichkeit für die Entscheidung der Hauptklage. Zudem stellen sich bei genauer Betrachtung manche angeblichen Drittrechtsverhältnisse als Rechtsverhältnisse dar, die im Kern zumindest auch Rechtsbeziehungen der Parteien zum Gegenstand haben und lediglich durch das streitige Drittrechtsverhältnis beeinflußt werden[358].

Auch wenn die Einwände in der Literatur nicht vollends überzeugen, sollten sie dennoch Anlaß zu einer restriktiven Handhabung in der Praxis geben. Im

---

354 Zu der überkommenen Sichtweise der Feststellungsprozesse als „antizipierte Prozesse" auch *Stoll*, FS Bötticher, 341 (345 f.).

355 Vgl. *Brehm*, FG BGH III, 89 (106 f.).

356 Vgl. *Stein/Jonas/Roth*[22], § 256 Rdnr. 34.

357 Vgl. *Bauer*, Drittrechtsverhältnisse, S. 58. Einen anderen Weg geht *E. Habscheid*, ZZP 112 (1999), 37 (50 f.): Er spricht sich dafür aus, daß mit der Feststellungsklage ein materielles Recht auf Feststellung geltend gemacht werde. Deshalb ließe sich das Feststellungsinteresse auch zwanglos als materielles Tatbestandsmerkmal denken, so daß bei gegebenem rechtlichen Interesse, wenn das Rechtsverhältnis also in den Rechtsbereich des Klägers hineinreiche, eine Feststellung über das Drittrechtsverhältnis zulässig sei.

358 Vgl. *Jauernig/Hess*, § 34 Rdnr. 6; *Stein/Jonas/Roth*[22], § 256 Rdnr. 33; *Trzaskalik*, Rechtsschutzzone, S. 156 ff.

Anwendungsbereich der Inzidentfeststellungsklage dürfte es den in der Literatur kritisierten Fällen vielfach ohnehin an der Vorgreiflichkeit fehlen.

So beispielsweise im Urteil des *Bundesgerichtshofs* vom 15. Juni 2005[359]: Er entschied, die Zwischenfeststellungswiderklage sei unzulässig, weil zum einen der Antrag des Beklagten entgegen § 256 Abs. 2 ZPO nicht auf die Feststellung eines Rechtsverhältnisses ziele[360]. Zum anderen wäre er aber selbst bei Umdeutung in die Feststellung, daß kein Mietverhältnis bestanden habe, unzulässig. Zwar könne Gegenstand einer Zwischenfeststellungsklage nach § 256 Abs. 2 ZPO auch ein *Rechtsverhältnis* sein, das *zwischen einer Partei und einem Dritten* bestehe. *Voraussetzung der Zulässigkeit* sei jedoch, daß dieses Rechtsverhältnis *für die Entscheidung der Hauptsache präjudiziell* sei. Dies sei hier jedoch nicht der Fall. Vielmehr sei es für die Entscheidung der Hauptsache (Mietzinszahlungspflicht der Beklagten gegenüber der Klägerin) ohne Bedeutung, ob zwischen dem Beklagten und den nicht am Rechtsstreit beteiligten Personen (den Gesellschaftern der Klägerin) ein Mietverhältnis bestehe. Die Zwischenfeststellungswiderklage des Beklagten sei daher insoweit als unzulässig abzuweisen.

Ist die *Entscheidung des Rechtsstreits* in der Hauptsache aber *tatsächlich abhängig* vom Bestehen des Drittrechtsverhältnisses, sollte meines Erachtens die Zulassung der Inzidentklage über das Drittrechtsverhältnis im Sinne umfassender Streitbereinigung nicht an allgemeinen Einwänden scheitern.

5. *Entscheidungskompetenz der ordentlichen Gerichte*

Feststellungsfähig sind nur Rechtsverhältnisse des *Privatrechts* sowie diejenigen *öffentlich-rechtlichen Verhältnisse*, hinsichtlich derer der ordentliche Rechtsweg zulässig ist[361].

---

359 *BGH* MDR 2005, 1398 (XII ZR 82/02): Die Klägerin, eine Gesellschaft bürgerlichen Rechts, verlangte vom Beklagten, einem eingetragenen Verein, Mietzins aus einem gewerblichen Mietverhältnis. Der Beklagte begehrte widerklagend die Feststellung, daß zwischen den Parteien sowie zwischen den beiden Gesellschaftern der Klägerin und dem Beklagten kein Mietvertrag geschlossen worden sei. Wenn auch die Entscheidung im Hinblick auf die hier vertretene Auffassung zur Feststellungsfähigkeit von Vorfragen/Elementen kritisch zu würdigen ist, verdienen die Ausführungen des *BGH* zur Präjudizialität Zustimmung.

360 Zur Auffassung der Rechtsprechung, Vorfragen und Elemente seien nicht feststellungsfähig, vgl. oben die Nachweise in Fußn. 288.

361 Vgl. *BGHZ* 95, 109 (111); *BGH* MDR 1960, 485; MünchKomm ZPO/*Becker-Eberhard*[4], § 256 Rdnr. 10; *Stein/Jonas/Roth*[22], § 256 Rdnr. 32; *Thomas/Putzo/Reichold*, § 256 Rdnr. 6; *Zöller/Greger*, § 256 Rdnr. 3. So bereits *Wach*, Feststellungsanspruch, S. 51.

a) Öffentlich-rechtliche Rechtsverhältnisse

Hinsichtlich öffentlich-rechtlicher Verhältnisse ist dies der Fall, wenn Leistungsklagen des öffentlichen Rechts den ordentlichen Gerichten zugewiesen sind[362] (z. B. Art. 34 Satz 1 und 3 GG i. V. m. § 839 BGB, § 40 Abs. 2 VwGO, Art. 14 Abs. 3 Satz 4 GG)[363]. Demzufolge ist für die Klage auf Feststellung der Verpflichtung zum Schadensersatz aus Amtspflichtverletzung der Rechtsweg zu den ordentlichen Gerichten eröffnet.

Die ordentlichen Gerichte sind befugt, über rechtswegfremde (öffentlich-rechtliche) Vorfragen, insbesondere präjudizielle Rechtsverhältnisse, nach § 17 Abs. 2 GVG den Rechtsstreit zu entscheiden, da die Natur eines Rechtsverhältnisses nur einheitlich bestimmt werden kann und die Gerichte eines jeden Rechtswegs die ihnen zugewiesenen Aufgaben grundsätzlich unabhängig voneinander erledigen[364]. Weil die Entscheidung über die Vorfrage nicht an der Rechtskraft teilnimmt, ergibt sich aus dieser „Vorfragenkompetenz" der Zivilgerichte keine Überprüfung der Verwaltung[365]. Dies gilt allerdings nur für den *einheitlichen prozessualen Anspruch*[366]. Werden daher im Wege der Klagenhäufung (§ 260 ZPO) mehrere Streitgegenstände gemeinsam geltend gemacht, muß der Rechtsweg für jeden von ihnen gegeben sein, um Mißbrauch zu vermeiden[367]. Dies gilt gleichfalls

---

362 Ist für einen Streitgegenstand der Zivilrechtsweg eröffnet, gilt dies für alle Klageformen einschließlich der Feststellungsklage, *RGZ* 123, 181 (183); *BGHZ* 95, 109 (111); *BGH* LM ZPO § 256 Nr. 59.

363 Vgl. *Stein/Jonas/Roth*[22], § 256 Rdnr. 4. Gemäß § 71 Abs. 2 Nr. 2 GVG sind die Landgerichte sachlich ausschließlich zuständig.

364 Vgl. *BGHZ* 73, 114 (117); 57, 96; 95, 109; *BVerwG* MDR 1960, 527; *Rosenberg/Schwab/ Gottwald*[17], § 14 Rdnr. 34 ff.; *Zöller/Lückemann*, § 13 GVG Rdnr. 31 und § 17 GVG Rdnr. 5. Sofern allerdings über die Vorfrage ein Verfahren vor dem hierfür zuständigen (Verwaltungs-) Gericht anhängig ist oder ein Rechtsbehelf eingelegt ist, hat das (ordentliche) Gericht (nach pflichtgemäßem Ermessen) nach § 148 ZPO auszusetzen und die Entscheidung abzuwarten, vgl. *BGH* NJW-RR 1988, 39; *Grunsky*, Zivilprozessrecht, § 5 Rdnr. 59; *Rosenberg/Schwab/Gottwald*[17], § 14 Rdnr. 35; *Zöller/Lückemann*, § 13 GVG Rdnr. 31. Wegen der über den jeweiligen Rechtsweg hinaus wirkenden Rechtshängigkeitssperre des § 17 Abs. 1 Satz 2 GVG ist eine Klage über denselben Streitgegenstand unzulässig, vgl. *BGH* NJW 1998, 231; *VGH* Mannheim NJW 1996, 1298; *Thomas/Putzo/Hüßtege*, § 17 GVG Rdnr. 4; MünchKomm ZPO/*Zimmermann*[3], § 17 GVG Rdnr. 8; *Zöller/Greger*, § 17 GVG Rdnr. 3. Einer Inzidentklage über die (öffentlich-rechtliche) Vorfrage würde in diesem Fall das Prozeßhindernis anderweitiger Rechtshängigkeit entgegenstehen, unabhängig davon, ob das zuerst angerufene Verwaltungsgericht zuständig ist.

365 Vgl. *Zöller/Lückemann*, § 13 GVG Rdnr. 31.

366 Vgl. *Jauernig/Hess*, § 4 Rdnr. 21; *Thomas/Putzo/Hüßtege*, § 17 GVG Rdnr. 5, 7; *Zöller/ Lückemann*, § 17 GVG Rdnr. 6.

367 Vgl. *BGHZ* 114, 1 (2) („Rechtswegmanipulation durch beliebige Klagenhäufung ersichtlich Tür und Tor geöffnet"); *BGH* NJW 1998; 826; 2003, 282; *BVerwG* NVwZ-RR 2004, 551; *OLG Frankfurt a. M.* NJW-RR 1995, 319 (für einfache Streitgenossenschaft); *Grunsky*, Zivilprozess-

für die Widerklage[368]. Soweit der Rechtsweg für den zweiten Streitgegenstand nicht eröffnet ist, ist das Verfahren nach § 145 ZPO zu trennen und nach § 17a Abs. 2 GVG zu verweisen.

Da es aber Zweck und Wirkung der Zwischenfeststellungsklage ist, die Rechtskraft auf die Vorfrage zu erstrecken, und mit ihr, auch in Form der Widerklage, ein neuer prozessualer Anspruch erhoben wird, scheidet eine Inzidentfeststellung öffentlich-rechtlicher Vorfragen gem. § 256 Abs. 2 ZPO grundsätzlich aus, wenn diese nicht ohnehin der ordentlichen Gerichtsbarkeit (z. B. durch Art. 14 Abs. 3 Satz 4 GG) zugewiesen sind[369].

Dies wird allerdings von *Zimmermann*[370] bestritten: Eine einheitliche Zuständigkeit sei nach dem Zweck von § 17 Abs. 2 Satz 1 GVG grundsätzlich auch anzunehmen, wenn eine Vorfrage, über die das Gericht entscheiden müsse, durch Zwischenfeststellungsklage zu einem selbständigen Entscheidungsgegenstand gemacht werde, da anderenfalls die Gefahr widersprechender Entscheidungen und doppelter Belastung entstehe und eine Aussetzung dem Vereinfachungs- und Beschleunigungsinteresse widerspreche.

Meines Erachtens verdient diese Auffassung keine Zustimmung. Es ist nicht Aufgabe der Inzidentklage, dem Antragsteller eine Rechtsweg zu eröffnen, den ihm die prinzipale Feststellung nicht ebenfalls gewähren würde. Anderenfalls würde hierdurch in der Diktion des *Bundesgerichtshofs*[371] tatsächlich der „Rechtswegmanipulation ersichtlich Tür und Tor geöffnet". *§ 17 Abs. 2 Satz 1 GVG* begründet zwar eine Gesamtzuständigkeit kraft Sachzusammenhangs für verschiedene Anspruchsgrundlagen mit eigentlich unterschiedlicher Rechtswegzuständigkeit. Dies aber nur deshalb, weil *gerade keine der Rechtskraft fähige Entscheidung über die Vorfrage selbst* ergeht. Die (rechtswegüberschreitende) Entscheidungsbefugnis nach § 17 Abs. 2 Satz 1 GVG ist somit streitgegenstandsimmanent und *nicht streitgegenstandsübergreifend.* Würde man die Inzidentklage ohne Sonderzuweisung für die Vorfrage zulassen, würde das ordentliche Gericht rechtskräftig über öffentlich-rechtliche Rechtsverhältnisse entscheiden. Dies stellt einen nicht zu rechtfertigender Eingriff in die Selbständigkeit des anderen Gerichtszweigs dar. Angesichts der Aussetzungsmöglichkeit nach § 148 ZPO besteht

---

recht, § 5 Rdnr. 59a; *Thomas/Putzo/Hüßtege*, § 17 GVG Rdnr. 8; MünchKomm ZPO/*Zimmermann*³, § 17 GVG Rdnr. 13; *Zöller/Lückemann*, § 17 GVG Rdnr. 6.

368 Vgl. *Kissel*, § 17 GVG Rdnr. 50; *Schilken*, ZZP 105 (1992), 83 (88); *Thomas/Putzo/Hüßtege*, § 17 GVG Rdnr. 8.

369 Vgl. *Zöller/Lückemann*, § 13 GVG Rdnr. 31 a. E., allerdings sehr apodiktisch und generell für den Fall, daß die Hauptklage ein privatrechtliches Rechtsverhältnis zum Gegenstand hat.

370 Vgl. MünchKomm ZPO/*Zimmermann*³, § 17 GVG Rdnr. 13, so auch *Manfred Wolf* in der Vorauflage an selber Stelle.

371 Vgl. *BGHZ* 114, 1 (2).

hierfür auch kein Anlaß. Ein Beschleunigungsinteresse ist nicht stichhaltig genug, um einen Eingriff in die Gerichtszweigtrennung zu rechtfertigen. Daß demzufolge die Zulässigkeit des Rechtswegs für Haupt- und Inzidentklage verschieden zu beurteilen ist, ist weder ungewöhnlich noch unzumutbar[372].

Daher kommt eine *Inzidentfeststellung öffentlich-rechtlicher Rechtsverhältnisse* nach § 256 Abs. 2 ZPO vor den ordentlichen Gerichten nur in Betracht, sofern für das festzustellende Rechtsverhältnis eine *Sonderzuweisung besteht und auch für die Hauptklage* der Rechtsweg zu den *ordentlichen Gerichten* eröffnet ist.[373].

Beispiel: Der Kläger macht gegen die Beklagte einen Entschädigungsanspruch wegen Enteignung geltend, da sein Grundstück zu großem Teil von einer Bausperre der Beklagten betroffen sei. Daneben beantragt er im Wege der Inzidentklage festzustellen, daß die Verhängung der Bausperre eine Enteignung darstelle, da die Beklagte angekündigt habe, auch für den Rest des Grundstücks eine Bausperre anzuordnen.

Der Rechtsweg zu den *ordentlichen Gerichten* ist hier *nicht nur hinsichtlich der Höhe* des Entschädigungsanspruchs selbst (Art. 14 Abs. 3 Satz 4 GG), sondern auch dann *eröffnet*, wenn über den Anspruch dem Grunde nach, mithin über die Frage gestritten wird, *ob überhaupt eine Enteignung vorliegt*, *nicht* dagegen über die *Rechtmäßigkeit* der Enteignung[374]. Das Landgericht ist also ausnahmsweise befugt, das Bestehen einer Enteignung rechtskräftig zu entscheiden. Damit ist eine Inzidentklage möglich. Zwar handelt es sich bei der Frage, ob die Verhängung der Bausperre eine Enteignung darstellt, um ein Element bzw. eine Vorfrage des Entschädigungsanspruchs, nach dem oben Gesagten[375] reicht dies zur Bejahung eines Rechtsverhältnisses jedoch aus.

b) Prozeßrechtliche Rechtsverhältnisse

Des weiteren sind nach herrschender Meinung[376] auch Rechtsverhältnisse des *Prozeßrechts* feststellungsfähig, z. B. die Klage auf Feststellung der Nichtigkeit eines

---

372 Vgl. die Nachweise aus der Rechtsprechung des *Reichsgerichts* bei *Wieczorek*, § 280 Anm. B I d 2.

373 Praktisch läuft dies darauf hinaus, daß sowohl für die Haupt- als auch Inzidentklage eine Sonderzuweisung existiert.

374 Vgl. *BVerwGE* 39, 169 (171 ff.); *Maunz/Dürig/Papier*, Art. 14 Rdnr. 646; *Stein/Jonas/Schumann*[20], Einleitung vor § 1 Rdnr. 391 a. E. Das Zivilgericht muß die Frage des „Ob" einer Enteignung auch rechtskräftig entscheiden können, da eine solche ja auch nicht gegeben sein könnte und es sich statt dessen um Aufopferung oder enteignungsgleichen Eingriff handelt.

375 Text bei Fußn. 301 ff.

376 Vgl. *BGHZ* 36, 11 (14); *BGH* NJW 1972, 2268; 1977, 583 (584); 1997, 2320 (2321); *BGH* MDR 1997, 863 (864); *Baumbach/Lauterbach/Albers/Hartmann*, § 256 Rdnr. 6; MünchKomm ZPO/*Becker-Eberhard*[4], § 256 Rdnr. 17; *Musielak/Foerste*, § 256 Rdnr. 28 („Prozessvergleich"), Rdnr. 32 („Urteil"); *Rosenberg/Schwab/Gottwald*[17], § 90 Rdnr. 8; *Stein/Jonas/Roth*[22], § 256 Rdnr. 32; *Thomas/Putzo/Reichold*, § 256 Rdnr. 6; *Zöller/Greger*, § 256 Rdnr. 3.

Urteils[377] oder eines im Verfahren der freiwilligen Gerichtsbarkeit erlassenen Beschlusses[378]. Ebenso werden Klagen auf Feststellung des Inhalts eines rechtskräftigen Urteils oder Schiedsspruches zugelassen[379]. Unter gewissen Voraussetzungen auch die Feststellung der Wirksamkeit eines Prozeßvergleichs[380].

Die Gegenansicht wendet hiergegen zum einen ein, daß § 256 ZPO ausschließlich Rechtsverhältnisse des materiellen Rechts erfasse[381], zum anderen, daß einer solchen Klage das Rechtsschutzbedürfnis fehle, weil die Frage nach der Wirksamkeit eines Urteils kein geeigneter Streitgegenstand sei und nur die Möglichkeit bestehe, den alten Anspruch erneut einzuklagen, um festzustellen, ob das erste Urteil wirkungslos sei oder seine materielle Rechtskraft einer neuen Entscheidung entgegenstehe[382].

Der Kritik ist insoweit zuzustimmen, daß ein Feststellungsprozeß hinsichtlich prozessualer Verhältnisse nur in Betracht kommen sollte, wenn die Unsicherheit nicht schon im anhängigen Verfahren geklärt werden kann[383]. Überdies ist zu beachten, daß vorrangig ordentliche Rechtsmittel oder sonstige Rechtsbehelfe gegen die Entscheidung auszuschöpfen sind[384].

Für die Zwischenfeststellungsklage möchte ich mich der herrschenden Meinung anschließen. Zum einen ergibt sich aus dem Wortlaut des § 256 Abs. 2 ZPO keine Beschränkung auf materielle Rechtsverhältnisse, da die Entscheidung des Rechtsstreits durchaus vom Bestehen oder Nichtbestehen eines prozessualen Rechtsverhältnisses abhängen kann. Zum anderen sind der ZPO Feststellungsklagen über prozessuale Rechtsverhältnisse nicht fremd, wie etwa § 1032 Abs. 2 ZPO zeigt. Auch ein Vergleich mit der Aussetzung nach § 148 ZPO, die wegen prozessualer Rechtsverhältnisse erfolgen kann[385], spricht hierfür.

Denkbar wäre folgende, an das Urteil des *Bundesgerichtshofs* vom 4. Mai 1983[386] angelehnte, Konstellation:

---

377 Vgl. *Stein/Jonas/Roth*[22], § 256 Rdnr. 32 mit weiteren Nachweisen in Fußn. 156.

378 Vgl. *BGHZ* 29, 223 (229).

379 Vgl. *BGHZ* 5, 189 (194); 36, 11 (14); *BGH* NJW 1972, 2268.

380 Vgl. *BGH* NJW 1983, 2034; *BAG* 1982, 526.

381 So *Hellwig*, Anspruch, S. 488.

382 Vgl. *v. Mettenheim*, Prozeßökonomie, S. 43 Fußn. 90; so auch *Jauernig*, Zivilurteil, S. 92 und 188; *Blomeyer*, Erkenntnisverfahren[2], § 81 III 2 a.

383 Vgl. MünchKomm ZPO/*Becker-Eberhard*[4], § 256 Rdnr. 17.

384 Vgl. *Stein/Jonas/Roth*[22], § 256 Rdnr. 32. Bei wirkungslosen Urteilen ist regelmäßig eine prozessuale Gestaltungsklage wegen fehlender Vollstreckungsfähigkeit analog § 767 ZPO der statthafte Rechtsbehelf, *BGH* FamRZ 2006, 261 (262); *BGH* NJW 2005, 1576 f.

385 Vgl. *Mittenzwei*, Aussetzung, S. 42.

386 *BGHZ* 87, 227 (VIII ZR 94/82).

Beispiel: Aus der Sanierung eines Altbaus bestehen zwischen Unternehmer U und Besteller B zahlreiche Differenzen. U klagt daher den für den Keller veranschlagten Werklohn ein. In einem Prozeßvergleich verpflichtet sich schließlich B zur Zahlung von 18.000 €. Am Ende des Vergleichs heißt es: „Damit sind alle gegenseitigen Ansprüche der Parteien erledigt." Später klagt U auf Zahlung weiterer 5.000 € für die Reparatur des Dachs. B bestreitet die Forderung nicht, beruft sich aber auf die Ausgleichsklausel des Prozeßvergleichs. U meint, diese erfasse den jetzt geltend gemachten Anspruch nicht, hilfsweise fechte er den Vergleich insoweit wegen Irrtums an und beantragt die Unwirksamkeit des Vergleichs im Wege der Inzidentklage festzustellen.

Geht man davon aus, daß der Prozeßvergleich die rechtshängige Forderung des Klägers (Dachreparatur) umfaßt, so enthält er eine über den Streitgegenstand des Erstprozesses hinausgehende Regelung. Grundsätzlich ist zur Klärung der Frage der Wirksamkeit des Prozeßvergleichs und damit der Erledigung des Prozesses der bisherige Rechtsstreit fortzusetzen[387]. Einer neuen Klage steht deshalb der Einwand der Rechtshängigkeit aus dem bei Unwirksamkeit des Vergleichs noch rechtshängigen Prozeß entgegen[388].

Unabhängig davon, ob die Anfechtung des Klägers auf diesen Teil des Vergleichs beschränkt werden kann, ist eine Partei, die einen Prozeßvergleich geschlossen hat, allerdings *dann nicht gehindert*, dessen Anfechtung in einem *neuen Verfahren* geltend zu machen, wenn in dem Prozeßvergleich eine über den *Streitgegenstand hinausgehende Regelung* getroffen worden ist und *ausschließlich deren Unwirksamkeit* geltend gemacht wird[389]. Dann wird nicht um den Gegenstand des mit dem Vergleich beendeten Prozesses gestritten und auch nicht diese Beendigung selbst in Frage gestellt, sondern der Streit geht um einen im Erstprozeß nicht rechtshängigen Anspruch und um die materiell-rechtliche Auswirkung des Vergleichs auf diesen Anspruch.

Im Beispielsfall ist die Frage der Unwirksamkeit des Prozeßvergleichs somit der Inzidentfeststellung zugänglich[390]. Die Entscheidung der Hauptklage hängt

---

387 Vgl. *Jauernig/Hess*, § 48 Rdnr. 26.

388 Vgl. *BGHZ* 28, 171; 51, 141; 86, 184 (187 f.); *BAGE* 3, 43; 11, 57; *W. Lüke*, Zivilprozessrecht, § 21 III 4 Rdnr. 285; *Musielak*, Grundkurs, Rdnr. 286; *Palandt/Sprau*, § 779 Rdnr. 31 (jedoch wegen fehlenden Rechtsschutzbedürfnisses); *Rosenberg/Schwab/Gottwald*[17], § 130 Rdnr. 48 f.; *Zöller/Stöber*, § 794 Rdnr. 15a.

389 Vgl. *BGHZ* 87, 227; *BGH* NJW 1982, 2034 (2035); *BAGE* 36, 105 (109 ff.); *BAG* NZA 2010, 1250; *OLG Frankfurt a. M.* FamRZ 1990, 178; *Bonin*, Prozeßvergleich, S. 111; *Grunsky*, Grundlagen, S. 101; *Henckel*, Prozeßrecht, S. 91; *Palandt/Sprau*, § 779 Rdnr. 31; *Rosenberg/Schwab/Gottwald*[17], § 130 Rdnr. 53; *Zöller/Stöber*, § 794 Rdnr. 15a a. E.

390 So auch *BGHZ* 87, 227; *BGH* MDR 1974, 567; *BAGE* 36, 105 (111); *BAG* NZA 2010, 1250 (1252) Rdnr. 17; *Palandt/Sprau*, § 779 Rdnr. 31. In der dem Beispiel (bei Fußn. 386) zugrunde liegenden Entscheidung führte der *BGH* insofern aus: „Damit ist die *Frage der Unwirksamkeit des Prozeßvergleichs lediglich eine Vorfrage für den Anspruch*, dessen Bestehen in dem vorliegenden Prozeß behauptet oder geleugnet wird. Der Senat verkennt nicht, daß in diesen Fällen die *Frage der Wirksamkeit des Prozeßvergleichs von verschiedenen Gerichten unterschiedlich beantwortet*

hiervon auch ab. Wenn der Vergleich bezüglich der Ausgleichsklausel auch über die Dachreparatur unwirksam ist, dann ist die Klage des U begründet; ist der Vergleich insoweit wirksam, ist die Forderung des U erloschen und die Hauptklage unbegründet.

B. Merkmal der Bestrittenheit

Nach dem Wortlaut von § 256 Abs. 2 ZPO, muß das Rechtsverhältnis *im Laufe des Prozesses streitig geworden* sein.

1. Bedeutung der Streitigkeit

Als streitig ist das Rechtsverhältnis anzusehen, wenn die Parteien in ihrem gesamten Vorbringen irgendwie, ausdrücklich oder stillschweigend[391], ihre widersprechenden Ansichten hinsichtlich des fraglichen Rechtsverhältnisses zum Ausdruck gebracht haben[392]. Hierbei ist unerheblich, ob das Rechtsverhältnis auf Seiten des Antragstellers oder des Gegners streitig geworden ist[393], da das durch diese Konfliktlage hervorgerufene Bedürfnis nach rechtskräftiger Feststellung auf beiden Seiten bestehen kann, weshalb § 256 Abs. 2 ZPO sowohl dem Kläger als auch dem Beklagten die Inzidentfeststellung ermöglichen will.

Hingegen vertritt neuerdings *Foerste*[394], daß in der Regel – er bezieht sich dabei auf Fälle der rechtlichen Sinn- und Ausgleichszusammenhänge[395] – sogar die Feststellung unstreitiger Rechtsverhältnisse zugelassen werden sollte, da anderenfalls das Normziel, die Erweiterung der engen Rechtskraftgrenzen den Parteien zu überlassen, kaum erreichbar wäre. Letztlich läuft diese Ansicht auf einen Verzicht auf die tatbestandliche Voraussetzung der Bestrittenheit[396] hinaus. Um jedoch die besonderen Voraussetzungen der Inzidentklage des § 256 Abs. 2 ZPO (auch methodologisch) zutreffend zu erfassen, müssen diese vom begehrten Urteil her und von den Wirkungen dieses Urteils aus betrachtet werden:

---

werden könnte, wenn es um mehrere Ansprüche geht. Diese Gefahr muß jedoch, *soweit ihr nicht überhaupt durch eine Zwischenfeststellungsklage entgegengewirkt werden kann* [...], hingenommen werden", *BGHZ* 87, 227 (232) [Herv. d. Verf.].

391 Ebenso *Baltzer*, Negative Feststellungsklage, S. 71, wonach sich die gegenläufigen Ansichten der Parteien als Erscheinungsbild des Konfliktgrunds ausdrücklich oder konkludent manifestieren.

392 Vgl. *Bergerhoff*, Zwischenfeststellungsklage, S. 16.

393 So schon *Gaupp*, § 253 Anm. 2.

394 Vgl. *Musielak/Foerste*, § 256 Rdnr. 41.

395 Anknüpfend an die Studien *Albrecht Zeuners* über die objektiven Grenzen der Rechtskraft, vgl. *Zeuner*, Sinnzusammenhänge, S. 44 ff., 59 ff., 151 ff. Dazu auch oben Fußn. 151 und unten Text bei Fußn. 911.

396 So die Bezeichnung durch *Degenkolb*, Einlassungszwang, S. 185.

Das Feststellungsurteil verschafft den Parteien ausschließlich Rechtsgewißheit durch autoritative gerichtliche Klärung. Wie *Wach*[397] es für die prinzipale Feststellungsklage ausgedrückt hat: „In den Wirkungen des Urteils liegt sein Wert für den Kläger und zwar nicht in nebensächlichen, zufälligen nachträglich mittelbar sich entwickelnden, sondern in den begrifflich dem Feststellungsurteil, dem Urteil des gewünschten Inhalts für den Kläger gegenüber dem Beklagten zukommenden Wirkungen. Das aber sind Rechtskraftwirkungen.“ Durch die Rechtskraft des Urteils soll grundsätzlich Rechtsgewißheit geschaffen und damit Rechtsfrieden erreicht werden[398]. Weil unstreitige Rechtsverhältnisse nicht den Rechtsfrieden stören, fragt sich, ob Rechtsgewißheit auch in unstreitigen Rechtsverhältnissen notwendig sein kann. Für die selbständige Feststellungsklage setzt der Feststellungsstreit in jedem Fall eine zu bereinigende Ungewißheit über die Rechtslage voraus[399]. Das in § 256 Abs. 1 ZPO erforderlichen Feststellungsinteresses läßt sich regelmäßig nur für tatsächlich gefährdete, weil bestrittene, Rechtsbeziehungen bejahen[400]. Allerdings ist selbst für die prinzipale Feststellungsklage anerkannt, daß die Gefährdung der Rechtslage des Feststellungsklägers nicht notwendig ein Bestreiten voraussetzt; schon der Ablauf der Verjährungsfrist kann bei einem unbestrittenen Anspruch das Feststellungsinteresse rechtfertigen[401].

Bei der Zwischenfeststellungsklage ist jedoch nach allgemeiner Meinung ein Feststellungsinteresse nicht erforderlich, dieses wird vielmehr durch die Vorgreiflichkeit ersetzt[402]. Denn der Zweck der Inzidentklage besteht in der Rechtskrafterstreckung auf das vom Gericht im Rahmen der Hauptklage ohnehin zu prüfende vorgreifliche Rechtsverhältnis. Die *Vorgreiflichkeit* des festzustellenden Rechtsverhältnisses kann aber *auch* vorliegen, *ohne* daß die Parteien darüber im *Streit*

---

397 Vgl. *Wach*, Feststellungsanspruch, S. 57, allerdings auf die selbständige Feststellungsklage des § 231 CPO [= § 256 Abs. 1 ZPO] bezogen. In diesem Sinne für die prinzipale Feststellungsklage auch *Pagenstecher*, Rechtskraft, S. 488; *Schumann*, GS Michelakis, 553 (555 f.) Fußn. 11.

398 Instruktiv zum Rechtsfriedenszweck der Feststellungsklage und dessen Erreichen durch die materielle Rechtskraft, insbesondere durch Feststellungswirkung auch des die Feststellungsklage abweisenden Urteils, *Schumann*, GS Michelakis, 553 (571 ff.).

399 So *Trzaskalik*, Rechtsschutzzone, S. 175.

400 Vgl. *Wach*, Feststellungsanspruch, S. 54: „Die Sonnenklarheit der Rechtslage, die Unmöglichkeit, dieselbe durch Bestreiten oder Berühmen irgendwie zweifelhaft zu machen, schliesst den Angriff aus“; so ebenfalls *Schumann*, GS Michelakis, 553 (555 f.). Dies sahen auch die Schöpfer der CPO, freilich noch im materiellen Recht verwurzelt, nicht anders: „Wie der Anspruch auf Leistung, so kann auch der Anspruch auf Feststellung verletzt werden – und nur, wenn er verletzt ist, liegt Anlaß zur Erhebung einer Klage auf Feststellung vor“, vgl. *Hahn*, Materialien II, (Begründung des Entwurfs zu § 223 [§ 231 CPO]), S. 257.

401 Vgl. *BGHZ* 100, 228 (232); *BGH* NJW 1999, 1867 (1870); MünchKomm ZPO/*Becker-Eberhard*[4], § 256 Rdnr. 40; *Stein/Jonas/Roth*[22], § 256 Rdnr. 47 bei Fußn. 282, Rdnr. 57 m. w. N. in Fußn. 347.

402 Dazu ausführlich unten Text bei Fußn. 891 ff.

sind. So etwa, wenn der Käufer vom vorleistungsverpflichteten Verkäufer die Übereignung der Sache einklagt und der Vertragsabschluß zwischen beiden Parteien unstrittig ist. Strittig ist lediglich die Wirksamkeit der anschließend vom Verkäufer erklärten Anfechtung[403]. Wenn das Gericht den Verkäufer zur Leistung verurteilt, weil es fälschlich von der Unwirksamkeit der Anfechtung ausgeht, ist das Kriterium der Präjudizialität hinsichtlich des Rechtsverhältnisses „Kaufvertrag" erfüllt. In seinen Entscheidungsgründen muß das Gericht notwendig darauf eingehen, daß der Kaufvertrag besteht, um der Leistungsklage des Käufers stattgeben zu können[404]. Läßt man in dieser Situation eine Zwischenfeststellungsklage über den Bestand des Kaufvertrages nicht zu, dann kann der Käufer im Folgeprozeß über die Kaufpreisklage des Verkäufers den Bestand des Kaufvertrages wieder in Frage stellen. Bewertet das Zweitgericht die Wirksamkeit der Anfechtung abweichend vom Erstgericht und geht es demzufolge von einem unwirksamen Vertrag aus, muß es die Kaufpreisklage des Verkäufers als unbegründet abweisen. Der Beklagte erhält die Sache, muß sie aber nicht bezahlen. Daß dieses Ergebnis befremdlich erscheint, ist selbstverständlich. Der mit § 256 Abs. 2 ZPO intendierte *Rechtsschutz durch Rechtskrafterstreckung* wäre für den Verkäufer *nicht mehr erreichbar*[405]. Sofern man – anders als *Zeuner* – bei diesen Ausgleichszusammenhängen mit der h. M. keine Rechtskrafterstreckung des ersten Urteils annimmt[406], sind die Parteien darauf *angewiesen*, zur Rechtskrafterstreckung auf das präjudizielle Rechtsverhältnis von der Möglichkeit der Zwischenfeststellungsklage Gebrauch machen zu können. Selbst wenn der Bestand des Rechtsverhältnisses vom Inzidentbeklagten *nicht bestritten* wird. Denn der Wunsch nach Rechtsgewißheit muß nicht notwendigerweise seinen Ursprung in der Bestrittenheit des Rechtsver-

---

403 Freilich ließe sich sagen, daß wegen des Streits über die Wirksamkeit der Anfechtung die Parteien auch über den Bestand des Rechtsverhältnisses „Kaufvertrag" streiten. Genaugenommen streiten sie aber lediglich über eine rechtsvernichtende Einwendung und nicht das zugrunde liegende, anspruchsbegründende Rechtsverhältnis.

404 Dazu ausführlich unten Text bei Fußn. 533 ff.

405 Zwar hätte der ursprüngliche Beklagte im ersten Prozeß möglicherweise die Einrede nach § 320 BGB erheben können, dies jedoch nur, soweit er nicht vorzuleisten verpflichtet war, vgl. *Palandt/Grüneberg*, § 320 Rdnr. 5. Im übrigen würde, wie *Foerste* darlegt, eine Zug um Zug Verurteilung in vielen Fällen die Gefahr nur verschieben, vgl. *Foerste*, ZZP 108 (1995), 167 (171). Zumal die Feststellung der Gegenforderung im Rahmen der Prüfung von § 320 nicht in Rechtskraft erwächst, vgl. *BGHZ* 117, 1 (2 f.); *Stein/Jonas/Leipold*[22], § 322 Rdnr. 86. Zur Reichweite der materiellen Rechtskraft näher unten Text bei Fußn. 1072. Auch eine anschließende Bereicherungsklage des Verkäufers wäre wegen des Einwands entgegenstehender Rechtskraft (exceptio rei iudicatae) unzulässig, da er aufgrund desselben Sachverhalts (anders mag dies bei nachträglich eingetretenen Tatsachen und neuem Lebenssachverhalt sein) das kontradiktorische Gegenteil geltend machen würde.

406 Vgl. oben Fußn. 151. Zum Wechselspiel zwischen Rechtskraft und Inzidentklage auch unten Text bei Fußn. 906 ff.

hältnisses haben. Vielmehr kann er schlicht darin begründet sein, daß der Inzidentkläger seine aus dem Rechtsverhältnis resultierenden Ansprüche auf einer rechtskräftig festgestellten Grundlage absichern möchte, um zukünftigem Streit gerade vorzubeugen. Da das Gericht dieses Rechtsverhältnis ohnehin zwingend in den Entscheidungsgründen zu prüfen hat, ist damit auch kein Mehraufwand verbunden. Ebenso wird der Inzidentbeklagte nicht in einen neuen Prozeß „gezwungen", lediglich die Feststellungen des bereits laufenden Prozesses zum präjudiziellen Rechtsverhältnis werden nutzbar gemacht.

Für die Ansicht von *Foerste* spricht eine weitere Überlegung: Das Merkmal der Bestrittenheit soll vor allem dem Schutz des Beklagten vor überflüssigen, weil nicht veranlaßten, Klagen dienen. Der Beklagte hat ein berechtigtes Interesse, keinen Prozeß zu führen[407]. Regelmäßig wird auch keine der Parteien der Hauptklage Veranlassung sehen, ein unstrittiges Rechtsverhältnis zur Feststellung über § 256 Abs. 2 ZPO zu bringen. Soweit der Gegner den Bestand des Rechtsverhältnisses nicht bestreitet, der Inzidentkläger aber das vorgreifliche Rechtsverhältnis – etwa um eine Rechtskrafterstreckung zur Sicherung weiterer Ansprüche herbeizuführen – zur Feststellung bringen will, ist der Inzidentbeklagte durch das *Regulativ des § 93 ZPO* ausreichend geschützt. Da er den Bestand nie bestritten hat, wird er sofort anerkennen und damit die *Kostentragung für die Inzidentfeststellung* dem Zwischenfeststellungskläger aufbürden[408]. Aufgrund des Kostentragungspflicht des § 93 ZPO wird sich jede Partei ohnehin genau überlegen, ob sie ein unstreitiges Rechtsverhältnis feststellen lassen will. Wenn sie sich dennoch dafür entscheidet, spricht dies entschieden für das Vorhandensein einer rechtlichen Ungewißheit dieser Partei. Letztlich wird die Auffassung *Foerstes* der gesetzgeberischen Intention und der ratio des § 256 Abs. 2 ZPO, *nach dem Willen der Parteien* die Feststellung eines ohnehin in den Gründen zu verbescheidenden Rechtsverhältnisses zu ermöglichen und damit die *Rechtskraft hierauf zu erstrecken*, eher gerecht.

Daher sollte man auch die Feststellung unstreitiger Rechtsverhältnisse zulassen. Als Regulativ zum Schutz des Inzidentbeklagten ist § 93 ZPO ausreichend. Um der ratio des § 256 Abs. 2 ZPO gerecht zu werden, ist folglich der Wortlaut in Bezug auf das Merkmal der Bestrittenheit zu reduzieren[409].

---

407 Vgl. *Jacobs*, Feststellungsverfahren, S. 418 f., 448; *Musielak/Foerste*, § 256 Rdnr. 10; *Stein/Jonas/Roth*[22], § 256 Rdnr. 7, 45.

408 Hierauf sollt der Anwalt des Inzidentbeklagten zur Vermeidung eigener Haftung unbedingt achten.

409 Methodologisch betrachtet handelt es sich um eine teleologische Extension.

2. Zeitpunkt der Streitigkeit

a) Aufkommen der Streitigkeit

Sofern man sich der Ansicht von *Foerste* nicht anschließen will, stellt sich die Frage nach dem Zeitpunkt des Aufkommens der Streitigkeit. Obwohl der Wortlaut („im Laufe des Prozesses streitig *geworden*“) nahe legt, daß das festzustellende Rechtsverhältnis erst nach Einleitung des Rechtsstreits (Hauptklage) streitig geworden sein darf, schließt dies nach *herrschender Meinung*[410] nicht aus, daß *schon vor Klageerhebung* darüber Streit zwischen den Parteien bestanden hat. In diesem Fall könne die Feststellung bereits in der Klage beantragt werden. Durch die Gesetzesformulierung sollte lediglich sichergestellt werden, daß der Streit der Parteien in dem Prozeß durch die wechselseitigen Erklärungen zum Ausdruck komme. Dann sei das erstmalige Aufkommen des Streits ohne Bedeutung[411].

Anderer Auffassung war noch *Klöppel*[412]. Er vertrat, daß streng nach dem Wortlaut der Streit erst im Laufe des Prozesses entstanden sein müsse[413]. In diesem Sinne ist auch *Reinke*[414] zu verstehen, der davon ausging, daß der Unterschied zwischen der prinzipalen und der unselbständigen Feststellungsklage darin bestünde, daß erstere nur zur Einleitung des Rechtsstreits stattfinde, wohingegen letztere für im Laufe eines Prozesses streitig gewordene, präjudizielle Rechtsverhältnisse Anwendung fände.

Diese einschränkenden Sichtweisen konnten sich zu Recht nicht durchsetzen. Es ist nicht einzusehen, weshalb den Parteien eine rechtskräftige Entscheidung

---

410 Vgl. *RGZ* 41, 372; 73, 272 (273 f.); 113, 410; 126, 234 (237); 150, 189; *RG* JW 1908, S. 202 Nr. 20; *BGH* NJW-RR 1990, 318 (319 f.); *BGH* WM 1992, 2142 (2143); *BayObLG* WuM 1995, 552 (554); *OLG Hamm* NJW-RR 1998, 424; *Baumbach/Lauterbach/Albers/Hartmann*, § 256 Rdnr. 113; MünchKomm ZPO/*Becker-Eberhard*[4], § 256 Rdnr. 78; *Enders*, ZAP 1996, 455 (459 f.); *Musielak/Foerste*, § 256 Rdnr. 41; *Rosenberg/Schwab/Gottwald*[17], § 96 Rdnr. 43; *Schneider*, MDR 1973, 270; *Stein/Jonas/Roth*[22], § 256 Rdnr. 102; *Thomas/Putzo/Reichold*, § 256 Rdnr. 30; *v. Braun*, Inzidentfeststellungsklage, S. 61 f.; *Wieczorek/Schütze/Assmann*[3], § 256 Rdnr. 352. So bereits *OLG Braunschweig* ZZP 7 (1885), S. 102; *Oertmann*, ZZP 22 (1896), 11 (23 f.); *Petersen/Anger*, § 280 Anm. 2 bei Fußn. 8 (es genügt, daß sich im Laufe des Prozesses die Veranlassung ergab, den Streit zur Entscheidung zu bringen); *Sydow/Busch/Krantz/Triebel*, § 280 Anm. 4 (mit der Einschränkung, daß der Streit der Parteien über das Rechtsverhältnis durch die im Prozeß abgegebenen Erklärungen zutage getreten sein muß); *Wilmowski/Levy*[3], § 253 Anm. 1 b.

411 Vgl. *Enders*, ZAP 1996, 455 (459).

412 Vgl. *Klöppel*, Rechtskraft, S. 110.

413 Dies hängt mit *Klöppels* Auffassung zusammen, durch die CPO sei an der sachlichen Frage nach dem Umfang der Rechtskraft nichts geändert worden, es sei insbesondere durch § 253 CPO lediglich der äußerste Umfang der Rechtskraft bestimmt. Im Übrigen hängt er der gemeinrechtlichen Lehre von der Rechtskraft an, vgl. *Klöppel*, Rechtskraft, S. 39 ff., S. 44 ff.

414 Vgl. *Reinke*, § 253 Anm. 2.

versagt bleiben soll, weil der Streit über das Rechtsverhältnis bereits vor Prozeßbeginn bestanden hat. Anderenfalls entscheidet der Zufall über die Zulässigkeit der Inzidentklage. Je nachdem, wann das Rechtsverhältnis zwischen den Parteien das erste Mal streitig war, wäre die Klage zulässig oder nicht. Wie *Enders*[415] zutreffend bemerkt, würde eine andere Sichtweise den Feststellungskläger zur außerprozessualen Zurückhaltung seiner Auffassung veranlassen oder die Gerichte zur Beweisaufnahme über das erstmalige Aufkommen des Streites über das Rechtsverhältnis zwingen. Beides wäre nicht prozeßökonomisch und würde den Anwendungsbereich des § 256 Abs. 2 ZPO unangemessen einschränken sowie das Zusammenspiel zwischen den beiden Absätzen des § 256 ZPO verletzen. Auch ist die selbständige Feststellungsklage nicht, wie *Reinke* noch meinte, lediglich zur Einleitung des Rechtsstreits statthaft.

b) Wegfall der Bestrittenheit

Daran anschließend stellt sich die Frage[416], ob die Bestrittenheit bis zum Schluß der mündlichen Verhandlung über die Inzidentklage fortdauern muß, oder ob es ausreicht, daß sie bei Antragstellung vorgelegen hat.

Für die verwaltungsgerichtliche Zwischenfeststellungsklage vertritt *Bergmann*[417], daß es genüge, wenn zur Zeit der Erhebung der Inzidentklage zwischen den Beteiligten des Hauptverfahrens das Rechtsverhältnis streitig gewesen sei. Auch *Schumann*[418] und *Roth*[419] sind der Auffassung, daß – unabhängig von der Begründetheit – ein späteres Geständnis oder Anerkenntnis in der Hauptsache nicht zur Unzulässigkeit der Zwischenfeststellungsklage führe, wenn über das Rechtsverhältnis *zur Zeit des Antrags* auf Feststellung Streit bestanden habe.

Sofern man an der Voraussetzung der Bestrittenheit festhält ist die Ansicht von *Schumann* und *Roth* vorzugswürdig. Unabhängig von der Frage, durch welches Verhalten des Beklagten die Bestrittenheit im Laufe des Prozesses entfallen kann[420], führt dies jedenfalls nicht zur Unzulässigkeit der Inzidentklage.

---

415 Vgl. *Enders*, ZAP 1996, 455 (460).

416 Wenn man nicht wie *Foerste* die Zulassung unbestrittener Rechtsverhältnisse zur Erreichung des Normzwecks befürwortet.

417 Vgl. *Bergmann*, DÖV 1959, 570 (574 sub c).

418 Vgl. *Stein/Jonas/Schumann*[21], § 256 Rdnr. 140.

419 Vgl. *Stein/Jonas/Roth*[22], § 256 Rdnr. 105.

420 In der Rechtsprechung wurde dies für die prinzipale Feststellungsklage angenommen, wenn der Beklagte ein konstitutives Anerkenntnis abgab, welches ein rechtskräftiges Feststellungsurteil ersetzen sollte, da für derartige Fälle die 30-jährige Verjährung des § 197 Nr. 4 BGB (§ 218 Abs. 1 Satz 2 BGB a. F.) Anwendung fand, vgl. *BGHZ* 10, 333 (335); *BGH* NJW 1985, 791; 2001, 3414; *BGH* VersR 1974, 601 (602); 2001, 876 (877); *OLG Karlsruhe* MDR 2000, 1014. Allein das nicht-mehr-Bestreiten bzw. ein Geständnis durch den Beklagten oder dessen Erklä-

Hierfür spricht zum einen der Wortlaut des Gesetzes, der lediglich erfordert, daß das Rechtsverhältnis streitig *geworden* ist, nicht aber, daß es streitig *bleibt.* Zum anderen läßt sich eine abweichende Auffassung nur schwer mit dem Normzweck des § 256 Abs. 2 ZPO vereinbaren. Dieser besteht in der Erstreckung der Rechtskraft auf das vorgreifliche, weil ohnehin zu prüfende, Rechtsverhältnis, weil eine der Parteien hierauf anträgt. Würde man fordern, daß die Bestrittenheit bis zum Urteilserlaß fortzudauern habe, würde man die Bedeutung des Vorliegens der Präjudizialität zu gering schätzen. Die Besonderheit der Zwischenfeststellungsklage liegt darin, daß unabhängig von einer Aufgabe des Bestreitens sich die Parteien weiterhin in einem Rechtsstreit befinden, dessen Entscheidungsgründe der Feststellungskläger für sich nutzbar machen will, weil das Rechtsverhältnis notwendigerweise im Rahmen der Hauptentscheidung zu prüfen ist.

Anders als die Voraussetzung der Präjudizialität[421] muß die Bestrittenheit – so man daran als Voraussetzung festhält – lediglich zum Zeitpunkt der Antragstellung vorliegen.

III. Abhängigkeit

Nach dem Gesetzeswortlaut kann nicht jedes beliebige streitig gewordene Rechtsverhältnis zur Feststellung gebracht werden, sondern lediglich ein solches, *„von dessen Bestehen oder Nichtbestehen die Entscheidung des Rechtsstreits ganz oder zum Teil abhängt."*

A. Abhängigkeit, Präjudizialität und Vorgreiflichkeit

So klar und verständlich der Wortlaut des § 256 Abs. 2 ZPO auf den ersten Blick wirkt, so schwierig gestaltet es sich, das Abhängigkeitsverhältnis exakt zu bestimmen und seine Grenzen festzulegen[422].

---

rung, künftig nicht mehr bestreiten zu wollen, beseitigt nicht die Bestrittenheit des Rechtsverhältnisses im Sinne des Feststellungsinteresses, vgl. *Stein/Jonas/Roth*[22], § 256 Rdnr. 98. Auf die Frage, ob dies auch vor Erlaß eines Anerkenntnisurteils zu prüfen ist, soll hier nicht näher eingegangen werden. Nach einer Auffassung soll dies nicht der Fall sein, da es sich beim Feststellungsinteresse lediglich um eine bedingte Sachurteilsvoraussetzung handele, vgl. *Stein/Jonas/Leipold*[22], § 307 Rdnr. 47 ff. und Fußn. 64; *Stein/Jonas/Roth*[22], vor § 253 Rdnr. 162; *Stein/Jonas/Schumann*[20], Einleitung vor § 1 Rdnr. 333 f.; *Schumann*, GS Michelakis, 553 (563 ff.).

421 Dazu sogleich.

422 Nicht näher eingegangen wird im Rahmen dieser Arbeit auf die Implikationen des vom *EuGH* herausgearbeiteten, präjudizielle Rechtsverhältnisse einbeziehenden, Streitgegenstandsbegriff („Kernpunktlehre") bei grenzüberschreitenden Sachverhalten, wie etwa im Rahmen der Rechtshängigkeit oder der Rechtskrafterstreckung bei Sinnzusammenhängen. Ausführlich dazu *Althammer*, Streitgegenstand, S. 115 ff., 617 ff.

1. Untersuchung des Abhängigkeitsverhältnisses

In *Rechtsprechung*[423] und *Literatur*[424] wird dieses Tatbestandsmerkmal durchweg mit *Präjudizialität* sowie *Vorgreiflichkeit* gleichgesetzt[425], das nach § 256 Abs. 2 ZPO feststellungsfähige Rechtsverhältnis wird als *präjudizielles Rechtsverhältnis* bezeichnet. Der Entwurf selbst bezeichnet diese Klage als *Präjudizial-*Inzidentklage.

Eine einheitliche Definition von Präjudizialität oder präjudiziellem Rechtsverhältnis existiert nicht[426]. Teilweise versteht man unter einem solchen Rechtsverhältnis, daß es ein notwendiges Glied für den Subsumtionsschluß des Gerichts im Zweitprozeß bilde[427] bzw. von notwendiger und entscheidender Bedeutung für den Subsumtionsschluß des Gerichts im Zweitprozeß sei[428]. Für den *Bundesgerichtshof* liegt Präjudizialität vor, wenn die im Erstprozeß festgestellte Rechtsfolge für das den Gegenstand des Zweitprozesses bildende Begehren ein „bedingendes Rechtsverhältnis" („Voraussetzung") sei[429]. Ferner findet sich das Verständnis, daß das Bestehen oder Nichtbestehen der im Vorprozeß zu- oder aberkannten Rechtsfolge zum Tatbestand einer im zweiten Prozeß anzuwendenden Rechtsnorm gehöre[430].

---

423 Vgl. *RGZ* 9, 339 (343); 50, 399 (403); 73, 274; *RG* JW 1893, 306 Nr. 5; 1925, 2350; *BGHZ* 69, 37 (41); 124, 321 (322); 125, 251 (255); 169, 151 (156); *BGH* MDR 1968, 313 f.; *BGH* NJW 1961, 75; 2004, 3330 f. (sub II 4); *BGH* NJW-RR 1994, 1272 (1273); *BAG* NJW 2003, 991 (sub II 2a); *BAG* NZA 1997, 50 (51); *BayObLG* NZM 1999, 33 (34); *OLG Bremen* MDR 1986, 765; *OLG Köln* MDR 1981, 678.

424 Vgl. *Baumbach/Lauterbach/Albers/Hartmann*, § 256 Rdnr. 114; *v. Braun*, Inzidentfeststellungsklage, S. 54; MünchKomm ZPO/*Becker-Eberhard*[3], § 256 Rdnr. 75, 80; *Enders*, ZAP 1996, 455 (458); *Musielak/Foerste*, § 256 Rdnr. 41; *Goldschmidt*, Zivilprozeßrecht, § 14 2b, S. 58; *Rosenberg/Schwab/Gottwald*[17], § 96 Rdnr. 35, 41 f.; *Hager*, KTS 54 (1993), 39 (40 f.); *Jauernig/Hess*, § 35 Rdnr. 24; *Stein/Jonas/Roth*[22], § 256 Rdnr. 9, 102; *Schumann*, FS Georgiades, 543 (557); *Thomas/Putzo/Reichold*, § 256 Rdnr. 32 ff.; *Wieczorek/Schütze/Assmann*[3], § 256 Rdnr. 353; *Zöller/Greger*, § 256 Rdnr. 25. So schon *Gaupp*, § 253 Anm. II 2; *Reincke*, § 253 Anm. 2; *Struckmann/Koch*, § 253 Anm. 1; *Wilmowski/Levy*[3], § 253 Anm. 1a; *Seuffert/Walsmann*, § 280 Anm. 5a.

425 Soweit ersichtlich weicht lediglich *Blomeyer* von diesem synonymen Sprachgebrauch ab und verwendet den Begriff „Vorgreiflichkeit" statt dessen im Zusammenhang mit dem (angeblichen, dazu näher unten Text bei Fußn. 896) Erfordernis, daß die Zwischenfeststellung über den Prozeß hinaus Bedeutung haben müsse, vgl. *Blomeyer*, Erkenntnisverfahren[2], § 37 IV, S. 218.

426 Vgl. *Jox*, Bindung, S. 58.

427 Vgl. *K. H. Schwab*, ZZP 77 (1964), 124 (145).

428 Vgl. *Jox*, Bindung, S. 59.

429 Vgl. *BGHZ* 42, 341 (351 f.). So bereits *RGZ* 9, 337 (343); *Nikisch*, Zivilprozeßrecht, S. 170; *Gaupp/Stein/Jonas*, § 280 Anm. I; *Sydow/Busch/Krantz/Triebel*, § 280 Anm. 1.

430 Vgl. *Zeuner*, Sinnzusammenhänge, S. 13 f.

Andere stellen das materielle Recht in den Vordergrund[431]. Präjudizialität sei der prozessuale Ausdruck für die Beziehung zweier Rechtsverhältnisse nach *materiellem* Recht. Der Bestand des einen bilde die Voraussetzung für den Bestand des zweiten; die zweite Rechtslage sei von der präjudiziellen materiell abhängig[432]. In Anbetracht der Möglichkeit, auch prozessuale Rechtsverhältnisse zur Feststellung zu bringen[433], ist eine Reduzierung des Abhängigkeitsverhältnisses auf materielle Rechtsverhältnisse jedoch nicht angezeigt.

Jedes richterliche Urteil besteht aus einer Kette logisch-wertender Denkvorgänge[434]. Um eine Entscheidung über eine Rechtsfolge treffen zu können, ist es notwendig, Vorfragen zu stellen und zu beantworten[435]. Der Herausgabeanspruch nach § 985 BGB etwa ist nur gerechtfertigt, wenn der Kläger Eigentümer ist, der Anspruch auf Kaufpreiszahlung nach § 433 Abs. 2 BGB nur, wenn ein Kaufvertrag besteht, der Erbschaftsanspruch nach § 2018 BGB nur, wenn der Anspruchsteller Erbe ist. Unerheblich für den Erfolg einer Herausgabeklage nach § 985 BGB ist dagegen, ob der Kläger sein Eigentum aufgrund Universalsukzession oder aufgrund Veräußerung erlangt hat, wenngleich diese Frage im Rahmen der Eigentumsfeststellung und des Tatsachenvortrags auftaucht.

Je nachdem, in welchem Stadium, welcher Rechtslage, sich der Prozeß befindet, können noch weitere Vorfragen hinzukommen. Der Zinsanspruch ist begründet, wenn die Kapitalforderung besteht und ein Zinsversprechen oder eine gesetzliche Zinspflicht begründet und fällig ist, die verlangten Zinsen noch nicht ausbezahlt sind und die Einrede der Verjährung nicht begründet oder Aufrechnung erklärt ist. Legt man die Klageschrift zugrunde, stellt sich der Kreis der notwendig (damit das Gericht die vom Kläger begehrte Rechtsfolge zusprechen kann) zu beantwortenden Vorfragen anders dar, als wenn man von der Prozeßlage nach Klageerwiderung, Replik oder Duplik ausgeht. Somit läßt sich feststellen, daß die Begründetheit der Hauptsacheklage eine mehr oder minder lange Reihe von Punkten positiven Inhalts (z. B. Eigentum des Klägers) und negativen Inhalts (Nichtvorhandensein rechtshindernder und –vernichtender Einwendungen, z. B. kein Recht des Beklagten zum Besitz i. S. v. § 986 BGB) unbedingt voraussetzt, mithin von ihnen abhängt. Da eine Entscheidung über das Eigentum für die sachliche

---

431 So bereits *Reincke*, § 253 Anm. 2 („Inwieweit dies der Fall ist, bestimmt sich nach materiellem Recht").

432 Vgl. *Blomeyer*, ZZP 75 (1962), 1 (9).

433 Dazu bereits oben Text bei Fußn. 376.

434 Wobei „Logik" nicht als exakt formallogische Operation, sondern als „Denkrichtigkeit im weiteren Sinne" zu verstehen ist, vgl. *Mittenzwei*, Aussetzung, S. 23. *Enders* spricht daher davon, daß die Vorgreiflichkeit ein gedanklich-logisches Verhältnis zwischen dem Hauptantrag und dem Inzidentantrag betreffe, vgl. *Enders*, ZAP 1996, 455 (458).

435 Vgl. *Mittenzwei*, Aussetzung, S. 31.

Begründetheit des Herausgabeanspruchs nach § 985 BGB (so er in einem zweiten Prozeß gelten gemacht wird) bedingend ist, handelt es sich diesbezüglich um eine präjudizielle Frage. Genauer – da es sich nicht nur um eine Tatsache, sondern ein Rechtsverhältnis handelt – um ein im Sinne der dargestellten Definitionen präjudizielles und damit[436] vorgreifliches Rechtsverhältnis.

In einer solchen Kette ist der Zusammenhang zwischen den einzelnen Vorfragen und der Hauptsache aber nicht nur *logisch-wertender* Natur, sondern kann ebenso *prozessualer* Natur sein, weil neben jene die Hauptsache selbst betreffende Vorfragen noch andere, sich aus den verfahrensregelnden Prozeßgesetzen ergebende, hinzutreten[437].

Dazu folgende Fallgestaltung:

Beispiel: Zwischen A und B ist vertraglich eine Vielzahl gegenseitiger Forderungen geregelt. Daneben haben sie hinsichtlich jeweils fünf bestimmter gegenseitiger Forderungen vertraglich ein *pactum de non petendo*[438] geregelt, mithin die Klagbarkeit ausgeschlossen. Nachdem A das pactum de non petendo angefochten hat, klagt er die drei fälligen Forderungen ein. B, der der Meinung ist, daß A kein Anfechtungsrecht hatte, aber befürchtet, daß A auch noch die restlichen zwei Forderungen gelten machen wird, beantragt im Wege der Inzidentwiderklage festzustellen, daß der Vertrag über den Klagbarkeitsausschluß Bestand hat.

Nach herrschender Meinung[439] handelt es sich bei der *Klagbarkeit* als Rechtsschutzvoraussetzung um eine Prozeßvoraussetzung, deren Nichtvorliegen zur *Unzulässigkeit* der Klage führt. Um der Zahlungsklage des A stattgeben zu können, ist es folglich notwendig, daß der Richter zuvor den Bestand der Vereinbarung über den Klagbarkeitsausschluß negiert. Kommt er zu dem Ergebnis, die Anfechtung greife nicht durch und die Vereinbarung sei wirksam und bestehe, müßte er die Klage durch Prozeßurteil als unzulässig abweisen. Die Entscheidung über die Hauptklage hängt damit von der Beantwortung einer Vorfrage ab, die eine *Prozeßvoraussetzung* betrifft, ist also prozessualer Natur.

Freilich sind die Prozeßvoraussetzungen von Amts wegen zu prüfen, dies hindert jedoch nicht eine klageweise Feststellung; dem Prozeßrecht sind Feststel-

---

436 Vgl. *Creifelds*, Rechtswörterbuch, Stichwort „Präjudizielles Rechtsverhältnis" (Verweis auf „Vorgreifliches Rechtsverhältnis").

437 Vgl. *Mittenzwei*, Aussetzung, S. 24.

438 Dazu *Stein/Jonas/Roth*[22], vor § 253 Rdnr. 129.

439 Vgl. *RGZ* 160, 204 (208 f.); *BGHZ* 25, 73; *BGH* NJW 1980, 520; 1984, 669 (670); *BGH* WM 1964, 1253; *BAG* AP § 322 ZPO Nr. 1; *OLG München* JZ 1991, 370; *Jauernig/Hess*, § 33 Rdnr. 12 a. E.; *Musielak*, Grundkurs, Rdnr. 123; *Rosenberg/Schwab/Gottwald*[17], § 89 Rdnr. 21; *Stein/Jonas/Schumann*[21], vor § 253 Rdnr. 87; *Thomas/Putzo/Reichold*, vor §253 Rdnr. 33; *Zöller/Greger*, vor § 253 Rdnr. 19 (bei Ausschluß der gerichtlichen Geltendmachung). Nach a. A. führt das Nichtvorliegen zur Abweisung als „unbegründet", vgl. *Blomeyer*, Erkenntnisverfahren[2], § 35 II, S. 201; *Stein/Jonas/Roth*[22], vor § 253 Rdnr. 126 m. w. N.

lungsklagen über Prozeßvoraussetzungen nicht gänzlich fremd, wie das Feststellungsverfahren über die (Un-) Zulässigkeit eines Schiedsverfahrens (§ 1032 Abs. 2 ZPO) zeigt.

Bei Streit über das Vorliegen von Prozeßvoraussetzungen wäre auch ein Zwischenurteil nach § 280 ZPO möglich, allerdings erwächst hierbei die Entscheidung über den Bestand der Vereinbarung nicht in materielle Rechtskraft, es tritt lediglich für das weitere Verfahren nach § 318 ZPO die Bindungswirkung ein[440]. Dem B kommt es aber gerade auf die materielle Rechtskrafterstreckung an, er muß sogar befürchten von A noch wegen der zwei restlichen Forderungen in Anspruch genommen zu werden. Auf dieser erst später fällig werdenden Forderungen erstreckt sich auch die Rechtskraft des Prozeßurteils (bzgl. des konkreten prozessualen Mangels[441]) nicht. Somit wäre das für eine prinzipale Feststellungsklage erforderliche Feststellungsinteresse gegeben, weshalb kein Grund ersichtlich ist, dem B den Weg über die Inzidentwiderklage zu versperren. Die Entscheidung über das Rechtsverhältnis „Vereinbarung des Klagbarkeitsausschlusses" ist notwendiges Glied für den Subsumtionsschluß des Gerichts in der Hauptsache.

Die erforderliche Abhängigkeit (Präjudizialität, Vorgreiflichkeit) ist folglich gegeben, wenn das betreffende Rechtsverhältnis eine Vorfrage für die Entscheidung über den Klagegrund, vor allem für die Sachbefugnis, für die Entscheidung über eine Einwendung oder erhobene Einrede oder eine Prozeßvoraussetzung darstellt[442].

Insofern verwendet *Schumann*[443] zu Recht den Begriff „*Entscheidungserheblichkeit*" synonym zu Abhängigkeit und Präjudizialität. Denn entscheidungserheblich kann nicht nur das materielle Recht sein.

2. *Identität von bedingendem und bedingtem Rechtsverhältnis*

Unbestritten sind aus dem Kreis der feststellbaren Rechtsverhältnisse von vornherein streitgegenstandsidentische Rechtsverhältnisse auszuschließen.

a) Anderweitige Rechtshängigkeit

Natürlich läßt sich sagen, daß die Abhängigkeit der Hauptsacheentscheidung von dem Rechtsverhältnis eine Identität des festzustellenden Rechtsverhältnisses mit

---

440 Vgl. *Stein/Jonas/Roth*[22], § 280 Rdnr. 19. Auf die enge Ausnahme materieller Rechtskraftfähigkeit bei Zwischenurteilen im Verhältnis zu Dritten kommt es hier nicht an.

441 Vgl. *Stein/Jonas/Leipold*[22], § 322 Rdnr. 126.

442 Ähnlich *Stein/Jonas/Roth*[22], § 148 Rdnr. 22 für die zu § 256 Abs. 2 wortgleiche Formulierung in § 148 ZPO. Freilich mit dem Unterschied, daß nach herrschender Meinung dort (Aussetzung) anders als für die Inzidentklage eine Rechtskrafterstreckung nicht erforderlich ist.

443 Vgl. *Schumann*, FS Georgiades, 543 (557).

dem Gegenstand der Hauptklage ausschließe[444] oder der Wortlaut („Erweiterung des Klageantrags“, „Erhebung der Widerklage“) bereits Streitgegenstandsverschiedenheit erfordere. Die Unzulässigkeit einer Zwischenfeststellungsklage, mit der *dasselbe Rechtsverhältnis*, das schon Gegenstand des Hauptprozesses ist – der ja auch eine Feststellung zum Gegenstand haben kann –, folgt indessen schon aus der negativen Sachurteilsvoraussetzung[445] der *anderweitiger Rechtshängigkeit*[446]. Denn § 261 Abs. 3 Nr. 1 ZPO verbietet, während der Dauer der Rechtshängigkeit, denselben Streitgegenstand nochmals anhängig zu machen. Entsprechend der Rechtskraftwirkung erfaßt der Rechtshängigkeitseinwand nicht nur den wortgleichen zweiten Antrag, sondern ebenso den Fall, daß der Beklagte den Streit in seiner Umkehrung anhängig macht. Denn mit jedem Urteil wird zugleich das Nichtvorliegen des kontradiktorischen Gegenteils festgestellt[447].

Beispielsweise kann bei einer Hauptklage auf Bestehen des Mietverhältnisses der Beklagte nicht eine kontradiktorische negative Inzidentfeststellungswiderklage auf Nichtbestehen des Mietverhältnisses erheben und umgekehrt. In beiden Fällen wird *bei Abweisung* der prinzipalen (Haupt) Feststellungsklage genau diejenige Feststellung getroffen, auf die der Inzidentantrag zielt. Die mit dem Inzidentantrag beabsichtigte Feststellung ist bereits im Klageabweisungsantrag enthalten[448]. *Bei Erfolg* der Hauptklage wird andererseits das Gegenteil dessen entschieden, was der Inzidentantrag erstrebt[449]. Völlig verfehlt ist daher die Behauptung *Schneiders*[450], daß der Beklagte, wenn der Kläger Zwischenfeststellungsklage zur Klärung eines vorgreiflichen Rechtsverhältnisses erhebe, dadurch nicht gehindert sei, wegen desselben streitigen Rechtsverhältnisses seinerseits Zwischenfeststellungswiderklage mit entgegengesetztem Antrag zu erheben.

Sofern man der Auffassung ist, daß bei einem Urteil auf eine Vindikationsklage nach § 985 BGB[451] oder über die Grundbuchberichtigungsklage nach § 894 BGB[452] auch das Bestehen oder Nichtbestehen des Eigentums rechtskräftig

---

444 Vgl. *RG* JW 1887, 38; 1933, 1259; *RAG* 1, 42 (47); *BGHZ* 69, 37 (49); *Gaupp*, § 253 Anm. II 2; *Gaupp/Stein/Jonas*, § 280 Anm. II 2; *Wieczorek/Schütze/Assmann*[3], § 256 Rdnr. 353 a. E.

445 Vgl. *Rosenberg/Schwab/Gottwald*[17], § 98 Rdnr. 18; *Stein/Jonas/Roth*[22], § 261 Rdnr. 22.

446 Vgl. *Schumann*, FS Georgiades, 543 (552). So bereits *Oertmann*, ZZP 22 (1896), 11 (22), (24). Eingehend zum Rechtshängigkeitseinwand *Rosenberg/Schwab/Gottwald*[17], § 98 Rdnr. 18 ff.; *Stein/Jonas/Roth*[22], § 261 Rdnr. 20 ff.

447 Vgl. *Stein/Jonas/Leipold*[22], § 322 Rdnr. 186; *Stein/Jonas/Roth*[22], § 256 Rdnr. 121 m. w. N. aus Rspr. und Lit. in Fußn. 624.

448 Vgl. *Stein/Jonas/Roth*[22], § 256 Rdnr. 62.

449 Vgl. *Schumann*, FS Georgiades, 543 (553).

450 Vgl. *Schneider*, MDR 1973, 270 (271).

451 Die h. M. verneint eine Rechtskrafterstreckung, vgl. bereits oben Fußn. 151 und *Stein/Jonas/Leipold*[22], § 322 Rdnr. 82 m. w. N. in Fußn. 85.

452 Für eine rechtkräftige Entscheidung über das Eigentum: *RGZ* 158, 40 (43); *RG* JW 1936, 3047; *BGH* LM § 322 ZPO Nr. 79; *BGH* WM 1978, 194 (195); *OLG Naumburg* OLGR 1998, 387;

festgestellt werde, darf man demzufolge eine Inzidentklage mit dem Antrag, das Bestehen oder Nichtbestehen des Eigentums festzustellen, nicht zu lassen[453].

b) Ausnahme bei Verjährungshemmung

Eine rein prozessuale Betrachtung der Streitgegenstandsidentität kann Ausnahmen von dem dargestellten Ergebnis nicht zulassen. Doch führt dies zu untragbaren Ergebnissen, wenn der Inzidentkläger *aus materiell-rechtlichen Gründen* auf diesen Angriff trotz Streitgegenstandsidentität angewiesen ist[454].

Beispiel: A und B streiten seit annähernd drei Jahren außergerichtlich über die Ersatzpflicht des A für mögliche Spätschäden des B aufgrund eines von A verursachten Unfalls. A erhebt deshalb negative Feststellungsklage mit dem Antrag festzustellen, daß dem B aus dem Unfall keine weiteren Ansprüche zustünden und daneben Klage auf Unterlassung der öffentlich wiederholt geäußerten Behauptung, B habe berechtigte Forderungen gegen A, die dieser nicht begleiche. B erhebt Inzidentwiderklage mit dem Antrag festzustellen, daß A verpflichtet sei, sämtliche aus dem Unfall resultierende Schäden zu ersetzen[455].

Für *Ekkehard Schumann*[456] stellt das Zusammentreffen einer Klage auf Feststellung, der Beklagte habe keine Forderungen gegen den Kläger, mit der Zwischenfeststellungswiderklage, daß dem Beklagten Ansprüche gegen den Kläger zustünden, einen „klassischen Ausnahmefall“ dar. Eine solche Zwischenfeststellungswiderklage müsse man *trotz der Identität der Streitgegenstände zulassen*,

---

OLG Jena FGPrax 2001, 56; MünchKomm ZPO/*Gottwald*[4], § 322 Rdnr. 50 f.; *Staudinger/Gursky*, § 894 Rdnr. 166, *Stein/Jonas/Leipold*[22], § 322 Rdnr. 83, 209 m. w. N. in Fußn. 331 (auch zur Gegenansicht). Die Grundbuchberichtigungsklage ist danach lediglich die technische Form, in der der Streit um die Existenz oder Nichtexistenz eines bestimmten dinglichen Rechts ausgetragen wird, weshalb ein Urteil über den Grundbuchberichtigungsanspruch rechtskräftig auch über das Bestehen oder Nichtbestehen des geltend gemachten dinglichen Rechts entscheidet. Nach a. A. stellt die dingliche Rechtslage für die Entscheidung über den Grundbuchberichtigungsanspruch nur eine (präjudizielle) Vorfrage dar, die nicht an der Rechtskraft teilnimmt. Ebenso wie das Ziel einer Vindikationsklage die Herausgabe des Besitzes und nicht die Feststellung der präjudiziellen Vorfrage des Eigentums sei, habe die Grundbuchberichtigungsklage nicht die Feststellung eines dinglichen Rechts an einem Grundstück zum Gegenstand, sondern wolle dem Berechtigten nur die (dem Besitz bei beweglichen Sachen entsprechende und in erster Linie als Rechtsscheinträger und Publizitätsmerkmal des Veräußerungstatbestandes dienende) Buchposition wieder verschaffen, vgl. *BGH* MDR 2002, 393 (394); 2008, 815 f (Rdnr. 19); *BGH* WM 2000, 320 (321) m. w. N.; *Musielak/Musielak*, § 322 Rdnr. 24; *Nikisch*, Zivilprozeßrecht, § 106 II 1b; *Thomas/Putzo/Reichold*, § 322 Rdnr. 10; *Zöller/Vollkommer*, vor § 322 Rdnr. 36.

453 Vgl. *Schumann*, FS Georgiades, 543 (552).

454 Vgl. *Schumann*, FS Georgiades, 543 (553).

455 Für die Behandlung des Falles soll nicht näher auf die Voraussetzungen der Unterlassungsklage wegen Berühmung von Geldforderungen eingegangen werden, dazu *Pawlowski*, BB 1965, 849 ff. und *Jacobs*, Feststellungsverfahren, S. 471 ff.

456 Vgl. *Schumann*, FS Georgiades, 543 (553 f.).

wenn zwei Voraussetzungen vorlägen: Der Forderung des Beklagten müsse die *Verjährung drohen*, und dem Beklagten eine *Bezifferung* seiner Forderung derzeit (noch) *nicht möglich* sein. Dieser Ausnahme ist zuzustimmen.

aa) Keine Verjährungshemmung durch negative Feststellungsklage des Schuldners

Hintergrund der ersten Voraussetzung ist, daß nach § 204 Abs. 1 Nr. 1 BGB die Verjährung gehemmt wird durch „die Erhebung der Klage auf Leistung oder auf Feststellung des Anspruchs", wozu nach herrschender Meinung aber nicht die *negative* Feststellungsklage (des angeblichen Schuldners) auf Nichtbestehen des Anspruchs zählt, da § 204 Abs. 1 Nr. 1 BGB nur die Klage des Berechtigten erfasse[457]. Man könnte meinen, daß die Verjährung dann gehemmt wird, wenn sich der Beklagte (vermeintliche Gläubiger) gegen die negative Feststellungsklage mit dem Vorbringen verteidigt, er habe sehr wohl Ansprüche gegen den Kläger. Aber die *bloße Verteidigung* ohne Widerklage *hemmt die Verjährung nicht*[458]. Um die Verjährung zu verhindern, muß es daher zu einer eigenständigen Klageerhebung des (angeblich) Berechtigten kommen[459]. Ein solcher Gegenangriff darf deshalb nicht aus „rein prozessualen" Erwägungen der Streitgegenstandsidentität verhindert werden[460].

---

457 Vgl. *RGZ* 75, 302 (305); 90, 290 (292); *BGH* NJW 1999, 3707; 2010, 2270 (Rdnr. 38); *Palandt/Ellenberger*, § 204 Rdnr. 9; *Stein/Jonas/Roth*[22], § 256 Rdnr. 57; *Schumann*, FS Georgiades, 543 (554). Sofern Teilzahlungen geleistet wurden, kommt ein Neubeginn der Verjährung gem. § 212 Abs. 1 Nr. 1 BGB in Betracht, dies hindert jedoch nicht die Verjährung der Spätschäden. Zu den auch ohne Erhebung der Einrede eintretenden Rechtswirkungen der Verjährung vgl. *Roth*, Einrede, S. 150 ff.

458 Vgl. *RGZ* 60, 387 (391); 71, 68 (73); 75, 302 (305); 90, 290 (292); 153, 375 (382); *BGHZ* 72, 23 (28); *BGH* NJW 1963, 341; 1972, 157 (159); *KG* NJW 1961, 33; *Rosenberg/Schwab/Gottwald*[17], § 98 Rdnr. 25; *Palandt/Ellenberger*, § 204 Rdnr. 3; *Schumann*, FS Georgiades, 543 (554); a. A. *Baltzer*, Negative Feststellungsklage, S. 50 ff. (m. w. N. zur Gegenmeinung in Fußn. 108 f.), 161 ff.

459 Erforderlich ist nach h. M. die positive Betätigung des Willens zur Rechtsverfolgung; ein aktives auf Zusprechung eigenen Rechts gerichtetes Vorgehen, vgl. *Baltzer*, Negative Feststellungsklage, S. 51 f.

460 Vgl. *Schumann*, FS Georgiades, 543 (554). Man könnte zwar sagen, daß hierfür kein Bedürfnis besteht, da nach h. M. bei Klageabweisung der negativen Feststellungsklage des Schuldners aus sachlichen Gründen (weil der Anspruch des Gläubigers besteht) das kontradiktorische Gegenteil i. S. v. § 197 Abs. 1 Nr. 3 BGB rechtskräftig festgestellt wird. Damit erfolgt (jedenfalls bei durch die negative Feststellungsklage konkret umrissenem Anspruch) ein Neubeginn der 30-jährigen Verjährungsfrist, wodurch der Gläubiger nicht schlechter gestellt wird. Vgl. zum Meinungsstand hinsichtlich des Verjährungsneubeginns *Dichtl*, Negative Feststellungsklage, S. 110 ff. Unabhängig davon, ob man der h. M. folgen mag oder dies ablehnt (weil der Schuldner so mit seiner Klage zur Perpetuierung des Anspruchs beiträgt), muß der Gläubiger dennoch

bb) Unmöglichkeit der Bezifferung

Wenn der Beklagte in solch einer Situation den Gegenangriff in Form einer *Leistungswiderklage* mit einem bezifferten Antrag durchführen kann, entstehen nach der herrschenden Meinung aufgrund der unterschiedlichen Rechtsschutzziele freilich keine Probleme aus Sicht der Streitgegenstandsidentität und anderweitigen Rechtshängigkeit[461]. In vielen Fällen ist einer Partei die Bezifferung derzeit noch nicht möglich. Seit langem wird dann die *Feststellungsklage* zugelassen[462]. Auch sie hemmt die Verjährung, ist also materiell-rechtlich ein vollwertiges Mittel, den Eintritt der Verjährung zu unterbinden. Damit sind wir bei der Ausnahmesituation: Der Beklagte erhebt trotz negativer Feststellungsklage die positive Zwischenfeststellungswiderklage, die er im Augenblick noch nicht beziffern (daher keine Leistungsklage erheben) kann, die aber auch nicht unterbleiben darf, weil sonst die Verjährung der Forderungen des Beklagten droht. Wollte man einem Beklagten, der seinen Anspruch nicht beziffern kann,

---

die Möglichkeit haben, seinen Anspruch klageweise geltend zu machen. Anderenfalls besteht die Gefahr, daß der Schuldner vor Verjährungsende negative Feststellungsklage erhebt und diese anschließend zurücknimmt.

461 Die h. M. geht mit dem prozessual zweigliedrigen Streitgegenstandsbegriff davon aus, daß es sich um zwei (teilweise identische) Streitgegenstände handelt. Um aber hinsichtlich der identischen Feststellungswirkung beider Urteile widersprüchliche Entscheidungen zu verhindern, können nicht beide Klagen rechtshängig bleiben. Nach h. M. erlischt daher das rechtliche Interesse für die negative Feststellungsklage, sobald (§ 269 Abs. 1 ZPO) die Leistungswiderklage nicht mehr einseitig zurückgenommen werden kann, vgl. dazu die Nachweise bei *Stein/Jonas/Roth*[22], § 256 Rdnr. 92 in Fußn. 530 und bei *Althammer*, Streitgegenstand, S. 458 in Fußn. 1347, dort auch zu den verschiedenen Ansichten S. 457 ff. Sein negatives Feststellungsbegehren erhalte der ursprüngliche Feststellungskläger daher durch seinen Klageabweisungsantrag zur Leistungsklage aufrecht. Denn das klageabweisende Sachurteil ist in seiner Wirkung ein negatives Feststellungsurteil; es wird rechtskräftig festgestellt, daß der geltend gemachte Anspruch nicht besteht, vgl. *RGZ* 50, 416 (417); so bereits früher schon *Rocholl*, ZZP 8 (1885), 329 (365). Dem Feststellungskläger werde auch kein zusätzliches Kostenrisiko aufgebürdet, da er seine Klage für erledigt erklären könne. Selbst wenn man entgegen der h. M. im Rahmen der Rechtshängigkeit mit der Theorie vom *relativen Streitgegenstand* einen eingliedrigen Streitgegenstand (nur Antrag ist entscheidend) zugrunde legt, um so auf breiter Basis Parallelprozessen vorzubeugen, ist die nachfolgende (weitergehende) Leistungswiderklage zulässig, vgl. *Stein/Jonas/Roth*[22], § 256 Rdnr. 92; *Stein/Jonas/Schumann*[21], § 261 Rdnr. 62, beide mit unterschiedlicher Argumentation. Anderer Auffassung sind jedoch *Bettermann*, Rechtshängigkeit, S. 28 ff., 36 ff., und *Baltzer*, Negative Feststellungsklage, S. 142 ff., 152 ff., die eine Rechtshängigkeitssperre gegenüber der Leistungswiderklage befürworten und das Feststellungsinteresse auch nicht entfallen sehen, dafür allerdings zur Verjährungshemmung die negative Feststellungsklage bzw. die Verteidigung dagegen ausreichen lassen. Ausführlich zur Rechtskraft unten Text bei Fußn. 1072 ff.

462 Vgl. *Schumann*, FS Georgiades, 543 (555); vgl. die Nachweise aus der Rspr. bei *Stein/Jonas/Roth*[22], § 256 Rdnr. 66 f. in Fußn. 423, 428 und 429.

die Zulässigkeit der positiven Zwischenfeststellungswiderklage verwehren, würde man ihn um seinen materiell-rechtlichen Anspruch bringen[463].

Ausnahmsweise ist im Fall der verjährungshemmenden Zwischenfeststellungswiderklage die Streitgegenstandsidentität *kein Prozeßhindernis*[464].

cc) Die materiellrechtsfreundliche Auslegung als dogmatischer Grund

Entgegen der Auffassung *Becker-Eberhards*[465] handelt es sich nicht um „dogmatisch bedenkliche" Überlegungen, sondern beruht auf der engen Verflechtung von Zivilrecht und Zivilprozeßrecht, genauer, der dem materiellen Recht *dienenden Funktion des Zivilprozeßrechts*[466]. Methodologisch stellt sich die Zulassung dieser Zwischenfeststellungswiderklage, wie *Schumann*[467] bemerkt, als *teleologische Reduktion* dar, nämlich als Restriktion des Einwandes der Rechtshängigkeit. Damit werden keine uferlosen Einbrüche vorgenommen. Denn der Dispens des Rechtshängigkeitseinwands ist nur unter den zwei genannten Voraussetzungen zulässig. Dogmatische Grundlage dieser Ausnahme ist die Verpflichtung zu einer *materiellrechtsfreundlichen Auslegung des Zivilprozeßrechts*[468], die verhindert, daß im materiellen Recht angesiedelte Regelungen vom Prozeßrecht zerstört werden. Darauf liefe es aber hinaus, wenn im vorliegenden Ausnahmefall der Beklagte keine prozessuale Möglichkeit hätte, die Verjährung zu hemmen[469].

In dem oben dargestellten Beispiel ist daher die Inzidentwiderklage des Beklagten zur Verjährungshemmung zulässig.

---

463 Vgl. *Schumann*, FS Georgiades, 543 (555), in dessen Beispiel allerdings als Hauptklage die positive Feststellungsklage des Schuldners fungiert. Da insoweit jedoch Streitgegenstandsidentität besteht, liegt Präjudizialität gerade nicht vor. Daher wurde in obigem Beispiel die Unterlassungsklage als Hauptklage gewählt, weil die Entscheidung hierüber davon abhängt, ob B einen Anspruch auf Ersatz der Spätschäden hat, sei es, daß die Behauptung dann nicht unwahr ist oder B berechtigte Interessen wahrnimmt.

464 Vgl. *Schumann*, FS Georgiades, 543 (555); *Zöller/Greger*, § 256 Rdnr. 17; *Stein/Jonas/Schumann*[21], § 256 Rdnr. 170 Fußn. 358 m. w. N.

465 Vgl. MünchKomm ZPO/*Becker-Eberhard*[4], § 256 Rdnr. 67; an selber Stelle in der Vorauflage so bereits *G. Lüke*.

466 Dazu *Stein/Jonas/Brehm*[22], vor § 1 Rdnr. 5, 92; *Rosenberg/Schwab/Gottwald*[17], § 7 Rdnr. 13 m. w. N. in Fußn. 15; eine eingehende Untersuchung findet sich bei *Schumann*, FS Larenz II, S. 571 ff. Im Rahmen der Erörterung der Rechtshängigkeit bei Anspruchskonkurrenz lehnt *Georgiades* daher eine absolute Geltung des Rechtshängigkeitseinwands als „formalistisch und unhaltbar" ab, vgl. *Georgiades*, Anspruchskonkurrenz, S. 118.

467 Vgl. *Schumann*, FS Georgiades, 543 (556).

468 Dazu *Rosenberg/Schwab/Gottwald*[17], § 7 Rdnr. 13; *Stein/Jonas/Brehm*[22], vor § 1 Rdnr. 92.

469 Vgl. *Schumann*, FS Georgiades, 543 (556).

B. Urteilsgegenstand als Bezugspunkt der Abhängigkeit

Bevor untersucht werden kann, welche inhaltlichen Anforderungen an die Abhängigkeit zu stellen sind, hat zunächst eine Bestimmung dessen zu erfolgen, was Bezugspunkt der Abhängigkeit ist.

I. „Entscheidung" des Rechtsstreits statt Streitgegenstand

Liest man § 256 Abs. 2 ZPO, wird deutlich, welchen Bezugspunkt der Gesetzgeber für die Abhängigkeit gewählt hat: „Die Entscheidung des Rechtsstreits" muß vom Bestehen oder Nichtbestehen des in der Zwischenfeststellungsklage genannten Rechtsverhältnisses abhängig sein. Anders als in § 145 Abs. 2 und 3 sowie an anderen Stellen[470] stellt die ZPO also nicht auf den „rechtlichen Zusammenhang" „mit dem *in der Klage geltend gemachten Anspruch*" ab. Wenn eine solche Formulierung vorliegt, wird der Zusammenhang einer Prozeßhandlung (z. B. Aufrechnung, Widerklage) zum *Streitgegenstand* der Klage gesehen[471]. Statt dessen stellt das Gesetz auf „die Entscheidung des Rechtsstreits" ab und damit – so *Schumann*[472] – auf den *Urteilsgegenstand.* Von dem in der Zwischenfeststellungsklage genannten Rechtsverhältnis müsse der *Urteilsgegenstand* ganz oder teilweise abhängen; ob dies auch für den *Streitgegenstand* zuträfe, sei gleichgültig[473]. Es ist nicht Aufgabe dieser Arbeit, den Streit um die Verschiedenheit von Streit- und Urteilsgegenstand zu entscheiden[474], für die hier zu untersuchende Frage ist die Argumentation von *Schumann* allerdings zutreffend[475].

---

470 Beispielweise §§ 33, 147 ZPO.

471 Vgl. *Baumbach/Lauterbach/Albers/Hartmann*, § 33 Rdnr. 5; *Stein/Jonas/Leipold*[22], § 145 Rdnr. 5. Zum uneinheitlichen Sprachgebrauch der ZPO, wenn der Streitgegenstand gemeint ist, *Stein/Jonas/Roth*[22], vor § 253 Rdnr. 6.

472 Vgl. *Schumann*, FS Georgiades, 543 (560).

473 Vgl. *Schumann*, FS Georgiades, 543 (560).

474 Eingehend hierzu *Stein/Jonas/Leipold*[22], § 322 Rdnr. 88 ff. Für eine übereinstimmende Definition und Deckungsgleichheit von Streit- und Urteilsgegenstand: *Habscheid*, Streitgegenstand, S. 285; *Jauernig/Hess*, § 37 Rdnr. 38, § 63 Rdnr. 27; *Rosenberg/Schwab/Gottwald*[17], § 153 Rdnr. 1 ff.; *Zöller/Vollkommer*, vor § 322 Rdnr. 38 ff.; a. A. *Blomeyer*, Erkenntnisverfahren[2], § 89 II, S. 479; *Georgiades*, Anspruchskonkurrenz, S. 252 ff.; *Henckel*, Parteilehre, S. 293; *Schwab*, Streitgegenstand, S. 139; *Stein/Jonas/Schumann*[20], Einleitung vor § 1 Rdnr. 382 ff., 294; *Zeuner*, Sinnzusammenhänge, S. 175 ff.

475 Für die Aussetzung nach § 148 ZPO, die ebenfalls nur möglich ist, „wenn die Entscheidung des Rechtsstreits ganz oder zum Teil von dem Bestehen oder Nichtbestehen eines Rechtsverhältnisses abhängt", wird von *Mittenzwei*, Aussetzung, S. 51, ebenfalls eine Anknüpfung an den Urteilsgegenstand befürwortet.

2. *Zweckerreichung durch Anknüpfung an Urteilsgegenstand*

Der Grund, weshalb § 256 Abs. 2 ZPO nicht von dem „mit der Klage geltend gemachten Anspruch“, sondern von „Entscheidung“ spricht, liegt in dem *Zweck der Regelung über die Zwischenfeststellungsklage*. Als Ersatz für die fehlende Rechtskraft der Entscheidungsgründe gibt sie beiden Prozeßparteien die Möglichkeit, ein vorgreifliches Rechtsverhältnis feststellen zu lassen. Damit ist nicht (nur) der dem Klagebegehren zu Grunde liegende Anspruch – also der *Streitgegenstand* – gemeint. Denn die Entscheidung des Rechtsstreits in der Hauptsache hängt nicht nur davon ab, ob ein das klägerische Begehren stützender Anspruch besteht, sondern auch, ob seitens des Beklagten *Einwendungen* und *Einreden* geltend gemacht werden[476]. In diesem Sinne formulierte *Wolfram Henckel*: „Denn Präjudizialität setzt voraus, daß im zweiten Prozeß gerade diejenige Frage als Vorfrage zu beantworten ist, die den Urteilsgegenstand des Vorprozesses ausmachte“[477].

Bei der Vindikationsklage hängt die Entscheidung des Rechtsstreits in der Hauptsache nicht nur davon ab, ob der Kläger Eigentümer im Sinne von § 985 BGB ist, sondern auch, ob der Beklagte ein Recht zum Besitz im Sinne von § 986 BGB hat. Sowohl die Frage des Eigentums als auch die Frage des Rechts zum Besitz sind damit feststellungsfähige Rechtsverhältnisse, von deren Bestehen bzw. Nichtbestehen die Entscheidung des Rechtsstreits der Hauptsache abhängt, so daß mittels der Zwischenfeststellungs(wider)klage im Rahmen der Vindikationsklage bindend über Eigentum, Besitz oder Besitzrecht entschieden werden kann[478]. Über § 256 Abs. 2 ZPO kann folglich nicht nur das der Hauptsacheklage zu Grunde liegende Rechtsverhältnis, sondern auch ein Einwendungen oder Einreden begründendes Rechtsverhältnis zur Feststellung gebracht werden[479]. Der *Bundesgerichtshof* hat dies hinsichtlich einer Inzidentklage über das (Nicht-)Zustandekommen des Kausalverhältnisses als Voraussetzung einer persönlichen Einwendung der Beklagten gegen die Wechselansprüche der Klägerin so formuliert: „Für

---

476 Vgl. *Schumann*, FS Georgiades, 543 (560).

477 *Henckel*, Prozeßrecht, S. 154.

478 Vgl. *Musielak/Foerste*, § 256 Rdnr. 39.

479 Dies ist einhellige Meinung, vgl. *BGHZ* 125, 251 (255 f.); *Bergerhoff*, Zwischenfeststellungsklage, S. 19; *Bruns*, Zivilprozeßrecht, § 44 II 3, S. 415 („Für selbständige, durch prozessuale Einrede oder Gegeneinrede vorgebrachte Rechtsverhältnisse ist die Rechtskraftwirkung von einem Zwischenfeststellungsantrag […] abhängig gemacht“); *Musielak/Foerste*, § 256 Rdnr. 39; *Rosenberg/Schwab/Gottwald*[17], § 96 Rdnr. 41; *Thomas/Putzo/Reichold*, § 256 Rdnr. 33; *Stein/Jonas/Roth*[22], § 256 Rdnr. 104; *Wieczorek*[2], § 280 Anm. B II a 1; *Wieczorek/Schütze/Assmann*[3], § 256 Rdnr. 354; *Zöller/Greger*, § 256 Rdnr. 25. So bereits *RG* SeuffArch 74, Nr. 150; Nr. 268; *OLG Dresden* OLGRspr 13, 137; *OLG Jena* SeuffArch 43 (1888), S. 98 ff. Nr. 64; *Gaupp*, § 253 Anm. II 2; *Oertmann*, Aufrechnung, S. 150 f.; *Reincke*, § 253 Anm. 2; *Petersen/Anger*, § 280 Anm. 2.

die Zulässigkeit der Zwischenfeststellungsklage genügt es jedoch, daß das Nichtbestehen des Kausalverhältnisses einen Einwand oder eine Einrede gegenüber dem Hauptanspruch begründet“[480].

C. Inhaltliche Anforderungen an die Präjudizialität

Damit gelangen wir zu der bei der Zwischenfeststellungsklage meist diskutierten Frage, welche inhaltlichen Anforderungen an die Voraussetzung der Abhängigkeit zu stellen sind.

1. Behauptung reicht nicht

Einigkeit besteht zumindest darin, daß eine bloße Behauptung der Abhängigkeit nicht genügt, vielmehr muß sie wirklich bestehen[481]. Sonst wäre die Inzidentklage sogar dann zulässig, wenn es sich bei ihrem Gegenstand um ein gänzlich irrelevantes Rechtsverhältnis handelt. Der Kläger müßte lediglich die Identität behaupten. So etwa, wenn der Beklagte der Kaufpreisklage widerklagend die Inzidentfeststellung begehrt, der Kläger sei nicht Erbe oder gegenüber der Vindikationsklage den Inzidentantrag stellt, es solle festgestellt werden, daß der Kläger aus der Geschäftsbeziehung keine Ansprüche gegen den Beklagten habe[482].

An diesem Ergebnis ändert auch die Lehre von den doppelrelevanten Tatsachen[483] nichts. Die *Vorgreiflichkeit* ist *keine doppelrelevante Tatsache.* Denn die Entscheidung über die Begründetheit der Zwischenfeststellungsklage hängt nicht davon ab, ob das Rechtsverhältnis vorgreiflich ist, sondern ob es besteht oder nicht. Daher muß der Richter für die Zulässigkeit der Inzidentklage prüfen, ob Vorgreiflichkeit vorliegt und kann diese nicht unterstellen. Erst wenn er dies bejaht hat, kann er sich der Begründetheit zuwenden[484]. Die Präjudizialität kann daher weder behauptet noch unterstellt werden, sie muß statt dessen nachgewiesen sein[485]. Falls die Vorgreiflichkeit zu *bejahen* ist, bedarf es nicht einmal der Behauptung, so daß z. B. die nach § 256 Abs. 1 ZPO erhobene selbständige Fest-

480 *BGHZ* 125, 251 (255).

481 Vgl. *BGH* LM § 280 a. F. ZPO Nr. 2; *BGH* NJW-RR 1990, 318 (319 f.); *Rosenberg/Schwab/Gottwald*[17], § 96 Rdnr. 41; *Schumann*, FS Georgiades, 543 (558); *Stein/Jonas/Roth*[22], § 256 Rdnr. 105; *Thomas/Putzo/Reichold*, § 256 Rdnr. 33. So bereits *RG* ZZP 59, 411; *KG* OLGRspr 3, 213; *Kroll*, Klage, S. 58 bei Fußn. 21; *Gaupp*, § 253 Anm. II 2; *Wilmowski/Levy*[3], § 253 Anm. 1 a; *Petersen/Anger*, § 280 Anm. 2; *Wieczorek*, § 280 Anm. B II a 5.

482 Vgl. *Schumann*, FS Georgiades, 543 (557) Fußn. 70.

483 Dazu *RGZ* 29, 371 (373); *BGHZ* 7, 184 (186); *BAG* MDR 1961, 1046; *Stein/Jonas/Roth*[22], § 1 Rdnr. 24 ff. m. w. N. aus Rspr. und Lit. in Fußn. 40 f.

484 Vgl. *Schumann*, FS Georgiades, 543 (558). So auch *Hager*, KTS 54 (1993), 39 (46).

485 Vgl. *RG* ZZP 59, 411.

stellungsklage, wenn ihr das Feststellungsinteresse fehlt, ohne weiteres in eine Zwischenfeststellungsklage umgedeutet werden kann, sofern sie für eine Hauptklage präjudiziell ist[486].

2. *Erfordernis tatsächlicher Abhängigkeit*

Hieran schließt sich sogleich die Frage an, ob sämtliche streitigen präjudiziellen Rechtsverhältnisse über § 256 Abs. 2 ZPO zur Feststellung gebracht werden dürfen oder nur jene, die die *konkrete* Entscheidung in der Hauptsache bedingen. Die Frage wird im Schrifttum und in der Rechtsprechung unterschiedlich beantwortet.

Beispiel 1: Der Kläger erhebt nach 35 Jahren eine auf § 985 BGB gestützte Herausgabeklage verbunden mit einer Zwischenfeststellungsklage auf Feststellung seines Eigentums. Der Beklagte bestreitet das Eigentum des Klägers und beruft sich zusätzlich auf ein Recht zum Besitz aus Leihvertrag, weswegen er seinerseits Inzidentwiderklage erhebt. Außerdem erhebt er die Einrede der Verjährung. Das Gericht läßt in den Entscheidungsgründen die Eigentumsfrage sowie das Recht zum Besitz dahingestellt und weist die Hauptklage wegen Verjährung ab.

Beispiel 2: Im Prozeß über den Erbschaftsanspruch nach § 2018 BGB beantragt der Kläger die Inzidentfeststellung seines bestrittenen Erbrechts. Der Richter weist die Klage jedoch unabhängig von einem etwaigen Erbrecht ab, weil der Beklagte bereits nichts aus der Erbschaft erlangt hat.

Beispiel 3: Wie Beispiel 1, allerdings erhebt der Kläger die Herausgabeklage nach zwei Jahren, sie wird jedoch im Hinblick auf §§ 288, 138 Abs. 3 ZPO abgewiesen, da das Recht zum Besitz des Beklagten vom Kläger nicht bestritten wurde.

Schon die Fragestellung selbst ist nicht einheitlich, was daran liegt, daß sie unter verschiedenen Gesichtspunkten betrachtet werden kann und – speziell in der älteren Literatur nicht immer leicht verständlich – wurde[487].

Oertmann formulierte das Problem dergestalt: „Es fragt sich nun aber, in welchem Sinne die Präjudizialität verlangt wird. Genügt es, dass die Feststellung des inzidenten Rechtsverhältnisses im Sinne des Beklagten *eine*, oder ist erfordert, dass sie gerade *die* negative Bedingung für den Bestand des Klageanspruchs bildet? Oder, mit anderen Worten, muss nur die *Existenz* des Anspruchs durch das Bestehen oder Nichtbestehen des Inzidentverhältnisses bedingt sein, oder aber auch seine *Nichtexistenz* durch die *entgegengesetzte Alternative*?“[488]

---

486 Vgl. *BGHZ* 139, 116 (118).

487 Dies konstatierte bereits *Bergerhoff*, Zwischenfeststellungsklage, S. 19.

488 *Oertmann*, ZZP 22 (1896), 11 (27) (Hervorhebung im Original gesperrt).

Prägnanter drückte es dann *Walsmann*[489] aus: Genügt es zur Zulassung des Inzidentantrags, „daß der Klage nicht *stattgegeben* werden kann, ohne über das andere Rechtsverhältnis zu entscheiden oder ist auch erforderlich, daß die Klage nicht *abgewiesen* werden kann, ohne daß über das andere Rechtsverhältnis entschieden wird?"

Kann hat diese Frage unter dem zeitlichen Aspekt folgendermaßen betrachtet: „Welches Prozeßstadium ist der Bestimmung des Abhängigkeitsverhältnisses zugrunde zu legen?"[490]

a) Meinungsstand

Folgt man der *ersten* (nach *Walsmanns* Darstellung), *minder strengen Auffassung*, wonach es für die Zulässigkeit der Zwischenfeststellungsklage ausreicht, daß der Hauptklage nicht stattgegeben werden kann, ohne über das fragliche Rechtsverhältnis zu entscheiden, so wären in den Beispielsfällen *sämtliche Inzidentanträge zulässig*, da die Entscheidung davon abhängt: Der Klage aus § 985 BGB in *Beispielsfall 1* und *3* kann nicht stattgegeben werden, ohne über das Eigentum und das Recht zum Besitz zu entscheiden. Der Klage aus § 2018 BGB in *Beispielsfall 2* kann nicht stattgegeben werden, ohne über das Erbrecht des Klägers zu entscheiden. Ob *tatsächlich* eine Entscheidung hierüber ergeht, ist nach dieser Ansicht *unerheblich*. Es müßte darüber entschieden werden, auch wenn die Klage unabhängig hiervon abgewiesen wird.

Folgt man der *zweiten*, *strengen Auffassung*, wonach erforderlich ist, daß eine Abweisung der Klage nicht ohne Entscheidung über das präjudizielle Rechtsverhältnis erfolgen kann, so tritt der Unterschied offen zu Tage: In *Beispiel 1* erfolgt die Klageabweisung unabhängig von der Entscheidung über das Erbrecht sowie das Recht zum Besitz, allein aufgrund Verjährung. Beide Inzidentanträge wären danach unzulässig, weil die Entscheidung nicht hiervon abhängt. In *Beispiel 2* erfolgt die Klageabweisung ebenfalls unabhängig vom Bestand des Erbrechts, sondern allein aufgrund des mangelnden Erbschaftsbesitzes. Auch hier wäre also eine Zwischenfeststellung des Erbrechts nicht vorgreiflich für die Entscheidung in der Hauptsache.

Anders in *Beispiel 3*: Die Klageabweisung erfolgt gerade *wegen* des Rechts zum Besitz, das der Beklagte der Inzidentfeststellung widerklagend zuführen wollte. Nach der strengen Auffassung wäre die Inzidentwiderklage zulässig. Hingegen ist die Frage des Eigentums vom Gericht offen gelassen worden, hierauf

---

489 Vgl. *Seuffert/Walsmann*, § 280 Anm. 5a.

490 *Förster/Kann*, § 280 Anm. 2b cc).

kam es nicht an, die Klageabweisung erfolgte unabhängig hiervon, weshalb die diesbezügliche Inzidentfeststellung unzulässig wäre.

Ob die Entscheidung des Rechtsstreits vom Bestehen oder Nichtbestehen des streitigen Rechtsverhältnisses abhängt, beantwortet sich folglich danach, ob man es ausreichen läßt, daß die Entscheidung *möglicherweise* abhängt, oder ob man fordert, daß sie *tatsächlich* abhängt.

b) Begründung einer „möglichen" Präjudizialität

Speziell im älteren Schrifttum finden sich mannigfaltige Begründungsversuche, einer Zulassung von Inzidentklagen das Wort zu reden, sofern die Entscheidung möglicherweise hiervon abhängt.

Loening vertrat die Meinung, es könnten ausnahmslos alle streitigen präjudiziellen Rechtsverhältnisse Gegenstand der Zwischenfeststellungsklage sein. Die Entscheidung des bedingten Rechtsverhältnisses hänge immer nur möglicherweise von dem bedingenden ab; wirklich bedingt sei immer nur das Rechtsverhältnis selbst, seine Existenz, nicht jedoch seine Nichtexistenz. Daher sei entgegen des Wortlauts nur erforderlich, daß der geltend gemachte Anspruch von dem Rechtsverhältnis abhinge[491].

Oertmann hielt jedes in einem Rechtsstreit auftauchende, bestrittene präjudizielle Rechtsverhältnis der Inzidentfeststellung für zugänglich. Zum einen verrate das Gesetz „mit keiner Silbe", daß es eine weitergehende Abhängigkeit fordere; Bedingung bleibe Bedingung, selbst wenn neben ihr noch andere zur Herstellung des Erfolges mitwirkten, denn von jeder einzelnen sei der Erfolg der Klage in bestimmter Weise, wenn auch nicht ausschließlich, abhängig[492]. Zum anderen würde die strenge Auslegung zu praktisch unhaltbaren Ergebnissen führen: Beispielsweise müsse in einem Rechtsstreit über eine Zinsforderung, bevor man über den Inzidentantrag des Beklagten, das Nichtbestehen der Kapitalforderung festzustellen, urteilen könne, über sämtliche Einreden wie Verjährung und Aufrechung verhandeln. Erst danach wisse man ja, ob das endgültige Schicksal des Prozesses gerade von dieser Feststellung und nichts anderem bedingt sei. Hierdurch würde der Beklagte gezwungen, seine Einreden sämtlich mit einem Schlag vorzubringen, bevor er wisse, ob er Inzidentwiderklage erheben könne[493].

Im Hinblick darauf, daß sich im Zeitpunkt der Erhebung der Zwischenfeststellungsklage niemals mit Bestimmtheit voraussagen ließe, ob das Urteil der

491 Vgl. *Loening*, ZZP 4 (1882), 1 (53 ff.), insbesondere Fußn. 57.

492 Vgl. *Oertmann*, ZZP 22 (1896), 11 (31).

493 Vgl. *Oertmann*, ZZP 22 (1896), 11 (3 f.).

Klage stattgeben werde oder nicht, müsse es – so *Kann*, *Walsmann* und *v. Braun*[494] – genügen, wenn die Präjudizialität zum Zeitpunkt der Antragstellung vorläge.

c) Restriktive Auslegung

Wenn auch diese Einwände auf den ersten Blick nicht unberechtigt erscheinen, überzeugen sie angesichts der *ratio legis* und des *Wortlauts* des § 256 Abs. 2 ZPO sowie der Eigenschaft der Abhängigkeit als *Sachurteilsvoraussetzung* nicht.

aa) Der Zweck der Rechtskrafterstreckung

Wie bereits ausgeführt[495] ist Zweck der Zwischenfeststellungsklage die Ausdehnung der Rechtskraft auf den Grund der Klage; sie sollte nach dem Willen des historischen Gesetzgebers unter Ablehnung der Lehre *v. Savignys* ein Ersatz dafür sein, daß die Grundlagen der Entscheidung nicht in Rechtskraft übergehen. Nach dieser Lehre wurden allerdings die Gründe nur insofern rechtskräftig, als sie Entscheidungen enthielten, welche der Richter fällen *mußte*, um zur Endentscheidung gelangen zu können[496]. Nicht anders ist der Anwendungsbereich der Inzidentklage zu bestimmen:

Das Rechtsverhältnis, dessen Inzidentfeststellung begehrt wird, steht nach herrschender Meinung[497] *nur dann* in dem geforderten Abhängigkeitsverhältnis, wenn *ohnehin* in den Gründen der Hauptklage über den Gegenstand der Inzidentklage *entschieden* wird. Das Tatbestandsmerkmal, das allein die erleichterte Zulässigkeit der Zwischenfeststellungs(wider)klage rechtfertigt, besteht darin, „daß das Gericht über sie in dem vorgelegten Rechtsstreit ohnedies als Vorfrage

---

494 Vgl. *Förster/Kann*, § 280 Anm. 2b; *Seuffert/Walsmann*, § 280 Anm. 5a; *v. Braun*, Inzidentfeststellungsklage, S. 55 ff.

495 Dazu oben Text bei Fußn. 161 ff.

496 Vgl. *v. Savigny*, System VI, S. 352 ff.

497 Vgl. *RGZ* 9, 339 (343); *RG* JW 1939, 366; *RG* WarnRsp 1913, Nr. 28; Nr. 120; *BGHZ* 125, 251 (257); *BGH* LM § 280 a. F. ZPO Nr. 2; Nr. 4; Nr.5; Nr. 16; § 256 ZPO Nr. 113; *BGH* MDR 1969, 313; 1994, 111; *BGH* NJW 1961, 75; 1968, 699; 1992, 1897; 2004, 1960 f.; *BGH* NJW-RR 1990, 318 (320); 1994, 1272 (1273); *BGH*, ZZP 74 (1961), 226 (227); *OLG Hamburg*, MDR 1951, 741 (742); *OLG Köln* MDR 1981, 678; *OLG Koblenz* AnwBl 1989, 48 (49); *Baumbach/Lauterbach/Albers/Hartmann*, § 256 Rdnr. 114; MünchKomm ZPO/*Becker-Eberhard*[4], § 256 Rdnr. 78; *Bergerhoff*, Zwischenfeststellungsklage, S. 22 f.; *Enders*, ZAP 1996, 455 (458); *Hager*, KTS 54 (1993), 39 (41); *Musielak/Foerste*, § 256 Rdnr. 41; *Schumann*, FS Georgiades, 543 (562 ff.); *Stein/Jonas/Roth*[22], § 256 Rdnr. 104; *Thomas/Putzo/Reichold*, § 256 Rdnr. 33; *Wieczorek/Schütze/Assmann*[3], § 256 Rdnr. 353; *Zöller/Greger*, § 256 Rdnr. 25. So bereits *Gaupp*, § 253 Anm. II 2; *Schollmeyer*, Compensationseinrede, S. 30 f. und in Fußn. 2: „Präjudiciell ist jedes Rechtsverhältniß, über welches der Richter entscheiden muß, um über den unmittelbaren Gegenstand des Streites entscheiden zu können".

entscheiden muß"[498]. Wird indessen die Klage zur Hauptsache unabhängig davon abgewiesen, ob das zwischen den Parteien streitige Rechtsverhältnis besteht, dann ist dessen beantragte Feststellung nicht vorgreiflich. Entscheidungen über Rechtsverhältnisse, die für die Entscheidung des Rechtsstreits in der Hauptsache somit gänzlich belanglos sind oder geworden sind und daher in den Urteilsgründen nicht (mehr) berücksichtigt werden, sollen nach dem Sinn und Zweck des § 256 Abs. 2 ZPO gerade nicht rechtskräftig gemacht werden können[499].

Kann also über die Klage in der Hauptsache ungeachtet des festzustellenden Rechtsverhältnisses entschieden werden, dann *fehlt* es an der für § 256 Abs. 2 ZPO erforderlichen *Abhängigkeit*[500]. Die Situation ist dann nicht anders, als hätte der Zwischenfeststellungskläger von vornherein ein *bloß behauptetes* Rechtsverhältnis festzustellen beantragt. Eine solche Zwischenfeststellungsklage ist unzulässig; sie muß mit Prozeßurteil abgewiesen werden[501]. Der Verzicht auf das ansonsten zu prüfende Feststellungsinteresse ist nur gerechtfertigt, wenn bei der Zwischenfeststellungsklage die Entscheidung wirklich vom (Nicht-) Bestehen des Rechtsverhältnisses abhängt[502]. Die Inzidentklage kann nicht beliebige Rechtsverhältnisse zum Gegenstand erheben und sich als Popularklage verstehen[503].

Durch die Inzidentklage soll dem Gericht nämlich *nicht zusätzliche Arbeit* auferlegt werden, vielmehr soll nach dem Willen der Parteien lediglich die Entscheidung des Hauptprozesses für das tatsächlich präjudizielle Rechtsverhältnis nutzbar gemacht werden[504]. Die Inzidentfeststellungsklage ist *nur dann zulässig*, wenn sich das *Gericht tatsächlich* schon *in den Gründen* des Hauptsacheurteils mit dem Rechtsverhältnis beschäftigt hat. Braucht sich das Gericht um das festzustellende Rechtsverhältnis in seinem Urteil in keiner Weise zu kümmern, so büßt das Privileg des § 256 Abs. 2 ZPO seine innere Berechtigung ein[505].

Hier zeigt sich, daß der Einwand *Oertmanns*, der Richter sei genötigt, zunächst über alle Streitpunkte oder Einreden zu verhandeln und zu entscheiden, bevor er wisse, ob das endgültige Schicksal des Rechtsstreits gerade von der beantragten Feststellung abhänge, nicht greift. Wenn es dem Richter zweckdienlich

---

498 *RG* JW 39, 366.

499 Vgl. *RGZ* 9, 339 (343); *RG* Recht 1930, 117; *KG* OLG Rsp 3, 213; *Bergerhoff*, Zwischenfeststellungsklage, S. 22; *Schumann*, FS Georgiades, 543 (563).

500 Vgl. *BGH* LM § 280 a. F. ZPO Nr. 2; *Hager*, KTS 54 (1993), 39 (41); *Schumann*, FS Georgiades, 543 (563); *Stein/Jonas/Roth*[22], § 256 Rdnr. 105.

501 Vgl. *Schumann*, FS Georgiades, 543 (563).

502 Vgl. *RGZ* 113, 410 (413 f.); 126, 234 (237); 170, 328 (330); *BGH* LM § 280 a. F. ZPO Nr. 4; *Hager*, KTS 54 (1993), 39 (41) m. w. N. in Fußn. 13.

503 Vgl. *Schumann*, FS Georgiades, 543 (557).

504 Vgl. *BGH* NJW 1961, 75 (rechte Spalte).

505 Vgl. *Gomille*, NJW 2008, 274 (276); *Hager*, KTS 54 (1993), 39 (46).

erscheint, die Klage ohne Rücksicht auf die Eigentumsfrage (und ohne zeit- und kostenintensive Beweisaufnahme) wegen eindeutiger Verjährung abzuweisen, so erübrigt sich ein weiteres Eingehen auf das Rechtsverhältnis[506]. Ihn jetzt zu zwingen, zusätzlich doch noch dieses Rechtsverhältnis zu entscheiden, läuft dem Zweck des § 256 Abs. 2 ZPO zuwider. Will der Inzidentkläger dennoch einen rechtskräftigen Ausspruch über das Rechtsverhältnis, ist er auf den Weg der prinzipalen Feststellungsklage verwiesen.

Ebenso unzutreffend ist *Oertmanns* Ansicht, der Beklagte würde dadurch gezwungen, seine Einwendungen und Einreden sämtlich mit einem Schlag vorzubringen. Dieser hat es vielmehr selbst in der Hand, eine mögliche Klageabweisung der Hauptklage herbeizuführen, indem er weitere Einreden vorbringt. Ist etwa ungewiß, ob im *Beispielsfall 1* das Gericht ein Recht zum Besitz bejaht, so hat der Beklagte in erster Linie kaum Interesse daran, diese Frage geklärt zu wissen, sondern die unzweifelhaft durchgreifende Einrede der Verjährung zu erheben, um in der Hauptsache eine Klageabweisung zu erreichen. Wenn er damit riskiert, daß es auf das Recht zum Besitz nicht mehr ankommt, so geschieht ihm dadurch auch kein Unrecht, da er sein primäres Ziel, die Abweisung in der Hauptsache jedenfalls erreicht. Will er daneben auch auf eine rechtskräftige Feststellung des Rechts zum Besitz nicht verzichten, bleibt ihm weiterhin die Feststellung nach § 256 Abs. 1 ZPO[507].

bb) Der Wortlaut

Des weiteren ist zu berücksichtigen, daß der Wortlaut des § 256 Abs. 2 ZPO fordert, daß die Hauptsacheentscheidung „abhängt“. Der Gesetzgeber hat es vermieden, nur zu fordern, daß die Entscheidung „abhängen kann“, „könnte“ bzw. „möglicherweise abhängt“[508].

Der Gesetzgeber hat zudem eine Abhängigkeit der „*Entscheidung*“ in der Hauptsache vom Bestehen bzw. Nichtbestehen des Rechtsverhältnisses statuiert und bei den Änderungen der Vorschrift von § 253 a. F. ZPO zu § 280 a. F. ZPO zu § 256 Abs. 2 n. F. ZPO keinen Anlaß gesehen, den Wortlaut zu ändern. Einer Auslegung wie *Loening* sie vornimmt, die darauf hinausläuft, daß es genügen solle, wenn das streitige Rechtsverhältnis lediglich den geltend gemachten Anspruch bedinge[509], ist durch den Gesetzgeber deutlich eine Absage erteilt worden. Ein Abstellen auf eine *mögliche* Abhängigkeit würde daher den unzutref-

506 Vgl. *Bergerhoff*, Zwischenfeststellungsklage, S. 24 f.
507 Ebenso *Bergerhoff*, Zwischenfeststellungsklage, S. 25.
508 So auch *Bergerhoff*, Zwischenfeststellungsklage, S. 21 f.
509 Vgl. *Loening*, ZZP 4 (1882), 1 (54) und dort Fußn. 57.

fenden Bezug zum *Streitgegenstand* enthalten; es kommt aber wie dargestellt[510] für die Zulässigkeit der Zwischenfeststellungsklage auf den *Urteilsgegenstand* an[511].

cc) Maßgeblicher Zeitpunkt

Selbst wenn man die Problematik wie *Kann*, *Walsmann* und *v. Braun* unter dem *zeitlichen Aspekt* betrachtet, so führt dies zu keinem anderen Ergebnis:

(1) Zeitpunkt der Inzidentklageerhebung ist irrelevant

Die Präjudizialität ist unbestritten besondere Prozeßvoraussetzung der Zwischenfeststellungsklage. Wie jede andere Prozeßvoraussetzung muß sie daher im Zeitpunkt der letzten mündlichen Verhandlung in der Tatsacheninstanz vorliegen[512].

Bezeichnenderweise begründen die Autoren des älteren Schrifttums, die den Zeitpunkt der Klageerhebung für maßgeblich erachten, dieses Ergebnis gerade damit, daß es sich „um eine Frage der Zulässigkeit handelt"[513].

Da jeder Prozeß aus sich ständig wandelnden Rechtslagen besteht, liegt es in der Natur der Sache, daß sich niemals mit Bestimmtheit vorhersagen läßt, ob ein streitig gewordenes Rechtsverhältnis schließlich auch für die Entscheidung über den Klageanspruch bedingend sein wird. Wie die eingangs dargestellten Beispiele zeigen, stellt sich die Situation nach der Einlassung des Beklagten (der evtl. rechtsvernichtende Einwendungen und Einreden erhebt) anders dar als wenn man für die Beurteilung der Vorgreiflichkeit allein auf die Klageschrift abstellt. Hieraus allerdings zu folgern, daß es für die Beurteilung des Abhängigkeitsverhältnisses genügen müsse, daß dieses im Zeitpunkt der Erhebung der Inzidentklage vorliegt[514], läuft nicht nur darauf hinaus, die Eigenschaft der Vorgreiflichkeit als Sachurteilsvoraussetzung nicht ernst zu nehmen, sondern den *Inzidentkläger auf Kosten des Inzidentbeklagten zu bevorzugen*. Denn letzterer hat ein berechtigtes Interesse an der Abweisung einer unzulässig gewordenen Klage. Der *Verzicht auf* das ansonsten zu prüfende *Feststellungsinteresse*, das gleichfalls bis zum Schluß der mündlichen Verhandlung vorliegen muß[515], ist nur

---

510 Dazu oben Text bei Fußn. 470 ff.

511 Vgl. *Schumann*, FS Georgiades, 543 (563).

512 Vgl. *BGH* LM § 280 a. F. ZPO Nr. 2; Nr. 5; *BGH* NJW-RR 1990, 318 (320); MünchKomm ZPO/*Becker-Eberhard*[4], § 256 Rdnr. 82; *Stein/Jonas/Roth*[22], § 256 Rdnr. 105. So schon *RG* JW 1919, S. 573 Nr. 9; *RG* Recht 1930, 117; *Gaupp*, § 253 Anm. II 2; *Sydow/Busch/Krantz/Triebel*, § 280 Anm. 1 a. E.; *Gaupp/Stein/Jonas*, § 280 Anm. II 2.

513 So *Seuffert/Walsmann*, § 280 Anm. 5a. Ebenso *Förster/Kann*, § 280 Anm. 2b.

514 So auch neben den in Fußn. 494 genannten Autoren: *Hellwig*, Lehrbuch III, S. 50; *Mittenzwei*, Aussetzung, S. 30 Fußn. 37; *Wieczorek*[2], § 280 Anm. B II a 6.

515 Vgl. *RGZ* 71, 68 (73); *BGHZ* 18, 106; *Zöller/Greger*, § 256 Rdnr. 7c m. w. N.

gerechtfertigt, wenn das Gericht über das Rechtsverhältnis tatsächlich zu befinden hat[516]. Anderenfalls würde die Zwischenfeststellungsklage Erleichterungen gewähren, die weder mit den Interessen des Beklagten vereinbar noch prozeßökonomisch sind.

Im Hinblick darauf bemerkt *Schumann*: „Welchen Sinn hätte es denn, so muß man sich ferner fragen, daß das Gericht auf eine Inzidentklage hin eine Feststellung über ein Rechtsverhältnis treffen soll, von dem es selbst meint, es sei nicht vorgreiflich. Soll denn das Gericht, obwohl es die Vindikationsklage mangels Eigentum des Klägers abweist, jetzt auch noch über das Recht des Beklagten zum Besitz befinden, nur weil dieses Recht *möglicherweise* Gegenstand einer Entscheidung hätte sein können?“[517]

(2) Zeitpunkt der Hauptentscheidung ist maßgeblich

Die Feststellung, daß es im Hinblick auf die tatsächlich erforderliche Abhängigkeit nicht auf den Zeitpunkt der Klageerhebung ankommen kann, enthält noch keine Aussage darüber, ob es ausreicht, daß die Vorgreiflichkeit im Zeitpunkt der *Entscheidung über* die *Zwischenfeststellungsklage* vorliegt, oder ob es erforderlich ist, daß sie im Zeitpunkt der Entscheidung über die *Hauptklage* (immer noch) besteht.

Sofern die Entscheidung über Inzident- und Hauptklage zeitlich zusammenfällt, also in einem Endurteil erfolgt (bzw. der Schluß der letzten mündlichen Verhandlung über beide zeitgleich erfolgt), wirkt sich diese Differenzierung ohnehin nicht aus. Relevant wird sie aber, wenn das Gericht über die Zwischenfeststellungsklage vorab durch *Teilurteil* gem. § 301 ZPO entscheidet, was nach überwiegender Meinung aus Zweckmäßigkeitsgründen regelmäßig möglich sein soll, ohne die Entscheidungsreife der Hauptfrage abwarten zu müssen[518].

---

516 Vgl. *Hager*, KTS 54 (1993), 39 (41), der zu Recht dazu auffordert, den Satz, daß das Interesse an alsbaldiger Feststellung durch die Vorgreiflichkeit ersetzt werde, in allen seinen Punkten ernst zu nehmen.

517 *Schumann*, FS Georgiades, 543 (563).

518 Vgl. *RGZ* 102, 174 (175); 170, 328 (330); *BGH* LM § 280 a. F. ZPO Nr. 5; Nr. 6; Nr. 9; *BGH* NJW 1955, 587; 1956, 1755; 1961, 75; 2006, 915; *BGH* MDR 1968, 36; *Baumbach/Lauterbach/Albers/Hartmann*, § 256 Rdnr. 119; *Rosenberg/Schwab/Gottwald*[17], § 96 Rdnr. 35; *Rüßmann/Eckstein-Puhl* JuS 1998, 442 (444) (sub V.3.a); *Schellhammer*, Zivilprozess, Rdnr. 194; *Stein/Jonas/Roth*[22], § 256 Rdnr. 119; *Thomas/Putzo/Reichold*, § 256 Rdnr. 35; *Zöller/Greger*, § 256 Rdnr. 22; a. A. *Bergerhoff*, Zwischenfeststellungsklage, S. 25 f., Fußn. 59, 69 f.; *Hager*, KTS 54 (1993), 39 (43 f., sub III); *Schumann*, FS Georgiades, 543 (564) („Zeitpunkt der Hauptentscheidung“); einschränkend auch *Wieczorek/Schütze/Assmann*[3], § 256 Rdnr. 386 Fußn. 1181; *Oertmann*, ZZP 22 (1896), 11 (71 f.)

Nach der hier vertretenen Auffassung, ist hingegen grundsätzlich der *Zeitpunkt der Hauptentscheidung* maßgeblich für die Beurteilung des Abhängigkeitsverhältnisses. Denn erst im Zeitpunkt der letzten mündlichen Verhandlung über die Hauptklage weiß der Richter sicher, ob das Rechtsverhältnis im Sinne einer strengen Vorgreiflichkeit für die Hauptsacheentscheidung auch wirklich bedingend ist. Andernfalls würde unter Umständen über solche Rechtsverhältnisse entschieden werden, auf die es schließlich für die Entscheidung des Rechtsstreits gar nicht mehr ankommt[519]. Damit würde man jedoch dem eigentlichen Zweck der Inzidentklage zuwider handeln und die prozessuale Einrichtung über das zulässige Maß hinaus in Anwendung bringen. Sie ist Ersatz für das Fehlen der Rechtskraft der Grundlagen der Entscheidung. Wo aber diese Grundlagen selbst fehlen, weil eine Entscheidung hierüber nicht (mehr) erfolgt, da besteht nicht nur kein Bedürfnis für die Inzidentfeststellung, mehr noch, sie ist unzulässig. Nur über solche Rechtsverhältnisse, auf die es für die Entscheidung wirklich ankommt und ohne welche man nicht zur Entscheidung gelangen kann, darf mittels des § 256 Abs. 2 ZPO befunden werden[520]. Ob diese Bedingung, das Abhängigkeitsverhältnis, tatsächlich vorliegt, kann regelmäßig frühestens in dem Zeitpunkt festgestellt werden, in welchem die Entscheidung über den (ganzen) Rechtsstreit gefällt wird. Denn es ist nicht ausgeschlossen, daß der (nicht anwaltlich vertretene) Beklagte der Hauptsache z. B. im *Beispielsfall 1* die Einrede der Verjährung erst erhebt, nachdem ein Teilurteil über die vom Kläger begehrte Feststellung des Eigentums ergangen ist. Ebensowenig ist ausgeschlossen, daß der Kläger im *Beispielsfall 1* nach Teilurteil über die vom Beklagten begehrte Inzidentfeststellung des Rechts zum Besitz seine Klage in der Hauptsache zurücknimmt. Um das Zustandekommen derart überflüssiger Entscheidungen zu verhüten, ist es unerläßlich, den Zeitpunkt abzuwarten, bis Klarheit besteht, ob es für die Hauptentscheidung überhaupt auf die begehrte Zwischenfeststellung ankommt oder nicht[521].

Eine weniger strikte und konsequente Handhabung der Sachurteilsvoraussetzung der Vorgreiflichkeit führt letztlich zur *Entscheidung nicht entscheidungserheblicher und -bedürftiger Rechtsfragen.* Das Privileg des § 256 Abs. 2 ZPO hängt vom *tatsächlich bestehenden Rationalisierungseffekt* ab; wo er fehlt und das Gericht sich auf zusätzliche, für die Hauptklage *nicht notwendige Überprüfungen* einzulassen hätte, hat die Zwischenfeststellungsklage daher *keinen Platz*[522]. Damit weist auch die immer wieder im Zusammenhang mit der Inzidentklage

---

519 Vgl. *Bergerhoff*, Zwischenfeststellungsklage, S. 69.

520 Vgl. *Bergerhoff*, Zwischenfeststellungsklage, S. 69; *Hager*, KTS 54 (1993), 39 (41, 43); *Schumann*, FS Georgiades, 543 (563 f.).

521 Vgl. *Bergerhoff*, Zwischenfeststellungsklage, S. 70.

522 Vgl. *Hager*, KTS 54 (1993), 39 (43).

bemühte Prozeßökonomie geradewegs in die soeben dargestellte Richtung: „Muß das Gericht bei der Abweisung der Hauptklage mangels deutscher internationaler Zuständigkeit über eine negative Zwischenfeststellungswiderklage sachlich entscheiden, für die zwar die deutschen Gerichte international zuständig sind, deren Rechtsverhältnis aber wegen der Unzuständigkeit für die Hauptklage überhaupt nicht vorgreiflich ist? Die Antwort [...] kann nur verneinend sein, weil die Vorgreiflichkeit (wie auch die anderen Sachurteilsvoraussetzungen) im *Zeitpunkt der Hauptentscheidung* vorliegen muß und ferner nicht vorliegen kann, sofern die Hauptentscheidung noch nicht getroffen worden ist"[523].

Sollte die Partei dennoch ein rechtliches Interesse an der Feststellung haben, so bleibt ihr immer noch die Möglichkeit des § 256 Abs. 1 ZPO im Wege der Umdeutung[524]. Sollte das rechtliche Interesse zu verneinen sein, ist nicht ersichtlich, warum die Partei in diesem Fall über den Weg des § 256 Abs. 2 ZPO ein nicht präjudizielles Rechtsverhältnis zur Feststellung bringen können soll.

Aus diesem Grund ist eine Inzidentfeststellung über das einer *hilfsweise erklärten Aufrechnung*[525] zugrunde liegende Rechtsverhältnis solange unzulässig, solange nicht feststeht, daß der mit der Hauptklage verfolgte Anspruch gerechtfertigt ist und damit die innerprozessuale Bedingung der Eventualaufrechnung eintritt[526]. Daher hat der *Bundesgerichtshof*[527] konsequent den Erlaß eines Teilurteils abgelehnt und insoweit ausgeführt:

---

523 *Schumann*, FS Georgiades, 543 (563 f.).

524 Vgl. *BGH* NJW 2008, 69 (71); *BayObLGZ* 2003, 61 (66); *OLG Dresden* OLGRspr 13, 137; *OLG Köln* FamRZ 2006, 1768; *OLG Oldenburg* SeuffArch 46, 100; *Stein/Jonas/Roth*[22], § 256 Rdnr. 104; *Baumbach/Lauterbach/Albers/Hartmann*, § 256 Rdnr. 112, 116 („Umdeutung"); *Zöller/Greger*, § 256 Rdnr. 29; *Schumann*, FS Georgiades, 543 (563) Fußn. 93, allerdings mit dem Hinweis, daß im Fall der Abweisung der Vindikationsklage mangels Eigentum des Klägers eine Umdeutung in eine *selbständige* Feststellungsklage kaum in Frage kommen werde; denn ein rechtliches Interesse des Beklagten an der Feststellung des Rechts zum Besitz werde kaum bestehen. Um so ernster müsse man deshalb die aufgeworfene Frage nehmen, ob denn im Wege der Zwischenfeststellungsklage eine solche Feststellung nach Abweisung der Hauptklage mangels Eigentum möglich sei.

525 Dies ist z. B. der Fall wenn der Beklagte die Klageforderung (Werklohn) bestreitet und für den Fall, daß das Gericht der Klage statt gibt, die Aufrechnung mit einer Gegenforderung (Kaufpreis) erklärt und widerklagend die Feststellung des hierfür präjudiziellen Rechtsverhältnisses (Bestehen des Kaufvertrags) beantragt. Nicht anders ist es, wenn in diesem Fall der Kläger Inzidentfeststellung des Nichtbestehens des Kaufvertrages beantragt.

526 Vgl. *BGH* NJW 1961, 75; *BGH* NZBau 2005, 163 (164); *OLG Dresden* OLGRspr 13, 137; *Baumbach/Lauterbach/Albers/Hartmann*, § 256 Rdnr. 115 („Hilfsaufrechnung"); *Stein/Jonas/Roth*[22], § 256 Rdnr. 105; *Wieczorek/Schütze/Assmann*[3], § 256 Rdnr. 364; *Zöller/Greger*, § 256 Rdnr. 22. Einer Abweisung als unzulässig kann der Inzidentantragsteller jedoch entgehen, indem er die Zwischenfeststellungsklage selbst nur hilfsweise für den Fall erklärt, daß über die zur Aufrechnung gestellte Gegenforderung entschieden werden muß, vgl. *Stein/Jonas/Roth*[22], § 256

„In dem Fall der Vorabentsch. über die Zwischenfeststellungsklage muß jedoch zur Zeit ihrer Entsch. stets die rechtliche Möglichkeit bestehen, über das Rechtsverhältnis der Zwischenfeststellungs(Wider)klage im Hauptprozeß zu entscheiden. Bei der Eventualaufrechnung aber besteht diese rechtliche Möglichkeit so lange nicht, als noch nicht klargestellt ist, daß die Ansprüche des Hauptprozesses begründet sind und deshalb die Eventualaufrechnung zum Zuge kommt; hier besteht also nur im Fall des Zum-Zuge-Kommens der Aufrechnung die rechtliche Möglichkeit, daß auch im Hauptprozeß über das Rechtsverhältnis, dessen Feststellung begehrt wird, entschieden werden kann. Wollte man allein schon im Hinblick auf eine Eventualaufrechnung, ohne Rücksicht, ob sie zum Zuge kommt, die Abhängigkeit [...] bejahen, so würde das mit Sinn und Zweck der Zwischenfeststellungsklage nicht zu vereinbaren sein."

dd) Zusammenfassung

1. Angesichts des Zwecks der Zwischenfeststellungsklage, Rechtsverhältnisse, die als Vorfrage der Hauptklage ohnehin zu entscheiden sind, nach dem Willen der Parteien in Rechtskraft erwachsen zu lassen, und des Wortlauts ist ein *wirkliches, nicht nur behauptetes oder mögliches Abhängigkeitsverhältnis* der Entscheidung des Rechtsstreits zu fordern. Dies ist nur dann der Fall, wenn das Gericht tatsächlich gezwungen ist, sich hierzu in den Entscheidungsgründen zu äußern. Sofern dies infolge veränderter Umstände, insbesondere veränderten Vorbringens der Parteien oder veränderter Auffassung des Gerichts, nicht der Fall ist, es mithin auf das Rechtsverhältnis nicht (mehr) ankommt, ist die Zwischenfeststellungsklage mangels Vorgreiflichkeit unzulässig und durch Prozeßurteil abzuweisen, wenn sie sich nicht als selbständige Feststellungsklage aufrecht erhalten läßt.
2. In Anbetracht des unter 1. gefundenen Ergebnisses und angesichts der Tatsache, daß es sich bei der Präjudizialität um eine Sachurteilsvoraussetzung handelt, kommt es für ihr Vorliegen nicht auf den Zeitpunkt der Klageerhebung an, sondern auf den Zeitpunkt der letzten mündlichen Tatsachenverhandlung über die Inzidentklage. Der Schluß der mündlichen Verhandlung über die Inzidentklage hat grundsätzlich jedoch mit dem über die Hauptklage zusammenzufallen, die Entscheidung über sie mit der Entscheidung über die Hauptklage einheitlich zu erfolgen. Denn erst zu diesem Zeitpunkt weiß das Gericht sicher, ob tatsächlich die Entscheidung des Rechtsstreits (noch) von dem (streitigen) Rechtsverhältnis abhängt oder ob das Rechtsverhältnis ohne Relevanz für die Entscheidung ist. Daß hierdurch Teilurteile über die Zwi-

---

Rdnr. 105; MünchKomm ZPO/*Becker-Eberhard*[4], § 256 Rdnr. 88; *Wieczorek/Schütze/Assmann*[3], § 256 Rdnr. 364; *Zöller/Greger*, § 256 Rdnr. 22. Ausführlich zum Verhältnis von Zwischenfeststellungsklage und (hilfsweiser) Aufrechung unten Text bei Fußn. 690 ff.

527 *BGH* NJW 1961, 75.

schenfeststellungsklage regelmäßig unzulässig sind, liegt in der Vorschrift des § 256 Abs. 2 ZPO begründet, da nur so der ratio und dem Wortlaut der Norm Rechnung getragen werden kann und prozeßunökonomische Folgen vermieden werden[528].

d) Die sog. „Möglichkeits-Rechtsprechung“

An der Unzulässigkeit einer nicht tatsächlich präjudiziellen Zwischenfeststellungs(wider)klage ändert sich auch nichts, wenn man die Rechtsprechung von *Reichsgericht* und *Bundesgerichtshof* zur bloßen „Möglichkeit“[529] einer Bedeutung der Präjudizialität heranzieht. Diese Rechtsprechung wird bisweilen dahin mißverstanden, daß die *Möglichkeit der Präjudizialität* genüge[530]. Doch hält die höchst- und obergerichtliche Rechtsprechung an der *strikten Notwendigkeit der Präjudizialität* fest. Allerdings fordert sie zusätzlich[531] für die Zulässigkeit einer Zwischenfeststellungsklage als Ausprägung des allgemeinen Rechtschutzbedürfnisses, daß das präjudizielle Rechtsverhältnis auch außerhalb des konkreten Prozesses *möglicherweise Bedeutung* hat. Bei ihr geht es um das Problem, ob die tatsächlich bestehende präjudizielle Rechtsfrage möglicherweise in der Zukunft relevant ist. Mit der Frage, ob es ausreicht, daß die präjudizielle Rechtsfrage *nicht tatsachlich*, sondern nur möglicherweise besteht, hat dies nichts zu tun[532]. Beide Problemkreise sind strikt zu trennen.

---

528 Ausführlich zur Problematik des Teilurteils unten Text bei Fußn. 950 ff.

529 Dazu ebenfalls unten Text bei Fußn. 918 ff.

530 Wie *Schumann*, FS Georgiades, 543 (574), nachgewiesen hat. So heißt es beispielsweise bei MünchKomm ZPO/*Becker-Eberhard*[4], § 256 Rdnr. 81 (wie schon *G. Lüke* in der Vorauflage an selber Stelle): „Die Rspr. geht aus prozessökonomischen Erwägungen erheblich weiter: Sie läßt die bloße Möglichkeit genügen, dass das inzidenter ohnehin zu klärende Rechtsverhältnis zwischen den Parteien noch über den gegenwärtigen Streitgegenstand hinaus Bedeutung hat oder gewinnen kann“. In diesem Sinne auch *Baumbach/Lauterbach/Albers/Hartmann*, § 256 Rdnr. 114: „Das Gericht muß daher über die Frage mindestens in den Gründen des Urteils nach § 313 III entscheiden. [...] Es genügt die Möglichkeit einer Bedeutung über den gegenwärtigen Streitstand hinaus“. Auch *Gomille* scheint diese Rechtsprechung mißzuverstehen: „Die Rechtsprechung schließlich tendiert dazu, den Begriff der Vorgreiflichkeit auf Grund prozessökonomischer Erwägungen auszudehnen. Es reiche hin, dass das fragliche Rechtsverhältnis über den aktuellen Streit hinaus Bedeutung gewinnen könne“, *Gomille*, NJW 2008, 274 (276).

531 Wie *Schumann*, FS Georgiades, 543 (571 ff.), weiter nachweist, stellt sie damit eine ungeschriebene Tatbestandsvoraussetzung auf.

532 Vgl. *Schumann*, FS Georgiades, 543 (564).

3. *Folgerungen*

a) Klagestattgebende Entscheidung über Hauptklage

Betrachtet man die vorstehend gefundenen Ergebnisse, so zeigt sich, daß die divergierenden Auffassungen über eine tatsächlich erforderliche bzw. eine möglicherweise bestehende Präjudizialität sich nur im Fall der Klageabweisung in der Hauptsache auswirken[533]. Anders bei klagestattgebenden Entscheidungen:

Wird der Klage in der Hauptsache stattgegeben, so stellen sich notwendigerweise alle Rechtsverhältnisse, die den Klageanspruch begründen, sowie die vorgebrachten Einwendungen und erhobenen Einreden – sofern es sich um Rechtsverhältnisse handelt – als vorgreiflich für die Entscheidung des Rechtsstreits dar. Dies gilt jedenfalls, sofern es sich um ein und *dieselbe Anspruchsgrundlage* handelt[534]. Denn in den Entscheidungsgründen ist zwingend auf jedes einzugehen, damit das Urteil auf Klagestattgabe lauten kann. An der Zulässigkeit einer Zwischenfeststellungs(wider)klage kann kein Zweifel bestehen. Der Klage im *Beispielsfall 1* etwa kann nur entsprochen werden, wenn der *Kläger Eigentümer* ist, der *Beklagte kein Recht zum Besitz* hat und der Anspruch *noch nicht verjährt* ist[535].

Im Fall einer klagestattgebenden Entscheidung ist folglich *jedes streitig gewordene Rechtsverhältnis tatsächlich vorgreiflich* für die Entscheidung des Rechtsstreits und somit im Wege der Zwischenfeststellungsklage feststellbar. Unabhängig davon, ob die Feststellung vom Kläger oder Beklagten begehrt wird, und unabhängig davon, ob das Bestehen oder Nichtbestehen festgestellt werden soll.

b) Klageabweisende Entscheidung über Hauptklage

Anders stellt sich die Situation im Fall einer Klageabweisung in der Hauptsache dar:

Da eine Klage bereits abgewiesen werden kann, wenn es an *einer* unerläßlichen Anspruchsvoraussetzung mangelt oder *eine* Einwendung oder Einrede des Beklagten durchgreift, ist die Entscheidung des Rechtsstreits *nur von demjenigen* Rechtsverhältnis *tatsächlich abhängig*, welches die *Klageabweisung konkret*

---

533 Vgl. *Bergerhoff*, Zwischenfeststellungsklage, S. 22.

534 So etwa § 985 BGB im schon zitierten Fall der Vindikationsklage. Anders ist dies, wenn z. B. das Unfallopfer aus Gefährdung, Delikt und Vertrag (Taxifahrt) geklagt hat und das Gericht aus Gefährdungshaftung zuspricht und die anderen Anspruchsgrundlagen dahingestellt sein läßt. Für einen Inzidentantrag auf Feststellung des Bestehens eines Beförderungsvertrages fehlt es dann an der erforderlichen Abhängigkeit, auch wenn die Parteien noch so sehr darüber gestritten haben, ob ein solcher Vertrag bestand. Ausführlich dazu unten Text bei Fußn. 543 ff.

535 Zur Klarstellung sei angemerkt, daß die „Verjährung" nicht als feststellungsfähiges Rechtsverhältnis aufzufassen ist. Es soll lediglich aufgezeigt werden, daß, um der Klage entsprechen zu können, jegliche positive und negative Anspruchsvoraussetzung nebst Einwendungen und Einreden vom Richter zu prüfen ist.

bedingt. Rechtsverhältnisse, auf die es für die Entscheidung nicht (mehr) ankommt, sind der Inzidentfeststellung nicht (mehr) zugänglich. Wird etwa die Klage im *Beispielsfall 1* deshalb abgewiesen, weil der Kläger nicht Eigentümer ist, und kommt es daher auf das Recht zum Besitz des Beklagten nicht mehr an, so ist lediglich die Vorfrage des Eigentums tatsächlich vorgreiflich. Wird sie wegen Verjährung abgewiesen, so ist weder die Eigentumsfrage noch die des Rechts zum Besitz vorgreiflich.

Erneut macht es hierbei keinen Unterschied, ob die Feststellung des wirklich vorgreiflichen Rechtsverhältnisses vom Kläger oder vom Beklagten begehrt wird und ob sie auf Bestehen oder Nichtbestehen gerichtet ist.

c) Konsequenz in der Anspruchsprüfung

Damit ergibt sich folgende Konsequenz in der Anspruchsprüfung, was anhand zweier Konstellationen verdeutlicht werden soll:

Beispiel: K verklagt B auf Kaufpreiszahlung. Eine der Parteien beantragt im Wege der Inzidentklage die Feststellung des (Nicht)Bestehens des Kaufvertrages. B behauptet, der Kaufvertrag sei sittenwidrig und erklärt darüber hinaus, daß er den Kaufpreis längst bezahlt habe, wofür er die entsprechenden Kontobelege überreicht.

Alternative: B erklärt statt der erfolgten Zahlung, daß er den Kaufvertrag wegen arglistiger Täuschung anfechte.

aa) Abhängigkeit von Anspruchsgrundlage und/oder rechtshindernder Einwendung

Weist das Gericht die Klage ab, weil es im *Beispiel* entweder den Bestand des Kaufvertrages mangels übereinstimmender Willenserklärungen verneint oder die rechtshindernde Einwendung der Sittenwidrigkeit für gegeben erachtet, so hat es zwangsweise in den Entscheidungsgründen zum Bestand des Kaufvertrages Stellung zu nehmen. Denn nach § 138 Abs. 1 BGB ist das Rechtsgeschäft (Kaufvertrag) bei Sittenwidrigkeit nichtig.

Wenn folglich die Entscheidung vom Vorliegen der Anspruchsgrundlage und/oder einer rechtshindernden Einwendung abhängt, dann wird damit zugleich (notwendigerweise) vom Gericht über das Bestehen des anspruchsbegründenden Rechtsverhältnisses entschieden, weshalb die Zwischenfeststellungsklage darüber zulässig ist. Dies unabhängig davon, ob sie auf Bestehen oder Nichtbestehen lautet und welche Partei den Antrag gestellt hat[536].

---

536 So auch *Hager*, KTS 54 (1993), 39 (49 f.); *Wieczorek/Schütze/Assmann*[3], § 256 Rdnr. 356. Auf die von *Hager* angesprochene Problematik, ob in dem Fall, daß gerade der Kläger negative Inzidentfeststellung des Kaufvertrages begehrt, ein Verstoß gegen Treu und Glauben liegen

bb) Abhängigkeit von rechtsvernichtender Einwendung

Weist das Gericht im *Beispiel* die Kaufpreisklage ab, weil es von der (urkundlich belegten) rechtsvernichtenden Einwendung der Erfüllung ausgeht, so braucht das anspruchsbegründende Rechtsverhältnis, der Bestand des Kaufvertrages, nicht mehr geprüft zu werden. Mehr noch, das Gericht wird die Frage dahingestellt sein lassen, da es hierauf nicht (mehr) ankommt, die Entscheidung hängt nicht davon ab. Die Inzidentfeststellungsklage des Klägers, gerichtet auf Feststellung des Bestehens des Kaufvertrages, ist damit mangels Präjudizialität unzulässig[537].

Sowohl *Hager*[538] als auch ihm folgend *Assmann*[539] halten jedoch die negative Zwischenfeststellungsklage des Beklagten für zulässig, „da mit dem Erlöschen des Rechtsverhältnisses zugleich sein Nichtbestehen feststeht". Dieser Aussage kann meines Erachtens in ihrer Allgemeinheit nicht gefolgt werden. Erloschen ist nämlich nicht das anspruchsbegründende Rechtsverhältnis selbst (Kaufvertrag), sondern lediglich der daraus folgende *Anspruch*, der mit der Leistungsklage geltend gemacht wurde (Anspruch auf Kaufpreiszahlung). Dieser Anspruch ist zwar ein Rechtsverhältnis[540], aber dessen Feststellung wird gerade nicht begehrt und könnte es auch wegen anderweitiger Rechtshängigkeit nicht. Wenn auch der aus dem Rechtsverhältnis „Kaufvertrag" fließende Anspruch auf Kaufpreiszahlung erloschen ist, läßt dies den Bestand des Kaufvertrages jedoch unberührt. Anderenfalls würden sämtliche weiteren aus dem Kaufvertrag resultierenden unerledigten Ansprüche gleichfalls erlöschen.

Entgegen der Ansicht von *Hager* und *Assmann* ist daher gleichfalls die negative Inzidentklage des Beklagten unzulässig, da sich das Gericht mit dem Bestehen des dem Anspruch zugrunde liegenden Rechtsverhältnisses nicht mehr befassen muß.

Anders ist dies jedoch in der Konstellation des *Alternativbeispiels*: Wenn das Gericht die Kaufpreisklage abweist, weil der Beklagte den Kaufvertrag *wirksam angefochten* hat, dann ist aufgrund der Rechtsnatur der Anfechtung als ex tunc wirkendes[541] Gestaltungsgeschäft der Kaufvertrag gem. § 142 Abs. 1 BGB von Anfang an nichtig. Damit ist nicht nur der in der Hauptsache geltend gemachte Anspruch auf Kaufpreiszahlung untergegangen, sondern zugleich das Nichtbestehen des Kaufvertrages festgestellt. Das Gericht trifft damit in den Entschei-

---

könnte, was in der von ihm besprochenen Entscheidung *BGH* NJW 1992, 1897, „fast mit Händen zu greifen" war, braucht hier nicht näher eingegangen werden.

537 Ebenso *Hager*, KTS 54 (1993), 39 (50); *Wieczorek/Schütze/Assmann*³, § 256 Rdnr. 356.

538 Vgl. *Hager*, KTS 54 (1993), 39 (51 sub 3).

539 Vgl. *Wieczorek/Schütze/Assmann*³, § 256 Rdnr. 356.

540 Dazu bereits oben Text bei Fußn. 264.

541 Und damit in seiner Wirkung der rechtshindernden Einwendung vergleichbar.

dungsgründen zugleich eine Entscheidung über den Bestand des Kaufvertrages. Daher ist in diesem Fall sowohl die *Zwischenfeststellungsklage des Klägers* als auch die *des Beklagten zulässig*, mit dem einzigen Unterschied, daß die des Klägers unbegründet und die des Beklagten begründet ist.

d) Präkludierte Angriffs- und Verteidigungsmittel

Beispiel: Der Beklagte der Vindikationsklage behauptet im schriftlichen Vorverfahren erst nach (unentschuldigtem) Ablauf der Klageerwiderungsfrist des § 276 Abs. 1 Satz 2 ZPO in seiner Klageerwiderung ein Recht zum Besitz und beantragt im Wege der Inzidentfeststellungswiderklage, dieses feststellen zu lassen. Der Kläger bestreitet ein Recht des Beklagten zum Besitz.

Sofern das Gericht den Einwand des Rechts zum Besitz nach § 296 Abs. 1 ZPO als präkludiert zurückweist, da die Erledigung des Rechtsstreits durch die hierüber erforderliche Beweisaufnahme verzögert würde und der Beklagte die Verspätung auch nicht genügend entschuldigen kann, ist auch die Inzidentwiderklage hierüber unzulässig[542]. Denn aufgrund der Präklusion des Einwands des Rechts zum Besitz muß sich das Gericht mit dieser Frage nicht mehr beschäftigen, um über die Hauptklage entscheiden zu können. Die Entscheidung des Rechtsstreits hängt damit nicht vom Bestehen des Rechts zum Besitz ab.

e) Alternative Begründungsmöglichkeit

Der Frage nach der Zulässigkeit einer Zwischenfeststellung bei alternativer Begründungsmöglichkeit liegt ein Urteil des *OLG Köln*[543] zugrunde. Soweit dessen Sachverhalt trotz des fehlenden Tatbestands und der Kürze der wiedergegebenen Urteilsgründe der Entscheidung entnommen werden kann, konnte der Klageantrag, anscheinend auf Auskunft gerichtet, entweder auf die Anspruchsgrundlage § 260 BGB oder alternativ auf §§ 2027, 2314 BGB gestützt werden[544]. Die Inzidentfeststellungswiderklage, gerichtet auf Feststellung der Nichtbeteiligung der Klägerin am Nachlaß, erfüllte die Voraussetzung der Vorgreiflichkeit lediglich bei *einer* der Anspruchsgrundlagen. Das *OLG Köln* hat seine Entscheidung auf besagte Grundlage gestützt und die Vorgreiflichkeit bejaht. Hierbei hat es ausgeführt:

> „Dieser sog. Präjudizialität steht nicht entgegen, daß der Senat seine Entscheidung alternativ hätte begründen können. [...] Daraus folgt, daß die gewiß bestehende Freiheit des Gerichts zur alternativen Begründung nicht eingeschränkt werden darf, auch nicht, um das Zulässigkeitsmoment der Präjudizialität einer Inzidentklage aus § 256 Abs. 2 ZPO zu verneinen."

---

542 Vgl. *Enders*, ZAP 1996, 455 (464); *Rosenberg/Schwab/Gottwald*[17], § 96 Rdnr. 42.

543 *OLG Köln* MDR 1981, 678 f.

544 Vgl. *Enders*, ZAP 1996, 455 (467).

Zunächst einmal ist dem *OLG Köln* sowohl in seiner Entscheidung über die Inzidentklage als auch in seiner Begründung recht zu geben. Da sich das Gericht für eine Anspruchsgrundlage entschieden hat, für welche das festzustellende Rechtsverhältnis vorgreiflich war, weil hierüber in den Gründen zwangsläufig entschieden werden mußte, war die Zwischenfeststellungswiderklage zulässig. Daran ändert auch die Möglichkeit einer alternativen Begründung, bei der über das Rechtsverhältnis nicht hätte entschieden werden müssen, nichts. Denn das Gericht mußte bei seiner gewählten Rechtsfindung ohnehin in den Gründen auf das Rechtsverhältnis eingehen, weshalb nach dem Sinn und Zweck der Inzidentklage die Rechtskraft hierauf erstreckt werden konnte. Dem ist auch die Literatur beigetreten[545].

Nicht behandelt wurde dagegen vom *OLG Köln* die Frage, ob die Inzidentklage auch im umgekehrten Fall zulässig ist: Kann Vorgreiflichkeit angenommen werden, wenn im Fall alternativer Begründungsmöglichkeit das Gericht seine Entscheidung auf diejenige Anspruchsgrundlage stützt, bei der das *festzustellende Rechtsverhältnis nicht entschieden* werden muß?

Dies wird von *Becker-Eberhard*[546] sowie *Enders*[547] bejaht. Letzterer begründet diese Ansicht damit, daß das Ermessen des Gerichts bei der Entscheidung, auf welche Anspruchsgrundlage es die Urteilsbegründung stützen wolle, nicht die Zulässigkeit der Inzidentklage beeinflussen dürfe; das Gericht sei nicht gezwungen, die von ihm bevorzugte Anspruchsgrundlage aufzudecken. Zu Beginn des Rechtsstreits sei außerdem oft nicht absehbar, welche Anspruchsgrundlage sich einfacher begründen ließe. Die Partei wisse daher – käme es auf die konkrete Urteilsbegründung an – bis zum Vorliegen der schriftlichen Urteilsbegründung nicht, zu welcher Anspruchsgrundlage sie vorgreifliche Rechtsverhältnisse hätte feststellen lassen können.

Bei näherer Betrachtung zeigt sich jedoch, daß die von *Enders* angeführten Argumente nicht gegen die Anwendung der hier vertretenen restriktiven Präjudizialität sprechen:

Entsprechend dem Zweck des § 256 Abs. 2 ZPO ist die Inzidentklage nur dort gerechtfertigt, wo sich das Gericht tatsächlich in den Gründen mit dem festzustellenden Rechtsverhältnis zu befassen hat. Es macht keinen Unterschied,

---

545 Vgl. MünchKomm ZPO/*Becker-Eberhard*[4], § 256 Rdnr. 80; *Enders*, ZAP 1996, 455 (467); *Stein/Jonas/Roth*[22], § 256 Rdnr. 104 a. E.; *Wieczorek/Schütze/Assmann*[3], § 256 Rdnr. 353; *Zöller/Greger*, § 256 Rdnr. 21.

546 Vgl. MünchKomm ZPO/*Becker-Eberhard*[4], § 256 Rdnr. 80: „Umgekehrt reicht es aus, dass es bei mehreren Begründungsmöglichkeiten für die Hauptentscheidung einen Subsumtionsschluss gibt, für den das Rechtsverhältnis ein notwendiges Glied ist, auch wenn er nicht vom Gericht gewählt worden ist." So auch schon *G. Lüke* an selber Stelle in der Vorauflage.

547 Vgl. *Enders*, ZAP 1996, 455 (467).

ob das inzident festzustellende Rechtsverhältnis unerledigt bleibt, weil das Gericht aufgrund einer Einwendung oder Einrede des Beklagten nicht mehr darauf eingehen muß oder weil es seine Entscheidung auf eine alternative Anspruchsgrundlage stützt. Weder die eine noch die andere Situation ist zu Beginn des Rechtsstreits absehbar. Eine Ungleichbehandlung ist nicht gerechtfertigt. Dem Inzidentkläger geschieht dadurch auch kein Unrecht, denn an der Aufrechterhaltung einer unzulässigen (gewordenen) Klage besteht kein schützenswertes Interesse.

Um auf das bereits[548] angesprochene Beispiel zurück zu kommen, wenn das Unfallopfer aus Gefährdung, Delikt und Vertrag (Taxifahrt) klagt: Falls das Gericht dem Unfallopfer Schadensersatz aus Gefährdung zuspricht und die anderen Anspruchsgrundlagen dahingestellt sein läßt, ist für den Inzidentantrag auf Feststellung des Bestehens eine Beförderungsvertrages wegen der Taxifahrt keine Grundlage gegeben. Denn der Sinn und Zweck der Zwischenfeststellungsklage – Rechtskrafterstreckung auf das vom Gericht ohnehin zu prüfende Rechtsverhältnis – steht dem entgegen. Die Frage, ob ein Beförderungsvertrag besteht, wurde vom Gericht gerade nicht geprüft. Dem Gericht würde anderenfalls eine Prüfung aufgezwungen, die es nicht vornehmen mußte und wollte. Sofern der Inzidentkläger ein rechtliches Interesse i. S. v. § 256 Abs. 1 ZPO hat, steht ihm hierfür die prinzipale Feststellungsklage zur Verfügung. Wenn aber selbst ein rechtliches Interesse für die Prinzipalfeststellung nicht vorliegen sollte, ist nicht einzusehen, weshalb eine Inzidentfeststellung zugelassen werden sollte, obwohl die Entscheidung des Rechtsstreits *ungeachtet* des Rechtsverhältnisses zu treffen ist. Denn wie bereits ausgeführt, ist der Verzicht auf das ansonsten zu prüfende Feststellungsinteresse nur gerechtfertigt, wenn bei der Zwischenfeststellungsklage die Entscheidung *tatsächlich* vom (Nicht-) Bestehen des Rechtsverhältnisses abhängt.

Daher ist im Fall alternativer Begründungsmöglichkeit die Inzidentklage nur dann zulässig, wenn das Gericht bei der Wahl seiner Begründung ohnehin über das festzustellende Rechtsverhältnis zu entscheiden hat[549].

548 Oben in Fußn. 534.

549 So auch *Musielak/Foerste*, § 256 Rdnr. 41: „Dabei kommt es auf die realen Entscheidungsgründe an [...]; dass ein Sachurteil bei alternativer Begründung vorgreifliche Fragen behandeln *müsste*, rechtfertigt ebenfalls keine ergänzende Inanspruchnahme des Gerichts“ Ebenso *Baumbach/Lauterbach/Albers/Hartmann*, § 256 Rdnr. 115 („Mehrere Begründungen“) und *Gomille*, NJW 2008, 274 (276), der einen weiteren interessanten Gedanken zur Begründung anführt: Demnach sei die *Interventionswirkung nach § 68 ZPO* funktionell der Zwischenfeststellungsklage insoweit vergleichbar, als sie eine rechtskraftähnliche Wirkung auch über präjudizielle Rechtsverhältnisse entfalte (vgl. dazu *BGH* NJW 1969, 1480, § 68 Rdnr. 5; *Thomas/Putzo/Hüßtege*, § 68 Rdnr. 1, 7). Sogenannte überschießende Feststellungen, solche also, auf denen die gerichtliche Entscheidung objektiv nach zutreffender Rechtsauffassung nicht beruht, seien von der Bindungswirkung des § 68 ZPO jedoch nicht erfaßt (vgl. *BGHZ* 157, 97 (99); *OLG Köln* NJW-RR 1992, 120; *Thomas/Putzo/*

Der Zwischenfeststellungskläger ist zudem ausreichend dadurch geschützt, daß er im Fall alternativer Anspruchsgrundlagen seinen *Inzidentantrag hilfsweise* für den Fall stellen kann, daß das Gericht diejenige Anspruchsgrundlage wählt, für die das Rechtsverhältnis vorgreiflich ist[550]. Bei der Vorgreiflichkeit handelt es sich um eine besondere Sachurteilsvoraussetzung und damit um einen von Amts wegen zu berücksichtigenden Punkt. Sollte das Gericht sich daher für die Anspruchsgrundlage entscheiden wollen, die zur Unzulässigkeit der Inzidentklage führt, ist es *nach § 139 Abs. 3 ZPO* verpflichtet, darauf *hinzuweisen*[551].

Sofern in dieser Situation der unbedingte Inzidentfeststellung beantragende Kläger ein rechtliches Interesse i. S. v. § 256 Abs. 1 ZPO hat, kann der Zwischenfeststellungsantrag als prinzipaler Feststellungsantrag aufrecht erhalten bleiben. Anderenfalls könnte der Inzidentkläger nur mit Zustimmung des Beklagten seinen Zwischenfeststellungsantrag gem. § 269 Abs. 1 ZPO und der Kostenfolge des § 269 Abs. 3 Satz 2 ZPO zurücknehmen[552]. Dies gilt jedenfalls nach Verhandlung des Beklagten zur Hauptsache. Nach h. M. soll die Erörterung von Zulässigkeitsfragen noch keine Verhandlung zur Hauptsache darstellen[553]. Demnach könnte eine Rücknahme der Inzidentklage ohne Einwilligung des Beklagten möglich sein, wenn vom Gericht auf deren Unzulässigkeit hingewiesen wird. Allerdings würde eine solche Sichtweise außer Acht lassen, daß die Erörterung der Zulässigkeit der Zwischenfeststellungsklage gerade vor dem Hintergrund der Begründetheit der Hauptklage und der Entscheidung des Gerichts für eine bestimmte Anspruchsgrundlage erfolgt. Vorzugswürdig erscheint mir daher, die Einwilligungsbedürftigkeit davon abhängig

---

Hüßtege, § 68 Rdnr. 5; *Zöller/Vollkommer*, § 68 Rdnr. 10 m. w. N.). Parallel dazu sei dieses Ergebnis auch bei der Inzidentklage im Fall alternativer Begründungsmöglichkeit gerechtfertigt.

550 Im soeben angesprochenen Verkehrsunfall-Beispiel etwa könnte der Antrag lauten: „Für den Fall, daß das Gericht dem Kläger Ansprüche aufgrund Beförderungsvertrags zuspricht, beantragt der Kläger im Wege der Inzidentklage die Feststellung des Bestehens dieses Vertrages zwischen den Parteien". Auf die Frage, ob ein solcher Hilfsantrag unter kostenrechtlichen Gesichtspunkten notwendig ist, wird im Rahmen der Gebührenfragen (unten Text bei Fußn. 1094 ff.) noch genauer eingegangen werden.

551 Vgl. *RGZ* 68, 186; *Baumbach/Lauterbach/Albers/Hartmann*, § 256 Rdnr. 118; *Stein/Jonas/Leipold*[22], § 139 Rdnr. 91. *Wagner* ist der Auffassung, daß bei Unzulässigkeit der Klage insoweit der Rat, die Klage zurückzunehmen, „üblich und empfehlenswert (Arbeitsersparnis, Kosten!)" sei, vgl. MünchKomm ZPO/*Wagner*[4], § 139 Rdnr. 54 a. E.

552 Fraglich ist insoweit, ob die Kosten dem Kläger aufzuerlegen sind. Meines Erachtens ist dies zu verneinen. Statt dessen sind die Kosten dem Beklagten durch reziproke Anwendung des § 93 ZPO im Rahmen von § 269 Abs. 3 Satz 2 Halbsatz 2 ZPO aufzuerlegen, da er durch sein Verhalten („streitig gewordenes Rechtsverhältnis") Anlaß zur Inzidentklageerhebung gegeben hat. Eine ähnliche Lösung schlägt *Roth* im Fall der Stufenklage vor, wenn sich nach der Auskunftserteilung herausstellt, daß ein Zahlungsanspruch nicht besteht, vgl. *Stein/Jonas/Roth*[22], § 254 Rdnr. 25.

553 Vgl. zu diesem Meinungsstreit MünchKomm ZPO/*Becker-Eberhard*[4], § 269 Rdnr. 22, mit Nachweisen zur h. M. in Fußn. 37.

zu machen, ob der Beklagte sich bereits auf Erörterungen zum Streitgegenstand der Haupt- oder Inzidentklage eingelassen hat[554].

f) Verbundverfahren

Im Zuge der neueren Rechtsprechung des *Bundesgerichtshofes* wurden zunehmend Zwischenfeststellungsklagen über die Nichtigkeit von Eheverträgen erhoben[555]. Dabei ist die hier interessierende Frage, ob es mit dem Zweck des § 256 Abs. 2 ZPO vereinbar ist, die Feststellung der Nichtigkeit des Ehevertrags *im Ganzen* zu beantragen.

Zur Veranschaulichung soll folgender, dem Urteil des *Bundesgerichtshofs*[556] vom 12. Januar 2005 zu Grunde liegender Sachverhalt dienen:

Die Parteien sind geschiedene Ehegatten; sie streiten über die Wirksamkeit eines von ihnen geschlossenen Ehevertrags, in dem sie Gütertrennung vereinbarten, den Versorgungsausgleich ausschlossen und wechselseitig auf nachehelichen Unterhalt verzichteten. Der Antragsteller verpflichtete sich für den Fall der Scheidung, an die Antragsgegnerin für jedes vollendete Ehejahr eine „Unterhaltsabfindung" zu zahlen. Das Amtsgericht – Familiengericht – hat die Ehe der Parteien geschieden und festgestellt, daß ein Versorgungsausgleich nicht stattfindet; den hilfsweise gestellten Antrag der Antragsgegnerin festzustellen, daß der Ehevertrag wegen Sittenwidrigkeit nichtig ist, hat es abgewiesen. Die Berufung der Antragsgegnerin wurde vom Oberlandesgericht zurückgewiesen. Mit der zugelassenen Revision verfolgt die Antragsgegnerin nur noch ihr Begehren auf Feststellung der Nichtigkeit des Ehevertrages und auf Durchführung des Versorgungsausgleichs weiter.

Der *Bundesgerichtshof* hat in dieser Entscheidung hinsichtlich der Zulässigkeit der Inzidentklage ausgeführt:

> „Das Oberlandesgericht hat den Feststellungsantrag der Antragsgegnerin zu Recht für zulässig erachtet. Zwar schließt § 610 Abs. 2 Satz 1 ZPO Widerklagen aus, die auf andere als die in § 610 Abs. 1 ZPO genannten Ziele gerichtet sind. Die Möglichkeit, im Verbund Folgesachen geltend zu machen, bleibt jedoch nach § 610 Abs. 2 Satz 2 in Verbindung mit § 623 ZPO unberührt. Dies schließt die Befugnis ein, im Zusammenhang mit dem Scheidungsverfahren – auch widerklagend – eine Zwischenfeststellungsklage zu erheben, sofern deren Voraussetzungen [...] erfüllt sind. Das ist hier der Fall. Im Verbund mit der Scheidung war über den Versorgungsausgleich zu befinden. Dieser war nur dann nicht durchzuführen, wenn die Parteien ihn wirksam ausgeschlossen haben. An einem wirksamen Ausschluß des Versorgungsausgleichs fehlt es,

554 In diesem Sinne auch MünchKomm ZPO/*Patzina*[4], § 39 Rdnr. 6, im Rahmen der Frage, ob und wann ein rügeloses Verhandeln zur Hauptsache i. S. v. § 39 ZPO vorliegt.

555 Vgl. *Gomille*, NJW 2008, 274. Ausgangspunkt der neueren Rechtsprechung ist die Entscheidung *BGHZ* 158, 81 ff.

556 *BGH* NJW 2005, 1370 (XII ZR 238/03).

wenn – wie die Antragsgegnerin festzustellen begehrt – der von den Parteien geschlossene Ehevertrag nichtig ist. Die geltend gemachte Nichtigkeit des Ehevertrags betrifft [...] ein Rechtsverhältnis, das für die Entscheidung über den Versorgungsausgleich vorgreiflich ist."

Die Entscheidung des *BGH* erging noch unter Anwendung des vor Einführung des FamFG[557] zum 1. September 2009 geltenden Rechts.

Seit Einführung des FamFG sind insoweit § 126 Abs. 2, § 137 und § 113 FamFG zu beachten. Gem. § 113 Abs. 1 Satz 2 FamFG gelten in Ehesachen (§ 111 Nr. 1 FamFG) und Familienstreitsachen (§ 112 FamFG) die Allgemeinen Vorschriften der ZPO und die Vorschriften der ZPO über das Verfahren vor den Ladgerichten entsprechend. Über diese Verweisung findet folglich auch § 256 Abs. 2 ZPO Anwendung. Da das einschlägige Verfahrensgesetz für Familiensachen zunächst das FamFG ist, Ehesachen und Familienstreitsachen jedoch kontradiktorische Verfahren darstellen, verweist § 113 diesbezüglich in weitem Umfang auf die ZPO[558].

Abweichend von § 113 Abs. 1 Satz 2 FamFG (i. V. m. §§ 33, 147 260 ZPO) besteht gem. § 126 Abs. 2 Satz 1 FamFG jedoch grundsätzlich ein Verbindungsverbot einer Ehesache mit einer anderen Familiensache als einer Ehesache[559]. Auch eine Verbindung mit einer Nichtfamiliensache ist unzulässig[560]. Eine Ausnahme hiervon besteht gem. § 126 Abs. 2 Satz 2 i. V. m. § 137 FamFG, wonach zwischen einer Scheidungssache und einer Familiensache als Folgesache grundsätzlich ein Entscheidungs- und Verfahrensverbund zu bestehen hat[561]. Damit muß das Familiengericht nach neuem Recht über jede Folgesache grundsätzlich gleichzeitig und zusammen mit der Scheidungssache verhandeln und bei der Scheidung entscheiden (vgl. § 142 FamFG)[562].

Hierzu zählen unter anderem nach § 137 Abs. 2 Nr. 1 FamFG Versorgungsausgleichssachen (§ 217 FamFG). Soweit die Ehegatten nach den §§ 6 bis 8 VersAusglG eine Vereinbarung über den Versorgungsausgleich treffen, handelt es sich um ein Versorgungsausgleichsverfahren[563]. Ebenso unter dem Gesichtspunkt

---

557 Verkündet als Art. 1 Gesetz zur Reform des Verfahrens in Familiensachen und in den Angelegenheiten der freiwilligen Gerichtsbarkeit (FGG-Reformgesetz) vom 17. Dezember 2008 (BGBl. I 2008, S. 2586).

558 Vgl. MünchKomm ZPO/*Fischer*[3], FamFG § 113 Rdnr. 1.

559 Vgl. *Baumbach/Lauterbach/Albers/Hartmann*, FamFG § 126 Rdnr. 1 (in der 70. Auflage noch mit dem Hinweis, daß § 126 Abs. 2 FamFG inhaltlich und weitgehend wörtlich den früheren § 610 Abs. 2 ZPO übernimmt).

560 Vgl. MünchKomm ZPO/*Hilbig*[3], FamFG § 126 Rdnr. 7.

561 Vgl. MünchKomm ZPO/*Hilbig*[3], FamFG § 126 Rdnr. 8. Die Vorschrift des § 137 FamFG übernimmt hierbei inhaltlich weitgehend den früheren § 623 ZPO, vgl. *Baumbach/Lauterbach/Albers/Hartmann*, 70. Auflage, FamFG § 137 Rdnr. 1.

562 Verhandlungs- und Entscheidungsverbund, vgl. *Baumbach/Lauterbach/Albers/Hartmann*, FamFG § 137 Rdnr. 7.

563 Vgl. MünchKomm ZPO/*Stein*[3], FamFG § 217 Rdnr. 6.

des Sachzusammenhangs bei Streitigkeiten, die sich im Hinblick auf einen Vertrag zwecks Regelung des Versorgungsausgleichs oder bei dessen Durchführung und Abwicklung ergeben[564].

Da nach richtiger[565] Auffassung des *BGH* sämtliche Verbundsachen gem. § 623 ZPO a.F. die Möglichkeit einschlossen, im Verbundverfahren eine entsprechende Inzidentklage zu erheben, sofern die Voraussetzungen des § 256 Abs. 2 ZPO vorliegen, ist die entscheidende Frage in dieser (und den gleich gelagerten) Konstellationen auch nach neuem Recht:

Hängt die Entscheidung über die Hauptklage (besser: Antrag) wirklich vom Bestehen bzw. Nichtbestehen des *gesamten* Ehevertrages ab? Oder anders formuliert: Ist für die Entscheidung in der Hauptsache *zwangsläufig* die Nichtigkeit des *gesamten Ehevertrages* zu prüfen?

Die Antwort muß grundsätzlich verneinend sein[566].

aa) Separate Wirksamkeitsprüfung der einzelnen Klausel

Normativer Maßstab für die Bewertung der Wirksamkeit ist regelmäßig § 138 Abs. 1 BGB[567]. Der *BGH* betonte zunächst die Gesamtwürdigung sämtlicher Teile des Ehevertrages und stellte fest, aus dieser könne die Totalnichtigkeit eines (mehrere Scheidungsfolgen regelnden) Vertrages folgen[568]. Da das Sittenwidrigkeitsurteil sich indes stets auf den Inhalt des fraglichen Rechtsgeschäfts bezieht, müssen inhaltlich selbständige Regelungsgegenstände im Ausgangspunkt auch selbständig zu würdigen sein. Die gewillkürte Zusammenfassung mehrerer Scheidungsfolgen zu einem einheitlichen Vertrag sorgt demgegenüber überhaupt erst dafür, daß die Nichtigkeit der einen Teilregelung gem. § 139 BGB Auswirkungen auf die übrigen zeitigen kann. Folgerichtig hat der *BGH* in den zwischenzeitlich ergangenen weiteren Entscheidungen den Sittenverstoß für jede der mehreren im einheitlichen Ehevertrag geregelten Scheidungsfolgen gesondert geprüft[569].

---

564 Vgl. MünchKomm ZPO/*Stein*[3], FamFG § 217 Rdnr. 10.

565 Dem stimmen gleichfalls *OLG Frankfurt a. M.* FamRZ 1983, 176; *OLG Köln* FamRZ 2006, 1768; *Gomille*, NJW 2008, 274; *Stein/Jonas/Roth*[22], § 256 Rdnr. 111; *Stein/Jonas/Schumann*[21], § 256 Rdnr. 143, zu.

566 So auch *Gomille*, NJW 2008, 274 ff.

567 So beispielsweise für den Versorgungsausgleich, vgl. MünchKomm ZPO/*Stein*[3], FamFG Vor §§ 217 ff. Rdnr. 30: In § 8 VersAusglG sind nunmehr die materiellen Voraussetzungen für die Wirksamkeit der Vereinbarung geregelt. Sie muß wie bislang einer Inhalts- und Ausübungskontrolle standhalten. Bei der Inhaltskontrolle ist auf eine mögliche Unwirksamkeit der Vereinbarung, insbesondere wegen Sittenwidrigkeit nach § 138 BGB, abzustellen und dabei die höchstrichterliche Rechtsprechung zu beachten.

568 Vgl. *BGHZ* 158, 81 (100 ff.).

569 Vgl. *Gomille*, NJW 2008, 274 (275) unter Verweis auf *BGH* NJW 2005, 2386 (2388); 2006, 3142.

Demnach ist jede Scheidungsfolgenregelung für sich anhand von § 138 Abs. 1 BGB auf ihre Wirksamkeit hin zu überprüfen. Erweist sie sich als sittenwidrig und damit unwirksam, beeinflußt dies den Rest des Vertrages lediglich über § 139 BGB.

bb) Konsequenz für das Abhängigkeitsverhältnis

Ist die im Hauptantrag streitgegenständliche Scheidungsfolgenregel (z. B. Versorgungsausgleich) bereits aus sich heraus wegen § 138 Abs. 1 BGB unwirksam, so bedarf es zur Entscheidung über die Hauptklage (Anspruch auf Versorgungsausgleich) keiner weiteren Feststellung über die Wirksamkeit der restlichen Bestimmungen des Ehevertrages[570]. Denn das Gericht kann der Hauptklage bereits deshalb stattgeben, weil die diesbezügliche Regelung (Ausschluß des Versorgungsausgleichs) unwirksam ist[571]. Ob daneben die Regelungen über den nachehelichen Unterhalt oder den Zugewinnausgleich gleichfalls unwirksam sind, ist für die Entscheidung über den Versorgungsausgleich ohne Relevanz[572]. Wie bereits dargestellt, scheiden derartige Rechtsverhältnisse von der Inzidentfeststellung aus, weil über sie nicht ohnehin in den Entscheidungsgründen zu befinden ist. Vorgreiflich ist damit *lediglich dasjenige* Rechtsverhältnis, welches der den Hauptantrag betreffenden Scheidungsfolgenregelung zugrunde liegt[573].

Eine *Ausnahme* ist nur für den Fall anzunehmen, wenn die für die Hauptsache vorgreifliche Scheidungsfolgenregelung gerade nicht für sich unwirksam ist, sondern sich deren *Unwirksamkeit erst daraus* ergibt, daß der *Vertrag im Ganzen nichtig* ist. Etwa aufgrund des *Summierungseffekts* mehrerer jeweils an sich zulässiger Regelungen oder weil die Unwirksamkeit aus einem *Beurkundungsmangel* des Vertrages folgt[574], die geltend gemachte Scheidungsfolgenregelung ansonsten aber wirksam wäre.

Grundsätzlich ist damit nur die *einzelne*, geltend gemachte *Rechtsfolge*, *nicht* aber der *Ehevertrag im Ganzen* vorgreiflich für die Entscheidung des Rechtsstreits.

---

570 Vgl. *OLG Frankfurt a. M.* FamRZ 1983, 176 (177); *Gomille*, NJW 2008, 274 (275).

571 Sofern die sonstigen Voraussetzungen für einen Anspruch auf Versorgungsausgleich gegeben sind. Nicht anders ist es im umgekehrten Fall, wenn die Scheidungsfolgenregelung im Ehevertrag wirksam ist. Dann ist die Hauptklage über den Anspruch auf Versorgungsausgleich unabhängig vom Schicksal der übrigen Scheidungsfolgenregelungen abzuweisen.

572 Ebenso *OLG Köln* FamRZ 2006, 1768; *Stein/Jonas/Roth*[22], § 256 Rdnr. 111.

573 Vgl. *Gomille*, NJW 2008, 274 (275), der zudem anführt, daß das Ergebnis auch dem Zweck des Scheidungsverbundes entspreche, die Rechtskraft nur den im Verbund ausgewählten Folgesachen zukommen zu lassen, vgl. *Gomille*, NJW 2008, 274 (276 f.).

574 Nach § 7 VersAusglG beispielsweise müssen Vereinbarungen über den Versorgungsausgleich grundsätzlich notariell beurkundet oder gerichtlich protokolliert werden, vgl. MünchKomm ZPO/*Stein*[3], FamFG Vor §§ 217 ff. Rdnr. 29.

cc) Kein Fall „teilweiser" Abhängigkeit

Unabhängig davon, wie das Merkmal „teilweiser" Abhängigkeit zu verstehen ist[575], vermag dies an dem gefundenen Ergebnis nichts zu ändern, da der Ehevertrag in den hier erörterten Konstellationen mehrere Regelungsgegenstände in sich vereint, von denen für die Hauptsache lediglich einer entscheidungserheblich ist[576]. Deshalb hängt die Entscheidung des Rechtsstreits in der Hauptsache über die einzelne Scheidungsfolge (regelmäßig) weder ganz noch teilweise, sondern überhaupt nicht von der Feststellung der Unwirksamkeit des Ehevertrages im Ganzen ab.

Die Zwischenfeststellungsklage ist daher regelmäßig lediglich über die einzelne Scheidungsfolgenregelung im Ehevertrag zulässig.

D. Reaktionen bei fehlender Präjudizialität

Die bisherigen Ausführungen lassen erkennen, daß es zwei unterschiedliche Konstellationen gibt, in denen die Zwischenfeststellungsklage nicht vorgreiflich ist. Die eine Situation kann man als „stabil", die andere als „labil" bezeichnen[577].

I. Ursprünglich fehlende Vorgreiflichkeit

Stabil ist die Prozeßlage bei derjenigen Inzidentfeststellungsklage, die auf ein Rechtverhältnis zielt, von dessen Bestehen oder Nichtbestehen die Entscheidung über die Hauptklage *von vornherein nicht abhängen kann*. Als Beispiel dient etwa der Fall, daß der Beklagte gegenüber der Vindikationsklage die Zwischenfeststellung begehrt, der Kläger habe aus der Geschäftsbeziehung keine Ansprüche gegen den Beklagten, oder gegenüber der Kaufpreisklage begehrt der Beklagte die Feststellung, daß dem Bruder des Klägers keine Ansprüche gegen den Beklagten aus Werkvertrag zustehen.

Die Unzulässigkeit einer solchen Klage ist schon bei Klageerhebung deutlich erkennbar, weil vom Nichtbestehen der Ansprüche des Klägers aus der Geschäftsbeziehung niemals die Entscheidung über den Herausgabeanspruch abhängen kann[578]. Ebenso wenig kann die Entscheidung über die Kaufpreisklage davon abhängen, ob dem Bruder des Klägers aus einem anderen Vertrag Ansprüche zustehen. In diesen Fällen stabiler Unzulässigkeit ist die Unmöglichkeit einer Abhängigkeit evident. Sie sind nicht anders zu behandeln als die Konstellationen, in

575 Dazu unten Text bei Fußn. 611 ff.

576 Vgl. *Gomille*, NJW 2008, 274 (275 f.).

577 So die Terminologie von *Schumann*, FS Georgiades, 543 (564).

578 Vgl. *Schumann*, FS Georgiades, 543 (565).

denen die Inzidentklage sonst von vornherein unzulässig ist, etwa, weil die Inzidentklage nicht auf die Feststellung eines Rechtsverhältnisses gerichtet ist.

Die Zwischenfeststellungs(wider)klage ist bei stabiler Unzulässigkeit vielmehr durch *Prozeßurteil* abzuweisen, sofern sie sich nicht als *prinzipale Feststellungsklage* aufrecht erhalten läßt[579].

2. *Wegfall der Vorgreiflichkeit im Laufe des Prozesses*

Labil hingegen ist die prozessuale Situation bei den Zwischenfeststellungsklagen, die *im Zeitpunkt ihrer Erhebung* keineswegs ein gegenüber der Hauptklage evident nichtbedingendes Rechtsverhältnis zum Gegenstand hatten. Hier bestand in diesem Zeitpunkt eine durchaus offene Prozeßlage mit der Aussicht, daß das Gericht seine Entscheidung auf das Rechtsverhältnis gründet, das Gegenstand der Inzidentklage ist[580]. Mit der „stabilen" Prozeßlage sind diese Konstellationen nicht zu vergleichen. Gemeinsam ist diesen Fällen, daß die Vorgreiflichkeit aufgrund einer für die Hauptklage relevanten Entwicklung im Laufe des Prozesses weggefallen ist und es daher für die Entscheidung der Hauptklage nicht mehr auf das „präjudizielle" Rechtsverhältnis ankommt.

a) Prozeßabweisung der Hauptklage

Einer dieser „labilen" Fälle ist die Prozeßabweisung der Hauptklage. Als Beispiel wählt *Schumann*[581] hierfür die Inzidentwiderklage auf Feststellung des Nichtbestehens der Gesamtforderung und Abweisung der Hauptklage auf einen Teilbetrag mangels deutscher internationaler Zuständigkeit. *Schollmeyer*[582] führte den Fall an, daß die Klageforderung nach Erhebung der Inzidentfeststellungswiderklage wegen Unzulässigkeit des Rechtswegs abgewiesen wird. Die Prozeßabweisung in der Hauptsache ist ersichtlich nicht von dem Bestehen oder Nichtbestehen des Inzidentrechtsverhältnisses abhängig. Etwas anderes gilt allenfalls dann, wenn gerade die Prozeßabweisung vom Bestehen eines Rechtsverhältnisses, dessen Feststellung mittels Inzidentklage begehrt wird, abhängt[583].

---

579 Vgl. *Stein/Jonas/Roth*[22], § 256 Rdnr. 104 m. w. N. in Fußn. 584.

580 Vgl. *Schumann*, FS Georgiades, 543 (565).

581 Vgl. *Schumann*, a. a. O.

582 Vgl. *Schollmeyer*, Compensationseinrede, S. 30. Nach seiner Auffassung ist die Inzidentklage daher generell nur bedingt erhoben: „In der Erhebung des Feststellungsantrages liegt eben nur ein Begehren rechtskräftiger Entscheidung für den Fall, daß es auf den fraglichen Punkt bei der Entscheidung des Rechtsstreits ankommen sollte", vgl. *Schollmeyer*, a. a. O.

583 Denkbar wäre etwa eine Zwischenfeststellungsklage über die Nichtigkeit eines Urteils, weil sich der Beklagte diesbezüglich für die Hauptklage auf den Einwand entgegenstehender Rechtskraft (res judicata) beruft. Wenn das erste Urteil nicht nichtig ist und der zweiten Klage daher die

b) Sachabweisung der Hauptklage

Der wohl häufigste Fall dürfte sein, daß die Hauptklage in der Sache unabhängig vom Bestehen oder Nichtbestehen des Rechtsverhältnisses abgewiesen wird. So, wenn die Vindikationsklage wegen fehlenden Eigentums abgewiesen wird und es nicht mehr auf das dem Zwischenfeststellungswiderklageantrag zugrunde liegende Recht zum Besitz des Beklagten ankommt[584]. Oder im Rechtsstreit um eine Grunddienstbarkeit das Eigentum des Klägers am herrschenden Grundstück bestritten und Gegenstand der Inzidentfeststellung ist, die Klage aber unabhängig davon abgewiesen wird, weil der Beklagte urkundlich belegt darlegt, daß die Grunddienstbarkeit gem. §§ 875, 876 BGB rechtsgeschäftlich bereits aufgehoben sei[585]. Oder die Hauptklage wird wegen Verjährung abgewiesen, ohne daß das Gericht das Rechtsverhältnis überhaupt prüft[586].

c) Zurücknahme der Hauptklage

Gemeinhin wird hierzu auch der Fall gerechnet, daß die Hauptklage zurückgenommen wird, wodurch die Vorgreiflichkeit beseitigt und die Zwischenfeststellungs(wider)klage unzulässig werde[587]. Nach der hier vertretenen Ansicht folgt dagegen die Unzulässigkeit der Inzidentklage primär nicht aus einem fehlenden Abhängigkeitsverhältnis, sondern bereits aus dem Fehlen der besonderen Prozeßvoraussetzung einer rechtshängigen Hauptklage[588].

d) Stattgabe der Hauptklage

Seltener sind die Fälle, daß der Hauptklage stattgegeben wird, es aber dennoch nicht mehr auf das festzustellende Rechtsverhältnis ankommt. Dazu zählt die bereits dargelegte alternative Begründungsmöglichkeit[589].

Rechtskraft entgegensteht, wäre sie als unzulässig abzuweisen. Diese Fälle dürften jedoch äußerst selten sein.

584 Vgl. *Schumann*, FS Georgiades, 543 (565 f.).

585 Vgl. *Schollmeyer*, Compensationseinrede, S. 30.

586 So oben Text nach Fußn. 486 im *Beispiel 1*.

587 Beispielhaft *Baumbach/Lauterbach/Albers/Hartmann*, § 256 Rdnr. 115 („Klagerücknahme"); MünchKomm ZPO/*Becker-Eberhard*[4], § 256 Rdnr. 82; *Schumann*, FS Georgiades, 543 (566); *Stein/Jonas/Roth*[22], § 256 Rdnr. 105; *Thomas/Putzo/Reichold*, § 256 Rdnr. 34; *Wieczorek/Schütze/Assmann*[3], § 256 Rdnr. 358.

588 Dazu oben Text bei Fußn. 232 ff.

589 Dazu oben Text bei Fußn. 543 ff. Denkbar wäre auch im Verbundverfahren die Feststellung der Nichtigkeit des Ehevertrags im Ganzen, weil sich nach dem Vortrag des Inzidentklägers nur daraus die Unwirksamkeit der eigentlich präjudiziellen Rechtsfolgenregelung ergebe. Das Gericht gelangt jedoch zur Überzeugung, daß die betroffene Regelung aus sich heraus bereits unwirksam ist, vgl. oben Text bei Fußn. 566 ff.

Wie *Schumann*[590] anmerkt, ist die Gleichbehandlung des „anfänglichen" und des „nachträglichen" Wegfalls der Vorgreiflichkeit nicht gerade glücklich, da der Inzidentkläger bis zur Entscheidung über die Haupt- und Inzidentklage davon ausgeht, daß seine Klage zulässig ist. Zwar ist insoweit vom Gericht nach § 139 Abs. 3 ZPO ein Hinweis zu erteilen, wenn es zur Auffassung gelangt, daß es bei seiner Entscheidung auf das festzustellende Rechtsverhältnis nicht mehr ankommen wird[591]. Dies hindert aber nicht die Unzulässigkeit der Inzidentklage an sich. Zumal eine Aufrechterhaltung als prinzipale Feststellungsklage nicht in Frage kommt, wenn ein rechtliches Interesse nicht (mehr) gegeben sein sollte.

Freilich gibt es kein schützenswertes Interesse an der Zulassung und sachlichen Verbescheidung unzulässiger Klagen, dennoch stellt sich die Frage, wie dem Interesse des Zwischenfeststellungsklägers Rechnung getragen werden kann, um einer für ihn möglicherweise überraschenden Prozeßabweisung zu entgehen.

Auf jeden Fall muß der bereits eindeutig abgelehnte Weg ausscheiden, am Gesetzestext und Gesetzeszweck vorbei nicht auf den *wirklichen* Urteilsgegenstand abzustellen, sondern die *Möglichkeit* einer Vorgreiflichkeit des Rechtsverhältnisses genügen zu lassen[592].

a) Keine „perpetuatio litis"

Man könnte auf den Gedanken verfallen, von einer Art perpetuatio fori (§ 261 Abs. 3 Nr. 2 ZPO, § 17 Abs. 1 Satz 1 GVG) auszugehen. Doch ist eine solche Lösung bereits aus dem Grund zu verwerfen, daß es sich hier *nicht* um die Frage einer (weiterhin bestehenden) *gerichtlichen Kompetenz* (Zuständigkeit oder Rechtsweg) handelt[593]. Eine „perpetuatio litis" – eine allgemeine Fortdauer der Zulässigkeit der Klage – kennt das deutsche Zivilprozeßrecht nämlich nicht[594]. Für den Kläger ist das Unzulässigwerden der Klage in der Regel auch erträglich, weil grundsätzlich der Beklagte (wegen der Möglichkeit der Erledigungserklärung durch den Kläger) das Risiko trägt, daß eine erfolgreiche Klage unzulässig wird[595].

---

590 Vgl. *Schumann*, FS Georgiades, 543 (566).

591 Dazu oben Text bei Fußn. 551.

592 Vgl. *Schumann*, FS Georgiades, 543 (566).

593 Vgl. *Schumann*, FS Georgiades, 543 (567); *Stein/Jonas/Roth*[22], § 256 Rdnr. 105.

594 Vgl. *Stein/Jonas/Roth*[22], § 261 Rdnr. 41.

595 Vgl. *Stein/Jonas/Roth*[22], § 261 Rdnr. 42.

b) Erledigungserklärung

Fraglich ist, ob in den oben dargestellten Konstellationen eine *Erledigungserklärung* zuzulassen ist. Dies wird von *Schumann* bestritten mit dem Hinweis, zu erledigen vermöge sich nur die zulässige und begründete Klage, wohingegen man hier vor Entscheidung des Rechtsstreits aber nicht wisse, ob die Zwischenfeststellungsklage überhaupt zulässig sei[596]. Dies sei die Konsequenz, da die Zwischenfeststellungsklage nicht auf dem Zusammenhang mit dem Streitgegenstand der Hauptklage, sondern dem Urteilsgegenstand aufbaue. Die Abhängigkeit des Urteilsgegenstands von dem festzustellenden Rechtsverhältnis liege erst in dem Zeitpunkt vor, in welchem das Gericht die „Entscheidung des Rechtsstreits" getroffen habe, weshalb es vorher keine Zulässigkeit der Inzidentklage geben könne.

Ich teile die Auffassung von *Schumann*, daß erst zu diesem Zeitpunkt die Abhängigkeit tatsächlich vorliegt und vorliegen muß, weshalb grundsätzlich nur eine einheitliche Entscheidung über Haupt- und Inzidentklage zulässig ist und es *vorher keine Zulässigkeit der Zwischenfeststellungsklage* geben kann. Ebenfalls sprechen gegen die Zulassung einer einseitigen Erledigungserklärung der Zweck der Zwischenfeststellungsklage und der Grund ihrer Unzulässigkeit selbst:

Die Unzulässigkeit resultiert daraus, daß sich das Gericht in den Entscheidungsgründen nicht mehr mit dem Rechtsverhältnis befassen muß; der Rationalisierungseffekt, der mit § 256 Abs. 2 ZPO verfolgt wird, kann folglich nicht eintreten, da eine Erstreckung der Rechtskraft auf die Gründe nicht stattfinden kann. Würde man eine einseitige Erledigungserklärung (d. h. gem. § 264 Nr. 2 ZPO[597] die Änderung der Klage in die Feststellung, daß die ursprünglich zulässige und begründete Klage durch ein nach Rechtshängigkeit eintretendes Ereignis unzulässig wurde) zulassen, müßte das Gericht sich im Rahmen der Begründetheit der geänderten Klage mit dem Rechtsverhältnis befassen. Der zusätzliche Aufwand, der vermieden werden sollte, fällt jetzt gerade an. Obwohl sich das Gericht in den Gründen zur Hauptsache nicht mehr mit dem Rechtsverhältnis befassen muß, nach der Theorie von *v. Savigny* gleichfalls keine Rechtskraft einträte, wird dem Gericht nunmehr eine Prüfung aufgenötigt, deren Fehlen gerade Ursache der Unzulässigkeit der Inzidentklage ist. Mittels der einseitigen Erledigungserklä-

---

596 Vgl. *Schumann*, FS Georgiades, 543 (567) Fußn. 108. Allerdings mit der Einschränkung auf einseitige Erledigungserklärungen, da bei übereinstimmender Erledigungserklärung (§ 91a ZPO) nicht erforderlich ist, daß tatsächlich eine Erledigung vorliegt.

597 So die Klageänderungstheorie der herrschenden Meinung, vgl. *BGH* NJW 1994, 2363 (2264); 2002, 442; *BGH* NJW-RR 1993, 1319 (1320); *Baumbach/Lauterbach/Albers/Hartmann*, § 91a Rdnr. 168; *Stein/Jonas/Schumann*[21], § 264 Rdnr. 66 a. E.; *Thomas/Putzo/Hüßtege*, § 91a Rdnr. 32; *Zöller/Vollkommer*, § 91a Rdnr. 34 m. w. N.; a. A. *Stein/Jonas/Roth*[22], § 264 Rdnr. 15 a. E.; *Rosenberg/Schwab/Gottwald*[17], § 131 Rdnr. 22 (beide präferieren § 264 Nr. 3 ZPO); *Blomeyer*, Erkenntnisverfahren[2], § 64 I, S. 333 ff. (Klagerücknahmetheorie).

rung würde folglich der Zweck der Zwischenfeststellungsklage, die innere Rechtfertigung für ihre Unzulässigkeit, geradezu konterkariert. Eine (einseitige) Erledigungserklärung scheidet demnach als Lösung aus.

c) Die Eventual-Zwischenfeststellungsklage

Verfahrensgerechte Ergebnisse bei den behandelten Fallgruppen werden aber über die *Eventualzwischenfeststellungsklage* erreicht[598]. Sie stellt ebenso wie der Hilfsantrag und die hilfsweise Widerklage ein klassisches prozessuales Mittel dar[599]. Da eine nicht bedingte Hauptklage vorliegt, besteht zwischen den Prozeßparteien ein festes Prozeßrechtsverhältnis, in dessen Rahmen die innerprozessual bedingte Prozeßhandlung – etwa der Hilfsantrag des Klägers und die Eventualwiderklage des Beklagten – grundsätzlich zulässig ist[600]. Transponiert auf die Zwischenfeststellungsklage ist es der *Eventualzwischenfeststellungsantrag des Klägers* (der Vindikationsklage z. B. ist der hilfsweise Inzidentantrag auf Feststellung des Eigentums des Klägers beigefügt) und *die Eventualzwischenfeststellungswiderklage des Beklagten* (der Klageabweisungsantrag ist von der Eventualinzidentwiderklage begleitet, daß festgestellt werde, der Beklagte habe ein Recht zum Besitz)[601].

Eine *ausdrücklich bedingte* Erhebung der Zwischenfeststellungsklage ist freilich dann nicht erforderlich, wenn man – wie im älteren Schrifttum vertreten – von vornherein annimmt, diese Klage sei ohnehin durch eine Sachentscheidung der Hauptklage unter Prüfung des Rechtsverhältnisses bedingt, so z. B. *Schollmeyer*[602], *Jonas*[603], *Walsmann*[604] oder *Bergerhoff*[605].

---

598 Vgl. *Schumann*, FS Georgiades, 543 (568).

599 Vgl. *BGH* NJW 1998, 3117; *BGH* NJW-RR 1994, 1272 (1273); *Schumann*, FS Georgiades, 543 (568).

600 Vgl. *BGH* WM 1995, 701; *Rosenberg/Schwab/Gottwald*[17], § 65 Rdnr. 25 ff.; *Schumann*, FS Georgiades, 543 (568); *Schumann*, ZPO-Klausur, Rdnr. 60, 241; *Stein/Jonas/Leipold*[22], vor § 128 Rdnr. 268.

601 Vgl. *Schumann*, FS Georgiades, 543 (568). Bei beiden Anträgen liegt ein sog. *unechtes Eventualverhältnis* vor, da sie jeweils für den Fall gestellt sind, daß der in der Hauptsache verfolgte Prinzipalantrag Erfolg hat, vgl. dazu und zur Terminologie *BGH* NJW 2001, 1285; *Rosenberg/Schwab/Gottwald*[17], § 65 Rdnr. 30; *Stein/Jonas/Roth*[22], § 260 Rdnr. 12, 21. Der Kläger stellt seinen Inzidentantrag also für den Fall der *Begründetheit* der *Hauptklage*, der Beklagte seinen Inzidentantrag für den Fall, daß sein *Klagabweisungsantrag erfolgreich* ist.

602 Vgl. *Schollmeyer*, Compensationseinrede, S. 30. Siehe dazu das Zitat oben in Fußn. 582.

603 Vgl. *Gaupp/Stein/Jonas*, § 280 Anm. IV 2: „Durch die Inzidentklage wird die Rechtshängigkeit [...] begründet, und zwar unter der auflösenden Bedingung, daß das Gericht die Entscheidung ablehnt, weil die Hauptentscheidung von dem Rechtsverhältnis nicht abhängig ist".

604 Vgl. *Seuffert/Walsmann*, § 280 Anm. 7: „Einer besonderen Zurückweisung des Inzidentantrags bedarf es in diesem Falle nicht; denn der Antrag ist unter der Voraussetzung erhoben, daß ein Urteil zur Hauptsache erlassen wird."

605 Vgl. *Bergerhoff*, Zwischenfeststellungsklage, S. 63: „Daher läßt sich mit Fug und Recht sagen, daß durch die Erhebung einer Zwischenfeststellungsklage Rechtshängigkeit nur unter der auflösenden

Es fragt sich lediglich, wie die jeweilige Bedingung formuliert wird. Letztlich geht es darum, die erst im Endurteil tatsächlich vorliegende Präjudizialität des festzustellenden Rechtsverhältnisses zur Bedingung der Klageerhebung zu machen[606]. Die Eventualinzidentfeststellungs(wider)klage wird dann mit ihrer Erhebung *auflösend bedingt rechtshängig*; doch entfällt ihre Rechtshängigkeit *rückwirkend* wieder, wenn die auflösende Bedingung endgültig eintritt, weil es für die Entscheidung in der Hauptsache auf das festzustellende Rechtsverhältnis nicht mehr ankommt[607]. Möglich wäre, den Inzidentantrag unter der auflösenden Bedingung zu erheben, daß die Hauptentscheidung auch ohne Entscheidung des (streitigen) Rechtsverhältnisses ergehen kann.

Wird jetzt die *Hauptklage* (z. B. wegen fehlender internationaler Zuständigkeit oder Unzulässigkeit des Rechtswegs) *als unzulässig abgewiesen*, kann es zur Abweisung der Zwischenfeststellungsklage nicht kommen, weil ihre Rechtshängigkeit aufgrund Bedingungseintritts entfallen ist[608].

Nicht anders ist es, wenn die *Sachabweisung* unabhängig von dem festzustellenden Rechtsverhältnis erfolgt. Es handelt sich also z. B. um die gegen die Vindikationsklage gerichtete Inzidentwiderklage, die auf die Feststellung zielt, der Beklagte habe ein Recht zum Besitz der streitgegenständlichen Sache. Auch für diese Prozeßlage hilft die Eventualstellung. Der Beklagte macht den rückwirkenden Wegfall der Rechtshängigkeit seiner Zwischenfeststellungswiderklage von der Bedingung abhängig, daß das Gericht nicht über das Bestehen seines behaupteten Rechts zum Besitz entscheidet. Tritt diese Bedingung ein, weil das Gericht bereits das Eigentum des Hauptklägers verneint und das Recht zum Besitz dahingestellt läßt, kommt es nicht zur Abweisung der Zwischenfeststellungswiderklage. Anders ist es, wenn das Gericht das Eigentum des Hauptklägers bejaht. Weist es die Vindikationsklage wegen des Rechts zum Besitz des Beklagten ab, wird zugleich auf die erhobene Zwischenfeststellungswiderklage festgestellt, daß der Beklagte ein Recht zum Besitz hat. Gibt das Gericht der Hauptklage statt, wird die Zwischenfeststellungswiderklage als unbegründet abgewiesen und damit deren kontradiktorische Gegenteil festgestellt[609]: Der Beklagte hat kein Recht zum Besitz.

Bedingung begründet wird, daß die Hauptentscheidung auch ohne Entscheidung über das streitige Rechtsverhältnis ergehen kann."

606 Vgl. *Schumann*, FS Georgiades, 543 (569).

607 Vgl. zu dieser Konstruktion für die (echte) Eventualwiderklage *BGHZ* 21, 13 (16); *Stein/Jonas/Roth*[22], § 33 Rdnr. 37. Für die (echte) Eventualklagenhäufung, d. h. den echten Hilfsantrag, vgl. *Rosenberg/Schwab/Gottwald*[17], § 65 Rdnr. 32 m. w. N.

608 So auch *Schumann*, FS Georgiades, 543 (569): „kann es zur Abweisung der Zwischenfeststellungsklage nicht kommen, weil sie mangels Bedingungseintritts nicht erhoben ist".

609 Vgl. *Schumann*, FS Georgiades, 543 (569 f.).

Der *Bundesgerichtshof* hat in seinem Urteil vom 21. Februar 1992[610] daher auch betont, daß die Eventualzwischenfeststellungsklage dieser Prozeßlage Rechnung trägt:

> „An dieser Voraussetzung [der Vorgreiflichkeit, d. Verf.] fehlt es [...] allerdings nicht schon deswegen, weil der Feststellungsantrag hilfsweise gestellt worden ist und daher erst mit Abweisung des Hauptantrages zur Entscheidung anfallen konnte. [...] Ob die Feststellung durch einen Haupt- oder durch einen Hilfsantrag herbeigeführt wird, ist gleichgültig. Der Hilfsantrag trägt der Verfahrenslage Rechnung, weil der Kläger in erster Linie Vertragserfüllung verlangt. Ist für die Entscheidung darüber die Feststellung vorgreiflich, ob der Vertrag wirksam ist, so ist auch der auf die negative Feststellung zielende Hilfsantrag zulässig."

IV. Teilweise Abhängigkeit

Nach dem Wortlaut des § 256 Abs. 2 ZPO reicht es aus, wenn die Entscheidung des Rechtsstreits „teilweise" vom Bestehen oder Nichtbestehen des streitig gewordenen Rechtsverhältnisses abhängt. Die Möglichkeit einer bloß teilweisen Präjudizialität ist nahezu unbestritten[611].

A. Beispiele

In Betracht kommen unterschiedliche Situationen teilweiser Abhängigkeit, je nachdem, ob das Inzidentrechtsverhältnis den Streitgegenstand der Hauptklage, der Widerklage oder eine Einwendung des Beklagten der Hauptklage betrifft.

Beispielsweise hängt die Entscheidung des Rechtsstreits teilweise vom (Nicht) Bestehen eines Rechtsverhältnisses ab, das für einen von *mehreren Streitgegenständen* der Hauptklage vorgreiflich ist. So etwa, wenn der Kläger vom Beklagten Zahlung i. H. v. 10.000 € verlangt; 5.000 € aus Kaufpreis und

---

610 *BGH* NJW 1992, 1897.

611 Vgl. *RGZ* 29, 361 (363); 95, 36 (39); *RG* JW 1891, 387 f. Nr. 11; *RG* WarnRspr 1918, 283; *BGHZ* 69, 37 (41); *Baumbach/Lauterbach/Albers/Hartmann*, § 256 Rdnr. 114; MünchKomm ZPO/*Becker-Eberhard*[4], § 256 Rdnr. 80; *Blomeyer*, Erkenntnisverfahren[2], § 37 IV, S. 217 f.; *Enders*, ZAP 1996, 455 (462), (465 f.); *Hager*, KTS 54 (1993), 39 (40 f.); *Rosenberg/Schwab/Gottwald*[17], § 96 Rdnr. 37; *Stein/Jonas/Roth*[22], § 256 Rdnr. 107; *Schumann*, FS Georgiades, 543 (557); *Thomas/Putzo/Reichold*, § 256 Rdnr. 29; *Wieczorek/Schütze/Assmann*[3], § 256 Rdnr. 353; *Zöller/Greger*, § 256 Rdnr. 25; Fußn. 59, 69 f.; so bereits die Protokolle zur CPO (S. 90), vgl. *Hahn*, Materialien II, S. 594; *Oertmann*, ZZP 22 (1896), 11 (32 f.); *Rocholl*, ZZP 8 (1885), 329 (379); *Wilmowski/Levy*[3], § 253 Anm. 1a; a. A. *Klöppel*, Rechtskraft, S. 110, 142 (bei ihm dient die Inzidentklage aber nicht zur Rechtskrafterweiterung, da er noch von einer Rechtskraft der Entscheidungsgründe ausging); *v. Braun*, Inzidentfeststellungsklage, S. 31 ff. (für ihn ist der Hauptanspruch immer einheitlich und daher der Inzidentanspruch entweder für den ganzen Hauptanspruch präjudiziell oder nicht).

5. 000 € aus Darlehen. Der Beklagte beantragt widerklagend, die Nichtigkeit des Kaufvertrages festzustellen.

Ferner zählt hierzu die sog. Zwischenfeststellungswider*wider*klage (reconventio reconventionis[612]). So, wenn der Kläger Kaufpreiszahlung i. H. v. 10.000€ fordert, der Beklagte widerklagend Schadensersatzzahlung wegen Sachmängeln fordert und der Kläger hierauf widerklagend beantragt festzustellen, daß ein wirksamer Gewährleistungsausschluß vorliegt. In diesem Fall ist der Präjudizialpunkt (wirksamer Gewährleistungsausschluß) allein für die Widerklage vorgreiflich, nicht aber für den Streitgegenstand der Hauptklage (Kaufpreisanspruch). Es gibt aber auch Fälle, in denen der Präjudizialpunkt der Widerklage zusätzlich einen Präjudizialpunkt für die Hauptklage darstellt. Dies sind Konstellationen, in denen eine Inzidentwiderklage vorliegt, der gegenüber eine Zwischenfeststellungswiderklage seitens des Klägers erhoben wird.

Beispiel: Der Kläger verlangt als testamentarischer Alleinerbe des X vom Beklagten nach § 985 BGB die Herausgabe eines Bildes, welches der Beklagte vom X entliehen, aber nach Ablauf der Leihfrist nicht zurückgegeben hatte. Der Beklagte bestreitet das Eigentum des Klägers und beantragt im Wege der Inzidentwiderklage festzustellen, daß jener nicht Eigentümer des Bildes sei. Zur Begründung führt er an, daß – selbst wenn der Kläger im Testament als Alleinerbe eingesetzt worden sein sollte – der Erblasser bei Errichtung des Testaments nicht mehr testierfähig gewesen sei. Daraufhin beantragt der Kläger widerklagend festzustellen, daß das Testament wirksam sei. Das Gericht stellt daraufhin fest, daß das Testament wirksam und der Kläger Eigentümer des Bildes ist und gibt der Hauptklage statt.

Im Beispiel ist die „Wirksamkeit des Testamentes“ Präjudizialpunkt für die Frage des Eigentums, welche wiederum präjudiziell für die Hauptklage ist. Vermöge der Vermittlung über die Inzidentwiderklage des Beklagten ist die Wirksamkeit des Testamentes somit präjudiziell für die Hauptklage. In einem solchen Fall liegt für *v. Braun* daher keine Inzidentfeststellungswiderwiderklage vor, sondern eine bloße Klageerweiterung. Bei einer Inzidentwiderklage gegen die Widerklage des Beklagten, die nicht selbst auf Inzidentfeststellung gerichtet ist, geht er hingegen ebenfalls von einer Zwischenfeststellungswiderwiderklage aus[613]. Der Wortlaut des § 256 Abs. 2 ZPO spricht zwar davon, daß „der Kläger durch Erweiterung des Klageantrags“ ein für die Entscheidung des Rechtsstreits vorgreifliches Rechtsverhältnis zur Feststellung bringen kann. Dies bedeutet jedoch nicht, daß er dies ausschließlich hierdurch könne. Anderenfalls würde man außer Acht lassen, daß der Kläger durch die Widerklage, unabhängig davon, ob diese ein präjudizielles Rechtsverhältnis zum Gegenstand hat oder nicht, selbst

612 Generell hierzu *Stein/Jonas/Roth*[22], § 33 Rdnr. 35.

613 Vgl. *v. Braun*, Inzidentfeststellungsklage, S. 26 f. *Gaupp* will die Inzidentwiderklage des Klägers gleichfalls nur als Klageerweiterung behandelt wissen, vgl. *Gaupp*, § 253 Anm. II 4 Fußn. 7.

in die Rolle des Beklagten gerät. Daher kann man mit einiger Berechtigung davon sprechen, daß nunmehr der (Wider)Beklagte eine Inzidentfeststellungswiderklage erhebt[614].

Die praktisch häufigsten und meist thematisierten[615] Fälle teilweiser Präjudizialität betreffen jedoch das Verhältnis der Zwischenfeststellungs(wider)klage gegenüber einer Teilklage in der Hauptsache oder der zur Aufrechnung gestellten Gegenforderung des Beklagten. Mit ihnen soll daher eine dezidierte Auseinandersetzung erfolgen.

B. Teilklage und Zwischenfeststellungswiderklage

Für den *Bundesgerichtshof*[616] stellt es „einen typischen Anwendungsfall der Zwischenfeststellungsklage dar, daß der Kläger von einer Forderung nur einen Teil einklagt und der Beklagte widerklagend die Feststellung eines sie hindernden Rechtsverhältnisses auch mit Wirkung für den nicht rechtshängigen Teil erstrebt“[617]. Auch *Michael Huber*[618] empfiehlt dem Beklagten im Fall einer Teilklage die Erhebung einer negativen Zwischenfeststellungswiderklage, um so einen Sieg „auf der ganzen Linie“ zu erringen; ihre Zulässigkeit sei „offensichtlich“. *Egon Schneider* vertritt ebenfalls die Meinung, daß, wenn ein Teilbetrag eingeklagt werde und widerklagend Feststellung des Nichtbestehens der ganzen Verpflichtung begehrt werde, es sich bei dieser Widerklage unzweifelhaft um eine Zwischenfeststellungsklage handele[619]. *Herbert Roth* hält dies sogar für den „wohl häufigsten“ Fall der negativen Zwischenfeststellungswiderklage[620]. Für *Andreas Dichtl*[621] ist ihre Zulässigkeit „gerade bei der offenen Teilleistungsklage unstreitig“.

In den meisten Entscheidungen, Kommentaren und Abhandlungen wird die Inzidentwiderklage – häufig ohne weitere Differenzierung – als *der* probate Gegenangriff des Beklagten dargestellt oder zumindest von ihrer uneingeschränkten Zulässigkeit ausgegangen[622]. Einige Autoren hingegen lehnen eine Anwendbar-

---

614 Wie hier *Loening*, ZZP 4 (1882), 1 (80), (82); *v. Braun*, Inzidentfeststellungsklage, S. 27 (für den Fall, daß es sich bei der Widerklage des Beklagten nicht um eine Inzidentwiderklage handelt); *Oertmann*, ZZP 22 (1896), 11 (65) m. w. N., der insoweit von „indirekter“ Präjudizialität spricht.

615 Die beiden Themenkreise finden sich in sämtlichen Abhandlungen und Kommentaren zur Zwischenfeststellungsklage.

616 Vgl. *BGHZ* 69, 37 (41).

617 So schon *RGZ* 29, 361 (363); 126, 234 (238).

618 Vgl. *Huber*, JuS 2003, 490 (li. Sp., unter II. 2.).

619 Vgl. *Schneider*, MDR 1973, 270 (272) unter Verweis auf *BGH* MDR 1970, 322 Nr. 7; *RGZ* 95, 36.

620 Vgl. *Stein/Jonas/Roth*[22], § 256 Rdnr. 102.

621 Vgl. *Dichtl*, Negative Feststellungsklage, S. 144.

622 Vgl. *RGZ* 29, 361 (363); 95, 36 (39); 126, 234 (238); *RG* JW 1891, 387 f. Nr. 11; 1893, 306 Nr. 5; 1899, 256 Nr. 2; 1905, 373 Nr. 18; 1930, 3743 Nr. 10; *RG* WarnRspr 1918, Nr. 193;

keit der Zwischenfeststellungswiderklage gegenüber einer Teilklage – jedenfalls soweit es die Rest- und die Gesamtforderung betrifft – mit unterschiedlichen Begründungen ab[623]. Hinzu kommt, daß die Zwischenfeststellungsklage als Institut zur Erstreckung der Rechtskraft in besonderem Maße im Spannungsfeld der Theorien zur Rechtshängigkeit und Rechtskraft steht. Denn gerade die Frage nach der Rechtskraft ist bei Teilklagen höchst umstritten[624]. Um das Verhältnis zwischen Inzidentwiderklage und Teilklage klären zu können, muß dem Aspekt der Rechtskraft entsprechend Rechnung getragen werden. Im Folgenden werden daher zunächst die unterschiedlichen Auffassungen zur Reichweite der Rechtskraft beleuchtet.

1. Erläuterungen

Teilklagen kommen in der Praxis nicht selten vor. So etwa, wenn der Kläger von einem Kaufpreisanspruch (§ 433 Abs. 2 BGB) zunächst nur einen Teil einklagt oder er nach einem Verkehrsunfall nur den einen bisher bezifferbaren Schadensposten gerichtlich geltend macht. Gemeinsam ist diesen Fallgestaltungen, daß der Kläger die Teilklage erhebt, um sein Prozeßkostenrisiko möglichst gering zu halten. Verliert er, fallen gerichtliche und außergerichtliche Kosten nur für diesen Teilbetrag an; gewinnt er, kann er sich auch einigermaßen sicher sein, in einem Zweitprozeß über den Restbetrag nicht zu unterliegen[625]. Dieses Vorgehen ist keinesfalls prozessual unzulässig. Entsprechend dem Dispositionsgrundsatz (und seinem Kernstück, dem Antragsprinzip) ist der Kläger nämlich berechtigt, den prozessualen Anspruch, den Streitgegenstand, nach Inhalt und Umfang frei zu

---

BGHZ 69, 37 (41); *BGH* LM § 280 ZPO a. F. Nr. 7; § 256 ZPO Nr. 55; *Baumbach/Lauterbach/Albers/Hartmann*, § 256 Rdnr. 116 („Teilklage"); MünchKomm ZPO/*Becker-Eberhard*[4], § 256 Rdnr. 80; *Blomeyer*, Erkenntnisverfahren[2], § 37 IV, S. 218; *Enders*, ZAP 1996, 455 (462), (465 f.); *Hager*, KTS 54 (1993), 39 (40 f.); *Huber*, JuS 2003, 490; *Rosenberg/Schwab/Gottwald*[17], § 96 Rdnr. 37; *Schneider*, MDR 1973, 270 (272); *Stein/Jonas/Roth*[22], § 256 Rdnr. 9, 102 (mit Differenzierungen in Rdnr. 11); *Schumann*, FS Georgiades, 543 (550); *Wieczorek/Schütze/Assmann*[3], § 256 Rdnr. 353; *Zöller/Greger*, § 256 Rdnr. 27; bereits früher *Hellwig*, Lehrbuch III, S. 49 Fußn. 25; *Oertmann*, ZZP 22 (1896), 11 (34 ff.); *Rocholl*, ZZP 8 (1885), 329 (379); *Wach*, Handbuch, S. 373; *Petersen/Anger*, § 280 Anm. 2; *Seuffert/Walsmann*, § 280 Anm. 5a.

623 Vgl. *Bergerhoff*, Zwischenfeststellungsklage, S. 29 ff.; *v. Braun*, Inzidentfeststellungsklage, S. 32 ff.; *Loening* ZZP 4 (1881), 1 (55 f.); *Muskat*, ZZP 12 (1888), 335 (339 ff.); *Planck*, Lehrbuch II, § 86 Anm. 57 und § 87 Anm. 35.

624 Vgl. *Fenge*, FS Pieper, 31 (31); *Reischl*, Rechtskraft, S. 259 ff, mit einer ausführlichen Darstellung der unterschiedlichen Ansichten, auch in ihrem historischen Kontext.

625 Vgl. *Schumann*, ZPO-Klausur, Fußn. 14 zu Rdnr. 65.

bestimmen und damit auch jeden beliebig großen, quantitativ begrenzten Teil gerichtlich geltend zu machen[626].

Von einer *„offenen Teilklage"* spricht man, wenn der Kläger von einem Gesamtbetrag lediglich einen bezifferten Teil einklagt und sich dabei erkennbar eine (spätere) Mehrforderung (Nachforderungsklage) vorbehält[627].

Eine *„verdeckte Teilklage"* hingegen liegt vor, wenn der Kläger nicht ausdrücklich klarstellt, daß er nur einen Teil einer Gesamtforderung geltend macht, er sich also hinsichtlich des Restes weitere Forderungen nicht ausdrücklich vorbehält[628].

Die geltend gemachte Teilforderung kann noch zusätzlich durch bestimmte rechtliche Merkmale von den anderen Teilen des Gesamtanspruchs abgegrenzt sein. Im Anschluß an die Abhandlung *Zitelmanns*[629] spricht man insofern von *„individualisierten"* und *„nicht individualisierten"* Teilklagen. Eine nicht individualisierte Teilklage liegt vor, wenn der Kläger aus einer Kaufpreisforderung i. H. v. insgesamt 2.000 € den Teilbetrag von 500 € einklagt. Dieser Teilbetrag unterscheidet sich von den restlichen Teilbeträgen lediglich dadurch, daß er quantitativ von ihnen abgegrenzt ist. Anders ist dies jedoch, wenn der Kläger von seinem aus einem Verkehrsunfall resultierenden Gesamtschaden nur einen einzelnen Schadensposten (z. B. das Schmerzensgeld oder die Abschleppkosten) geltend macht, die restlichen Schadensposten (die Reparaturkosten sind vielleicht noch nicht endgültig bezifferbar) hingegen noch nicht. In diesem Fall liegt eine *individualisierte (offene) Teilklage* vor[630]. Denkbar ist auch, daß dem Kläger gegen den Beklagten zwei Darlehensforderungen i. H. v. jeweils 200 € zustehen. Eine Individualisierung ist hier dadurch denkbar, daß die eine Forderung dem Kläger vom X (dem sie gegen den Beklagten zustand), die andere vom Y abgetreten wurde. Wenn der Kläger die von X zedierte Forderung einklagt, kann ihm der Beklagte keine Einreden aus der Person des Y entgegen halten[631].

---

626 Vgl. *BGHZ* 63, 365 (367 f.); *OLG Düsseldorf* NJW 1993, 802 (803); *Batsch*, ZZP 86 (1973), 254 (254 f.); *W. Habscheid*, FamRZ 1962, 352 (353); *Pohle*, ZZP 77 (1964), 98 (100).

627 Vgl. *Leipold*, FS Zeuner, 431 (434); *Jauernig/Hess*, § 63 Rdnr. 9.

628 Vgl. *Musielak*, Grundkurs, Rdnr. 587.

629 *Zitelmann*, ZZP 8 (1885), 254 (256 ff.).

630 Vgl. *Fenge*, FS Pieper, 31 (34) spricht diesbezüglich von „sachverhaltsbezogener" Individualisierung. Um eine „normbezogene" Individualisierung handele es sich, wenn der Kläger z. B. Verurteilung lediglich unter dem Gesichtspunkt der vorsätzlich unerlaubten Handlung begehre.

631 So das Beispiel bei *Zitelmann*, ZZP 8 (1885), 254 (258), der nicht zu Unrecht bemerkt: „Das praktische Interesse der Individualisierung ist klar."

2. *Reichweite der Rechtskraft eines Urteils über eine Teilklage*

Der Umfang der Rechtskraft, d. h. die objektiven Grenzen, wird nach § 322 Abs. 1 ZPO durch die Entscheidung über den erhobenen Anspruch bestimmt; mithin vornehmlich[632] durch den Streitgegenstand[633]. Gegenstand der Rechtskraft ist dabei der Subsumtionsschluß des Gerichts als Ganzes, unmittelbar also das Bestehen oder Nichtbestehen der vom Kläger geltend gemachten konkreten Rechtsfolge[634].

a) Klagestattgebendes Urteil

Obsiegt der Kläger, besteht nahezu Einigkeit, daß sich die Rechtskraft der Entscheidung, unabhängig davon, ob eine verdeckte oder offene, eine individualisierte oder nicht individualisierte Teilklage vorliegt, nur auf das *Zugesprochene beschränkt*[635]. Dies ergibt sich bereits aus § 308 Abs. 1 ZPO, denn über den eingeklagten Teil hinaus durfte das Gericht (ne eat iudex ultra petita partium) auch nicht entscheiden. Der Kläger ist folglich nicht gehindert, mit einer Nachforderungsklage weitere Teile des Gesamtanspruchs geltend zu machen. Der Nachforderungsklage kann der Einwand entgegenstehender Rechtskraft nicht entgegengehalten werden[636].

---

632 Zur Bedeutung des Entscheidungsgegenstandes und möglicher Divergenzen zum Streitgegenstand siehe oben Text bei Fußn. 170 ff.

633 Vgl. *BGH* NJW 1993, 333 (334); 1995, 967 (967); 2003, 3058 (3059); *Schumann* ZPO-Klausur, Rdnr. 74; *Jauernig/Hess*, § 63 Rdnr. 2; *Musielak*, Grundkurs, Rdnr. 580.

634 Vgl. *BGHZ* 2, 170; *Althammer*, Streitgegenstand, S. 573; *Stein/Jonas/Leipold*[22], § 322 Rdnr. 90.

635 Vgl. *RGZ* 120, 317 (319); 142, 268 (270); 172, 118 (125); *BGHZ* 34, 337 (339); 36, 365 (367); 93, 330 (334); 135, 178 (181 ff.); *BGH* NJW 1997, 3019 (3020); *Batsch*, ZZP 86 (1973), 254 (260 ff.) m. w. N. in Fußn. 24; MünchKomm ZPO/*Gottwald*[4], § 322 Rdnr. 119; *Jauernig/Hess*, § 63 Rdnr. 11; *Musielak*, FS Schumann, 295 (295 f.); *Stein/Jonas/Leipold*[22], § 322 Rdnr. 139; *Pohle*, ZZP 77 (1964), 98 (105); *Zöller/Vollkommer*, vor § 322 Rdnr. 47 f.; so bereits *Zitelmann*, ZZP 8 (1885), 254 (266); weitere Nachweise bei *Leipold*, FS Zeuner, 431 (435) in Fußn. 13, der zwar keine Rechtskraft für den verbleibenden Betrag annimmt, aber eine Rechtskraftwirkung vergleichbar § 304 ZPO über den Grund des Anspruchs befürwortet, vgl. *Leipold*, FS Zeuner, 431 (445 ff.). Anderer Auffassung ist auch *Foerste*, der (in Anlehnung an *Henckel*, Prozeßrecht, S. 203 f.) eine Rechtskrafterstreckung – im Rahmen von Ausgleichszusammenhängen – auf den verbindenden Entscheidungsgrund des ersten Urteils kraft teleologischer Reduktion des § 322 Abs. 1 ZPO (im übrigen in Analogie zu § 322 Abs. 2 ZPO) befürwortet. Die Spezialprobleme bei Teilklagen ließen sich seiner Meinung nach rechtsfortbildend lösen, vgl. *Foerste*, ZZP 108 (1995), 167 (175 ff), (180), (190 f.). Zu den Argumenten der Auffassung von der Unzulässigkeit einer Nachforderungsklage bei verdeckter Teilklage vgl. *Batsch*, ZZP 86 (1973), 254 (264 ff).

636 Statt vieler *BGHZ* 93, 330 (337); *BGH* JZ 1997, 1126.

b) Klageabweisendes Sachurteil

aa) Individualisierte Teilklage

Das klagabweisende (Sach-)Urteil über die individualisierte Teilklage (z. B. Einklagung nur der Abschleppkosten bei Verkehrsunfall) wirkt ebenfalls nur Rechtskraft hinsichtlich dieses Teils. Denn die Abweisung des derart individualisierten Teils erfolgt unabhängig vom Schicksal der anderen (individualisierten) Teile des Gesamtanspruchs. Der erhobene Anspruch i. S. v. § 322 Abs. 1 ZPO beschränkt sich auf den eingeklagten Teil[637]. Mehr noch, das Gericht ist wegen § 308 Abs. 1 ZPO daran gehindert, über die anderen Teile bzw. den Gesamtanspruch zu entscheiden.

bb) Nicht individualisierte Teilklage

Uneinigkeit herrscht aber, was die Folge der Klageabweisung nicht individualisierter Teilklagen betrifft.

(1) Klageabweisung der offenen Teilklage

Nach herrschender Meinung soll auch bei Abweisung einer offenen (nicht individualisierten) Teilklage die Rechtskraft auf den geltend gemachten Betrag beschränkt sein[638], so daß eine Nachforderungsklage stets zulässig und der Zweitrichter nicht gebunden ist. Begründet wird dies damit, daß der Kläger entsprechend § 308 Abs. 1 ZPO nur diesen Teilbetrag zur Entscheidung gestellt

---

637 Vgl. *Leipold*, FS Zeuner, 431 (439); *Zitelmann*, ZZP 8 (1885), 254 (260 ff.), der plastisch bemerkt: „Ein in dieser Weise individualisierter Theil führt jedenfalls seine eigne verselbständigte Existenz, er lebt für sich und, was hier wichtiger ist, er stirbt auch für sich. Sein rechtliches Schicksal tangiert die übrigen Theile nicht“, vgl. *Zitelmann*, ZZP 8 (1885), 254 (259).

638 Vgl. *RGZ* 120, 317; 172, 118 (125); *RAG* JW 1931, 2401; *BGHZ* 34, 337 (339); 36, 365 (367); 93, 330 (334); *BAG* NJW 1971, 1768; *Batsch*, ZZP 86 (1973), 254 (283 ff.); MünchKomm ZPO/*Gottwald*[4], § 322 Rdnr. 124 f.; *Jauernig*, FG BGH III, 311 (332); *Kuschmann*, FS Schiedermair, 351 (368 f.); *Musielak*, FS Schumann, 295 (301 ff.); *Pohle*, ZZP 77 (1964), 98 (98 ff.); *Rosenberg/Schwab/Gottwald*[17], § 154 Rdnr. 16 ff.; *Thomas/Putzo/Reichold*, § 322 Rdnr. 26; *Zöller/Vollkommer*, vor § 322 Rdnr. 47; bereits früher *Herzog*, ZZP 1 (1873), 416 (421 ff.). Auf die Ausnahme, wenn bei einer Gesamtklage keine ausreichende Abgrenzung der Einzelposten erfolgt, so daß nicht erkennbar ist, in welchem Umfang über die verschiedenen Ansprüche entschieden wurde, soll hier nicht näher eingegangen werden, vgl. dazu *BGH* LM § 253 ZPO Nr. 7. Ebenfalls nicht näher wird auf die Ausnahme eingegangen, wenn der Kläger die Höhe des Anspruchs (wie bei der Forderung von Schmerzensgeld) in das Ermessen des Gerichts gestellt hat und die Entscheidung bedeutet, daß ihm der Anspruch nur in dieser Höhe zusteht, vgl. dazu *BGH* NJW 1997, 3019 (3021).

habe und ihm der Dispositionsgrundsatz eine das Risiko beschränkende Prozeßführung ermögliche. Eine Rechtskraftwirkung auch für den nicht eingeklagten Teil wäre mit dem Wortlaut von § 322 Abs. 1 ZPO nicht zu vereinbaren. Anderenfalls würde der Kläger mit Rechtskraftwirkungen konfrontiert, mit denen er nicht rechnen konnte und wollte. Wenn auch das Gericht die Teilforderung wegen des Nichtbestehens der Gesamtforderung abgewiesen habe, nehme diese Entscheidung als Element der Entscheidungsgründe nicht an der Rechtskraft teil, weil die Mehrforderung nicht zum Streitgegenstand gemacht worden sei. Der Beklagte sei zudem ausreichend dadurch geschützt, daß er hinsichtlich der gesamten Forderung bzw. des Restes negative (Zwischen)Feststellungswiderklage erheben könne[639].

Nach der Gegenansicht[640] erstreckt sich die Rechtskraft der abweisenden Entscheidung auch auf den nicht eingeklagten Rest. Eine Nachforderungsklage ist somit nicht mehr zulässig (exceptio rei judicatae). Das bereits von *Zitelmann* vorgetragene Argument ist, daß mit einer nicht individualisierten Teilklage der Kläger für den Fall der Abweisung *alle* Teile, für den Fall der Stattgabe nur *einen* Teil der Gesamtforderung erhoben habe[641]. Denn um zur Abweisung zu gelangen, müsse der Richter notwendig die Gesamtforderung in allen ihren Teilen verneinen. Darin liege der Unterschied zur positiven Entscheidung; dort könne und müsse das Gericht seine Prüfung abbrechen, sobald es den eingeklagten Teil bejahe. Dies entspreche auch dem Willen des Klägers, der ja nicht mit seiner Teilklage abgewiesen werden wolle, wenn lediglich dieser Teil vom Gericht nicht bejaht werde. Mache der Kläger etwa von einer behaupteten Gesamtforderung über 600[642] den Teil von 200 geltend und das Gericht verneine diese 200, so solle das Gericht nach dem Willen des Klägers ja nicht abweisen, sondern weiter prüfen, ob ihm von dem nicht eingeklagten Rest von 400 noch 200 zustünden. Daher liege der Klageabweisung notwendig die Entscheidung zugrunde, daß dem Kläger nichts von der Gesamtforderung zustünde, weshalb sich die Rechtskraft über den eingeklagten Teil hinaus auf die mitgeprüften und verneinten restlichen Teile erstrecke. Dies sei auch im Beklagteninteresse

639 Vgl. *RGZ* 120, 317; 172, 118 (125); *BGHZ* 93, 330 (334); *BGH* WM 1986, 146; *Pohle*, ZZP 77 (1964), 98 ff.; *Zöller/Vollkommer*, vor § 322 Rdnr. 47.

640 Vgl. *Bruns*, Zivilprozeßrecht, Rdnr. 235b f.; *Leipold*, FS Zeuner, 431 (439 ff.); *Zeiss*, Zivilprozeßrecht, Rdnr. 581; *Stein/Jonas/Leipold*[22], § 322 Rdnr. 142 m. w. N. in Fußn. 188. So bereits früher *Fitting*, ZZP 2 (1880), 266 (270); *Zitelmann*, ZZP 8 (1885), 254 (264 ff.).

641 Vgl. *Zitelmann*, ZZP 8 (1885), 254 (265 f.). Konsequenterweise geht er davon aus, daß die gesamte Forderung bei einer nicht individualisierten Teilklage rechtshängig wird, vgl. *Zitelmann*, ZZP 8 (1885), 254 (272 ff.). *Zitelmann* griff hierbei auf die schon von *Fitting*, ZZP 2 (1874), 416 (419 f.), für eine Rechtskrafterstreckung auf die ganze Forderung bei Aberkennung des eingeklagten Teils vorgebrachten Argumente zurück.

642 Einheiten, gleich welcher Art.

geboten. Er werde vom Kläger auf einen Teilbetrag belangt, was nicht von seinem Willen abhänge. Der Kläger gewinne, wenn er nur beweise, daß ihm *ein* solcher Teil zustehe, wohingegen der Beklagte nur gewinne, wenn dem Kläger *kein* Teil zustehe. Trete nun Rechtskraft nur für den Teil ein, so würde der Beklagte in jedem neuen Teilprozeß genötigt sein, seinen Beweis bezüglich des Nichtbestehens der gesamten Forderung zu wiederholen; die Chance zu gewinnen sei also für den Kläger viel größer als für den Beklagten[643]. *Leipold* führt ferner aus, daß in diesem Fall auch keine Rede davon sein könne, daß die Parteien mit Urteilsfolgen belastet würden, mit denen sie nicht gerechnet hätten. Vielmehr müsse jeder Partei einleuchten, daß bei Verneinung schon eines Teils eines einheitlichen Anspruchs erst Recht kein Raum mehr für die Beanspruchung eines darüber hinausgehenden Teils sein könne[644].

Es ist nicht Aufgabe dieser Arbeit, die geschilderte Kontroverse um die Rechtskraft bei Teilklagen zu entscheiden. Klar ist nur, daß die Frage der Anwendbarkeit der Inzidentwiderklage davon abhängig ist, ob man eine *Rechtskrafterstreckung auf den nicht eingeklagten Teil* annimmt oder nicht[645].

(2) Klageabweisung der verdeckten Teilklage

Im Fall der Abweisung einer verdeckten Teilklage, wenn also der Kläger die Eigenschaft seiner Klage als Teilklage nicht zu erkennen gibt, sprechen sich Teile der Rechtsprechung und Literatur für eine Rechtskrafterstreckung auf den nicht eingeklagten Teil aus[646]. *Jauernig* ist der Ansicht, daß das Gericht in diesem Fall den *Anspruch* nicht nur in bestimmter Höhe, sondern (vom eventuell zuerkannten Teil abgesehen) zugleich dem *Grunde nach verneine*[647]. Da die Anspruchsverneinung ziffernmäßig nicht begrenzt sei (der Kläger hat sich keine

643 Vgl. *Zitelmann*, ZZP 8 (1885), 254 (270). Genau umgekehrt argumentiert *Fenge*, wenn er feststellt, daß der Kläger nach der Ansicht Zitelmanns nur eine auf den eingeklagten Teil beschränkte Chance der positiven Rechtsfeststellung habe, der den Anspruch leugnende Beklagte dagegen eine das ganze Recht umfassende Chance der negativen Rechtsfeststellung, vgl. *Fenge*, FS Pieper, 31 (44).

644 Vgl. *Leipold*, FS Zeuner, 431 (442). Nicht ohne Sarkasmus fügt er hinzu, erst in Kenntnis der „gefestigten Rechtsprechung" könne eine Partei auf den Gedanken kommen, daß die Rechtskraft der Klagabweisung hier nicht einer erneuten Klage auf einen anderen Anspruchsteil entgegen stehen solle.

645 Dazu sogleich Text bei Fußn. 652 ff.

646 So die frühere Rspr. des *BGH*, vgl. *BGHZ* 34, 337 (340); 36, 365; aus der Literatur vgl. *Jauernig*, FG BGH III, 311 (322 ff.); *Jauernig/Hess*, § 63 Rdnr. 12; *Pagenstecher*, Einrede, S. 76 ff.; *Zeiss*, Zivilprozeßrecht, Rdnr. 581, der dies auch für die Abweisung der offenen Teilklage vertrat (*Klaus Schreiber* hingegen hat sich in den von ihm bearbeiteten Folgeauflagen des Lehrbuchs von *Zeiss* an selber Stelle der h. M. angeschlossen).

647 Vgl. *Jauernig*, Zivilprozessrecht, § 63 II. Dieser Meinung hat sich *Hess* in der Neuauflage des Lehrbuchs angeschlossen, vgl. *Jauernig/Hess*, § 63 Rdnr. 12.

Nachforderung vorbehalten), enthalte sie zugleich die rechtskräftige Feststellung, daß dem Kläger auch *nicht mehr als beantragt zustehe.* Mit der Nachforderungsklage mache der Kläger somit das *kontradiktorische Gegenteil* geltend, weshalb zwar keine Streitgegenstandsidentität bestehe, aber die Nachforderungsklage dennoch wegen entgegenstehender Rechtskraft unzulässig sei. Wolle der Kläger diese Konsequenz vermeiden, müsse er eine offene Teilklage erheben[648]. Dies diene dem Interesse des Beklagten, dem es mangels Erkennbarkeit einer möglichen Nachforderung verwehrt bleibe, negative (Inzident)Feststellungswiderklage zu erheben[649].

Die herrschende Meinung[650] will auch hier der Klageabweisung keine weiterreichende Rechtskraftwirkung zuerkennen. Der Wortlaut des § 322 Abs. 1 ZPO lasse weder eine Ausdehnung der Rechtskraft auf den gesamten Anspruch noch auf den Grund des geltend gemachten Anspruchs als Vorfrage zu, weshalb trotz rechtskräftiger Abweisung die Erhebung einer späteren Klage auf einen weiteren Teilbetrag zulässig bleibe. Anderenfalls würde man dem Kläger aufgrund des Unterlassens eines Vorbehalts im Ergebnis ein antragsloses Verzichtsurteil aufzwingen. Das Sicherheitsinteresse des Beklagten dürfe nicht höher gewertet werden als das des Klägers. Dieser könne die Erklärung des Vorbehalts unterlassen haben, weil er unverschuldet von der Mehrforderung nichts wisse[651].

Parallel zum Fall der Klageabweisung einer offenen Teilklage wirkt es sich auf die Zulässigkeit einer Inzidentwiderklage aus, welcher Auffassung man sich anschließt, wie die folgenden Ausführungen zeigen werden.

---

648 Vgl. *Jauernig/Hess*, § 63 Rdnr. 12. Ebenso argumentiert *Zeiss*, Zivilprozeßrecht, Rdnr. 581, mit einem weiten Verständnis des kontradiktorischen Gegenteils generell für die Klagabweisung, nicht nur bei der verdeckten Teilklage. Wie *Reischl* ausführt, müßte die Nachforderungsklage nach dieser Meinung streng genommen als unbegründet abgewiesen werden, da nicht derselbe Streitgegenstand rechtshängig gemacht werde und auch nicht das kontradiktorische Gegenteil verlangt werde, sondern die Rechtskrafterstreckung lediglich Präjudizialitätswirkung hätte, vgl. *Reischl*, Rechtskraft, S. 281 ff. Gleichfalls ablehnend gegenüber der Annahme, mit der Nachforderungsklage werde das kontradiktorische Gegenteil geltend gemacht, *Musielak*, FS Schumann, 295 (303 f.).

649 Vgl. *Jauernig/Hess*, a. a. O., und unten Text bei Fußn. 687 f.

650 Vgl. *BGHZ* 135, 178 (181 ff.); *BGH* NJW 1985, 2825 (2826); 2002, 2167; *BGH* WM 1986, 146; *OLG Frankfurt* NJW-RR 1997, 700; *Batsch*, ZZP 86 (1973), 254 (280); MünchKomm ZPO/*Gottwald*[4], § 322 Rdnr. 119; *Rosenberg/Schwab/Gottwald*[17], § 154 Rdnr. 15; *Musielak*, FS Schumann, 295 (297), (307); *Pohle*, ZZP 77 (1964), 98 (105); *Stein/Jonas/Leipold*[22], § 322 Rdnr. 145 ff.; *Thomas/Putzo/Reichold*, § 322 Rdnr. 23; *Zöller/Vollkommer*, vor § 322 Rdnr. 48.

651 Beispielsweise bei einem Schadensersatzprozeß wegen eines Schenkelbruchs des Klägers, den dieser bei einem Verkehrsunfall erlitten hat, aber beide Parteien noch keine Kenntnis davon haben, daß der Kläger sich dabei auch schwere Schädigungen der inneren Organe zugezogen hat, deren nachteilige Folgen erst nach Beendigung des ersten Prozesses erkennbar werden, vgl. *Pohle*, ZZP 77 (1964), 98 (114).

3. *Auswirkungen auf die Zulässigkeit einer Inzidentwiderklage*

Zuzugeben ist den Stimmen, die für eine Zulässigkeit der Zwischenfeststellungswiderklage plädieren, daß der Beklagte ein Mittel haben sollte, um den Rechtsstreit vollumfänglich (quasi mit einem Schlag) einem Ende zuzuführen, statt sich auf sukzessive Klagen wegen desselben Lebenssachverhalts einlassen zu müssen[652]. Dies entspricht auch dem Grundsatz der Prozeßökonomie, daß, wenn möglich, weitere Prozesse vermieden werden sollen. Das darf jedoch nicht dazu führen, die Zulässigkeitsvoraussetzungen des § 256 Abs. 2 ZPO zu umgehen und die dogmatischen Grundlagen zu verlassen[653]. Entscheidendes Kriterium für die Zulässigkeit ist neben der Abhängigkeit (der Hauptsacheentscheidung vom Bestehen bzw. Nichtbestehen des Rechtsverhältnisses) der Sinn und Zweck der Inzidentklage, nämlich die Rechtskrafterstreckung auf die Gründe.

Zur Veranschaulichung sollen die im Folgenden zu diskutierenden Fälle dienen:

Beispiel 1: K klagt gegen B aus Kaufvertrag auf Zahlung von 1.000 € mit dem Hinweis, daß ihm aus diesem Kaufvertrag insgesamt ein Kaufpreisanspruch in Höhe von 10.000 € zusteht. B beantragt widerklagend festzustellen, daß der *Kaufvertrag nicht besteht.*

Beispiel 2: In Abwandlung des Beispiels 1 beantragt B Klageabweisung und widerklagend Zwischenfeststellung, daß er dem *K nichts schuldet.*

Beispiel 3: In Abwandlung des Beispiels 1 beantragt B widerklagend festzustellen, daß die *gesamte Kaufpreisforderung nicht besteht.*

Beispiel 4: In Abwandlung des Beispiels 1 beantragt B widerklagend festzustellen, daß er dem *K über den geltend gemachten Betrag hinaus nichts schuldet.*

Beispiel 5: In Abwandlung des Beispiels 1 beantragt B widerklagend festzustellen, daß *ein Kaufpreisanspruch dem Grunde nach nicht besteht.*

Beispiel 6: In Abwandlung des Beispiels 1 beantragt B widerklagend festzustellen, daß *ein Kaufpreisanspruch nicht besteht.*

Beispiel 7: In Abwandlung des Beispiels 1 beantragt B widerklagend festzustellen, daß dem K aus dem behaupteten Kaufvertrag *keinerlei Ansprüche zustehen.*

a) Der Zwischenfeststellungswiderklageantrag

Der Zwischenfeststellungswiderklageantrag in *Beispiel 1* bereitet unter dem Aspekt der Bestimmtheit keinerlei Schwierigkeiten.

---

652 Vgl. *Bergerhoff*, Zwischenfeststellungsklage, S. 29; so bereits *Oertmann*, ZZP 22 (1896), 11 (36).

653 Vgl. MünchKomm ZPO/*Becker-Eberhard*[4], § 256 Rdnr. 76.

Wenn der Beklagte hingegen wie in *Beispiel 2* beantragt, festzustellen, daß er dem K *nichts schulde*, ist die Zwischenfeststellungswiderklage im Hinblick auf das Bestimmtheitserfordernis (§ 253 Abs. 2 Nr. 2 ZPO) mangels Angabe eines konkreten Schuldgrundes und Schuldgegenstandes unzulässig[654]. Die erforderliche Bestimmtheit verlangt, daß das festzustellende Rechtsverhältnis so genau bezeichnet wird, daß über dessen Identität und somit über den Umfang der Rechtskraft des begehrten Feststellungsanspruchs keinerlei Ungewißheit bestehen kann[655]. Für die auf einen Teilbetrag beschränkte negative Feststellungsklage ist anerkannt, daß sie (wie auch die Teilleistungsklage) genau erkennen lassen muß, welcher Teil des Gesamtanspruchs verneint werden soll[656]. Dies muß ebenso gelten, wenn der Feststellungskläger jeglichen Anspruch leugnet, da die Grenzen der Rechtskraft nicht im Ungewissen bleiben dürfen. Deshalb ist der Antrag entweder dahingehend zu formulieren[657], daß dem Kläger die behauptete Kaufpreisforderung in ihrem gesamten Umfang nicht zusteht[658], das entspricht *Beispiel 3*, daß die Widerklage nur den über die Klageforderung hinausgehenden Kaufpreisteil betrifft[659], dies entspricht *Beispiel 4*, oder dahin, daß ein Kaufpreisanspruch nicht besteht, dies entspricht *Beispiel 6*.

Betrachtet man den Antrag auf Feststellung, daß die *Gesamtforderung* nicht besteht (*Beispiel 3*), so könne dieser nach Auffassung von *Bergerhoff*[660] sowohl das Nichtbestehen der Gesamtforderung in ihrer behaupteten *Höhe* (10.000 €)

---

654 Vgl. *Stein/Jonas/Roth*²², § 256 Rdnr. 78, unter Verweis auf *OLG Hamburg* HGZ 29, 156; *Baltzer*, Negative Feststellungsklage, S. 115; MünchKomm ZPO/*Becker-Eberhard*⁴, § 256 Rdnr. 61.

655 Vgl. *BGHZ* 26, 25 (28 f.); *BGH* GRUR 2008, 357 (Rdnr. 21); *BGH* NJW-RR 2009, 114 (116 f.) („Eros“, Rdnr. 31); *BGH* NJW 2001, 445 (447); *Baltzer*, Negative Feststellungsklage, S. 111; *Thomas/Putzo/Reichold*, § 253 Rdnr. 13; *Stein/Jonas/Roth*²², § 256 Rdnr. 77 m. w. N. in Fußn. 472.

656 Vgl. *BGH* NJW 1958, 34; *Stein/Jonas/Roth*²², § 256 Rdnr. 78.

657 Zur Frage der Auslegung des Antrags bei Unbestimmtheit *BGH* NJW-RR 2005, 965 (967). Zur vorrangigen Aufklärung wie auch zur Heilung und gegebenenfalls Umdeutung vgl. *Stein/Jonas/Roth*²², § 253 Rdnr. 27, 61. Gerade der Anwalt sollte auf eine genaue Antragsformulierung achten, die nicht die Gefahr der Unbestimmtheit in sich birgt, um sich und seinem Mandanten eine möglicherweise „peinliche“ Umdeutung zu ersparen.

658 Auf die *Gesamtforderung* als Gegenstand der Inzidentwiderklage stellen ab *RGZ* 126, 234 (238); *RG* JW 1893, 306 Nr. 5; *RG* WarnRspr 1918, Nr. 193; *Bergerhoff*, Zwischenfeststellungsklage, S. 33 f. (letztlich Präjudizialität verneinend); *Blomeyer*, Erkenntnisverfahren², § 37 IV, S. 218; *Hellwig*, Lehrbuch III, S. 49 Fußn. 25; *Wilmowski/Levy*³, § 253 Anm. 1b unter Verweis auf die Protokolle der Kommission (S. 90).

659 Auf die *Restforderung* als Gegenstand der Inzidentwiderklage stellen ab *Huber*, JuS 2003, 490 (sub II 2); *Jauernig/Hess*, § 63 Rdnr. 13; *Rosenberg/Schwab/Gottwald*¹⁷, § 96 Rdnr. 37 (wobei *Gottwald* auch die Feststellung hinsichtlich des ganzen Rechtsverhältnisses für zulässig erachtet); *Wieczorek/Schütze/Assmann*³, § 256 Rdnr. 357 („für den nicht rechtshängigen Teil“).

660 Vgl. *Bergerhoff*, Zwischenfeststellungsklage, S. 32.

bedeuten als auch – wie in *Beispiel 5* – die Feststellung bezwecken, daß der (Kaufpreis)Anspruch dem *Grunde nach* nicht bestehe, mithin überhaupt keine Verpflichtung zur Kaufpreiszahlung (unabhängig von der Höhe) bestehe. *Bergerhoff* ist der Ansicht, die Feststellung, daß überhaupt keine Verpflichtung bestehe, sei bereits im Antrag des Beklagten auf Klageabweisung enthalten, weshalb ihm hierfür die Zwischenfeststellungswiderklage verschlossen bleibe[661]: Werde die Teilklage als unbegründet abgewiesen, so werde nicht nur ausgesprochen, daß die Teilschuld nicht bezahlt zu werden brauche, sondern zugleich, daß eine Verpflichtung des Beklagten schlechthin nicht bestehe. Die Entscheidung über die Leistungsklage würde danach *in jedem Fall* das Bestehen oder Nichtbestehen des Leistungsanspruchs *dem Grunde nach* feststellen. Stimmt man dem zu, so wäre eine darauf gerichtete Inzidentwiderklage tatsächlich unzulässig. Denn insoweit läge dann Streitgegenstandsidentität vor und der Einwand anderweitiger Rechtshängigkeit wäre begründet[662]. In ähnlicher Weise spricht sich insbesondere *Leipold* für eine solche Rechtskraftwirkung „dem Grunde nach" sowohl für das die (nicht individualisierte) Teilklage abweisende als auch stattgebende Urteil aus[663]. Folgt man dieser Ansicht, wäre die so formulierte Zwischenfeststellungswiderklage entweder nach § 261 Abs. 3 Nr. 1 ZPO unzulässig oder aber zwecklos, da eine Rechtskrafterstreckung unabhängig von ihr erfolgt, und damit *unzulässig*[664]. Deshalb will *Bergerhoff* den Antrag in *Beispiel 3* auf den behaupteten Umfang der *Gesamtforderung* bezogen wissen[665].

---

661 Vgl. *Bergerhoff*, Zwischenfeststellungsklage, S. 32 f.; zum selben Ergebnis, aber mit anderer Begründung, gelangt auch *Oertmann*, ZZP 22 (1896), 11 (26 f.).

662 Vgl. *BGH* NJW 1989, 2064; *OLG Frankfurt am. M.* NJW-RR 2002, 296; *Stein/Jonas/Roth*[22], § 261 Rdnr. 31 (m. w. N. in Fußn. 120); *Stein/Jonas/Schumann*[21], § 261 Rdnr. 59: Wenn man der Auffassung *Bergerhoffs* folgt, würde nämlich das Sachurteil über die Teilklage *in jedem Fall* die Feststellung treffen, welche mit der Inzidentwiderklage (über das Nichtbestehen des Anspruchs dem Grunde nach) verlangt wird. Für die Widerklage ist anerkannt, daß es sich bei ihr in Folge der Rechtshängigkeitssperre nicht um die Negation der Klage, also einen „verkappten" Klageabweisungsantrag handeln darf, vgl. *Musielak*, Grundkurs, Rdnr. 316; *Otto*, Rechtshängigkeitssperre, S. 97; bereits früher *Hellwig*, Lehrbuch III, § 146 II, S. 54. Allgemein zur Rechtskraftwirkung der sachlichen Abweisung der Leistungsklage im Verhältnis zu Feststellungsklage *RGZ* 50, 416 (417 ff.); *E. Habscheid*, ZZP 112 (1999), 37 (43) (für den Kaufpreisanspruch); *Stein/Jonas/Leipold*[22], § 322 Rdnr. 103.

663 Vgl. *Leipold*, FS Zeuner, 431 (439 ff.), (449).

664 Zu dieser teleologischen Reduktion des Anwendungsbereichs der Zwischenfeststellungsklage unabhängig von den Theorien zur Rechtshängigkeit unten Text nach Fußn. 683 und Text bei Fußn. 906 ff.

665 Was seiner Ansicht nach als Feststellung über die Höhe des im Streit befindlichen Betrages, mithin als Tatsache anzusehen sei, die einer Feststellung nicht zugänglich sei, vgl. *Bergerhoff*, Zwischenfeststellungsklage, S. 36.

Eine derartige Rechtskraftwirkung (Entscheidung über den Bestand des Anspruchs dem Grunde nach) wird von der herrschenden Meinung – wie ausgeführt – abgelehnt. Die Beurteilung des Anspruchsgrundes ist danach lediglich eine Vorfrage, die aufgrund der Vorschrift des § 322 Abs. 1 ZPO und der bewußten Restriktion des Gesetzgebers nicht an der Rechtskraft teilnimmt[666]. Da sie eine Rechtskrafterstreckung auf den Grund des geltend gemachten Anspruchs negiert, könnte man folglich argumentieren, die h. M. müsse die Feststellung des Nichtbestehens des Anspruchs „dem Grunde nach" als Zwischenfeststellungswiderklage konsequenterweise zulassen. Zwar lassen nahezu alle Erörterungen zur Inzidentwiderklage bei Teilklagen nähere Ausführungen hierzu vermissen und beschränken sich darauf, die Feststellung des Nichtbestehens der *ganzen Forderung* oder des *nicht rechtshängigen Teils* mittels Zwischenfeststellungswiderklage zu behandeln[667]. Meines Erachtens ist dies jedoch berechtigt, da eine solche Argumentation weder zwingend noch zielführend ist.

Die aus der Regelung des § 304 ZPO zum Grundurteil[668] entnommene Unterscheidung zwischen Anspruchsgrund und Anspruchshöhe läßt sich – unabhängig von einer möglichen derartigen Rechtskraftwirkung wie sie *Leipold* vertritt – nicht auf den Zwischenfeststellungsantrag übertragen. Wenn auch die vorherrschende Meinung den Bestand des Anspruchs dem Grunde nach als nicht an der Rechtskraft teilnehmende Vorfrage behandelt, so ist damit noch nicht gesagt, daß es sich um ein feststellungsfähiges (präjudizielles) Rechtsverhältnis handelt. Das materielle Recht kennt keinen Begriff des Anspruchsgrundes, in dem nicht auch die Voraussetzungen der Höhe des Anspruchs enthalten wären[669]. Ein materiellrechtliches Rechtverhältnis würde mit einem dahingehenden Antrag folglich nicht zur Feststellung gebracht. Es handelt sich ebenfalls nicht um ein öffentlichrechtliches oder prozessuales Rechtsverhältnis. Vielmehr handelt es sich um ein (bloßes) Element im Prüfungsvorgang des Gerichts auf dem Weg zum rechtskräftigen Subsumtionsschluß. Die Tatsache, daß die spezielle Regelung des § 304 Abs. 1 ZPO es aus Gründen der Prozeßökonomie gestattet, die Verhand-

666 So ausdrücklich *Musielak*, FS Schumann, 295 (296 f.).

667 Vgl. dazu oben Fußn. 658 und 659. Zwar hat *Batsch* in seinem Aufsatz das Bestehen eines Schadensersatzanspruchs dem Grunde nach als „präjudizielles Rechtsverhältnis" bezeichnet, das an der Rechtskraft des Urteils über die Teilklage auf Schadensersatz nicht teilnehme, vgl. *Batsch*, ZZP 86 (1973), 254 (261), (285). Soweit er sich aber näher mit der Zwischenfeststellungswiderklage auseinandersetzt, stellt auch er im Rahmen des festzustellenden Rechtsverhältnisses auf den Gesamt- sowie Restanspruch und daneben auf den Kaufvertrag als Grundlagengeschäft ab, vgl. *Batsch*, ZZP 86 (1973), 254 (280) (Fußn. 65).

668 Zu dennoch bestehenden Berührungspunkten zwischen der Inzidentklage und dem Grundurteil näher unten Text bei Fußn. 1020 ff.

669 Statt vieler *Stein/Jonas/Leipold*[22], § 304 Rdnr. 2.

lung über einen Anspruch in eine Vorabentscheidung über den Anspruchsgrund und ein Nachverfahren über den Betrag aufzuteilen, bedeutet nicht, daß dies notwendig im Rahmen der Inzidentklage ebenfalls möglich sein muß. Im Gegenteil. Aus der singulären Natur der Vorschrift des § 304 ZPO folgt vielmehr ein grundsätzlicher Ausschluß der Analogiefähigkeit und damit einer Übertragung auf die Zwischenfeststellungsklage.

Für eine Nichtzulassung des Antrags in *Beispiel 5* spricht zudem folgende Erwägung: Leugnet der Beklagte der Teilklage das Bestehen eines Anspruchs schlechthin, unabhängig von der Höhe, und will hierüber eine rechtskräftige Feststellung erreichen, ist er gehalten, den Antrag auf das *Nichtbestehen des Anspruchs* zu richten. Dies entspricht dem Antrag in *Beispiel 6*. Wird die unbezifferte negative Feststellungsklage aus sachlichen Gründen abgewiesen, so steht positiv (nur) fest, daß ein Anspruch des Beklagten gegen den Kläger dem Grunde nach besteht und die Höhe noch der Prüfung und Entscheidung bedarf[670]. Einem solchen Urteil kommt die gleiche Bedeutung zu wie einem Grundurteil für das spätere Betragsverfahren, weshalb aber in einem zweiten Prozeß das Ergebnis nicht ausgeschlossen ist, dem Feststellungskläger des Erstprozesses stehe kein Anspruch zu[671]. Denn das Urteil, das die negative Feststellungsklage auf Nichtbestehen des Anspruchs abweist, schafft keine Rechtskraft hinsichtlich der Höhe des vom Gericht bejahten Anspruchs[672]. Aufgrund der identischen Zielsetzung stellt sich der Antrag, das Nichtbestehen des Anspruchs „dem Grunde nach“ festzustellen, allenfalls als Synonym des Antrags, das Nichtbestehen des Anspruchs schlechthin festzustellen, dar. Bei letzterem handelt es sich unstreitig um ein feststellungsfähiges Rechtsverhältnis. Ein (Zwischen)Feststellungsantrag, das Nichtbestehen eines Anspruchs *„dem Grunde nach“* festzustellen, ist somit *ausgeschlossen*.

Die von *Bergerhoff* vorgenommene Differenzierung ist meines Erachtens nicht geeignet, die Frage nach der Zulässigkeit einer Inzidentwiderklage bei Teilklagen angemessen zu lösen. Vielmehr ist es strukturell gleichgültig, ob der Beklagte wie in *Beispiel 3* beantragt festzustellen, daß die gesamte Kaufpreisforderung nicht besteht, oder wie in *Beispiel 6*, daß ein Kaufpreisanspruch nicht besteht. In beiden Fällen will der Beklagte einen rechtskräftigen Ausspruch über das Nichtbestehen der *ganzen* Forderung erreichen. Es macht ebenfalls keinen Unterschied, ob der Beklagte die Feststellung des Nichtbestehens der Gesamtforderung *beziffert* oder nicht. Er kann sowohl beantragen festzustellen, daß die Kaufpreisforderung in ihrem gesamten behaupteten Umfang in Höhe von 10.000 € nicht besteht, als

---

670 Vgl. *RGZ* 90, 291 (292); *BGH* NJW 1975, 1320 (1321); 1986, 2508; *Musielak/Musielak*, § 322 Rdnr. 59; *Stein/Jonas/Roth*[22], § 256 Rdnr. 121; *Stein/Jonas/Leipold*[22], § 322 Rdnr. 108.

671 Vgl. *BGH* NJW 1986, 2508; *Musielak/Musielak*, § 322 Rdnr. 59.

672 Vgl. *Stein/Jonas/Roth*[22], § 256 Rdnr. 121.

auch, daß die gesamte Kaufpreisforderung nicht besteht respektive ein Kaufpreisanspruch nicht besteht. Entscheidend ist, daß der Beklagte mit seinem Inzidentantrag eine *Rechtskrafterstreckung* auf die *gesamte* Forderung erreichen will. Denn sein Bestreben ist es, nicht nur eine abweisende rechtskräftige Entscheidung über den Teilbetrag, sondern über die *Gesamtforderung* zu erhalten, damit er einer Nachforderungsklage die Einrede der *res judicata* entgegenhalten kann. Die Höhe der vom Kläger behaupteten (Kaufpreis)Forderung selbst ist für den Beklagten sekundär. Hierauf hat er auch keinen Einfluß, da sie vom Kläger vorgegeben wird.

Allerdings ist die Zulässigkeit des Inzidentantrags auf Feststellung des Nichtbestehens der *ganzen* Forderung im Hinblick auf den *Einwand anderweitiger Rechtshängigkeit* nicht gänzlich unbestritten[673]. *Bettermann* spricht diesbezüglich von „anteiliger" Rechtshängigkeit des Gesamtanspruchs[674]. Richtig ist, daß das Urteil über die Teilklage in jedem Fall rechtskräftig feststellt, daß ein Leistungsanspruch in der *geltend gemachten Höhe* besteht oder nicht besteht. Soweit der Beklagte folglich mit der Inzidentwiderklage die Feststellung begehrt, daß dem Kläger der Anspruch (in der behaupteten Gesamthöhe) nicht zusteht, wird zumindest in Höhe des eingeklagten Teils in jedem Fall die Feststellung getroffen, welche der Kläger erstrebt. Aber auch nur in dieser Höhe. Der Inzidentantrag des Beklagten zielt allerdings darauf ab, nicht nur den eingeklagten Teil, sondern den ganzen Anspruch zu Fall zu bringen[675]. Will man sich keinesfalls dem Einwand (teilweiser) anderweitiger Rechtshängigkeit aussetzen, bleibt somit nur, die Inzidentwiderklage auf den *Restbetrag* zu beschränken. Dies entspricht dem Antrag in *Beispiel 4*.

Formuliert der Beklagte der Teilklage seinen Zwischenfeststellungswiderklageantrag dahingehend festzustellen, daß dem Kläger aus dem behaupteten Kaufvertrag *keinerlei Ansprüche zustehen* (*Beispiel 7*), so besteht über die Identität des Rechtsverhältnisses und damit über den Umfang der Rechtskraft des begehrten Feststellungsanspruchs keine Ungewißheit. Unter dem Gesichtspunkt der Bestimmtheit ist dieser Antrag zweifellos zulässig. Allerdings ist ein derartiger Antrag im Rahmen einer Inzidentwiderklage unter dem Gesichtspunkt der *Präjudizialität* unzulässig. Denn die Entscheidung über die Teilklage hängt mitnichten davon ab, ob dem Kläger *keinerlei* Ansprüche aus dem behaupteten Kaufvertrag zustehen. Für die Entscheidung ist es vollkommen irrelevant, ob dem Kläger neben dem behaupteten Kaufpreisanspruch etwa noch Ansprüche auf Vertragsstrafe, Einhal-

---

673 So *Bettermann*, Rechtshängigkeit, S. 15 f., 28 f.; in diesem Sinne auch *Fenge*, FS Pieper, 31 (50); *Huber*, JuS 2003, 490 (sub II. 2., wegen der Rechtskraftwirkung für den entschiedenen Teilbetrag).

674 Vgl. *Bettermann*, Rechtshängigkeit, S. 15.

675 Wie *Roth* bemerkt, wirkt die Lehre von der „Teilidentität" der Streitgegenstände hier eher verschleiernd als erhellend, vgl. *Stein/Jonas/Roth*[22], § 256 Rdnr. 91.

tung eines Wettbewerbsverbots, Schadensersatz wegen Verzugs usw. zustehen[676]. Denn in den Entscheidungsgründen ist hierauf nicht zwangsläufig einzugehen. Mangels Antrags wird das Gericht (§ 308 Abs. 1 ZPO) eine Prüfung weiterer Ansprüche unterlassen.

Für die Untersuchung der Zulässigkeit einer Inzidentwiderklage bei Teilleistungsklagen wird im Folgenden daher im Einklang mit den Darstellungen in Literatur und Rechtsprechung auf die Feststellung des Nichtbestehens der *ganzen Forderung* sowie der *Restforderung* abgestellt.

b) Inzidentwiderklage bei individualisierter Teilklage

Wie ausgeführt, beschränkt sich die Rechtskraft eines Urteils über eine individualisierte Teilforderung auf diese. Da demnach weder über die Rest- noch die Gesamtforderung bereits ein der Rechtskraft fähiges Urteil ergeht, wäre eine Inzidentwiderklage zumindest nicht von vornherein ausgeschlossen. Allerdings *mangelt* es einer Inzidentwiderklage in beiden Fällen an der erforderlichen *Präjudizialität.* Nehmen wir das Beispiel, daß der Kläger aus einem *Verkehrsunfall* lediglich die *Abschleppkosten* einklagt, nicht dagegen Schmerzensgeld und Reparaturkosten. Oder er klagt von den zwei an ihn zedierten *Darlehensforderungen des X und des Y gegen B* nur die des X ein. Für die Entscheidung über die Hauptklage kommt es nicht darauf an, ob dem Kläger noch Reparaturkosten und Schmerzensgeld zustehen. Ebensowenig, ob die zweite Darlehensforderung gegen Y besteht oder nicht. Hierbei ist unerheblich, ob das Gericht die *individualisierte Teilklage abweist* oder ihr *stattgibt.* Denn in jedem Fall wird *ausschließlich* die individualisierte Forderung geprüft. Der Zweck der Inzidentklage, die Erstreckung der Rechtskraft auf die ohnehin zu treffende Feststellung über das Bestehen oder Nichtbestehen des Rechtsverhältnisses, läßt eine derartige Zwischenfeststellungswiderklage gerade nicht zu. Der Kläger hat entsprechend der Dispositionsmaxime den Streitgegenstand derart begrenzt, daß das Gericht die Entscheidung hierüber ungeachtet weiterer Teilforderungen treffen kann und muß. Die Konstellation ist vergleichbar dem oben[677] zu Verbundverfahren Gesagten. Dort ist für die Entscheidung über die jeweilige Scheidungsfolge ebenfalls nicht relevant, ob die übrigen Scheidungsfolgenregelungen im Ehevertrag wirksam sind oder nicht.

---

676 Anders ist dies auch nicht, wenn der Geschädigte aus einem Unfall eine einzelne (schon bezifferbare) Schadensposition, z. B. Schmerzensgeld oder Heilungskosten, einklagt und der Schädiger widerklagend die Feststellung beantragt, daß dem Widerbeklagten keinerlei Ansprüche irgendwelcher Art aus dem Unfall zustehen. Für die Entscheidung über den Schmerzensgeld- oder Heilungskostenantrag ist es unerheblich, ob dem Geschädigten noch weitere Ansprüche zustehen. Dazu näher sogleich.

677 Text bei Fußn. 570 ff.

Anders ist dies nur, wenn der Beklagte Inzidentwiderklage auf Feststellung eines Rechtsverhältnisses erhebt, das *gerade für die individualisierte Teilforderung selbst* vorgreiflich ist, also Grundlage für den geltend gemachten Anspruch ist. So etwa, wenn der Beklagte in dem *Darlehensbeispiel* widerklagend beantragt festzustellen, daß die Abtretung unwirksam ist bzw. ein *wirksamer Abtretungsvertrag nicht besteht.*

c) Inzidentwiderklage bei nicht individualisierter Teilklage

Schwieriger gestaltet sich die Untersuchung der Zulässigkeit bei nicht individualisierten Teilklagen.

aa) Zulässigkeit der Inzidentwiderklage bei offener Teilklage

(1) Nichtbestehen der Grundlage der Teilforderung

Unproblematisch ist die Zulässigkeit in *Beispiel 1* (B beantragt widerklagend festzustellen, daß der *Kaufvertrag nicht besteht*). Hier bezieht sich die Feststellung auf das dem geltend gemachten *Anspruch zu Grunde liegende Rechtsgeschäft*. Entsprechend dem zur Präjudizialität Ausgeführten ist dieser Antrag als negative Zwischenfeststellungswiderklage zulässig[678]. Denn die Entscheidung des Rechtsstreits in der Hauptsache hängt davon ab, ob der Kaufvertrag besteht. Vorgreiflichkeit liegt (für die jetzige Teilklage und sogar für die Nachforderungsklage) vor. Die Frage der Reichweite der Rechtskraft über die Teilforderung tangiert die Zulässigkeit nicht. Denn das Bestehen oder Nichtbestehen des Kaufvertrages bildet sowohl für die Teil- wie auch die Rest- oder die Gesamtforderung nur eine Vorfrage, die nach keiner der oben dargestellten Meinungen in Rechtskraft erwächst. Daher hat das *Reichsgericht*[679] vollkommen zu Recht ausgeführt:

---

678 So auch *Batsch*, ZZP 86 (1973), 254 (280) in Fußn. 65. Ablehnend *Loening*, ZZP 4 (1882), 1 (55 f.), mit dem wenig überzeugenden Argument, die Feststellung des Bestehens oder Nichtbestehens des zu Grunde liegenden Obligationsverhältnisses sei identisch mit dem daraus abgeleiteten Teilanspruch.

679 *RG* JW 1891, 387 (388) Nr. 11. Dem Urteil lag folgender Sachverhalt zugrunde: Die Klägerin – offenbar eine Ehemäklerin – verlangte vom Beklagten im Wege offener Teilklage die Zahlung von vorläufig 1.800 Mark. Sie führte zur Begründung aus, der Beklagte habe von dem Vertrag nicht einseitig zurücktreten dürfen; da er dies tue, müsse er sie vollständig entschädigen. Sie verlange als Entschädigung mindestens die vom Beklagten selbst zugebilligte Provision von 75.000 Mark als ihr entgangener Gewinn. Der Beklagte sei mehrfacher Millionär, er habe seiner Tochter eine Mitgift von 2 Millionen Thaler in Aussicht gestellt. Wäre eine Ehe zustande gekommen, so würde die Klägerin eine angemessene Provision von mindestens 2 Prozent gleich 120.000 Mark verdient haben. Der Beklagte erhob Widerklage in Form negativer Feststellungs-

„Wenn nun demgegenüber unter Bezugnahme auf § 253 C.P.O. der Widerkläger, um der Gefahr, mit weiteren Prozessen wegen anderer Theile der der Kl. angeblich versprochenen Provision behelligt zu werden, Inzidentfeststellungs-Widerklage erhob, so konnte er vernünftiger Weise nur die Absicht haben, das Nichtbestehen des Rechtsverhältnisses, aus welchem der Klageanspruch abgeleitet wurde, zum Austrage zu bringen."

Wenn auch eine solche Inzidentfeststellung „vernünftiger Weise" angezeigt ist, paßt sie nicht für jede Situation. Etwa, falls der Beklagte geltend macht, bis auf den eingeklagten Teil alle Forderungen beglichen zu haben[680]. Wenn der Beklagte demzufolge nicht den Bestand des zugrundeliegenden Rechtsgeschäfts in Zweifel zieht, sondern das Nichtbestehen der Restforderung bzw. der Gesamtforderung mittels Inzidentwiderklage feststellen lassen will, hängt die Zulässigkeit unter anderem davon ab, welcher Meinung über die Reichweite der Rechtskraft man sich anschließt.

(2) Die Unzulässigkeit der Inzidentwiderklage als Konsequenz der Ansicht der Rechtskrafterstreckung

Folgt man der Auffassung von *Leipold*[681], *Zitelmann*[682] und anderen, daß das Urteil über die Teilforderung auch bei Klageabweisung Rechtskraft hinsichtlich der Nachforderung wirkt, so muß man konsequent die Zwischenfeststellungswiderklage über den Bestand der Gesamt- wie der Restforderung für unzulässig halten. Geht man mit *Zitelmann* davon aus, daß die Gesamtforderung bei einer nicht individualisierten Teilklage bereits in vollem Umfang rechtshängig ist[683], ergibt sich bereits hieraus die Unzulässigkeit. Der Antrag, das Nichtbestehen der gesamten Forderung oder der Restforderung festzustellen, ist dann bereits im Klageabweisungsantrag zur Teilklage enthalten.

(a) Sachliche Klageabweisung der Teilklage

Wird die Teilklage als unbegründet abgewiesen, so steht nach dieser Ansicht *rechtskräftig* fest, daß weder die Teil- noch die Rest- und Gesamtforderung

klage, deren genauer Wortlaut nicht in der Entscheidung wiedergegeben ist. Das Berufungsgericht legte den Antrag als selbständige Feststellungsklage aus.

680 *Roth* bemerkt dazu, daß es „wohl äußerst selten" sein dürfe, daß der Widerkläger nur das Nichtbestehen des Grundes der behaupteten Forderung begehrt, vgl. *Stein/Jonas/Roth*[22], § 256 Rdnr. 11.

681 Vgl. *Leipold*, FS Zeuner, 431 (439 ff.); *Stein/Jonas/Leipold*[22], § 322 Rdnr. 142.

682 Vgl. *Zitelmann*, ZZP 8 (1885), 254 (264 ff.).

683 Vgl. *Zitelmann*, ZZP 8 (1885), 254 (272 ff.); ebenfalls *v. Braun*, Inzidentfeststellungsklage, S. 39; wohl auch *Leipold*, FS Zeuner, 431 (439 f.). Anders *Oertmann*, ZZP 22 (1896), 11 (39), seiner Meinung nach ist der Rechtshängigkeitseinwand durch die Regelung des § 256 Abs. 2 in diesem Fall ausgeschlossen.

bestehen, da das Gericht, um zur Abweisung gelangen zu können, notwendig das Nichtbestehen der gesamten Forderung feststellen mußte. Einer Inzidentklage bedarf es im Fall der Klageabweisung nicht. Der *Zweck der Inzidentklage*, die Erstreckung der Rechtskraft, kann bei Klageabweisung *nicht mehr erreicht* werden. Die auf das *gleiche Ziel gerichtete* negative Zwischenfeststellungsklage ist sinnlos und damit unzulässig. Methodologisch handelt es sich um eine *teleologische Reduktion des Anwendungsbereichs der Inzidentklage.*

(b) Klagestattgabe der Teilklage

Wenn das Gericht der Teilklage stattgibt, scheidet die Inzidentklage gleichfalls notwendig aus. Zwar erstreckt sich in diesem Fall die Rechtskraft nur auf den eingeklagten Teil. Das (Nicht)Bestehen der Gesamt- wie Restforderung ist dann allerdings *nicht präjudiziell* für die Entscheidung über die Teilforderung. Denn das Gericht muß *nicht* zwingend über die gesamte Forderung oder andere Teilbeträge entscheiden, um den eingeklagten Teil zusprechen zu können. Selbst wenn die Restforderung z. B. aufgrund Erfüllung bereits erloschen sein sollte, kann es der Teilklage statt geben. Macht der Kläger von der behaupteten Gesamtforderung i. H. v. 600 € den Teilbetrag von 200 € geltend, dann können ihm diese zugesprochen werden, unabhängig davon, ob die restlichen 400 € bereits gezahlt wurden. Mehr noch, wegen § 308 Abs. 1 ZPO darf das Gericht nicht mehr zusprechen als seitens des Klägers mit der Teilforderung zur Entscheidung gestellt ist[684]. Die *Entscheidung hängt* mithin *nicht davon ab*, ob die Rest- oder Gesamtforderung besteht. Um der Teilforderung stattgeben zu können, ist die Existenz der Gesamtforderung nicht notwendig vorausgesetzt, wie das Beispiel der Erfüllung zeigt.

Die Inzidentwiderklage ist demzufolge nach dieser Auffassung – selbst ohne den Einwand anderweitiger Rechtshängigkeit – sowohl bei Klageabweisung als auch bei Klagestattgabe unzulässig. Möglich wäre dem Beklagten nach dieser Auffassung – wenn man nicht wie *Zitelmann* generell von der Rechtshängigkeit der gesamten Forderung ausgeht – lediglich eine prinzipale negative Feststellungswiderklage nach *§§ 33, 256 Abs. 1 ZPO* über die *Restforderung.*

(3) Die Konsequenz der herrschenden Meinung

Folgt man der herrschenden Meinung, ist die Rechtskraft der Entscheidung über die Teilklage in jedem Fall auf diesen Teilbetrag beschränkt und Rechtshängigkeit tritt nur für ihn ein. Damit fragt sich, ob wenigstens nach dieser Auffassung

684 Vgl. *Zitelmann*, ZZP 8 (1885), 254 (265).

die Zulässigkeit der Inzidentwiderklage so unproblematisch ist, wie eingangs von einigen Autoren behauptet. Die Frage ist also: Hängt die Entscheidung über die Teilforderung davon ab, daß die Gesamtforderung oder die Restforderung nicht besteht?

(a) Klagestattgabe über Teilklage

Entsprechend dem soeben bei der Gegenansicht zur Klagestattgabe Gesagten ist hier gleichfalls *weder die Gesamt- noch die Restforderung präjudiziell.* Wenn im geschilderten Fall der Kaufpreis (10.000 €) in Höhe des Restbetrages (9.000 €) durch nachträgliche Parteivereinbarung erlassen wurde, bereits bezahlt wurde oder der Beklagte in dieser Höhe aufgerechnet hat, besteht weder die Restforderung über 9.000 € noch die gesamte Forderung über 10.000 €, sondern nur noch eine Teilforderung in Höhe von 1.000 €. Über die eingeklagte Teilforderung (1.000 €) kann somit positiv entschieden werden, ohne daß hierfür entscheidungserheblich ist, ob die Restforderung oder die gesamte Forderung besteht bzw. nicht besteht. Der Richter kann seine stattgebende Entscheidung über die Teilklage mithin *unabhängig* vom Bestehen oder Nichtbestehen einer Gesamt-/Restforderung treffen. Er wird seine Prüfung sogar abbrechen, sobald er dem Kläger den geltend gemachten Teilbetrag zusprechen kann, da es ihm nach § 308 Abs. 1 ZPO verwehrt ist, eine über den eingeklagten Teil hinausgehende Entscheidung zu treffen. Eine tatsächliche Abhängigkeit, wie von § 256 Abs. 2 ZPO gefordert, besteht nicht.

(b) Sachliche Klageabweisung der Teilklage

Im Fall der (teilweisen) Abweisung der Teilklage aus sachlichen Gründen ist die *Restforderung keinesfalls präjudiziell* für die Entscheidung über die Teilforderung. Denn der Bestand der Restforderung läßt die Entscheidung über den Teil unberührt. Zwar muß das Gericht, um die Teilklage (vollständig) abweisen zu können, zuvor sämtliche Teile der Gesamtforderung negiert haben, wie bereits *Zitelmann* herausgearbeitet hat. Aber dies führt nicht dazu, daß die Nichtexistenz der Restforderung bedingend für die Nichtexistenz der Teilforderung ist. Das Bedingungsverhältnis zwischen der Entscheidung über den eingeklagten Teil und der Restforderung besteht nur *mittelbar*, vermittelt über die Gesamtforderung. Bedingung für die Abweisung des eingeklagten Teils ist nämlich, daß die Gesamtforderung (Teil- und Restforderung zusammen) als ganzer Anspruch nicht besteht.

Anderenfalls würde der Nichtbestand der Restforderung zwangsläufig den Nichtbestand der eingeklagten Teilforderung zur Folge haben müssen, wie beispielsweise der Nichtbestand des Kaufvertrages den Nichtbestand des Kaufpreisanspruchs nach sich zieht oder der Nichtbestand des Eigentums den Nichtbestand des Herausgabeanspruchs nach § 985 BGB. Dem ist aber nicht so: Erläßt etwa der Kläger der Teilklage über 1.000 € aus behaupteter Gesamtforderung über 10.000 € dem Beklagten im Prozeß über die Teilklage die restlichen 9.000 €, so führt dies nicht unweigerlich zur Abweisung der Teilklage. Diese wird nur dann unweigerlich abgewiesen, wenn die gesamte Forderung nicht besteht und damit auch die Teilforderung nicht. Das bedeutet aber nicht, daß der Beklagte keine Möglichkeit hat, das Bestehen oder Nichtbestehen der Restforderung rechtskräftig feststellen zu lassen. Da der Kläger schon zu verstehen gegeben hat, sich weiterer Ansprüche zu berühmen und diese einzuklagen, hat der Beklagte ein rechtliches Interesse an einer *negativen Feststellungswiderklage* nach *§§ 256 Abs. 1, 33 ZPO*[685].

Allein die Nichtexistenz der *Gesamtforderung* ist somit bedingend für die Nichtexistenz der Teilforderung. Um zur Klageabweisung der Teilkaufpreisforderung über 1.000 € gelangen zu können, muß das Gericht zuvor die Nichtexistenz der gesamten Kaufpreisforderung i. H. v. 10.000 € festgestellt haben[686]. Folgt man der herrschenden Meinung zur Rechtskraft bei Teilklagen, wäre dies – vorausgesetzt man verneint eine teilweise Streitgegenstandsidentität und damit anderweitige Rechtshängigkeit – die *einzige Konstellation*, in der tatsächlich *Präjudizialität* vorläge. Da die Vorgreiflichkeit allerdings *nur* im Fall der *Klageabweisung* in Betracht kommt, wäre dem Beklagten (und damit auch dem Anwalt im Interesse seines Mandanten) zu einer *Eventualzwischenfeststellungswiderklage* zu raten.

bb) Zulässigkeit der Inzidentwiderklage bei verdeckter Teilklage

Bei der verdeckten Teilklage stellt sich im Gegensatz zu dem eben Gesagten das Problem, daß der Beklagte nicht weiß, daß noch Forderungen auf ihn zukommen können. Eine *negative Feststellungswiderklage* nach § 256 Abs. 1, § 33 ZPO über den – keinesfalls präjudiziellen – *Restbetrag scheitert* mangels erkennbaren Nachforderungsvorbehalts am fehlenden Feststellungsinteresse[687]. De lege lata läßt sich dieses Ergebnis, beachtet man den Sinn und Zweck sowie den klaren Wortlaut des § 256 Abs. 2 ZPO, aber nicht vermeiden. Mangels Präjudizialität des Restbetrags für den Teilbetrag kann eine Zwischenfeststellung hierüber nicht

685 Vgl. *BGH* MDR 1961, 751; *Baumbach/Lauterbach/Albers/Hartmann*, § 256 Rdnr. 116 („Widerklage") und Rdnr. 24 („Teilklage"); *Musielak*, Grundkurs, Rdnr. 587 a. E.; *Schumann*, ZPO-Klausur, Rdnr. 65; *Schellhammer*, Zivilprozess, Rdnr. 194; *Stein/Jonas/Leipold*[22], § 322 Rdnr. 146; *Stein/Jonas/Roth*[22], § 256 Rdnr. 11.

686 Dies wird von *Bergerhoff*, Zwischenfeststellungsklage, S. 34 f., verkannt.

687 Vgl. *BGHZ* 34, 337 (341 f.); *Batsch*, ZZP 86 (1973), 254 (280).

beantragt werden. *Leipold*[688] weist zutreffend darauf hin, daß man das Interesse des Beklagten an einer Konzentration der Prozesse auch nicht einseitig auf Kosten des Klägers schützen sollte, da die Geltendmachung der Mehrforderung ja auch deswegen unterblieben sein kann, weil dem Kläger die entsprechenden Tatsachen noch nicht bekannt waren oder er sonst unverschuldet keine Kenntnis von der Nachforderung hatte.

Die *Gesamtforderung* hingegen ist bei Klagestattgabe für die Entscheidung über die Teilforderung ebenfalls nicht vorgreiflich. Bei Klageabweisung könnte sie es zwar sein, da in den meisten Fällen verdeckter Teilklagen jedoch weder der Beklagte noch das Gericht wissen, daß eine weitergehende Forderung existiert, wird das Gericht in den Entscheidungsgründen hierzu keine Feststellungen treffen. Damit fehlt es an dem für die Abhängigkeit notwendigen Merkmal, daß über das Rechtsverhältnis ohnehin zu befinden ist. Falls ausnahmsweise die Gesamtforderung bekannt sein sollte, stellt sich wiederum das Problem teilweise anderwietiger Rechtshängigkeit. Folgt man der Ansicht von *Jauernig* und *Zeiss*, so ist eine negative Zwischenfeststellungswiderklage bei Klageabweisung zumindest nicht notwendig, da eine rechtskräftige negative Entscheidung über den gesamten Anspruch bereits erfolgt. In diesem Fall ist ihr Anwendungsbereich wiederum teleologisch zu reduzieren, da sie ihren Zweck, die Erstreckung der Rechtskraft, nicht mehr erreichen kann.

Unbenommen – und anzuraten – bleibt es beiden Parteien selbstverständlich, den *Bestand des Kausalgeschäftes* inzident feststellen zu lassen (z. B. Bestehen des Kaufvertrages).

4. Zusammenfassung

1. Im Hinblick auf den Sinn und Zweck der Zwischenfeststellungsklage hängt die Frage, ob das Nichtbestehen der Gesamt- oder Restforderung bei Teilklagen beantragt werden kann, nicht unerheblich davon ab, welchen Umfang man der Rechtskraft eines Urteils über die Teilklage zumißt. Nicht weniger bedeutsam ist, welchen Standpunkt man hinsichtlich der Rechtshängigkeit bei Teilklagen einnimmt. Keine Konflikte mit Fragen der Rechtskraft und der Rechtshängigkeit treten jedenfalls auf bei Inzidentwiderklagen, die das Nichtbestehen des dem Teilanspruch zu Grunde liegenden Rechtsverhältnisses (z. B. Bestand des Kaufvertrages) festzustellen begehren.
2. Folgt man der eine Rechtskrafterstreckung ablehnenden *herrschenden Meinung*, so wäre die Inzidentwiderklage hinsichtlich des Nichtbestehens des

688 Vgl. *Stein/Jonas/Leipold*[22], § 322 Rdnr. 146. Ebenso *Reischl*, Rechtskraft, S. 312; *Musielak*, FS Schumann, 295 (297 ff.).

gesamten Anspruchs bei *offener* Teilklage ausschließlich im Fall der Klageabweisung vorgreiflich. Denn eine Abweisung kommt erst in Betracht, wenn zuvor die gesamte Forderung vom Gericht geprüft und verneint wurde. Im Fall der Klagestattgabe erfolgt die Zuerkennung des Teilbetrags jedoch unabhängig vom Bestand der Gesamtforderung. Dies schon deshalb, weil das Gericht nach § 308 Abs. 1 ZPO nicht mehr zusprechen darf als beantragt. Eine Inzidentwiderklage über die Gesamtforderung wäre allerdings nur zulässig, sofern man nicht bereits teilweise anderweitige Rechtshängigkeit in Höhe der Teilforderung bejaht. Hinsichtlich der *Restforderung* liegt *keinesfalls* Präjudizialität vor, da die Entscheidung über den Teilbetrag stets unabhängig von der Entscheidung über den Restbetrag erfolgt. Das Nichtbestehen der Restforderung kann allenfalls mittels §§ 256 Abs. 1, 33 ZPO geltend gemacht werden[689].

3. Folgt man den Ansichten, die eine *Rechtskrafterstreckung* bei Abweisung der *offenen* Teilklage für den Gesamtanspruch annehmen, so ist die Zwischenfeststellungsklage gänzlich *unzulässig*. Im Fall der Klagestattgabe sind weder Gesamt- noch Restforderung präjudiziell für die Entscheidung über die Teilforderung. Diese erfolgt unabhängig davon, ob dem Kläger der Rest bzw. die ganze Forderung zusteht. Im Fall der sachlichen Klagabweisung der Teilklage ist eine Zwischenfeststellungswiderklage überflüssig und aufgrund teleologischer Reduktion ihres Anwendungsbereichs unzulässig, da der Zweck der Inzidentklage, die Erstreckung der Rechtskraft, bei Klageabweisung nicht mehr erreicht werden kann. Sofern man innerhalb dieser Auffassung davon ausgeht, daß mit Rechtshängigkeit des Teilbetrags zugleich die gesamte Forderung rechtshängig werde, folgt die Unzulässigkeit der Inzidentwiderklage über den Rest- und Gesamtbetrag bereits aus dem Einwand anderweitiger Rechtshängigkeit.
4. Bei *verdeckter* Teilklage ist eine Zwischenfeststellungswiderklage sowohl hinsichtlich der Restforderung wie der Gesamtforderung unzulässig. Im Fall der Klagestattgabe sind beide nicht vorgreiflich, da das Gericht in den Gründen lediglich den Bestand der Teilforderung zu prüfen hat. Im Fall der Klagabweisung wäre zwar Präjudizialität der Gesamtforderung denkbar. Da diese aber zumeist nicht bekannt ist, fehlt es an dem für die Abhängigkeit notwendigen Merkmal, daß über das Rechtsverhältnis ohnehin zu befinden ist. Falls ausnahmsweise die Gesamtforderung bekannt sein sollte, stellt sich wiederum das Problem teilweise anderweitiger Rechtshängigkeit. Folgt man der Ansicht, die eine Rechtskrafterstreckung bei sachlicher Abweisung befür-

689 So auch *Stein/Jonas/Roth*^{22}, § 256 Rdnr. 11: „Ein auf Feststellung des Nichtbestehens der Restforderung gerichteter Zwischenfeststellungsantrag kann jedoch als prinzipaler Feststellungsantrag ausgelegt werden bzw. dahin umgedeutet werden."

wortet, ist die negative Zwischenfeststellungswiderklage nicht notwendig und aufgrund unmöglicher Zweckerreichung nicht zulässig.

5. Für den Anwalt empfiehlt sich daher, sollte er das Nichtbestehen der Gesamtforderung inzident feststellen lassen wollen, eine *Eventualzwischenfeststellungswiderklage* zu erheben für den Fall der Klageabweisung der Teilklage. Um sich aber nicht dem Einwand anderweitiger (teilweiser) Rechtshängigkeit auszusetzen sollte er nach der hier vertretenen Auffassung mittels prinzipaler Feststellungsklage das Nichtbestehen der Restforderung feststellen lassen. Zumal bei offener Teilklage das Feststellungsinteresse regelmäßig zu bejahen ist.

C. Aufrechnung und Zwischenfeststellungsklage

Nicht selten steht einer Leistungsklage eine – zumindest behauptete – wirksame[690] Gegenforderung des Beklagten gegenüber, mit der dieser aufrechnet. Sollte der Kläger dabei die Befürchtung hegen, aus der Gegenforderung, etwa weil sie den durch Leistungsklage geltend gemachten Betrag übersteigt, weiterhin in Anspruch genommen zu werden, oder generell die Existenz der Gegenforderung bestreiten, wird er ein Interesse daran haben, das Nichtbestehen der Gegenforderung einer gerichtlichen Feststellung zuzuführen. Andererseits kann auch der Beklagte in diesen Fällen ein Interesse daran haben, rechtskräftig den Bestand seiner Gegenforderung feststellen zu lassen. Mithin stellt sich die Frage, ob die Parteien nach § 256 Abs. 2 ZPO feststellen lassen können, daß die vom Beklagten behauptete Gegenforderung besteht oder nicht besteht.

Soweit diese Frage in der Literatur diskutiert wird, ist insbesondere bei den Stellungnahmen in der älteren Literatur zu berücksichtigen, daß nach dem Wortlaut von § 293 Abs. 2 CPO a. F. die Entscheidung über das *Bestehen oder Nichtbestehen* der Gegenforderung bis zur Höhe des Betrages, *mit welchem* aufgerechnet werden soll, der Rechtskraft fähig war. Hingegen erstreckt sich die Rechtskraft nach § 322 Abs. 2 ZPO n. F. lediglich auf die Entscheidung, daß die Gegenforderung bis zur Höhe des Betrages, *für den* die Aufrechnung geltend gemacht worden ist, *nicht* – oder *nicht mehr*[691] – besteht. Hinsichtlich des die

---

690 Die Gegenforderung i. S. v. § 387 BGB muß vollwirksam und fällig sein, vgl. *BGHZ* 2, 288 (302); *Palandt/Grüneberg*, § 387 Rdnr. 11.

691 Zu dieser heute einhelligen Meinung der Rechtskrafterstreckung bei *erfolgreicher* Aufrechnung vgl. *RGZ* 161, 167 (171 f.); *BGHZ* 36, 316 (319); 89, 349 (352); *Blomeyer*, Erkenntnisverfahren[2], § 89 VI 2, S. 496 f.; MünchKomm ZPO/*Gottwald*[4], § 322 Rdnr. 204; *Jauernig/Hess*, § 63 Rdnr. 23; *Rosenberg/Schwab/Gottwald*[17], § 153 Rdnr. 17; *Stein/Jonas/Leipold*[22], § 322 Rdnr. 160; *Zeuner*, JuS 1987, 354 (355 f.); *Zöller/Vollkommer*, § 322 Rdnr. 21.

Klageforderung übersteigenden Betrages wirkt die gerichtliche Entscheidung nach § 322 Abs. 2 ZPO dagegen keine Rechtskraft[692].

Bergerhoff[693] behauptet deshalb nicht ganz zu Unrecht, daß sich in der älteren Literatur die Darstellungen fast ausschließlich solchen Fällen widmeten, in denen die Aufrechnungsforderung den Klageanspruch übersteige[694]. Dies nötigt mit Blick auf den Sinn und Zweck der Zwischenfeststellungsklage dazu, im Rahmen der Untersuchung des Verhältnisses der Inzidentfeststellungsklage zur Aufrechnung danach zu differenzieren, ob die Gegenforderung die Klageforderung übersteigt oder nicht.

1. Inzidentfeststellung der die Klageforderung nicht übersteigenden Gegenforderung

Als erstes soll hierbei die Konstellation betrachtet werden, daß die Gegenforderung die Klageforderung nicht übersteigt.

a) Antrag des Klägers

Zur Veranschaulichung der Situation bei Inzidentantragstellung durch den Kläger der Hauptklage soll folgender Beispielsfall dienen:

> *Beispiel 1*: Der Kläger macht gegen den Beklagten eine Forderung in Höhe von 2.000 € geltend. Der Beklagte behauptet eine Gegenforderung in Höhe von 1.000 € und führt diese im Wege der Aufrechnung in den Prozeß ein. Daraufhin erhebt der Kläger (negative) Zwischenfeststellungsklage mit dem Antrag festzustellen, daß die Gegenforderung nicht bestehe.

aa) Nichteingreifen der Rechtshängigkeitssperre

Die Zulässigkeit der Inzidentfeststellungsklage scheitert jedenfalls nicht daran, daß die Aufrechnungsforderung rechtshängig wäre, § 261 Abs. 3 Nr. 1 ZPO.

(1) Einerseits Rechtskrafterstreckung

§ 322 Abs. 2 ZPO sieht in Durchbrechung der Regel, daß die Entscheidung über einzelne Angriffs- und Verteidigungsmittel, mithin Einwendungen und Einreden,

---

692 Vgl. *BGHZ* 33, 236; 36, 316 (319); *BGH* NJW 1994, 1538; *OLG Düsseldorf* NJW-RR 1994, 1279; MünchKomm ZPO/*Gottwald*[4], § 322 Rdnr. 204; *Thomas/Putzo/Reichold*, § 322 Rdnr 45. Dazu näher unten Text bei Fußn. 733 ff.

693 Vgl. *Bergerhoff*, Zwischenfeststellungsklage, S. 39.

694 Derartige Erörterungen finden sich etwa bei *Kroll*, Klage, S. 62; *Oertmann*, ZZP 22 (1896), 11 (40); *Oertmann*, Aufrechnung, S. 150 f.; *Struckmann/Koch*, § 253 Anm. 3.

nicht in Rechtskraft erwächst[695], eine *Ausnahme* für die *Aufrechnung* vor[696]. Diese Ausnahme ist aus praktischen Erwägungen zugelassen: Verneint das Gericht den Bestand der Gegenforderung, wird der Beklagte verurteilt und in den – nicht an der Rechtskraft teilnehmenden – Gründen festgestellt, daß die Aufrechnungsforderung nicht besteht. Ohne die Ausnahmevorschrift des § 322 Abs. 2 ZPO würde somit lediglich das Bestehen der Hauptforderung rechtskräftig normiert. Um zu verhindern, daß in einem zweiten Prozeß der Beklagte seine Gegenforderung nochmals im Wege der Aufrechung geltend macht oder frei einklagt, schreibt § 322 Abs. 2 ZPO vor, daß die in den Gründen enthaltene Verneinung des Bestands der Gegenforderung der Rechtskraft fähig ist[697].

Anderenfalls würde, wie *Zeuner* es ausdrückt, der Beklagte auf Kosten des Klägers einseitig besser gestellt, was dem Prinzip der Gleichbehandlung der Parteien zuwiderliefe[698]. Denn der Beklagte könne ansonsten ohne Behinderung durch die Rechtskraft seine Forderung erneut zur Entscheidung stellen ohne das Prozeßrisiko einer endgültigen Aberkennung eingehen zu müssen, wohingegen dem Kläger eine entsprechende Möglichkeit nicht offen stehe. Werde seine Klage wegen Nichtbestehens der Forderung abgewiesen, versperre ihm bei einem Versuch der nochmaligen Durchsetzung die Rechtskraft auf jeden Fall den Weg[699]. Da es sich um eine eng auszulegende Ausnahmevorschrift handelt, die auf den Besonderheiten der Aufrechnung beruht und daher grundsätzlich nicht analogiefähig ist, erfaßt § 322 Abs. 2 ZPO nur die Aufrechnung, nicht sonstige Gegenforderungen[700]. Die Norm ist deshalb unanwendbar bei erfolgloser Geltend-

---

695 Nur der Klageantrag bestimmt den Prozeßgegenstand. Für den Umfang der Rechtskraft ist deshalb im allgemeinen irrelevant, wie sich der Beklagte verteidigt, vgl. *RGZ* 7, 354; 11, 384; 109, 201; *BGH* NJW 1995, 967; *BGH* NJW-RR 1988, 200; *Jauernig/Hess*, § 63 Rdnr. 2 f.; *Musielak*, Grundkurs, Rdnr. 584; *Zöller/Vollkommer*, Vor § 322 Rdnr. 34a. So bereits *Hellwig*, System I, § 231 III 2, S. 796; *Kroll*, Klage, S. 314; *Seuffert/Walsmann*, § 322 Anm. 4.

696 Vgl. MünchKomm ZPO/*Gottwald*[4], § 322 Rdnr. 194; *Jauernig/Hess*, § 63 Rdnr. 23; *Musielak*, Grundkurs, Rdnr. 584; *Thomas/Putzo/Reichold*, § 322 Rdnr. 30.

697 So schon zu § 322 ZPO a. F. *Seuffert/Walsmann*, § 322 Anm. 4; *Petersen/Anger*, § 322 Anm. 8. Zu § 322 ZPO n. F. vgl. MünchKomm ZPO/ *Gottwald*[4], § 322 Rdnr. 195 f.; *Blomeyer*, Erkenntnisverfahren[2], § 89 VI 2, S. 496.

698 Vgl. *Zeuner*, JuS 1987, 354 (356); ähnlich *Niklas*, MDR 1987, 96 (99); *Zöller/Vollkommer*, § 322 Rdnr. 15.

699 Vgl. *Zeuner* JuS 1987, 354 (355).

700 Vgl. *BGHZ* 89, 349 (352); *BGH* NJW 1992, 318; *BGH* NJW-RR 1993, 388; *Baumbach/Lauterbach/Albers/Hartmann*, § 322 Rdnr. 21; *Rosenberg/Schwab/Gottwald*[17], § 153 Rdnr. 19; *Stein/Jonas/Leipold*[22], § 322 Rdnr. 154; *Wieczorek/Schütze/Büscher*[2], § 322 Rdnr. 253; *Zöller/Vollkommer*, § 322 Rdnr. 15; *Blomeyer*, Erkenntnisverfahren[2], § 89 VI 2, S. 496, weist auf den damit zusammenhängenden Umstand hin, daß nach gemeinem Recht die Aufrechnung „ihrer inneren Natur nach eine Widerklage" dargestellt habe, weshalb es für die Rechtskraft unerheblich gewesen sei, ob die Gegenforderung klageweise oder mit der Aufrechnung geltend gemacht wurde.

machung eines Zurückbehaltungsrechts[701]. Ebenso fällt eine Berücksichtigung von Gegenforderungen als bloße Rechnungsposten im Rahmen eines Kontokorrentverhältnisses nicht unter § 322 Abs. 2 ZPO[702].

(2) Dennoch keine anderweitige Rechtshängigkeit

Grundsätzlich setzt die Rechtskraft zwar Rechtshängigkeit voraus[703]. Nach überwiegender und zutreffender Ansicht wird die Aufrechnungsforderung selbst jedoch nicht rechtshängig[704]. Die Gegenmeinung[705] stützt die Rechtshängigkeit auf die Begründung, daß der Aufrechnende eine Entscheidung des Gerichts dahingehend begehre, daß die Klageforderung in Höhe der Aufrechnung erloschen sei. Dieses Begehren werde zum Streitgegenstand, worüber nach § 322 Abs. 2 ZPO rechtskräftig entschieden werde[706]. Sie verkennt aber – wie der *Bundesgerichtshof*[707] ausführt – in ihrem Bemühen, den Kläger vor erneuter Inanspruchnahme zu schützen, die mit dieser Ansicht für den Aufrechnenden verbundenen Nachteile. Insbesondere wird ihm das in der Praxis übliche Vorgehen, die Forderung

---

701 Vgl. *BGH* NJW 2005, 265; *BGH* NJW-RR 1996, 828; *Stein/Jonas/Leipold*[22], § 322 Rdnr. 154.

702 Vgl. *BGH* MDR 2004, 703; *BGH* NJW 1992, 317; 2002, 900; *BGH* NJW-RR 1997, 1157; *Rosenberg/Schwab/Gottwald*[17], § 153 Rdnr. 19; *Stein/Jonas/Leipold*[22], § 322 Rdnr. 154. Daher kann der Rechtskraft nicht entgegen gehalten werden, es habe sich um eine Abrechnung im Kontokorrent gehandelt, wenn die Klage aufgrund Aufrechnung abgewiesen wurde, vgl. *BGH* NJW 2002, 900. Zur Rechtskraftpräklusion *Rosenberg/Schwab/Gottwald*[17], § 155 Rdnr. 5 ff. Deshalb kann es im Feststellungsprozeß über die Verpflichtung zum Schadensersatz schon notwendig sein, die Aufrechnung zu erklären, um ihren späteren Ausschluß im Leistungsprozeß zu vermeiden, vgl. *BGHZ* 103, 362 (367).

703 Vgl. *W. Lüke*, Zivilprozessrecht, § 20 III 5, Rdnr. 231.

704 Vgl. *BGHZ* 57, 242 (243); 60, 85 (87); *BGH* NJW 1986, 2767; 1999, 1179 (1180); *BGH* NJW-RR 1994, 379 (380); *Baumbach/Lauterbach/Albers/Hartmann*, § 145 Rdnr. 15; *Musielak*, Grundkurs, Rdnr. 303; *Musielak/Stadler*, § 145 Rdnr. 20; *Rosenberg/Schwab/Gottwald*[17], § 103 Rdnr. 25; *Stein/Jonas/Leipold*[22], § 145 Rdnr. 49; *Thomas/Putzo/Reichold*, § 145 Rdnr. 20; *Zöller/Greger*, § 145 Rdnr. 18. Diese Ansicht war bereits nach Einführung der Reichscivilprozeßordnung vorherrschend, vgl. *Loening*, ZZP 4 (1882), 1 (48) Fußn. 47; *Oertmann*, Aufrechnung, S. 138 ff. m. w. N. in Fußn. 1. Dies sogar, obwohl die Motive noch von Rechtshängigkeit der Kompensationsforderung ausgingen, vgl. Entwurf zu § 227 CPO (S. 187), *Hahn*, Materialien II, S. 259.

705 Vgl. *Häsemeyer*, FS Weber, 215 (232 ff.); *Schmidt*, ZZP 87, 29 (36), (39); *Schreiber*, FG BGH III, 227 (243 ff.). In diesem Sinne schon *Schollmeyer*, Compensationseinrede, S. 10 ff., der versucht, die Rechtshängigkeit zu begründen, indem er in der Erhebung der Compensationseinrede zugleich eine eigentümliche Art der Inzidentfeststellungswiderklage, eine „unentwickelte Widerklage" erblickt, vgl. *Schollmeyer*, a. a. O., S. 26 ff., 30. Zu den ihm folgenden Autoren vgl. *Oertmann*, Aufrechung, S. 141 Fußn. 18. *Schreiber*, FG BGH III, 227 (399), merkt diesbezüglich zutreffend an, daß etwas Unentwickeltes nicht wie das Entwickelte wirkt.

706 Vgl. *Schreiber*, FG BGH III, 227 (243 ff.).

707 Vgl. *BGHZ* 57, 242 (243 f.).

hilfsweise zum Gegenstand einer Widerklage zu machen, verwehrt. Ferner wäre die Folge, daß der Beklagte nicht mehr ohne Zustimmung des Klägers den Aufrechnungseinwand zurücknehmen könnte, da § 269 Abs. 1 ZPO dem entgegen stünde. Auch könnte der Beklagte nicht ohne Zustimmung des Gegners oder Sachdienlicherklärung des Gerichts eine andere Forderung an Stelle der bisherigen zur Aufrechnung stellen, vgl. § 263 ZPO[708]. Da die *Aufrechnungsforderung* folglich *nicht rechtshängig* wird, kann einer negativen Inzidentfeststellungsklage des Klägers jedenfalls *nicht* der *Einwand anderweitiger Rechtshängigkeit* entgegengesetzt werden.

bb) Streitiges Rechtsverhältnis

Der Antrag, feststellen zu lassen, daß die Aufrechnungsforderung nicht besteht, betrifft auch ein streitiges Rechtsverhältnis[709].

cc) Präjudizialität

Fraglich ist indessen, ob die Entscheidung des Rechtsstreits ganz oder zum Teil vom Nichtbestehen der Aufrechungsforderung *abhängt*.

Der *Bundesgerichtshof* verneint in seiner Entscheidung vom 28. September 2006[710] die Vorgreiflichkeit einer derartigen Inzidentfeststellungsklage mit dem Argument, die begehrte Feststellung müsse sich nach dem Zweck der Inzidentklage des § 256 Abs. 2 ZPO auf einen Gegenstand beziehen, der über den der Rechtskraft fähigen Gegenstand des Rechtsstreits hinausgehe. Für die Zwischenfeststellungsklage sei kein Raum, wenn mit dem Urteil über die Hauptklage die Rechtsbeziehungen der Parteien erschöpfend geregelt würden[711]. Dies sei vorliegend der Fall. Der Erfolg der Klage hänge allein davon ab, ob und inwieweit die klägerische Forderung infolge der Aufrechnung mit der Gegenforderung erloschen sei. Gemäß § 322 Abs. 2 ZPO sei die Entscheidung, daß die Gegenforderung nicht bestehe, bis zur Höhe des Betrages, für den die Aufrechnung geltend gemacht werde, der

---

708 Hierzu auch *Musielak*, Grundkurs, Rdnr. 302.

709 Soweit man an der Voraussetzung der Bestrittenheit festhält. Dazu bereits ausführlich oben Text bei Fußn. 394 ff.

710 *BGHZ* 169, 153 ff. In dem zu Grunde liegenden Fall machte die Klägerin einen Teilbetrag einer Werklohnforderung geltend. Die Beklagte rechnete mit einer Schadensersatzforderung wegen verzögerten Bauablaufs in gleicher Höhe auf. In der Berufungsinstanz erweiterte die Klägerin ihren Antrag und beantragte im Wege des § 256 Abs. 2 ZPO festzustellen, daß der Beklagten die Gegenforderung bereits dem Grunde nach nicht zustehe. Das Berufungsgericht wies die negative Zwischenfeststellungsklage als unbegründet ab. Der Bundesgerichtshof hielt sie bereits für unzulässig.

711 Vgl. *BGHZ* 169, 153 (156, Rdnr. 12).

Rechtskraft fähig. Weiterer Forderungen berühme sich die Beklagte nicht, die Klägerin mache auch nicht geltend, daß weitere zu befürchten seien. Da über die Gegenforderung der Beklagten erschöpfend und der Rechtskraft fähig bereits im Rahmen der Hauptklage zu entscheiden sei, fehle es an der erforderlichen Abhängigkeit[712].

Dem *Bundesgerichtshof* ist im Ergebnis Recht zu geben, nicht jedoch in der gefundenen Begründung. Abgesehen von der Kritik an der ungeschriebenen Voraussetzung der zukünftigen Relevanz bzw. der über den gegenwärtigen Prozeß hinausreichenden Bedeutung[713], ist die *Vorgreiflichkeit* im vorliegenden Fall *gegeben*. Denn der Bestand der Aufrechnungsforderung ist präjudiziell für die Entscheidung über die rechtsvernichtende Einwendung[714] der Aufrechung. Besteht die Gegenforderung, ist der Einwand begründet und die Klage abzuweisen. Besteht sie dagegen nicht, geht der Einwand ins Leere und der Klage ist, soweit sonst die Voraussetzungen vorliegen, statt zu geben. Damit entscheidet sich zugleich das Schicksal des Rechtsstreites. Zwischen der Entscheidung des Rechtsstreites und dem festzustellenden Rechtsverhältnis besteht ein Abhängigkeitsverhältnis dergestalt, daß jedenfalls in den Entscheidungsgründen eine Entscheidung über die Gegenforderung zu treffen ist[715].

dd) Unzulässigkeit wegen Zweckerreichung

Entscheidend ist ein anderer Gesichtspunkt: Wie bereits bei der Teilklage ausgeführt, ist in Anbetracht des Zwecks der Inzidentklage als Weg der Rechtskrafterstreckung auf den Grund der Klage[716] (als *Ersatz für* die *fehlende Rechtskraft* der Entscheidung über das Rechtsverhältnis in den Entscheidungsgründen) vorliegend kein Raum für die begehrte Zwischenfeststellung. Ihrer bedarf es nicht, da der Inzidentkläger aufgrund der Regelung des § 322 Abs. 2 ZPO bereits eine der Rechtskraft fähige Entscheidung darüber erhält, daß die Gegenforderung nicht besteht bzw. nicht mehr besteht. Die auf das *gleiche Ziel gerichtete* negative Zwischenfeststellungsklage ist zwecklos und damit unzulässig[717]. Letztlich stellt sich die Sachlage auch nicht anders dar, als wenn die Aufrechungsforderung

---

712 Vgl. *BGHZ*, 153 (156, Rdnr. 13).

713 Dazu eingehend im Zusammenhang mit dem Rechtsschutzbedürfnis unten Text bei Fußn. 896 ff.; hierzu auch *Schumann*, FS Georgiades, 543 (571 ff.).

714 Vgl. *Thomas/Putzo/Reichold*, § 145 Rdnr. 13. Zu Einwendungen und Einreden als Bezugspunkt der Präjudizialität oben Text bei Fußn. 476 und *Schumann*, FS Georgiades, 543 (560 f.).

715 So auch *Bergerhoff*, Zwischenfeststellungsklage, S. 41.

716 Vgl. *RGZ* 170, 328 (330).

717 Ebenso *Bergerhoff*, Zwischenfeststellungsklage, S. 40 (allerdings mangels Rechtsschutzbedürfnis).

rechtshängig würde und hierüber eine der Rechtskraft fähige Entscheidung erginge. In diesem Fall würde die Zwischenfeststellungsklage ebenfalls nicht mangels Vorgreiflichkeit abgewiesen werden, sondern wegen anderweitiger Rechtshängigkeit[718]. Methodologisch handelt es sich nicht um einen Fall fehlenden Rechtsschutzbedürfnisses, sondern um eine *teleologische Reduktion des Anwendungsbereichs der Inzidentklage*[719].

Im vom *Bundesgerichtshof* entschiedenen Fall sowie im *Beispielsfall 1* ist die negative Zwischenfeststellungsklage folglich unzulässig[720].

b) Antrag des Beklagten

Beispiel 2: Der Kläger macht gegen den Beklagten eine Forderung in Höhe von 2.000€ geltend. Der Beklagte behauptet eine Gegenforderung in Höhe von 1.000€ und führt diese im Wege der Aufrechnung in den Prozeß ein. Ferner erhebt der Beklagte, da der Kläger die Gegenforderung bestreitet, positive Zwischenfeststellungswiderklage, daß seine Gegenforderung (in Höhe von 1.000 €) besteht.

aa) Rechtshängigkeit und Präjudizialität

Zunächst ist auch in diesem Fall festzuhalten, daß einerseits der positiven Zwischenfeststellungswiderklage *nicht* der Einwand anderweitiger *Rechthängigkeit* entgegengesetzt werden kann, andererseits – sofern über die Gegenforderung im Sinne des Beklagten entschieden wird – die *Vorgreiflichkeit* zu bejahen ist, da die Gegenforderung ein präjudizielles Rechtsverhältnis für den vom Beklagten erhobenen *Aufrechungseinwand* bildet.

bb) Feststellung des Bestehens der Gegenforderung

Bergerhoff[721] will daher dem Beklagten die Möglichkeit geben, mittels Inzidentwiderklage rechtskräftig feststellen zu lassen, daß die Gegenforderung *besteht.*

cc) Änderung der Rechtslage durch BGB-Novelle

Hierzu ist es hilfreich, sich noch einmal kurz die Rechtslage vor der Prozeßnovelle von 1898 und damit vor Einführung der §§ 387 ff. BGB vor Augen zu führen. Nach § 293 Abs. 2 CPO a. F. war die Entscheidung über das *Bestehen* oder Nichtbestehen der Gegenforderung bis zur Höhe des Betrages, mit welchem aufgerechnet werden sollte, der Rechtskraft fähig. Durch die Einführung des BGB und die darin

718 Dazu schon oben Text bei Fußn. 444 ff.

719 Dazu eingehend unten Text bei Fußn. 906 ff.

720 So im Ergebnis ebenfalls *Stein/Jonas/Roth*[22], § 256 Rdnr. 103.

721 Vgl. *Bergerhoff*, Zwischenfeststellungsklage, S. 41 ff.

enthaltenen Regelungen der Aufrechnung, insbesondere § 389 BGB, wonach die beiderseitigen Forderungen als in dem Zeitpunkt erloschen gelten, in welchem sie sich zur Aufrechnung geeignet gegenüber standen, war eine Änderung der Rechtskraftwirkung erforderlich. Denn die Gegenforderung war in dem Moment untergegangen, indem sie erklärt wurde; das Bestehen der Forderung konnte somit im Umfang des Erlöschens nicht mehr festgestellt werden, allenfalls noch ein Bestanden-haben[722]. Dem trug die Prozeßnovelle von 1898 Rechnung, indem der nunmehrige § 322 Abs. 2 ZPO bestimmt, daß die Entscheidung, daß die Gegenforderung *nicht besteht*, bis zur Höhe des Betrages, für den die Aufrechnung geltend gemacht worden ist, der Rechtskraft fähig ist[723].

Es fragt sich daher, ob im *Beispiel 2* der Beklagte das Bestehen seiner Forderung überhaupt rechtskräftig feststellen lassen kann, oder ob dem die Regelung in § 322 Abs. 2 ZPO entgegen steht.

(1) Die unterschiedlichen Meinungen zu dieser Frage

Zur Beantwortung dieser Frage sollen zunächst die unterschiedlichen Meinungen hierzu dargestellt werden.

(a) Die eine Zulässigkeit verneinende Auffassung

Oertmann[724] verneint diese Frage, da nach dem eigenen Vorbringen des Beklagten die Gegenforderung *jetzt* nicht mehr bestehe, die Frage ihres *früheren* Bestehens aber mit der nach dem Bestehen oder der Vernichtung des Klageanspruchs identisch sei. Die Inzidentklage sei insoweit prozessual zwecklos und erweitere nicht den Umfang der künftigen Rechtskraft.

---

722 Vgl. *Stein/Jonas/Leipold*[22], § 322 Rdnr. 159. Zu dem Rechtszustand vor Einführung des BGB, speziell zu den Theorien der *gerichtlichen Kompensation*, der *ipso iure-Aufrechnung*, der *Parteiaufrechung* und ihren Auswirkungen auf den Prozeß im jeweiligen Gebiet vgl. *Kaupert*, Aufrechnung, S. 127 ff.; *Oertmann*, Aufrechnung, S. 13 ff. Wie *Kaupert* ausführt, ging die CPO in § 293 Abs. 2 noch von der Theorie der *gerichtlichen Kompensation* aus. Danach blieb es allein der Partei überlassen, mittels Einrede ein bloßes Kompensations*begehren* zu stellen. Der Kompensations*vollzug* und damit die Vernichtung der beiderseitigen Ansprüche war hingegen erst Sache des Richters; das dem Kompensationsbegehren stattgebende Urteil war ein *Gestaltungsurteil*. Der Richter mußte also, um zum Kompensationsvollzug schreiten zu können, vorab das Bestehen der Gegenforderung feststellen, ehe daraufhin die Aufrechnung vollzogen und die Klage abgewiesen werden konnte, vgl. *Kaupert*, Aufrechnung, S. 127 f.; ferner *Blomeyer*, Erkenntnisverfahren[2], § 60, S. 309.

723 Vgl. *Oertmann*, Aufrechnung, S. 243 f. Zu dem sich anschließenden Theorienstreit über die Rechtsnatur der Prozeßaufrechnung (zivilistische, prozessuale oder gemischte Theorie) vgl. dort S. 21 ff.

724 Vgl. *Oertmann*, Aufrechnung, S. 151.

(b) Die eine Zulässigkeit bejahende Auffassung

Bergerhoff hält dem entgegen, daß dies die Feststellung nicht hindere. Im „Augenblick der richterlichen Aufrechnungsvollziehung" bestehe zweifellos noch die Gegenforderung und auf diesen Zeitpunkt beziehe sich die begehrte Feststellung[725]. Der Richter müsse sogar das jetzige Bestehen der Aufrechnungsforderung feststellen, um zur Aufrechnung schreiten zu können. Zwar lasse § 322 Abs. 2 ZPO eine Ausdehnung der Rechtskraft auf die Entscheidung, daß die Gegenforderung bestehe, nicht zu, weil diese nach der vollzogenen Aufrechnung nicht mehr existiere. Aber dies gelte nur für den Fall, daß die Gegenforderung durch die Aufrechnungseinrede geltend gemacht sei, aber nicht, wenn sie zugleich zum Gegenstand einer Klage erhoben werde. Hier bleibe es bei der im Absatz 1 des § 322 ZPO getroffenen Regelung[726].

(2) Stellungnahme

Bergerhoff scheint sich bei seiner Begründung, soweit er von richterlicher Aufrechnungsvollziehung spricht oder davon, daß der Richter zur Aufrechnung schreite, in gewissem Maße noch von der Theorie des richterlichen Kompensationsvollzugs leiten zu lassen[727].

Meines Erachtens ist die *Inzidentklage* in diesem Falle *unzulässig*. Nach § 322 Abs. 2 ZPO enthält das Urteil *bei erfolgreicher Aufrechung* die rechtskräftige Feststellung, daß die Gegenforderung bestanden hat, infolge der Aufrechnung jetzt aber *nicht mehr besteht*[728], weshalb die Klage abgewiesen wird. Würde die Inzidentklage mit dem Antrag festzustellen, daß die *Gegenforderung besteht*, zugelassen, bestünde die Gefahr zweier sich *widersprechender rechtskräftiger Feststellungen*. In Anbetracht des Prozeßzwecks der Rechtssicherheit ist dieses Ergebnis nicht hinnehmbar. Daran ändert auch die Tatsache nichts, daß die Inzidentklage jedenfalls wegen Unbegründetheit abgewiesen werden müßte, da bei Zulassung des Aufrechnungseinwands die Gegenforderung untergeht. Soweit man die restriktive Auffassung der Rechtsprechung zur Feststellung „vergangener Rechtsverhältnisse"[729] teilt, ließe sich ferner sagen, daß der Beklagte in diesem Fall die Feststellung eines (durch wirksame Aufrechnung) vergangenen Rechtsverhältnisses begehrt. Soweit der Beklagte aus der Feststellung, daß seine Gegenforderung bestanden hat, noch weitere Ansprüche geltend machen will, bedarf es der

725 Vgl. *Bergerhoff*, Zwischenfeststellungsklage, S. 42.

726 Vgl. *Bergerhoff*, Zwischenfeststellungsklage, S. 42.

727 Siehe hierzu Fußn. 722.

728 Statt vieler *Stein/Jonas/Leipold*[22], § 322 Rdnr. 160 m. w. N. in Fußn. 235.

729 Dazu oben Text bei Fußn. 336 ff.

Inzidentklage nicht, denn er kann sich ohnehin auf die Rechtskraft gem. § 322 Abs. 2 ZPO berufen. Darüber hinaus ist zu berücksichtigen, daß dem Kläger hier mit Verweis auf § 322 Abs. 2 ZPO die Möglichkeit, eine Zwischenfeststellung über die Aufrechnungsforderung zu erreichen, verwehrt wird. Im Sinne der Gleichbehandlung wäre es unbillig, dem Kläger diese Möglichkeit zu verwehren, sie dem Beklagten aber zuzugestehen.

Bei *erfolgloser Aufrechnung* gilt nichts anderes: Wenn die *Gegenforderung nicht begründet* ist[730], dann wird der Klage stattgegeben und *rechtskräftig* festgestellt, daß die *Gegenforderung nicht besteht.* In diesem Fall würde der Beklagte mit seinem Inzidentantrag die Feststellung des kontradiktorischen Gegenteils dessen, was nach § 322 Abs. 2 ZPO rechtskräftig festgestellt wird, begehren. Wiederum besteht die Gefahr widersprechender Entscheidungen. Aus den oben dargelegten Gründen ist eine solche Inzidentfeststellung aus Gründen der Rechtskraft unzulässig. Ferner wäre sie unbegründet. Wenn das Gericht das tatsächliche Vorbringen zur Aufrechnung als verspätet *zurückweist*, den *Aufrechnungseinwand* als solchen *nicht zuläßt* oder die *Aufrechnung* für *unzulässig* hält, ist die Inzidentwiderklage unabhängig von der Rechtskraftfrage[731] bereits *mangels Präjudizialität unzulässig*: In diesem Fall ist nämlich in den Entscheidungsgründen nicht ohnehin auf das Bestehen oder Nichtbestehen der Gegenforderung einzugehen.

Nach alldem ist die *Inzidentwiderklage* des Beklagten mit dem Antrag, das *Bestehen der Gegenforderung festzustellen, unzulässig.* Mit gutem Recht läßt sich daher mit den Worten von *Hager* sagen: Für eine Zwischenfeststellungsklage, die stets entweder schon unzulässig oder jedenfalls unbegründet ist, besteht kein Bedürfnis[732].

Sofern eine der Parteien ein rechtliches Interesse an der Feststellung des Bestehens oder Nichtbestehens der Aufrechnungsforderung besitzt, bleibt ihr allenfalls die Erhebung einer selbständigen Feststellungsklage nach § 256 Abs. 1 ZPO, obwohl dies im Hinblick auf die Rechtskraftwirkung nach § 322 Abs. 2 ZPO und die auch hier bestehende Gefahr widersprüchlicher Entscheidungen eher selten der Fall sein dürfte. Denkbar ist dies zumindest für die Fälle, in denen das Gericht den Aufrechnungseinwand als solchen nicht zuläßt.

730 Selbst wegen fehlender Substantiierung, vgl. *BGHZ* 33, 236; *BGH* NJW 1994, 1538; *Thomas/Putzo/Reichold*, § 322 Rdnr. 46.

731 Auf den Streit, ob und wann der Aufrechnende wegen der Doppelnatur der Prozeßaufrechnung bei Zurückweisung des Aufrechnungseinwands die Gegenforderung noch anderweitig geltend machen kann, braucht an dieser Stelle nicht eingegangen zu werden. Vgl. dazu *Rosenberg/Schwab/Gottwald*[17], § 103 Rdnr. 44 ff.

732 *Hager*, KTS 54 (1993), 39, (44 f.).

2. *Inzidentfeststellung der die Klageforderung übersteigenden Gegenforderung*

Damit richtet sich das Augenmerk auf die Fragestellung, ob die Inzidentklage bezüglich einer die Klageforderung *übersteigenden* Gegenforderung zulässig ist. Zur Veranschaulichung sollen zwei weitere Beispielsfälle dienen:

Beispiel 3: Der Kläger macht gegen den Beklagten eine Forderung in Höhe von 2.000 € als gewährleistungsrechtlichen Schadensersatz statt der Leistung geltend. Der Beklagte führt im Wege der Aufrechnung seinen Anspruch auf Kaufpreiszahlung in Höhe von 2.500€ in den Prozeß ein. Der Kläger beantragt zwischenfestzustellen, daß die Gegenforderung nicht besteht.

Beispiel 4: Wie *Beispiel 3*. Allerdings erhebt nun der Beklagte, da der Kläger die Gegenforderung bestreitet, positive Zwischenfeststellungswiderklage, daß seine Gegenforderung in Höhe von 2.500 € besteht.

a) Keine Rechtskrafterstreckung nach § 322 Abs. 2 ZPO

Entsprechend dem klaren Wortlaut des § 322 Abs. 2 ZPO („*bis zur Höhe* des Betrages, *für den* die Aufrechnung geltend gemacht worden ist") wirkt das Urteil *keine Rechtskraft* hinsichtlich des die *Klageforderung übersteigenden Betrages*[733].

Im älteren Schrifttum[734] wurde dies – sofern das Gericht die Gegenforderung für unbegründet befand – teilweise anders gesehen[735]. Begründet wurde diese Ansicht mit demselben Argument, welches von *Zitelmann* für eine Rechtskrafterstreckung bei Klageabweisung einer nicht individualisierten Teilklage angeführt wurde: Aus der rechtskräftigen Entscheidung, daß die Gegenforderung nicht einmal in der zur Kompensation gestellten Höhe bestehe, folge mit Notwendigkeit, daß sie jedenfalls nicht in einem höheren Betrage bestehe. Mit dem Minus sei auch das Plus aberkannt. Folglich sei die ganze Forderung, welche zur Kompensation benutzt wurde, abgewiesen und damit das Nichtbestehen in voller Höhe rechtskräftig[736].

---

733 So die h. M, vgl. *RGZ* 16, 355 (356 f.); *BGHZ* 33, 236; 36, 316 (319); 57, 301; *BGH* NJW 1994, 1538; *OLG Celle* AnwBl 1984, 311; *OLG Düsseldorf* NJW-RR 1994, 1279; *Baumbach/Lauterbach/Albers/Hartmann*, § 322 Rdnr. 26 („Teil-Gegenforderung"); MünchKomm ZPO/*Gottwald*[4], § 322 Rdnr. 204; *Jauernig/Hess*, § 63 Rdnr. 23; *W. Lüke*, Zivilprozessrecht, § 20 Rdnr. 230; *Rosenberg/Schwab/Gottwald*[17], § 153 Rdnr. 17 Fußn. 20; *Thomas/Putzo/Reichold*, § 322 Rdnr. 45; *Zeuner*, JuS 1987, 354 (355, sub II. 2.); *Zöller/Vollkommer*, § 322 Rdnr. 21.

734 Vgl. *Fitting*, ZZP 2 (1880), 266 ff.; *Schollmeyer*, Compensationseinrede, S. 117 ff.

735 Mit Blick auf die Formulierung des § 293 Abs. 2 CPO a. F. („bis zur Höhe desjenigen Betrages, *mit* welchem aufgerechnet werden soll") war diese Ansicht nicht schlechthin unvereinbar mit dem Wortlaut.

736 *Fitting*, ZZP 2 (1880), 266 ff. (mit dem Vergleich zur Situation der Teilklage auf S. 268 ff.); *Schollmeyer*, Zwischenstreit, S. 13; *Schollmeyer*, Compensationseinrede, S. 119 ff.

Dem wurde entgegen gehalten[737], daß dies der Intention der Reichscivilprozeßordnung widerspreche. Diese habe sich – entgegen der Lehre *v. Savignys* – dafür entschieden, dem Urteil schlechterdings keine über den vermeintlichen Willen der Parteien hinausgehende Tragweite beizulegen, und deshalb die Rechtskraft nach dem rein äußerlichen Kriterium bestimmt: was beantragt und was davon entschieden sei[738]. Der Kompensant wolle höchstens den der Klageforderung entsprechenden Betrag seiner Gegenforderung zur Kompensation verwenden[739]. Einen Unterschied zwischen den Rechtskraftwirkungen der positiven und der negativen Feststellung des Richters zu machen, sei unstatthaft.

Der Gedanke des älteren Schrifttums wurde in neuerer Zeit insbesondere von *Leipold*[740] wieder aufgegriffen. Entsprechend seiner zur Rechtskraft bei Teilklagen vertretenen Auffassung[741] befürwortet er eine *Rechtskrafterstreckung* auf die gesamte Forderung, sofern das *ursprüngliche Nichtbestehen* des aufgerechneten Teilbetrages festgestellt werde; sofern sein Nicht-mehr-Bestehen festgestellt werde, bleibe die Rechtskraft auf diesen Teilbetrag beschränkt. Die Anwendbarkeit der Zwischenfeststellungsklage wäre hiernach nur im ersten Fall gehindert, da ihr Zweck nicht mehr erreichbar wäre.

b) Die eine Inzidentklage bejahenden Ansichten

Eine Vielzahl von Autoren[742] will in diesen Fällen deshalb sowohl dem Kläger als auch dem Beklagten die Möglichkeit geben, das Bestehen oder Nichtbestehen der *gesamten Gegenforderung* mittels der Inzidentklage einer der Rechtskraft fähigen Entscheidung zuzuführen. Als Grund führen die Vertreter dieser Auffassung vornehmlich an, daß zwar nicht das Plus, wohl aber die Existenz der ganzen Gegenforderung für den Kompensationseinwand präjudiziell sei. *Oertmann* sieht ein Beweismoment für diese Ansicht darin, daß sie schon bei den Beratungen der

---

737 Vgl. *Herzog*, ZZP 1 (1879), 416 ff.; *Kroll*, Klage, S. 315 ff.; *Reincke*, § 293 („Kompensationsforderungen"); *Wilmowski/Levy*[4], § 293 Anm. 4; in diesem Sinne bereits die Begründung des Entwurfs zu § 293 CPO: „Wird die Einrede der Kompensation vorgeschützt, so muß es als Absicht der Parteien angenommen werden, daß das Bestehen oder Nichtbestehen der compensando geltend gemachten Gegenforderung pro concurrente summa unter ihnen festgestellt werden solle. Über die summa concurrens hinaus ist eine Feststellung der Absicht der Parteien nur entsprechend, wenn diese Feststellung ausdrücklich beantragt worden ist", vgl. *Hahn*, Materialien II, S. 292.

738 Vgl. *Kroll*, Klage, S. 316.

739 Vgl. *Herzog*, ZZP 1 (1879), 416 (420).

740 Vgl. *Stein/Jonas/Leipold*[22], § 322 Rdnr. 162.

741 Dazu oben Text bei Fußn. 644 und 663.

742 So *Bergerhoff*, Zwischenfeststellungsklage, S. 43 f.; *v. Braun*, Inzidentfeststellungsklage, S. 36; *Stein/Jonas/Roth*[22], § 256 Rdnr. 107 bei Fußn. 606; bereits früher *Endemann*, § 253 Anm. 2; *Oertmann*, Aufrechnung, S. 150 f.; *Oertmann*, ZZP 22 (1896), 11 (40); *Struckmann/Koch*, § 253 Anm. 3.

Kommission des Reichstags für die CPO seitens des Abgeordneten *Bähr* und des Regierungsvertreters *v. Amsberg* als die zutreffende bezeichnet worden sei[743]. Die Entscheidung des Hauptprozesses hänge zudem sicherlich vom Bestehen oder Nichtbestehen der Gegenforderung – diese als Ganzes betrachtet – ab[744]. Vor allem im Fall der Eventualaufrechnung sei die Inzidentklage unerläßlich, wenn der Kläger auf alle Fälle eine rechtskraftfähige Feststellung hinsichtlich der Gegenforderung herbeiführen wolle[745]. *v. Braun* hebt die Bedeutung der ganzen Forderung für die Entscheidung des Rechtsstreits hervor, da erst vom Ganzen auf den Teil geschlossen werden könne, weshalb Präjudizialität vorliege[746]. *Bergerhoff* führt prozeßökonomische Gründe für die Zulassung einer klägerischen Inzidentklage an. Dem Kläger könne nicht das Bedürfnis abgesprochen werden zu wissen, ob der Beklagte noch weitergehende Forderungen gegen ihn habe. Erst recht sei dem Beklagten das Recht zur Erhebung der Inzidentwiderklage einzuräumen, weil für eine dahingehende Einschränkung überhaupt keine Regelung der Rechtskraft in § 322 Abs. 2 ZPO vorgesehen sei, sodann aber auch sämtliche Voraussetzungen dieser Klage erfüllt seien[747].

c) Die ablehnende Meinung

Gegen die Zulässigkeit einer den Bestand der Gesamtforderung feststellenden Inzidentklage sprechen sich *Kroll*[748], *Loening*[749] und *v. Seuffert*[750] aus, da das Bestehen oder Nichtbestehen des Kompensationsanspruchs rücksichtlich des Überschusses für die Entscheidung des Rechtsstreits nicht präjudiziell sei.

d) Eigene Ansicht

Anders als bei Teilklagen stellt sich hier zumindest die Frage nach der anderweitigen Rechtshängigkeit nicht. Es macht insoweit keinen Unterschied, ob der Inzidentkläger die Feststellung beantragt, daß die Gesamtforderung oder die Restforderung (nicht) besteht. Meines Erachtens ist für die Antwort auf die Frage zu differenzieren:

---

743 Vgl. *Oertmann*, ZZP 22 (1896), 11 (40). Ebenfalls auf die erste Lesung der Reichsjustizkommission stellen *Struckmann/Koch*, § 253 Anm. 3, für die Inzidentklage seitens des Klägers ab.

744 Vgl. *Oertmann*, ZZP 22 (1896), 11 (40).

745 Vgl. *Oertmann*, Aufrechnung, S. 151.

746 Vgl. *v. Braun*, Inzidentfeststellungsklage, S. 36.

747 Vgl. *Bergerhoff*, Zwischenfeststellungsklage, S. 43 f.

748 Vgl. *Kroll*, Klage, § 14, S. 62.

749 Vgl. *Loening*, ZZP 4 (1882), 1 (51) Fußn. 51.

750 Vgl. *v. Seuffert*, § 253 Anm. 2.

aa) Der Antrag des Klägers

Weist das Gericht im *Beispiel 3* die Klage ab, weil die *Gegenforderung begründet* ist, dann steht rechtskräftig fest, daß diese i. H. v. 2.000 € nicht mehr besteht. Ob die Restforderung über 500 € besteht oder nur i. H. v. 300 € oder gar nicht, wird vom Gericht nicht weiter geprüft. Denn es kommt hierauf für die Entscheidung über den Aufrechnungseinwand und den Rechtsstreit nicht an. Ebensowenig prüft das Gericht den Bestand der Gesamt- oder Restforderung, sofern es den Aufrechnungseinwand – aus welchen Gründen auch immer – unberücksichtigt läßt. Dem entspricht, daß der Beklagte seine Gegenforderung auch nur in dieser Höhe „einsetzt“, um die Klageforderung zu Fall zu bringen. Eine *Inzidentklage* ist in diesem Fall *unzulässig*. In Höhe der Klageforderung (im Beispiel 2.000 €) wird die Feststellung des Nicht-mehr-Bestehens ohnehin rechtskräftig; in Höhe des Restbetrags (im Beispiel 500 €) liegt keine Präjudizialität vor. Das Gericht muß hierüber nicht ohnehin in den Gründen befinden.

Gibt das Gericht statt dessen der Klage über 2.000 € wegen *Unbegründetheit der aufgerechneten Forderung* statt, so hat es notwendigerweise zuvor die gesamte Gegenforderung i. H. v. 2.500 € geprüft und befunden, daß sie insgesamt nicht besteht. Entsprechend dem zur Klageabweisung bei offener Teilklage Gesagten[751] liegt hier *Präjudizialität* vor. Zu berücksichtigen ist nur, daß *in Höhe der Klageforderung* (2.000 €) *bereits* die vom Kläger begehrte *rechtskräftige Entscheidung* nach § 322 Abs. 2 ZPO dahin ergeht, daß die Gegenforderung nicht besteht. Insoweit vermag er mit der Inzidentklage nicht mehr zu erreichen, als er auch ohne sie erhält. In diesem Umfang vermag die Inzidentklage ihren Zweck nicht zu verwirklichen. Streng genommen wäre sie daher lediglich über den Restbetrag (500 €) zulässig. § 322 Abs. 2 ZPO untersagt allerdings nicht, daß die rechtskräftige Feststellung in Höhe der Klageforderung nicht einheitlich mit der antragsgemäßen Inzidentfeststellung zusammen erfolgen kann. Eine Aufspaltung in eine Rechtskraftwirkung bezüglich der Höhe der Klageforderung und ein Feststellungsurteil über den Restbetrag ist unnötig. Zumal der Kläger mit seinem Inzidentantrag eine einheitliche Entscheidung begehrt. Da im Rahmen der Aufrechnung die bei der Teilklage problematische anderweitige Rechtshängigkeit keine Rolle spielt, ist die Antragstellung sowie Entscheidung über die Gesamtforderung jedenfalls nicht schädlich[752].

---

751 Oben Text vor Fußn. 685 ff.

752 Es spricht meines Erachtens in diesem Fall nichts dagegen, im Tenor z. B. einheitlich festzustellen, daß der Beklagte aus dem streitgegenständlichen Kaufvertrag keinen Anspruch auf Kaufpreiszahlung hat.

Der Inzidentantrag des Klägers ist somit ausschließlich zulässig, soweit das Gericht der Klage unter Berücksichtigung der Gegenforderung stattgibt. Dem Kläger ist daher zu einem dementsprechenden (für den Fall der Stattgabe seiner Hauptklage) *Eventualinzidentantrag* zu raten.

bb) Der Antrag des Beklagten

Weist das Gericht die Klage ab, weil die *Gegenforderung begründet* ist, so prüft es das Bestehen der Gegenforderung nur bis zu Höhe der Klageforderung (2.000 €). Ob darüber hinaus ein *Restbetrag* (500 €) besteht, ist nicht entscheidungserheblich und damit *nicht präjudiziell*. Eine rechtskräftige Feststellung über das Bestehen der Gegenforderung bis zur Höhe der Klageforderung verbietet sich schon aus den oben[753] dargelegten Gründen (Gefahr widersprüchlicher rechtskräftiger Entscheidungen).

Gibt das Gericht in *Beispiel 4* der Klage statt, weil die *Gegenforderung* insgesamt *unbegründet* ist, so mußte das Gericht notwendig das Nichtbestehen der gesamten Aufrechnungsforderung (2.500 €) prüfen, um der Klage in vollem Umfang (2.000 €) stattgeben zu können. Nach § 322 Abs. 2 ZPO steht damit rechtskräftig fest, daß die Gegenforderung i. H. v. 2.000 € nicht besteht. Der Antrag des Beklagten (Feststellung des Bestehens der *gesamten* Forderung) zielt in diesem Umfang auf die Feststellung des kontradiktorischen Gegenteils, weshalb die Gefahr widersprüchlicher Entscheidungen besteht. Soweit die Rechtskraft nach § 322 Abs. 2 ZPO die Gegenforderung nicht erfaßt (Restbetrag i. H. v. 500 €), wurde die Restforderung zwar vom Gericht geprüft und verneint. Insofern könnte man zwar Präjudizialität unterstellen, allerdings besteht das Bedingungsverhältnis nicht unmittelbar zwischen der Restforderung und der Entscheidung über den Aufrechnungseinwand, sondern nur mittelbar über die Gesamtforderung. Nicht das Nichtbestehen der Restforderung ist bedingend für das Nichteingreifen des Aufrechnungseinwands, sondern das Nichtbestehen der gesamten Gegenforderung[754]. Hinzu kommt, daß die Inzidentwiderklage insoweit unbegründet ist. Wie bereits ausgeführt, besteht für eine Zwischenfeststellungsklage, die stets entweder schon unzulässig oder jedenfalls unbegründet ist, kein Bedürfnis.

Der Inzidentantrag des Beklagten ist damit *in jedem Fall unzulässig*. Dem Beklagten bleibt es jedoch unbenommen, den Restbetrag über eine *prinzipale Feststellungsklage* einer rechtskräftigen Entscheidung zuzuführen oder aber den Restbetrag durch *Leistungswiderklage* geltend zu machen. Insofern kann man auch nicht von einer Verletzung des Grundsatzes der Waffengleichheit sprechen, wenn ausschließlich dem Kläger die Inzidentklage offensteht.

---

753 Text bei Fußn. 728.

754 Dazu im Rahmen der Teilklage bereits oben Text bei Fußn. 686.

3. *Zusammenfassung*

1. In Fällen der Inzidentklage gegenüber einer zur Aufrechnung gestellten Gegenforderung[755] ist der Inzidentantrag schon *unzulässig, soweit* das Gericht das Bestehen der aufgerechneten Forderung (etwa wegen Zurückweisung des tatsächlichen Vorbringens hierzu oder weil es den Aufrechnungseinwand als solchen nicht zuläßt, z. B. nach § 533 ZPO) *nicht ohnehin zu prüfen* hat.
2. Falls die Aufrechnungsforderung die *Klageforderung nicht übersteigt*, ist *weder* der *Inzidentantrag* des *Klägers* auf Nichtbestehen *noch* der des *Beklagten* auf Bestehen der behaupteten Gegenforderung *zulässig*. Im Fall des Klägers bedarf es der Inzidentklage nicht, da aufgrund der Regelung des § 322 Abs. 2 ZPO bereits eine der Rechtskraft fähige Entscheidung darüber ergeht, daß die Gegenforderung nicht besteht bzw. nicht mehr besteht. Die auf das *gleiche Ziel gerichtete* negative Zwischenfeststellungsklage ist zwecklos und damit unzulässig. Im Fall des Beklagten ist sie unzulässig, weil anderenfalls wegen § 322 Abs. 2 ZPO die Gefahr widersprüchlicher rechtskräftiger Entscheidungen besteht.
3. Wenn die Aufrechnungsforderung die *Klageforderung übersteigt*, ist lediglich der *Inzidentantrag* (Feststellung des Nichtbestehens der *gesamten* Gegenforderung) des *Klägers zulässig, sofern* das Gericht der *Klage* unter Berücksichtigung der Gegenforderung *stattgibt*. Hierbei ist es im Interesse einheitlicher Entscheidung unschädlich, wenn die Feststellung des Nichtbestehens der gesamten Gegenforderung beantragt wird, obwohl in Höhe der Klageforderung die begehrte Feststellung bereits nach § 322 Abs. 2 ZPO zu erfolgen hat. Dem Kläger ist daher zu einem dementsprechenden *Eventualinzidentantrag* zu raten. Dem *Beklagten* ist die Inzidentfeststellung des Bestehens der Gesamtforderung *verwehrt*. Sofern seine *Gegenforderung besteht*, wird deren Bestand nur bis zur Höhe der Klageforderung geprüft; über diesen Betrag hinaus liegt Vorgreiflichkeit nicht vor. Wegen § 322 Abs. 2 ZPO besteht aber in Höhe der Klageforderung die Gefahr widersprechender rechtskräftiger Feststellung. Sofern seine *Gegenforderung nicht existiert*, besteht in Höhe der Klageforderung wiederum die Gefahr widersprechender rechtskräftiger Feststellungen. Hinsichtlich des Restbetrages ist sie mangels Vorgreiflichkeit unzulässig, darüber hinaus auch unbegründet.
4. Sofern die Parteien den *Restbetrag* „unbedingt" einer rechtskräftigen Feststellung zuführen wollen, sind sie auf die *selbständige Feststellungsklage* gem.

755 Nicht näher eingegangen wird auf den Sonderfall, daß die Aufrechnung durch den Kläger erfolgt, da die dargestellten Prinzipien von der Parteirolle unabhängig sind. Zu diesem Spezialfall *BGHZ* 89, 349 ff.; *BGH* NJW 1992, 982 (983); *Stein/Jonas/Leipold*[22], § 322 Rdnr. 167 f.; *Zeuner*, JuS 1987, 354 ff.

§ 256 Abs. 1 ZPO verwiesen, sofern ein rechtliches Interesse besteht und die Voraussetzungen für eine Klageänderung (im Fall des Klägers) bzw. der Widerklage (im Fall des Beklagten) vorliegen. Der *Beklagte* hat des weiteren die Möglichkeit, die Restforderung im Wege der *Leistungswiderklage* geltend zu machen. Überdies bleibt es beiden Parteien unbenommen, das (Nicht)Bestehen des der Gegenforderung zu Grunde liegenden Kausalverhältnisses (z. B. Wirksamkeit des Kaufvertrages) über § 256 Abs. 2 ZPO rechtskräftig feststellen zu lassen.

4. *Rechtslage bei Eventualaufrechung*

In der Praxis ist es unbestritten, daß die Eventualaufrechnung, also die Erklärung des Beklagten, er rechne nur für den Fall auf, daß er mit seiner primären Verteidigung gegen das Bestehen der Klageforderung keinen Erfolg habe, prozessual zulässig ist[756].

Die herrschende Meinung[757] verneint überzeugend die Zulässigkeit einer Zwischenfeststellungsklage mangels Präjudizialität, solange nicht feststeht, daß der mit der Hauptklage geltend gemachte Anspruch begründet ist. Durch die Zwischenfeststellungsklage soll die Entscheidung des Hauptprozesses auch für das präjudizielle Rechtsverhältnis mit Rechtskraftwirkung nutzbar gemacht werden. Im Verhältnis zur Eventualaufrechnung fehlt aber, solange noch nicht feststeht, ob sie zum Zuge kommt, das Tatbestandsmerkmal der Vorgreiflichkeit, das allein die erleichterte Zulassung rechtfertige, daß nämlich das Gericht den ihm vorgelegten Streit ohnedies als Vorfrage entscheiden muß[758]. In diesem Fall kann die Inzidentklage als zulässige *Eventualzwischenfeststellungsklage* aufrecht erhalten werden, die innerprozessual dadurch bedingt ist, daß über die Gegenaufrechnung entschieden werden muß[759].

---

756 Statt vieler *Blomeyer*, Erkenntnisverfahren[2], § 60, S. 309 ff.; *Häsemeyer*, FS Weber, 215 (224 f.); *Musielak*, Grundkurs, Rdnr. 299 (dort auch zur überwundenen Klageabweisungstheorie und zur herrschenden Beweiserhebungstheorie); *Rosenberg/Schwab/Gottwald*[17], § 103 Rdnr. 15 ff.

757 Vgl. *BGH* NJW 1961, 75; MünchKomm ZPO/*Becker-Eberhard*[4], § 256 Rdnr. 87; *Stein/Jonas/Roth*[22], § 256 Rdnr. 133 Fußn. 328; *Wieczorek/Schütze/Assmann*[3], § 256 Rdnr. 364; *Zöller/Greger*, § 256 Rdnr. 22.

758 Vgl. *BGH* NJW 1961, 75. Anders noch *OLG Dresden* OLGRsp 13, 137; *Seuffert/Walsmann*, § 280 Anm. 5a; *Oertmann*, Aufrechnung, S. 151, der aber ohnehin keine tatsächliche Vorgreiflichkeit verlangt, vgl. *Oertmann*, ZZP 22 (1896), 11 (24 ff.), (30 f.).

759 Vgl. *BGH* NJW 1961, 75; MünchKomm ZPO/*Becker-Eberhard*[4], § 256 Rdnr. 87; *Stein/Jonas/Roth*[22], § 256 Rdnr. 133 Fußn. 328; *Wieczorek/Schütze/Assmann*[3], § 256 Rdnr. 364; *Zöller/Greger*, § 256 Rdnr. 22. Ausführlich zur Eventualzwischenfeststellungsklage *Schumann*, FS Georgiades, 543 (568 f.).

Soweit nach den oben dargelegten Ausführungen eine Inzidentklage zulässig ist, steht dem die Tatsache, daß die Aufrechnung nicht primär, sondern nur eventualiter erklärt ist, nicht entgegen. Im Gegenteil; nach der hier vertretenen Auffassung, ist dem Inzidentkläger ohnehin zur Eventualinzidentklage zu raten.

V. Geeignete Prozeßart

Damit die Verbindung der Inzidentklage mit der Hauptklage zulässig ist, muß die Geltendmachung in derselben Prozeßart zulässig sein, § 260 ZPO[760]. Im arbeitsgerichtlichen Beschlußverfahren findet § 256 Abs. 2 ZPO über § 80 ArbGG entsprechende Anwendung[761].

Im Urkunden- und Wechselprozeß, im Mahnverfahren sowie im Arrestverfahren sind Anträge nach § 256 Abs. 2 ZPO unzulässig[762], da in diesen Verfahrensarten eine Feststellungsklage ausweislich des Gesetzeswortlauts unstatthaft ist.

Für den *Urkundenprozeß und Wechselprozeß* bestimmen § 592 Satz 1 ZPO und § 602 ZPO, daß nur *Ansprüche* geltend gemacht werden können, mithin nur eine Leistungsklage statthaft ist[763]. Die Erhebung der Widerklage und damit der Inzidentfeststellungswiderklage im Urkundenprozeß ist gem. § 595 Abs. 1 ZPO unzulässig[764]. Dies gilt jedoch nicht für das Nachverfahren, da hier die Beschränkungen der §§ 592, 595 Abs. 1, § 597 Abs. 2 ZPO entfallen[765].

Im *Mahnverfahren* folgt die Einschränkung aus § 688 Abs. 1 ZPO, da nur Zahlungsansprüche statthaft sind. Im *Arrestverfahren* kann nach § 916 Abs. 1

760 § 260 ZPO gilt für den Inzidentantrag des Klägers. Bei Verstoß kommt eine Trennung nach § 145 Abs. 1 ZPO in Betracht, falls die Feststellungsklage als selbständige nach § 256 Abs. 1 ZPO zulässig ist, anderenfalls (insbesondere wenn die Erhebung einer Feststellungsklage in der Prozeßart unzulässig ist) ist die Zwischenfeststellungsklage als unzulässig abzuweisen, vgl. *Baumbach/Lauterbach/Albers/Hartmann*, § 256 Rdnr. 117; *Thomas/Putzo/Reichold*, § 256 Rdnr. 31. Für die Inzidentwiderklage gilt die Voraussetzung jeder Widerklage, daß sie in derselben Prozeßart wie die Hauptklage erhoben und in dieser zulässig sein muß, dazu statt vieler *Rosenberg/Schwab/Gottwald*[17], § 96 Rdnr. 16; *Stein/Jonas/Roth*[22], § 33 Rdnr. 20; *Thomas/Putzo/Hüßtege*, § 33 Rdnr. 27.

761 Vgl. *BAGE* 61, 66 (74 f.); *BAG* DB 1990, 132; MünchKomm ZPO/*Becker-Eberhard*[4], § 256 Rdnr. 85; *Musielak/Foerste*, § 256 Rdnr. 39; *Wieczorek/Schütze/Assmann*[3], § 256 Rdnr. 347.

762 Vgl. *Stein/Jonas/Roth*[22], § 256 Rdnr. 111.

763 Vgl. *BGHZ* 16, 207 (213); *BGH* ZIP 1994, 562 (563); *Zöller/Greger*, § 592 Rdnr. 3. Letzterer will zwar eine Ausnahme für die Klage auf Feststellung einer bestrittenen Insolvenzforderung (§§ 179-183 InsO) annehmen, da es um die Feststellung einer bezifferten Geldforderung gehe. Dennoch ist auch nach dieser Ansicht eine Zwischenfeststellungsklage erst im Nachverfahren zulässig.

764 Vgl. *Stein/Jonas/Roth*[22], § 33 Rdnr. 20; *Thomas/Putzo/Reichold*, § 256 Rdnr. 31.

765 Vgl. *BGHZ* 125, 251 (255); MünchKomm ZPO/*Becker-Eberhard*[4], § 256 Rdnr. 85; *Musielak/Foerste*, § 256 Rdnr. 39; *Wieczorek/Schütze/Assmann*[3], § 256 Rdnr. 346.

ZPO Arrestanspruch lediglich eine Geldforderung oder ein Individualanspruch sein, der in eine solche übergeht[766].

Auch in Verfahren über *einstweilige Verfügungen* ist wegen der besonderen Eilbedürftigkeit eine Inzidentfeststellungsklage unzulässig[767]. Es gibt folglich keine „Zwischenfeststellungsverfügung".

Vor Inkrafttreten des FamFG[768] zum 1. September 2009 war die Zwischenfeststellungsklage in *Ehe- und Kindschaftssachen* nur in den engen Grenzen von § 610 Abs. 2, § 623, § 632 Abs. 2, § 640 c ZPO zulässig[769], da deren Feststellung ebenso wie die Aufhebung der Ehe (§§ 1313 ff. BGB n. F.) nur in besonderen Verfahren erreicht werden konnte[770]. *Roth*[771] spricht sich dafür aus, im Scheidungsverbund Zwischenfeststellungsklagen zuzulassen, die zur Streitbereinigung zwischen den Parteien dienen. Dem ist grundsätzlich zuzustimmen, sofern die Voraussetzungen des § 256 Abs. 2 ZPO gewahrt sind[772].

Seit Inkrafttreten des FamFG sind insoweit § 126 Abs. 2, § 137 und § 113 FamFG zu beachten. Gem. § 113 Abs. 1 Satz 2 FamFG gelten in Ehesachen (§ 111 Nr. 1 FamFG) und Familienstreitsachen (§ 112 FamFG) die allgemeinen Vorschriften der ZPO und die Vorschriften der ZPO über das Verfahren vor den Landgerichten entsprechend. Über diese Verweisung findet folglich auch § 256 Abs. 2 ZPO Anwendung. Allerdings ist zu beachten, daß § 113 Abs. 2 FamFG für Familienstreitsachen bestimmt, daß die Vorschriften der ZPO über den Urkunden- und Wechselprozeß und über das Mahnverfahren entsprechend gelten. Nach dem zuvor Gesagten sind in diesen Verfahren jedoch Zwischenfeststellungsklagen unzulässig.

Abweichend von § 113 Abs. 1 Satz 2 FamFG (i. V. m. §§ 33, 147 260 ZPO) besteht gem. § 126 Abs. 2 Satz 1 FamFG grundsätzlich ein Verbindungsverbot einer Ehesache mit einer anderen Familiensache als einer Ehesache[773]. Auch eine

---

766 Vgl. MünchKomm ZPO/*Becker-Eberhard*[4], § 256 Rdnr. 85; *Musielak/Foerste*, § 256 Rdnr. 39; *Thomas/Putzo/Reichold*, § 916 Rdnr. 4; *Wieczorek/Schütze/Assmann*[3], § 256 Rdnr. 347.

767 Vgl. *Baumbach/Lauterbach/Albers/Hartmann*, § 256 Rdnr. 110 („Arrest, einstweilige Verfügung"); MünchKomm ZPO/*Becker-Eberhard*[4], § 256 Rdnr. 85; *Musielak/Foerste*, § 256 Rdnr. 39; *Stein/Jonas/Roth*[22], § 256 Rdnr. 111; *Zöller/Greger*, § 256 Rdnr. 28.

768 Verkündet als Art. 1 Gesetz zur Reform des Verfahrens in Familiensachen und in den Angelegenheiten der freiwilligen Gerichtsbarkeit (FGG-Reformgesetz) vom 17. Dezember 2008 (BGBl. I 2008, S. 2586).

769 Vgl. MünchKomm ZPO/*Becker-Eberhard*[4], § 256 Rdnr. 85; *Stein/Jonas/Roth*[22], § 256 Rdnr. 111; *Wieczorek/Schütze/Assmann*[3], § 256 Rdnr. 349.

770 Vgl. *Stein/Jonas/Roth*[22], § 256 Rdnr. 111.

771 Vgl. *Stein/Jonas/Roth*[22], § 256 Rdnr. 111 (noch zur alten Rechtslage).

772 So etwa zur alten Rechtslage betreffend die Zwischenfeststellungsklage in Verfahren der streitigen freiwilligen Gerichtsbarkeit *BGH* WM 1997, 2403.

773 Vgl. *Baumbach/Lauterbach/Albers/Hartmann*, FamFG § 126 Rdnr. 1.

Verbindung mit einer Nichtfamiliensache ist unzulässig[774]. Eine Ausnahme hiervon besteht gem. § 126 Abs. 2 Satz 2 i. V. m. § 137 FamFG, wonach zwischen einer Scheidungssache und einer Familiensache als Folgesache grundsätzlich ein Entscheidungs- und Verfahrensverbund zu bestehen hat[775]. Eine Zwischenfeststellungsklage ist daher z. B hinsichtlich der Wirksamkeit einer Scheidungsfolgenregelung zulässig[776].

In den streitigen Verfahren der *freiwilligen Gerichtsbarkeit* (soweit sie nach der Übergangsvorschrift des Art. 111 FGG-Reformgesetz zur Anwendung kommen) sind Inzidentanträge entsprechend § 256 Abs. 2 ZPO zulässig und können zugleich mit dem Hauptantrag oder als Gegenantrag gestellt werden[777].

VI. Instanzielle Begrenzung

Die Vorschrift des § 256 Abs. 2 gilt unabhängig von den Änderungen des Berufungsrechts durch das ZPO-Reformgesetz nach herrschender Meinung[778] uneingeschränkt auch in der *Berufungsinstanz*, da § 533 ZPO n. F. auf die Zwischenfeststellungsklage nicht anwendbar sei[779]. Zum einen werde der Streitstoff durch die Inzidentklage nicht ausgeweitet, zum anderen stelle *§ 256 Abs. 2 ZPO* eine dem § 533 ZPO vorgehende *Sonderregelung* dar[780]. Die verfahrensrechtliche Sonderstellung sei gerechtfertigt, weil die Inzidentklage sich zwangsläufig auf dasselbe Rechtsverhältnis stütze wie die Klage, was z. B. bei einer gewöhnlichen

774 Vgl. MünchKomm ZPO/*Hilbig*[3], FamFG § 126 Rdnr. 7.

775 Vgl. MünchKomm ZPO/*Hilbig*[3], FamFG § 126 Rdnr. 8.

776 Insbesondere sind Inzidentklagen regelmäßig nur hinsichtlich der jeweiligen Scheidungsfolgenregelung zuzulassen, dazu oben Text bei Fußn. 570 ff. und *Gomille*, NJW 2008, 274 ff.

777 Vgl. *BGH* WM 1997, 2403 (2404); *BGH* AgrarR 1998, 21; *BGH* NZG 1998, 184; *OLG* Naumburg OLG-NL 2004, 35; MünchKomm ZPO/*Becker-Eberhard*[4], § 256 Rdnr. 85; *Musielak/Foerste*, § 256 Rdnr. 39; *Wieczorek/Schütze/Assmann*[3], § 256 Rdnr. 349.

778 Vgl. *BGHZ* 53, 92 (94) (zum Verhältnis des § 280 ZPO a. F. zu § 529 Abs. 4 ZPO a. F.); 169, 153 (155); *Baumbach/Lauterbach/Albers/Hartmann*, § 256 Rdnr. 110 („Berufungsinstanz"); *Musielak/Foerste*, § 256 Rdnr. 40; *Stein/Jonas/Roth*[22], § 256 Rdnr. 110; *Thomas/Putzo/Reichold*, § 256 Rdnr. 26; *Wieczorek/Schütze/Assmann*[3], § 256 Rdnr. 379; *Zöller/Greger*, § 256 Rdnr. 22; *Zöller/Heßler*, § 533 Rdnr. 9.

779 Insbesondere in der älteren Rspr. und Lit. wurde dies teilweise noch anders gesehen, was damit zusammen hing, daß § 529 Abs. 2 ZPO a. F. vorschrieb, daß neue Ansprüche abgesehen von den Fällen des § 268 Nr. 2, 3 [=§ 264 Nr. 2, 3 ZPO n. F.] nur mit Einwilligung des Gegners erhoben werden könnten, und nach der Vorgängernorm § 491 Abs. 2 CPO neue Ansprüche abgesehen von § 240 Nr. 2, 3 [=§ 264 Nr. 2, 3 ZPO n. F.] überhaupt nicht erhoben werden konnten. Vgl. *RGZ* 29, 361 (366); *RG* JW 1898, 389 Nr. 15; *Posener*, Grundriss, S. 19; *Gaupp*, § 253 Anm. III 1; *Wilmowski/Levy*[3], § 253 Anm. 3; *Seuffert/Walsmann*, § 280 Anm. 3; *Sydow/Busch/Krantz/Triebel*, § 280 Anm. 3.

780 Vgl. *Baumbach/Lauterbach/Albers/Hartmann*, § 256 Rdnr. 110 („Berufungsinstanz").

Widerklage nicht der Fall zu sein brauche[781]. Dadurch könnten schutzwürdige Interessen des Gegners nicht verletzt werden, so daß der Schutzgedanke des § 533 ZPO nicht betroffen sei.

Becker-Eberhard[782] sieht in § 256 Abs. 2 ZPO zwar ebenfalls eine Sondervorschrift, allerdings nur gegenüber § 533 Nr. 1 ZPO, so daß weder Einwilligung des Inzidentbeklagten noch Sachdienlicherklärung des Gerichts erforderlich sei. Jedoch bleibe *§ 533 Nr. 2 ZPO anwendbar*, weshalb die Inzidentklage nur zulässig sei, wenn sie auf Tatsachen gestützt werden könne, welche das Berufungsgericht seiner Verhandlung und Entscheidung ohnehin zugrunde zu legen habe.

Ich möchte mich der Sichtweise von *Becker-Eberhard* anschließen. Wenn sich dies auch nicht häufig auswirken wird. Denn bei der Inzidentfeststellungsklage ist das bedingende Rechtsverhältnis notwendigerweise ohnehin vom Gericht zu prüfen und in den Entscheidungsgründen zu behandeln[783]; es wird lediglich die Rechtskraft auf diese Feststellung erstreckt, aber kein neuer Streitstoff eingeführt. Hilfreich ist erneut das Beispiel der Vindikationsklage. Sofern in erster Instanz der Beklagte, der zum einen das Eigentum des Klägers bestritten und zum anderen ein Recht zum Besitz geltend gemacht hat, nach erfolgter Beweisaufnahme über das Eigentum und das Recht zum Besitz zur Herausgabe verurteilt wird, steht beiden Parteien in der Berufungsinstanz die Möglichkeit offen, diese Rechtsverhältnisse über § 256 Abs. 2 ZPO einer rechtskräftigen Feststellung zuzuführen. Denn beide Rechtsverhältnisse waren Gegenstand der mündlichen Verhandlung, streitig und in den Gründen notwendig zu behandeln.

Freilich sind Situationen denkbar, in denen die Erhebung der Zwischenfeststellungsklage in der Berufungsinstanz den Rahmen des § 533 Nr. 2 ZPO überschreiten würde und deshalb nicht zuzulassen ist: Unterstellt, im Fall der Vindikationsklage wäre in der ersten Instanz ausschließlich das Recht des Beklagten zum Besitz streitig gewesen, das Eigentum des Klägers aufgrund behaupteter Universalsukzession jedoch weder ausdrücklich noch konkludent bestritten worden und damit (vgl. § 138 Abs. 3 i. V. m. § 288 Abs.1 ZPO) zugestanden, so ist dem Beklagten ein erstmaliges Bestreiten des (erbrechtlichen) Eigentums in der Berufungsinstanz nach §§ 529, 531 ZPO verwehrt[784]. Das Berufungsgericht ist an die Feststellungen der ersten Instanz gebunden. Würde man jetzt die Inzidentklage über das Eigentum zulassen, so würde der Streitstoff nicht nur erweitert, sondern der Beklagte könnte über den Umweg der Inzidentklage die Geständnisfiktion aufgrund seines

---

781 Vgl. *BGHZ* 53, 92 (94).

782 Vgl. MünchKomm ZPO/*Becker-Eberhard*[4], § 256 Rdnr. 85.

783 Dazu insbesondere oben Text nach Fußn. 486.

784 Vgl. *Rosenberg/Schwab/Gottwald*[17], § 138 Rdnr. 42 f.

mangelnden Bestreitens beseitigen. Konsequenterweise muß in diesem Fall eine Inzidentfeststellung über das Eigentum des Klägers unzulässig sein.

In der *Revisionsinstanz* ist eine Inzidentfeststellungsklage nach allgemeiner Meinung hingegen nicht mehr zulässig, da hier sowohl Klageerweiterung als auch Widerklage unzulässig sind[785].

§ 4 Die allgemeinen Sachurteilsvoraussetzungen der Zwischenfeststellungsklage

Neben den besonderen müssen auch die allgemeinen Sachurteilsvoraussetzungen erfüllt sein, damit die Zwischenfeststellungsklage zulässig ist. Die allgemeinen Sachurteilsvoraussetzungen werden im Folgenden nur insoweit ausgeführt, als sie Besonderheiten zur selbständigen Feststellungsklage des § 256 Abs. 1 ZPO aufweisen.

I. Zulässigkeit des Rechtswegs

Hinsichtlich der Zulässigkeit des Rechtswegs ergeben sich keine Besonderheiten zur prinzipalen Feststellungsklage des § 256 Abs. 1 ZPO[786]. Das bedeutet, für die Zwischenfeststellungsklage muß wie auch für die Hauptklage der Rechtsweg zu den ordentlichen Gerichten eröffnet sein[787]. Die Entscheidungskompetenz der

---

785 Vgl. *BGHZ* 28, 131 (137); *BGH* NJW 1961, 777 (779); 1989, 170; *BAG* MDR 1982, 526; *BAG* NJW 1982, 790; *Baumbach/Lauterbach/Albers/Hartmann*, § 256 Rdnr. 110 („Revisionsinstanz“); MünchKomm ZPO/*Becker-Eberhard*[4], § 256 Rdnr. 77; *Musielak/Foerste*, § 256 Rdnr. 39; *Rosenberg/Schwab/Gottwald*[17], § 96 Rdnr. 40; *Stein/Jonas/Roth*[22], § 256 Rdnr. 110; *Thomas/Putzo/Reichold*, § 559 Rdnr. 2; *Zöller/Greger*, § 256 Rdnr. 22; einschränkend *Wieczorek/Schütze/Assmann*[3], § 256 Rdnr. 380 (wenn schon in der Berufungsinstanz möglich gewesen und dort Sachverhalt ungeklärt geblieben).

786 Vgl. *Stein/Jonas/Roth*[22], § 256 Rdnr. 113.

787 Dies gilt selbstverständlich nicht, soweit die Zwischenfeststellungsklage in anderen Gerichtszweigen über Verweisungen entsprechend Anwendungen findet. Etwa über § 46 Abs. 2 Satz 1 ArbGG i. V. m. §§ 495, 256 Abs. 2 ZPO im arbeitsgerichtlichen Urteilsverfahren, vgl. *BAGE* 96, 34; *BAG* NZA 1997, 50 (zu der im öffentlichen Dienst allgemein üblichen Eingruppierungsfeststellungsklage); NZA 2004, 1496; *BAG* ZTR 2002, 77. Im Verwaltungsprozeß über § 173 VwGO i. V. m. § 256 Abs. 2 ZPO, vgl. *BVerwGE* 80, 170; *BVerwG* DÖV 1988, 224; *BVerwG*, Beschluß v. 23. Januar 2008 – 10 B 88.07, Rdnr. 9 f. (nicht veröffentlicht, elektronisch abrufbar über www.bundesverwaltungsgericht.de); *BayVGH* BayVBl. 1999, 399 (400); *OVG Münster*, Urteil v. 22. April 1996 – 23 D 43/93 AK (nicht veröffentlicht, elektronisch abrufbar über Juris); *VG Leipzig* RGV J 68, Urteil v. 12. Januar 1996 – 1 K 609/94; *Kopp/Schenke*, VwGO, § 173 Rdnr. 4; *Bergmann*, DÖV 1959, 570 (573 ff.) (betreffend § 280 ZPO a. F.). Im sozial-

ordentlichen Gerichte wurde bereits im Rahmen des festzustellenden Rechtsverhältnisses behandelt, weshalb hierauf verwiesen wird[788].

II. Ordnungsgemäße Klageerhebung

Auch die Möglichkeit, die Inzidentklage bedingt zu erheben[789], befreit nicht von der Voraussetzung ordnungsgemäßer Klageerhebung.

A. Geeignetes Subjekt

Es fragt sich zunächst, welche Personen zur Geltendmachung der Inzidentfeststellungsklage befugt sind.

1. Partei

Die Klage des § 256 Abs. 2 ZPO kann ausweislich des Wortlauts sowohl vom Kläger als auch vom Beklagten des Hauptprozesses angestrengt werden. Von ersterem in Form der Klageerweiterung[790], von letzterem in Form der Widerklage[791]. Voraussetzung ist aber stets, daß der Inzidentantrag *von einer der Parteien des Hauptprozesses* gestellt wird[792]. Sind auf Kläger- oder Beklagtenseite *Streitgenossen* beteiligt, so muß jedem die Möglichkeit des § 256 Abs. 2 ZPO unabhängig von der Zustimmung der oder des anderen zustehen, da die Prozeßrechtsverhältnisse gemäß § 61 ZPO voneinander unabhängig sind und jedem Streitgenossen das Recht seines Prozeßbetriebs uneingeschränkt zusteht[793]. Hiervon zu unterscheiden ist die Frage, ob das von einem Streitgenossen erstrittene

---

gerichtlichen Verfahren über § 202 SGG i. V. m. § 256 Abs. 2 ZPO, da § 55 SGG lediglich die prinzipale Feststellungsklage regelt, vgl. *BSGE* 13, 163; *BSG*, Beschluß v. 5. August 1999 – B 14 KG 3/99 B (elektronisch abrufbar über Juris).

788 Oben Text bei Fußn. 361 ff.

789 Zur Eventualzwischenfeststellungsklage oben Text bei Fußn. 598 ff.; ferner *BGH* NJW-RR 1994, 1272. Wie oben erläutert ist eine Eventualinzidentklage nicht erforderlich, wenn man wie im früheren Schrifttum davon ausgeht, daß sie stets auflösend bedingt erhoben ist, vgl. *Bergerhoff*, Zwischenfeststellungsklage, S. 63; *Gaupp/Stein/Jonas*, § 280 Anm. IV 2.

790 Dazu unten Text bei Fußn. 811 ff.

791 Dazu unten Text bei Fußn. 817 ff.

792 Vgl. *OLG Köln* JR 1955, 186; MünchKomm ZPO/*Becker-Eberhard*[4], § 256 Rdnr. 84; *Stein/Jonas/Roth*[22], § 256 Rdnr. 109 und 9; *Zöller/Greger*, § 256 Rdnr. 29.

793 So bereits *Oertmann*, ZZP 22 (1896), 11 (14 f.); *Thomas/Putzo/Hüßtege*, § 61 Rdnr. 1.

oder gegen ihn ergangene Zwischenfeststellungsurteil auch für oder gegen die übrigen Streitgenossen Rechtskraft wirkt[794].

2. *Nebenintervenient*

Die Befugnis zur Klageerhebung kann *nicht* dem *Streitgehilfen* zugebilligt werden, da dieser nicht Prozeßpartei ist[795]. Ihm gestattet das Gesetz lediglich den Beitritt, damit er einer der Parteien zum Sieg verhilft[796]. Als Streithelfer ist er berechtigt, Angriffs- und Verteidigungsmittel geltend zu machen, nicht jedoch den Streitgegenstand zu ändern. Dieses Recht steht (entsprechend der Dispositionsmaxime) lediglich dem Kläger bzw. im Hinblick auf die Widerklage dem Beklagten, also den Parteien, zu. Man könnte sagen, der Streithelfer ist berechtigt, über Angriffs- und Verteidigungs*mittel* zu disponieren, nicht jedoch über den Angriff selbst.

Die herrschende Meinung[797] verweigert mit überzeugenden Gründen gleichermaßen dem *streitgenössischen Nebenintervenienten* im Sinne von § 69 ZPO die Befugnis zu Erhebung der Zwischenfeststellungsklage. Der streitgenössische Nebenintervenient ist zwar selbständiger als der einfache Streithelfer, aber *ebenfalls nicht Partei*. Er wird nur in einzelnen Beziehungen als Partei angesehen und wie diese gemäß §§ 445 ff. ZPO vernommen[798]. Denn auch er tritt nur zu einem zwischen anderen Personen bestehenden Prozeßrechtsverhältnis bei. Hingegen setzt die Inzidentfeststellungsklage einen rechtshängigen Hauptprozeß voraus, für den das festzustellende Rechtsverhältnis bedingend ist, der Beitritt stellt aber nur einen Interventionsakt dar, der keine Rechtshängigkeit begründet. Anderer Auffassung war lediglich ein Teil der älteren Literatur[799]. Für die herrschende Meinung läßt sich auch der Wortlaut des § 69 ZPO anführen. Danach „gilt" der Nebenintervenient als Streitgenosse. Diese Fiktion besagt gerade nicht, daß der Streitgehilfe Streitgenosse „ist".

---

794 Mit *Bergerhoff*, Zwischenfeststellungsklage, S. 55, und *Oertmann*, ZZP 22 (1896), 11 (15), ist diese Frage jedenfalls in den Fallgruppen zu bejahen, in denen § 62 ZPO Anwendung findet. Siehe dazu *Rosenberg/Schwab/Gottwald*[17], § 49 Rdnr. 4 ff.

795 Vgl. *Bergerhoff*, Zwischenfeststellungsklage, S. 55; MünchKomm ZPO/*Becker-Eberhard*[4], § 256 Rdnr. 84; *Oertmann*, ZZP 22 (1896), 11 (15); *Stein/Jonas/Roth*[22], § 256 Rdnr. 109.

796 Vgl. *Rosenberg/Schwab/Gottwald*[17], § 50 Rdnr. 31, 43.

797 Vgl. MünchKomm ZPO/*Becker-Eberhard*[4], § 256 Rdnr. 84; *Stein/Jonas/Roth*[22], § 256 Rdnr. 109; *Thomas/Putzo/Hüßtege*, § 69 Rdnr. 6; *Zöller/Vollkommer*, § 69 Rdnr. 8; offen gelassen von *BGH* DB 1985, 1537 (1538) und *BAG* AP § 67 ZPO Nr. 3.

798 Vgl. *Rosenberg/Schwab/Gottwald*[17], § 50 Rdnr. 68 ff.; *Thomas/Putzo/Hüßtege*, § 69 Rdnr. 1.

799 Nachweise bei *Oertmann*, ZZP 22 (1896), 11 (16). Wie hier bereits *Gaupp*, § 253 Anm. II 4; *Loening*, ZZP 4 (1882), 1 (78); *Oertmann*, ZZP 22 (1896), 11 (16) mit ausführlicher Begründung; *Wach*, Handbuch, S. 648; *Förster/Kann*, § 280 Anm. 3a; *Seuffert/Walsmann*, § 280 Anm. 2.

3. *Parteiändernde Zwischenfeststellungsklage*

In den meisten Fällen sind die Parteien des Inzidentstreits denen des Hauptrechtsstreites identisch. Inwieweit eine Zwischenfeststellungs(wider)klage *gegen einen Dritten* oder *von einem Dritten* erhoben werden kann, ist umstritten.

Roth[800] vertritt, die Zulässigkeit einer Inzidentklage *gegen einen Dritten* oder *von einem Dritten* sei zwar prinzipiell möglich, die Zulässigkeit richte sich aber wegen der in einem solchen Antrag liegenden *Parteiänderung* nach den Grundsätzen über die Zulässigkeit derselben[801]. Die Inzidentwiderklage (auch) *gegen einen Dritten* folge den Regeln über die *parteierweiternde Widerklage*. In aller Regel (Fälle der Rechtskrafterstreckung ausgenommen) fehle in diesen Konstellationen aber das Abhängigkeitsverhältnis, so daß nur eine selbständige Feststellungsklage in Betracht käme, für die jedoch das Feststellungsinteresse vorliegen müsse[802].

Assmann[803] ist der Ansicht, bei der Inzidentwiderklage auch gegen einen bisher am Prozeß nicht beteiligten Dritten handele es sich hinsichtlich des Dritten um eine Feststellungsklage nach § 256 Abs. 1 ZPO, da das Rechtsverhältnis nicht inzidenter festzustellen sei, weshalb ihm gegenüber das rechtliche Interesse vorliegen müsse.

Meines Erachtens ist zu differenzieren: Inzidentklagen *von einem Dritten* sind generell abzulehnen, da dieser nicht Partei des Rechtsstreits ist. Inzidentklagen *gegen einen Dritten* sind – unabhängig von den Voraussetzungen der Parteiänderung bzw. parteierweiternden Drittwiderklage als solcher – nach § 256 Abs. 1 ZPO zu behandeln. Zum einen darf nicht zu dessen Lasten auf ein rechtliches Interesse verzichtet werden. Zum anderen geschieht dem Inzidentdritt(wider)klä-

---

800 Vgl. *Stein/Jonas/Roth*[22], § 256 Rdnr. 109; so auch *Schumann* in der Vorauflage in Rdnr. 144.

801 Die Rechtsprechung folgt hierbei vorwiegend der *Klageänderungstheorie*, vgl. *RGZ* 49, 376 (377); 58, 248 (250 f.); 108, 350 (351); 141, 277 (283); 157, 369 (376 f.); *BGHZ* 16, 317 (321 f.); 40, 185 (186); 65, 264 (267 f.); 123, 132 (136); *BGH* NJW 1988, 942; 1996, 196. Wohingegen die Literatur größtenteils die Parteiänderung als gewohnheitsrechtlich entstandenes *prozessuales Institut eigener Art* auffaßt, vgl. *de Boor*, Parteiwechsel; *Heinrich*, Parteiwechsel, S. 37; *Rosenberg/Schwab/Gottwald*[17], § 42 Rdnr. 20; *Zöller/Greger*, § 263 Rdnr. 3; MünchKomm ZPO/*Becker-Eberhard*[4], § 263 Rdnr. 23; *Stein/Jonas/Roth*[22], § 263 Rdnr. 48.

802 Vgl. *Stein/Jonas/Roth*[22], § 256 Rdnr. 109; ihm insoweit folgend MünchKomm ZPO/*Becker-Eberhard*[4], § 256 Rdnr. 84. Einschränkend *Rüßmann/Eckstein-Puhl*, JuS 1998, 441 (444) (gegen Dritte, die ohnehin in die subjektiven Grenzen der Rechtskraft einbezogen wären, gelten die Voraussetzungen des § 256 Abs. 2 ZPO und nicht die des Abs. 1).

803 Vgl. *Wieczorek/Schütze/Assmann*[3], § 256 Rdnr. 368. So auch *Musielak/Foerste*, § 256 Rdnr. 40 a. E. (zu Lasten des Dritten dürfe nicht auf das erforderliche Feststellungsinteresse verzichtet werden, weshalb der Widerkläger in der Regel auf eine Klage nach § 256 Abs. 1 ZPO beschränkt sei).

ger kein Unrecht. Ist das auch gegenüber dem Dritten festzustellende Rechtsverhältnis tatsächlich vorgreiflich, wird das rechtliche Interesse ohnehin zu bejahen sein. Sofern eine Rechtskrafterstreckung auf den Dritten ohnedies im Raum steht, wäre die Inzidentklage nicht notwendig, da sie dem Antragsteller nicht mehr zu geben vermag, als er auch ohne sie erhält. Nicht zuletzt hat die Beschränkung der Inzidentklage auf die Parteien der Hauptklage den Vorteil der Übersichtlichkeit.

B. Form der Geltendmachung

Da das Gericht nach § 308 Abs. 1 ZPO nichts zusprechen darf, was nicht zur Entscheidung gestellt ist, setzt die Inzidentklage einen entsprechenden Antrag voraus[804].

I. Antrag des Klägers der Hauptsache

Nach der Formulierung des Gesetzes kann der Kläger des Hauptprozesses die Feststellung des streitigen Rechtsverhältnisses durch „Erweiterung des Klageantrags" beantragen. Diese Formulierung ist nicht ganz unproblematisch.

a) Keine bloße Erweiterung nach § 264 Nr. 2 ZPO

Keineswegs ist damit (trotz des gleichlautenden Ausdrucks) die Erweiterung der Klage nach § 264 Nr. 2 Var. 1 ZPO gemeint[805]. Nach dieser Vorschrift ist es trotz anderen Antrags (und damit grundsätzlich Streitgegenstandsänderung) nicht als Klageänderung im Sinne von § 263 ZPO anzusehen, wenn der Kläger ohne Änderung des Klagegrundes den Klageantrag in der Hauptsache oder in Bezug auf Nebenforderungen erweitert.

Zwar wird durch Erhebung der Inzidentfeststellungsklage der Klagegrund (also der Tatsachenkomplex, der zur Begründung des begehrten Urteils vorgetragen wird[806], oder anders ausgedrückt der konkrete Lebenssachverhalt, aus dem der Kläger die begehrte Rechtsfolge ableitet[807]) nicht geändert. Denn logischerweise bildet das bedingende Rechtsverhältnis, dessen Bestehen oder Nichtbestehen

804 Vgl. *BGH* MDR 2005, 645: Keine Parallele zur Zulässigkeit eines nicht beantragten Feststellungsausspruchs bei unbegründeter oder derzeit nicht begründeter Leistungsklage als ein „Weniger".

805 Vgl. *Bergerhoff*, Zwischenfeststellungsklage, S. 55; *v. Braun*, Inzidentfeststellungsklage, S. 24; *Stein/Jonas/Roth*[22], § 256 Rdnr. 9; *Wieczorek/Schütze/Assmann*[3], § 256 Rdnr. 376; So schon *Oertmann*, ZZP 22 (1896), 11 (58); *Seuffert/Walsmann*, § 280 Anm. 4; *Petersen/Anger*, § 280 Anm. 1 a. E.

806 Vgl. *Stein/Jonas/Roth*[22], § 264 Rdnr. 1.

807 Vgl. *Thomas/Putzo/Reichold*, § 253 Rdnr. 10.

festgestellt werden soll, einen Teil des Tatsachenkomplexes, der zur Begründung der Hauptklage vorgetragen wird. Es ist ja gerade Sinn der Inzidentklage, die Rechtskraft auf das aus dem gleichen Sachverhalt resultierende Rechtsverhältnis, das sonst nur notwendigerweise in den Entscheidungsgründen behandelt würde, auszudehnen. Dennoch stellt der Antrag nach § 256 Abs. 2 ZPO nicht lediglich eine Erweiterung der Hauptsache dar. Denn *§ 264 Nr. 2 ZPO erfaßt nur Erweiterungen*, die *nicht mit der Einführung eines anderen Streitgegenstandes einhergehen*[808]. Wesentlich für die Begrenzung des § 264 ZPO ist, ob die Änderung nach Art und Ausmaß dem Gegner noch zugemutet werden kann[809], was bei Einführung eines neuen Streitgegenstandes zu verneinen ist. Der *Inzidentantrag* hat jedoch ein vollkommenes *aliud* zum Gegenstand, einen *neuen prozessualen Anspruch*[810].

b) Ursprüngliche und nachträgliche Anspruchshäufung

§ 256 Abs. 2 ZPO regelt demnach den Fall eines zusätzlichen Klageantrags, der entweder sogleich bei Klageerhebung mit der Hauptklage verbunden oder aber erst im Laufe des Rechtsstreits erhoben wird[811]. Im ersten Fall liegt eine *anfängliche Klagenhäufung* (§ 260 ZPO) vor, im zweiten ein *besonderer Fall nachträglicher Klagenhäufung*[812]. Insofern ist die von einigen Autoren[813] verwendete Bezeichnung als *„Zusatzklage" nicht unzutreffend.* Nach herrschender Meinung[814] stellt die nachträgliche Anspruchshäufung (§ 260 ZPO) einen Fall der Klageänderung dar, die indes bei der Zwischenfeststellungsklage aufgrund der Regelung in § 256 Abs. 2 ZPO *gesetzlich zugelassen* ist, sofern die Voraussetzungen von § 260

---

808 Vgl. *BGH* NJW 1996, 2869; *BGH* NJW-RR 2006, 253; *Stein/Jonas/Roth*[22], § 264 Rdnr. 1; *Zöller/Greger*, § 264 Rdnr. 3.

809 Vgl. *Stein/Jonas/Schumann*[21], § 264 Rdnr. 51.

810 So bereits *RGZ* 29, 361 (365); *RG* JW 1932, 650 Nr. 13; *Bergerhoff*, Zwischenfeststellungsklage, S. 56; *Oertmann*, ZZP 22 (1896), 11 (58); *Petersen/Anger*, § 280 Anm. 1; *Seuffert/Walsmann*, § 280 Anm. 4.

811 Vgl. *RGZ* 73, 272 (274); 113, 410 (412 f.); 150, 189 (191); *BGH* LM § 280 ZPO a. F. Nr. 2; *BGH* NJW-RR 1990, 318 (320); *Enders*, ZAP 1996, 455 (460); *Stein/Jonas/Roth*[22], § 256 Rdnr. 9; *Wieczorek/Schütze/Assmann*[3], § 256 Rdnr. 375.

812 Vgl. *Bergerhof*, Zwischenfeststellungsklage, S. 57; *v. Braun*, Inzidentfeststellungsklage, S. 25; *Stein/Jonas/Roth*[22], § 256 Rdnr. 9; so bereits *Gaupp/Stein/Jonas*, § 280 Anm. I.

813 Vgl. *v. Braun*, Inzidentfeststellungsklage, S. 20; *Seuffert/Walsmann*, § 280 Anm. 4, *Hellwig*, System I, S. 128. So auch noch in der 70. Auflage *Baumbach/Lauterbach/Albers/Hartmann*, § 256 Rdnr. 109.

814 Vgl. *RGZ* 47, 390 (393 f.); *BGH* NJW 1985, 1841 (1842); 2004, 2152 (2154); 2007, 2414 (2415); *BAG* WM 1976, 598 (600); *BayObLG* WuM 2003, 351; *Baumbach/Lauterbach/Albers/Hartmann*, § 263 Rdnr. 4; MünchKomm ZPO/*Becker-Eberhard*[4], § 263 Rdnr. 21; *Blomeyer*, Erkenntnisverfahren[2], § 42, S. 245; *Frank*: Anspruchsmehrheiten, S. 130 ff.; *Stein/Jonas/Roth*[22], § 263 Rdnr. 11; *Thomas/Putzo/Reichold*, § 263 Rdnr. 3; *Rimmelspacher*, S. 359 f.; *Zöller/Greger*, § 263 Rdnr. 2; a. A. *Rosenberg/Schwab/Gottwald*[17], § 97 Rdnr. 6.

ZPO vorliegen[815]. Die Erhebung der Inzidentklage ist folglich von den §§ 263 ff. ZPO unabhängig und kann ohne Zustimmung des Prozeßgegners geschehen[816].

2. *Antrag des Beklagten der Hauptsache*

Gemäß § 256 Abs. 2 ZPO kann der Beklagte die Feststellung des streitigen Rechtsverhältnisses „durch Erhebung einer Widerklage" beantragen.

Diese stellt einen *besonderen Fall der Widerklage* dar, bei dem der rechtliche Zusammenhang – sofern man diesen nicht nur als Charakteristikum des besonderen Gerichtsstands nach § 33 ZPO[817], sondern generell als Voraussetzung jedweder Widerklage versteht[818] – durch die Präjudizialität gegeben ist[819]. Die Zwischenfeststellungswiderklage stellt insofern einen besonderen Fall dar, als sie (im Unterschied zur selbständigen Feststellungswiderklage nach §§ 33, 256 Abs. 1 ZPO) nach Eintritt ihrer Rechtshängigkeit *vom Fortbestand der Klage abhängig* ist[820]. Nach der hier vertretenen Auffassung ist sie auch insoweit ein besonderer Fall der Widerklage, als ein Teilurteil über sie regelmäßig unstatthaft ist[821].

---

815 Zur Voraussetzung der zulässigen Prozeßart bereits oben Text bei Fußn. 760 ff.

816 Vgl. *Bergerhoff*, Zwischenfeststellungsklage, S. 57; bereits früher *Oertmann*, ZZP 22 (1896), 11 (58). So auch im österreichischen Zivilprozeßrecht: Der Zwischenfeststellungsantrag nach § 236 ÖZPO stellt zwar verfahrensrechtlich eine Klageerweiterung dar, doch sind nach überwiegender Ansicht darauf die Regeln der Klageänderung nicht anwendbar, vgl. *Fasching/Deixler-Hübner*, § 236 Rdnr. 3; *Fasching*, Lehrbuch, Rdnr. 1076.

817 Vgl. *Baumbach/Lauterbach/Albers/Hartmann*, § 33 Rdnr. 2; *Blomeyer*, Erkenntnisverfahren[2], § 61 II 2, S. 317 f.; *Goldschmidt*, Zivilprozeßrecht, S. 95; *Rosenberg/Schwab/Gottwald*[17], § 96 Rdnr. 21 (anders noch in der 15. Auflage); *Thomas/Putzo/Hüßtege*, § 33 Rdnr. 1; *Wieczorek/Schütze/Hausmann*[3], § 3 Rdnr. 5; *Zöller/Vollkommer*, § 33 Rdnr. 1; *Stein/Jonas/Roth*[22], § 33 Rdnr. 3 ff. (m. w. N. auch zur Gegenansicht in Fußn. 5 und 7).

818 Vgl. So *RGZ* 11, 423; 23, 396 (397 f.); *BGHZ* 40, 185 (187); *BGH* NJW 1975, 1228; 2001, 2094 (2095) („besondere Prozeßvoraussetzung"); *OLG Köln* WRP 1974, 706 (708); *Hellwig*, Lehrbuch III, S. 56; *W. Lüke*, Zivilprozessrecht, Rdnr. 237; *Rimmelspacher*, FS G. Lüke, 655 (660) (sofern die Widerklage der Klageerwiderung zeitlich nachfolgt).

819 Vgl. *Stein/Jonas/Roth*[22], § 256 Rdnr. 9.

820 Dazu oben Text bei Fußn. 232. In der älteren Literatur war noch umstritten, ob die Inzidentwiderklage eine besondere Art der Widerklage darstelle oder nichts von der gewöhnlichen Widerklage abweichendes habe. Für einen besonderen Fall der Widerklage etwa *Oertmann*, ZZP 22 (1896), 11 (59 ff.); *Schollmeyer*, Compensationseinrede, S. 30 f.; *Gaupp*, § 253 Anm. I; a. A. *v. Braun*, Inzidentfeststellungsklage, S. 27 ff.; *Loening*, ZZP 4 (1882), 1 (14 ff.), (98 ff.); *Wach*, AcP 62 (1879), 373 (401 ff.); *Wilmowski/Levy*[3], § 253 Anm. 1 a. E. Eine Darstellung des Theorienstreits findet sich bei *Bergerhoff*, Zwischenfeststellungsklage, S. 58 ff.

821 Dazu oben Text bei Fußn. 518 ff.

C. Art der Geltendmachung

Wird die Zwischenfeststellungs(wider)klage *im Laufe des Rechtsstreits* erhoben, so geschieht dies gem. § 261 Abs. 2 ZPO entweder durch Zustellung eines den Erfordernissen des § 253 Abs. 2 Nr. 2 ZPO entsprechenden Schriftsatzes[822] oder durch Verlesung des Antrags in der mündlichen Verhandlung gemäß § 297 ZPO[823]. Die nachträgliche Erhebung ist bis zum Schluß der mündlichen Verhandlung (§§ 136 Abs. 4, 296a ZPO), auf die das Endurteil über den bedingten Anspruch ergeht, zulässig[824].

Nach zutreffender Meinung hängt die Wirksamkeit der nachträglichen Klageerhebung in der mündlichen Verhandlung nicht davon ab, daß der Inzidentbeklagte anwesend ist, sofern er nur ordnungsgemäß geladen oder die Ladung nach § 218 ZPO entbehrlich war[825]. Denn auch im Versäumnisverfahren findet eine mündliche Verhandlung statt und es genügt, daß der Gegner zum Erscheinen durch Ladung aufgefordert war. Ebenso wie nach § 312 Abs. 1 Satz 1 ZPO die säumige Partei die gerichtliche Handlung der Verkündung des Urteils gegen sich gelten lassen muß, muß sie auch die Handlungen ihres Gegners gegen sich gelten lassen. Anderenfalls hätte es die säumige Partei in der Hand, allein durch ihre Säumnis den Gegner eines der wichtigsten Prozeßrechte, der Klageerhebung, zu berauben.

D. Bestimmtheitsgrundsatz, § 253 Abs. 2 Nr. 2 ZPO

Jede Feststellungsklage und damit auch die Inzidentfeststellungsklage muß den Erfordernissen des § 253 Abs. 2 Nr. 2 ZPO entsprechen[826]. Insofern weist die Zwischenfeststellungsklage gegenüber der prinzipalen Feststellungsklage keine Besonderheiten auf. Die Frage, inwieweit der Klagegrund bei der Inzidentklage zu substantiieren ist, wurde bereits im Rahmen der Teilklage angesprochen, weshalb hier darauf verwiesen wird[827].

---

822 Hierzu *BAG* NZA 1992, 891 (892).

823 Vgl. *Stein/Jonas/Roth*[22], § 256 Rdnr. 117.

824 Vgl. MünchKomm ZPO/*Becker-Eberhard*[4], § 256 Rdnr. 83; *Baumbach/Lauterbach/Albers/Hartmann*, § 256 Rdnr. 118; *Stein/Jonas/Roth*[22], § 256 Rdnr. 117; *Wieczorek/Schütze/Assmann*[3], § 256 Rdnr. 375. Für das schriftliche Verfahren gilt § 128 Abs. 2 ZPO, vgl. *Stein/Jonas/Roth*[22], § 256 Rdnr. 117.

825 Vgl. *RGZ* 28, 407 (409 f.); *Bergerhoff*, Zwischenfeststellungsklage, S. 61; *Stein/Jonas/Roth*[22], § 261 Rdnr. 11 m. w. N. in Fußn. 38; *Petersen/Anger*, § 280 Anm. 3; a. A. in der älteren Literatur *Planck*, Lehrbuch I, S. 72; *Loening*, ZZP 4 (1882), 1 (131 f.); *v. Braun*, Inzidentfeststellungsklage, S. 73 ff. Im Hinblick auf § 335 Abs. 1 Nr. 3 ZPO wäre ein Urteil auf die Inzidentwiderklage unzulässig, vgl. *Stein/Jonas/Roth*[22], § 261 Rdnr. 12.

826 Vgl. *BGH* NJW-RR 2009, 114 (116 f.) („Eros“, Rdnr. 31); *Baltzer*, Negative Feststellungsklage, S. 109 ff.; *Stein/Jonas/Roth*[22], § 256 Rdnr. 77; *Rocholl*, ZZP 8 (1885), 329 (374).

827 Eingehend oben Text bei Fußn. 654 ff.

III. Keine anderweitige Rechtshängigkeit, § 261 Abs. 3 Nr. 1 ZPO

Der Streitgegenstand eines rechtshängigen Prozesses darf von Gesetzes wegen nicht unter denselben Parteien zum Gegenstand eines zweiten, gleichzeitigen Prozesses gemacht werden[828]. Diesbezüglich unterscheidet sich die Inzidentklage nicht von der selbständigen Feststellungsklage oder sonstigen Klagen[829]. Für die Rechtshängigkeitssperre werden zwei Hauptgründe angeführt[830]: Zum einen soll damit die mehrfache Prozeßführung über denselben Streitgegenstand (mithin eine doppelte Inanspruchnahme der Gerichte und eine doppelte Belastung des Beklagten) verhindert werden. Zum anderen soll sie die Gefahr einander widersprechender Entscheidungen, die den Prozeßerfolg der Parteien zunichte machen würden, verhüten. Soweit bei der Untersuchung der Inzidentklage die anderweitige Rechtshängigkeit relevant ist, wurde dies bereits in den jeweiligen Konstellationen dargestellt[831], weshalb sich hier ein weiteres Eingehen erübrigt.

IV. Zuständigkeit

A. Sachliche Zuständigkeit

Als Klage unterliegt die Inzidentfeststellungsklage den allgemeinen Regeln über die sachliche Zuständigkeit. Hinsichtlich der Bestimmung des Zuständigkeitsstreitwerts ist folgendes zu beachten:

1. Zuständigkeitsstreitwert

Der Streitwert für die Inzidentklage ist separat nach denselben Grundsätzen wie bei der prinzipalen Feststellungsklage zu ermitteln[832]. Er bemißt sich für die negative Inzident(wider)klage nach dem Gesamtwert der aus dem Rechtsverhältnis

---

828 Vgl. *Baltzer*, Negative Feststellungsklage, S. 19 ff.; *Bettermann*, Rechtshängigkeit, S. 10 ff.; *Otto*, Rechtshängigkeitssperre, S. 51 ff.; *Rimmelspacher*, Anspruch, S. 311 ff.; *Stein/Jonas/Roth*[22], § 261 Rdnr. 20 ff.

829 So bereits *Loening* ZZP 4 (1882), 1 (49 ff.); *Rocholl*, ZZP 8 (1885), 329 (394 ff.).

830 Vgl. *Jauernig/Hess*, § 40 Rdnr. 8; *Stein/Jonas/Roth*[22], § 261 Rdnr. 1. Nach anderer Auffassung soll der Gefahr widersprechender Entscheidungen vollauf durch die Rechtskraft genügt werden, weshalb die Kollisionsverhinderung als Zweck des Rechtshängigkeitseinwands geleugnet wird, vgl. *Herrmann*, Rechtshängigkeit, S. 30 ff., 38.

831 Etwa oben Text bei Fußn. 444 ff., 662, 673 ff. und nach 686.

832 Vgl. MünchKomm ZPO/*Becker-Eberhard*[4], § 256 Rdnr. 91; *Enders*, ZAP 1996, 455 (462) (mit – wenn auch zur Rechtslage der BRAGO – interessanten Ausführungen für die anwaltliche Praxis zur Veränderung der Kostenquote, vgl. S. 463 f.); *Meyer*, JR 1955, 253 (254); *Schneider*, MDR 1973, 270 (272).

hergeleiteten Forderung[833]. Insoweit ergeben sich keine Besonderheiten zur selbständigen Feststellungsklage. Der Streitwert der positiven Klage liegt (mangels Vollstreckbarkeit) regelmäßig 20 Prozent unter dem Wert einer entsprechenden Leistungsklage[834].

Ungeachtet der Tatsache, daß es sich bei *Haupt- und Inzidentklage* um mehrere Streitgegenstände handelt, werden ihre Streitwerte *grundsätzlich nicht zusammengerechnet*:

Für die *Inzidentwiderklage* folgt das bereits aus § 5 Halbsatz 2 ZPO[835]. In diesem Fall soll nach überwiegender Meinung generell der höhere Wert maßgebend sein[836]. Nach der differenzierteren Gegenansicht folge aus dem Angreiferinteresseprinzip[837], daß das gegnerische Verhalten für die Streitwertberechnung des eigenen Angriffs grundsätzlich unbeachtlich sei[838]. Der höhere Wert sei lediglich in zwei Fällen relevant: Zum einen im Anwendungsbereich des § 506. Zum anderen bei Erhebung einer Widerklage mit amtsgerichtlichem Streitwert vor dem Landgericht[839].

Bezüglich Leistungsklage und *Inzidentklage* liegt regelmäßig *wirtschaftliche (Teil)Identität* vor, weil der Inzidentantrag aufgrund der Vorgreiflichkeit ohnehin geprüft werden müßte und wirtschaftlich im Hauptantrag enthalten ist[840]. Der Kläger verfolgt mit dem Feststellungsantrag *kein wirtschaftlich selbständiges*

---

833 Vgl. *RGZ* 71, 68 (69 f.); *BGH* FamRZ 2007, 464; *BGH* NJW 1970, 2025; *Baltzer*, Negative Feststellungsklage, S. 124 ff.; *Baumbach/Lauterbach/Albers/Hartmann*, Anh § 3 Rdnr. 54; *Stein/Jonas/Roth*[22], § 2 Rdnr. 27; *Thomas/Putzo/Hüßtege*, § 3 Rdnr. 189, 65.

834 Vgl. *BGH* NJW 1965, 2298; *BGH* NJW-RR 1992, 608; *Stein/Jonas/Roth*[22], § 2 Rdnr. 27 (m. w. N. in Fußn. 61); *Thomas/Putzo/Hüßtege*, § 3 Rdnr. 189, 65; *Zöller/Greger*, § 256 Rdnr. 39.

835 Vgl. MünchKomm ZPO/*Becker-Eberhard*[4], § 256 Rdnr. 91. Für den Gebührenstreitwert ist § 45 Abs. 1 Satz 3 GKG zu beachten.

836 Vgl. MünchKomm ZPO/*Becker-Eberhard*[4], § 256 Rdnr. 91; *Baumbach/Lauterbach/Albers/Hartmann*, § 5 Rdnr. 12; *Enders*, ZAP 1996, 455 (462); *Thomas/Putzo/Hüßtege*, § 5 Rdnr. 2, 5; *Zöller/Herget,* § 5 Rdnr. 2.

837 So die Formulierung bei *Schumann*, NJW 1982, 1257 (1260): Da der Angreifer Herr des Streitgegenstands sei und sich die Wertberechnung am Streitgegenstand orientiere, gelte – sofern kein normativer Streitwert etwas anderes bestimme – als Auffangregel des deutschen Streitrechts, daß das Interesse des Angreifers für die Wertberechnung entscheidend sei.

838 Vgl. *Frank*, Anspruchsmehrheiten, S. 59 f.; *Schumann*, NJW 1982, 1257 (1260); *Stein/Jonas/Roth*[22], § 5 Rdnr. 43 (das Zusammenrechnungsverbot des § 5 Halbsatz 2 ZPO meine das alleinige Abstellen auf die Klage, worin der Unterschied zum Hilfsantrag liege).

839 Da beide Ansichten in den sogleich zu diskutierenden Konstellationen unterschiedlicher sachlicher Zuständigkeit zum selben Ergebnis gelangen, ist eine Entscheidung dieser Frage im Rahmen der vorliegenden Arbeit nicht notwendig.

840 Vgl. *RGZ* 72, 220 (223); *BGH* NJW-RR 1992, 698; *Anders/Gehle/Kunze*, Streitwert-Lexikon, Stichwort „Klagenhäufung“ Rdnr. 14, S. 211 f.; *Frank*, Anspruchsmehrheiten, S. 178 f. Ebenso liegt bei einer Inzidentwiderklage wirtschaftliche (Teil)Identität hinsichtlich des bedingenden Rechtsverhältnisses vor.

Ziel[841]. Eine *Zusammenrechnung scheidet daher aus, vielmehr entscheidet der höhere Wert*[842]. Dies entspricht dem Additionsverbot bei wirtschaftlicher Einheit[843]. *Niemals* darf ein *Teil des Streitgegenstands mehrfach bewertet* werden[844]. So ist der Inzidentantrag auf Eigentumsfeststellung neben dem Herausgabeanspruch aus § 985 BGB[845] oder der negatorischen Unterlassungsklage aus § 1004 BGB[846] wirtschaftlich unselbständig.

Ausnahmsweise kann dem Inzidentfeststellungsantrag eine *selbständige wirtschaftliche Bedeutung* zukommen. Dies ist der Fall, wenn der *Hauptantrag hinter der beantragten Feststellungswirkung zurückbleibt*. So insbesondere, wenn nur einzelne Teile der möglichen Gesamtleistung, aber die Feststellung des gesamten Rechtsverhältnisses gefordert wird[847]. Beispielsweise bei einem Inzidentantrag auf Ersatzpflicht hinsichtlich des gesamten Schadens und Geltendmachung nur des Schmerzensgeldes. Oder wenn der Mieter auf die Klage des Vermieters wegen rückständigen Mietzinses für einige Monate mit einer Inzidentwiderklage, das Nichtbestehen des Mietvertrages festzustellen, reagiert. *Soweit* der Feststellungsantrag über den Leistungsantrag *hinausgeht*, ist er mit den in ihm enthaltenen Leistungsanträgen *zusammenzurechnen*[848].

2. *Konsequenzen bei unterschiedlichem Zuständigkeitsstreitwert*

Keine Schwierigkeiten ergeben sich, wenn der Hauptprozeß vor dem Amtsgericht anhängig ist und eine Zwischenfeststellungs(wider)klage erhoben wird, deren Streitgegenstand zur Zuständigkeit des Amtsgerichts gehört. Entsprechendes gilt für den Fall, daß sowohl Haupt- als auch Inzidentklage zur Zuständigkeit des Landgerichts gehören.

Wird in einem beim Amtsgericht anhängigen Rechtsstreit eine Inzidentfeststellungsklage erhoben, für die an sich nach § 23 Nr. 1 GVG, § 71 Abs. 1 GVG die sachliche Zuständigkeit des Landgerichts begründet ist, so hat das Amtsgericht nach *§ 506 ZPO* zu verfahren, soweit nicht eine Prorogation nach § 38 ZPO oder

---

841 Vgl. *Frank*, Anspruchsmehrheiten, S. 178 f.; *Schumann*, NJW 1982, 2800.

842 Vgl. *RGZ* 126, 18 (21); *BGH* NJW-RR 1992, 698; MünchKomm ZPO/*Becker-Eberhard*[4], § 256 Rdnr. 91; *Stein/Jonas/Roth*[22], § 5 Rdnr. 9; wohl auch *Wieczorek/Schütze/Assmann*[3], § 256 Rdnr. 391; a. A. *Musielak/Foerste*, § 256 Rdnr. 45.

843 Dazu *Schumann*, NJW 1982, 1257 (1260 f.); *derselbe*, NJW 1982, 2800 f.

844 Vgl. *BGH* WM 1991, 2121 (2122); *Stein/Jonas/Roth*[22], § 5 Rdnr. 9.

845 Vgl. *RGZ* 72, 220 (223); *Frank*, Anspruchsmehrheiten, S. 178; *Stein/Jonas/Roth*[22], § 5 Rdnr. 9.

846 Vgl. *RGZ* 3, 390 (393); *Frank*, Anspruchsmehrheiten, S. 178; *Stein/Jonas/Roth*[22], § 5 Rdnr. 9.

847 Vgl. *Stein/Jonas/Roth*[22], § 5 Rdnr. 10.

848 Vgl. *OLG Bamberg* JurBüro 1969, 955; *Stein/Jonas/Roth*[22], § 5 Rdnr. 10 f., mit einem ausführlichen Berechnungsbeispiel.

ein rügeloses Einlassen nach § 39 ZPO i. V. m. § 504 ZPO[849] zulässig ist und vorliegt[850]. Sofern also eine der Parteien darauf anträgt, hat das Amtsgericht sich für unzuständig zu erklären und den gesamten Rechtsstreit an das zuständige Landgericht zu verweisen. Anderenfalls ist die Zwischenfeststellungsklage als unzulässig abzuweisen[851].

Im Fall einer *ausschließlichen Zuständigkeit* des *Amtsgerichts* für die *Hauptklage* ist die Anwendung von *§ 506 ZPO jedoch ausgeschlossen.* Denn diese Vorschrift will als Ausnahme von der Regel der perpetuatio fori (§ 261 Abs. 3 Nr. 2 ZPO) der Erschleichung der amtsgerichtlichen Zuständigkeit vorbeugen[852]. Im Falle ausschließlicher Zuständigkeit des Amtsgerichts für die Hauptklage besteht aber keine Veranlassung zur Verweisung des gesamten Rechtsstreits an das Landgericht. Die Zuständigkeit des Amtsgerichts für die Hauptklage soll sich aufgrund der im öffentlichen Interesse bestehenden ausschließlichen Zuständigkeit nachträglich nicht ändern. In diesem Fall ist die Zwischenfeststellungsklage, soweit sie nicht in eine selbständige Feststellungsklage nach § 256 Abs. 1 ZPO umgedeutet werden und das Verfahren nach § 145 ZPO getrennt werden kann, durch Prozeßurteil abzuweisen[853].

Wird im umgekehrten Fall in einem vor dem Landgericht anhängigen Rechtsstreit eine Inzidentfeststellungsklage erhoben, die der Zuständigkeit des Amtsgerichts unterfällt, so ist das Gericht der Hauptklage auch für die Zwischenfeststellungsklage sachlich zuständig[854]. Im Gegensatz zur Konstellation des § 506 ZPO ist dies im Gesetz zwar nicht ausdrücklich geregelt, aber gerade aus dem Fehlen einer gesetzlichen Regelung kann im Wege des Umkehrschlusses (e contrario § 506) gefolgert werden, daß das Landgericht ohne weiteres befugt

---

849 Nach richtiger Meinung gilt die Belehrungspflicht aus § 504 ZPO auch für den Fall nachträglicher sachlicher Unzuständigkeit, vgl. *Thomas/Putzo/Reichold*, § 504 Rdnr. 1; *Zöller/Herget*, § 506 Rdnr. 3.

850 Vgl. *Bergerhoff*, Zwischenfeststellungsklage, S. 47; MünchKomm ZPO/*Becker-Eberhard*[4], § 256 Rdnr. 86; *Stein/Jonas/Roth*[22], § 256 Rdnr. 113; *Thomas/Putzo/Reichold*, § 256 Rdnr. 27; v. *Braun*, Inzidentfeststellungsklage, S. 44; *Wieczorek/Schütze/Assmann*[3], § 256 Rdnr. 383; *Zöller/Greger*, § 256 Rdnr. 29; *Oertmann*, ZZP 22 (1896), 11 (45).

851 Vgl. *Baumbach/Lauterbach/Albers/Hartmann*, § 506 Rdnr. 8; *Thomas/Putzo/Reichold*, § 506 Rdnr. 9; *Bergerhoff*, Zwischenfeststellungsklage, S. 47; v. *Braun*, Inzidentfeststellungsklage, S. 44; so bereits *Oertmann*, ZZP 22 (1896), 11 (45 f.); *Seuffert/Walsmann*, § 280 Anm. 6a; a. A. *Gaupp*, § 253 Anm. III 3a („so liegt fingierte Prorogation vor"); *Wach*, Handbuch, S. 364 und *Hellmann*, Lehrbuch, S. 144.

852 Vgl. *Zöller/Herget*, § 506 Rdnr. 1.

853 So im Ergebnis auch *Stein/Jonas/Roth*[22], § 256 Rdnr. 113 a. E.

854 Vgl. *Bergerhoff*, Zwischenfeststellungsklage, S. 47; *Jauernig/Hess*, § 46 Rdnr. 10; *Stein/Jonas/Roth*[22], § 33 Rdnr. 14 und § 256 Rdnr. 113; *Wieczorek/Schütze/Assmann*[3], § 256 Rdnr. 383; bereits früher *Loening*, ZZP 4 (1882), 1 (113 f.); *Oertmann*, ZZP 22 (1896), 11 (45); *Sydow/Busch/Krantz/Triebel*, § 280 Anm. 1; *Seuffert/Walsmann*, § 280 Anm. 6a.

sein soll, den Streitgegenstand mit zu entscheiden[855]. § 256 Abs. 2 ZPO geht vielmehr davon aus, daß die Inzidentklage grundsätzlich bei dem Prozeßgericht erhoben werden kann[856]. Dies gilt allerdings wiederum nicht im Fall einer ausschließlichen Zuständigkeit (z. B. nach § 23 Nr. 2a GVG).

B. Örtliche Zuständigkeit

Die Frage nach der Bestimmung der örtlichen Zuständigkeit für die Inzidentklage war vor allem zu Beginn des 20. Jahrhunderts sehr umstritten. Im wesentlichen haben sich drei Ansichten gebildet:

1. Theorien

Die (heute) *herrschende Meinung*[857] vertritt die Auffassung, daß die örtliche Zuständigkeit des Prozeßgerichts (der Hauptsache) sich auf die Inzidentklage erstrecke, da das Recht der Parteien auf eine rechtskräftige Entscheidung innerhalb des anhängigen Prozesses nur gewährleistet sei, wenn § 256 Abs. 2 ZPO dem Prozeßgericht zugleich die Zuständigkeit dazu verleihe. Nach dieser Auffassung begründet § 256 Abs. 2 ZPO dem Zweck der Zwischenfeststellungsklage entsprechend einen *besonderen Gerichtsstand des Zusammenhangs*. Jedoch gelte dies *nicht*, *soweit* für die Inzidentklage, sei es aus Gesetz (z. B. § 24, § 29a ZPO) oder aufgrund Prorogation[858], ein *ausschließlicher Gerichtsstand* bei einem anderen Gericht bestehe. Denn die Regelungen über die ausschließliche Zuständigkeit bestünden im öffentlichen Interesse und könnten daher über § 256 Abs. 2 ZPO nicht ausgeschlossen werden. Im übrigen ergäbe sich dies für die (Inzident) Widerklage bereits aus § 33 Abs. 2 ZPO.

Eine *zweite Meinung*[859] bejaht ebenfalls den Gerichtsstand des Zusammenhangs jedoch ohne die Einschränkung des § 33 Abs. 2 ZPO. Nach dieser Auffassung hat

---

855 Vgl. *Bergerhoff*, Zwischenfeststellungsklage, S. 47.

856 Vgl. *Wieczorek/Schütze/Assmann*[3], § 256 Rdnr. 383.

857 Vgl. *Bergerhoff*, Zwischenfeststellungsklage, S. 48 ff.; *Stein/Jonas/Roth*[22], § 256 Rdnr. 114; *Hellwig*, System I, S. 128; MünchKomm ZPO/*Becker-Eberhard*[4], § 256 Rdnr. 86; *Gaupp*, § 253 Anm. III 3b; *Reincke*, § 253 Anm. 2; *Sydow/Busch/Krantz/Triebel*, § 280 Anm. 1, S. 276; *Förster/Kann*, § 280 Anm. 3c dd; *Seuffert/Walsmann*, § 280 Anm. 6b; *Planck*, Lehrbuch I, § 19 Anm. 3, S. 72; insoweit unentschieden *Wieczorek/Schütze/Assmann*[3], § 256 Rdnr. 383 („Fraglich").

858 Ob die Prorogation auch die Vereinbarung der Ausschließlichkeit des Gerichtsstands beinhaltet, ist durch Auslegung zu ermitteln; es gibt keine generelle Vermutung für oder gegen die Ausschließlichkeit, vgl. *BGH* NJW-RR 1999, 137 (138); *Stein/Jonas/Bork*, § 38 Rdnr. 66 m. w. N. in Fußn. 162.

859 Vgl. *Hellmann*, Lehrbuch, S. 145; *Struckmann/Koch*, § 253 Anm. 2; *Baron*, ZZP 1 (1879), 29 (39); *Kroll*, Klage, S. 62 f.; *Oertmann*, ZZP 22 (1896), 11 (48 ff.).

§ 256 Abs. 2 ZPO *zuständigkeitsbegründende Wirkung* und geht jeder anderweitigen Gerichtsstandregelung – ob ausschließlich oder nicht – vor. Begründet wird dies unter anderem mit dem Zweck der *Rechtskrafterstreckung* auf die Entscheidungsgründe. Dieser Zweck würde vereitelt, wenn man das Prozeßgericht für unzuständig über die Zwischenfeststellungsklage erklären würde[860]. Zudem habe das Gesetz in § 506 ZPO für den Fall sachlicher Unzuständigkeit eine besondere Regelung getroffen, die vorliegend fehle, weshalb im Umkehrschluß anzunehmen sei, daß das Prozeßgericht ohne weiteres im Interesse einheitlicher Entscheidung örtlich zuständig sei[861].

Eine *dritte Meinung*[862] schließlich will die allgemeinen Regeln angewendet wissen, so daß für die Inzidentfeststellungsklage stets eine eigene Prüfung des Gerichtsstands verlangt wird. Zur Begründung führen die Vertreter dieser Auffassung an, daß weder in § 256 Abs. 2 ZPO noch an anderer Stelle im Gesetz für die Zwischenfeststellungsklage eine von den allgemeinen Bestimmungen abweichende Regelung getroffen werde: „Sollte eine Ausnahme von der Kompetenzordnung gemacht werden, musste dies expressis verbis geschehen.“[863] *Wach*[864] will dieses Ergebnis auch durch die Stellung der Inzidentfeststellungsklage im Gesetz bestätigt sehen.

2. *Stellungnahme*

a) Besonderer Gerichtsstand des Zusammenhangs

Gegen die letztgenannte Ansicht läßt sich zum einen anführen, daß die ZPO auch außerhalb des Abschnitts über die Gerichtsstände zahlreiche Regelungen über die örtliche Zuständigkeit enthält. Diese finden sich unter anderem in §§ 64, 603, 764. Insbesondere das achte Buch der ZPO enthält zahlreiche Regelungen (z. B. § 802 i. V. m. §§ 731, 732 Abs. 1 S. 1, § 764 Abs. 2, § 766 Abs. 1 S. 1; § 767 Abs. 1, § 771 Abs. 1, § 828 Abs. 2, § 848 Abs. 1, §§ 853-855, 858 Abs. 2, § 899 Abs. 1, §§ 919, 937 Abs. 1, § 942 Abs. 1, Abs. 2). Dies allein spricht aber noch nicht für einen *besonderen Gerichtsstand*. Dieser ergibt sich jedoch zwangsläufig aus dem *Sinn und Zweck der Inzidentklage*:

---

860 Vgl. *Baron*, ZZP 1, (1879), 29 (34 ff.).

861 Vgl. *Oertmann*, ZZP 22 (1896), 11 (53 ff.).

862 Vgl. *Wach* AcP 62 (1879), 373 (398 ff.); *Loening* ZZP 4 (1882), 1 (99 ff.); *Petersen/Anger*, § 280 Anm. 5; *Wilmowski/Levy*[4], § 253 Anm. 2 (mit dem Argument, es sei nicht auffällig, daß die Motive (S. 205, 227) nichts über den Gerichtsstand aussagten, da eben an die Statuierung einer Abweichung von den allgemeinen Vorschriften gar nicht gedacht worden sei); *v. Braun*, Inzidentfeststellungsklage, S. 39 ff.

863 *v. Braun*, Inzidentfeststellungsklage, S. 40.

864 *Wach*, Handbuch, S. 488.

§ 256 Abs. 2 ZPO gewährt den Parteien die Möglichkeit, über ein vorgreifliches Rechtsverhältnis, über welches das Prozeßgericht ohnehin in den Urteilsgründen zu befinden hätte, eine rechtskräftige Entscheidung herbeizuführen. Dieses Recht der Parteien muß dann ebenfalls die Befugnis des Prozeßgerichts einschließen, unabhängig von den allgemeinen Zuständigkeitsregeln – soweit diese *nicht im öffentlichen Interesse* bestehen – eine Entscheidung über das Rechtsverhältnis zu treffen[865].

Hierfür spricht noch eine andere Erwägung: Wenn der Beklagte mittels einer Widerklage die Zwischenfeststellung eines vorgreiflichen Rechtsverhältnisses begehrt, kommen nach allgemeiner Ansicht die Regeln über die Widerklage insoweit zur Anwendung, als sie nicht mit § 256 Abs. 2 ZPO in Widerspruch stehen[866]. Der Beklagte kann sich demzufolge hinsichtlich der örtlichen Zuständigkeit auf § 33 ZPO berufen, wonach eine Widerklage bei dem Prozeßgericht erhoben werden kann, falls ihr Streitgegenstand mit dem der Hauptklage in Zusammenhang steht. Wie bereits ausgeführt, besteht bei der Inzidentklage der rechtliche Zusammenhang in der Vorgreiflichkeit. Das Prozeßgericht ist folglich – mit Ausnahme der Einschränkung nach § 33 Abs. 2 ZPO[867] – für den *Zwischenfeststellungsantrag des Beklagten* der Hauptsache örtlich zuständig aufgrund des Zusammenhangs[868]. Dies sogar, wenn im übrigen die örtliche Zuständigkeit des Prozeßgerichts für diesen Antrag nach §§ 12-34 ZPO nicht gegeben wäre[869]. Insbesondere in den auf der Verhandlungsmaxime aufbauenden Verfahren, in welchen der Parteitätigkeit weithin entscheidender Einfluß eingeräumt ist, fordert nun aber die Gerechtigkeit, daß, was die eine Partei darf und muß, auch der anderen freistehe und auferlegt werde[870]. Dies wird als Grundsatz der Waffengleichheit bezeichnet[871]. Was dem einen recht ist, ist dem anderen billig (*non debet actori licere, quod reo non permittitur*). Aber die Gleichmäßigkeit kann nur den Sinn haben, daß unter gleichen Voraussetzungen die gleichen Wirkungen eintreten[872]. In der vorliegenden Streitfrage liegen die gleichen Voraussetzungen vor. Sowohl der Beklagte als Inzidentwiderkläger als auch der Zwischenfeststellungs*kläger* befinden sich in der Angreiferrolle und erstreben ein Urteil zu ihren Gunsten. Deshalb ist es gerechtfertigt, im Falle der Inzidentklage den besonderen Gerichtsstand des Zusammenhangs anzunehmen. Nicht

865 So auch *Bergerhoff*, Zwischenfeststellungsklage, S. 50.
866 Vgl. *Bergerhoff*, Zwischenfeststellungsklage, S. 51.
867 Dazu sogleich.
868 Vgl. *Thomas/Putzo/Hüßtege*, § 33 Rdnr. 19.
869 Vgl. *Stein/Jonas/Roth*[22], § 33 Rdnr. 1.
870 Vgl. *Planck*, Lehrbuch I, § 55, S. 277
871 Vgl. dazu *Zöller/Vollkommer*, Einleitung vor § 1 Rdnr. 102.
872 Vgl. *Planck*, Lehrbuch I, § 55, S. 279.

zuletzt wird man damit auch dem Prozeßverständnis der Schöpfer der CPO gerecht[873]: Wie *Planck* feststellt, kehrt die CPO zu dem ursprünglichen Gedanken Justinians, der gleichzeitig verbundenen Verhandlung und Entscheidungen von innerlich zusammenhängenden Ansprüchen und Gegenansprüchen zurück[874].

Folglich ist von einem besonderen Gerichtsstand des Sachzusammenhangs auszugehen.

b) Ausnahme bei ausschließlicher Zuständigkeit

Die Vorschrift des § 256 Abs. 2 ZPO verleiht dem Gericht der Hauptsache indessen nicht in jedem Fall die örtliche Zuständigkeit. Insofern ist die Ansicht von *Oertmann* und *Baron* abzulehnen, wonach der Gerichtsstand des Zusammenhangs auch bei ausschließlicher Zuständigkeit eines anderen Gerichts für die Inzidentklage gelten solle.

Soweit ein ausschließlicher Gerichtsstand besteht, hat der Gesetzgeber damit zu verstehen gegeben, daß *nicht der Wille der Parteien maßgeblich* sein soll, sondern mit Rücksicht auf das *öffentliche Interesse an der Rechtssicherheit* die Zuweisung an bestimmte Gerichte vorrangig und zwingend ist[875]. Es wäre nun geradezu paradox, wenn dem Inzidentkläger erlaubt sein soll, was nach den allgemeinen Regeln über die Prorogation (vgl. § 40 Abs. 2 Satz 1 ZPO) und das rügelose Verhandeln (§ 40 Abs. 2 Satz 2 ZPO) nicht möglich ist. Es erscheint mehr als fraglich, daß der Gesetzgeber der Inzidentklage eine so weit reichende Befugnis zusprechen wollte. Was die angeblich fehlende Regelung durch den Gesetzgeber anbelangt, ist zu konstatieren, daß dies aus Sicht der Schöpfer der ZPO nicht nötig war, da die Regelungen in § 40 Abs. 2 ZPO und § 33 Abs. 2 ZPO den Willen des Gesetzgebers verdeutlichten[876].

Damit ist der herrschenden Meinung in dieser Frage zu folgen.

C. Funktionelle Zuständigkeit

Im Verhältnis der Zivilkammer zur Kammer für Handelssachen (§§ 93 ff. GVG) hat die Zivilkammer die unbeschränkte Zuständigkeit[877]. Wenn daher die Zwi-

873 Begründung des Entwurfs zu § 33 CPO (S. 63), vgl. *Hahn*, Materialien II, S. 158: „Eine Erweiterung hat das forum reconventionis noch durch die Zulassung der Präjudizial-Inzidentklage (§ 243) erfahren, eine Erweiterung, welche durch eine angemessene Regelung der Lehre von der Rechtskraft der Urtheile geboten war, und bei den §§ 243 und 283 zu rechtfertigen ist."

874 Vgl. *Planck*, Lehrbuch I, § 19, S. 70 f.

875 Vgl. *Bergerhoff*, Zwischenfeststellungsklage, S. 52.

876 Vgl. *Bergerhoff*, Zwischenfeststellungsklage, S. 51 f.

877 Vgl. *Stein/Jonas/Roth*[22], § 33 Rdnr. 15; so bereits *Wach*, Handbuch, S. 364 ff.

schenfeststellungswiderklage Handelssache ist, wird nicht von der Zivilkammer an die Kammer für Handelssachen verwiesen[878].

Sofern dagegen vor der Kammer für Handelssachen eine Inzidentklage gem. § 256 Abs. 2 ZPO erhoben wird, die als selbständige Klage nicht unter § 95 GVG fiele, ist nach § 99 Abs. 1 GVG der gesamte Rechtsstreit auf Antrag des Beklagten der Inzidentklage der zu verweisen[879]. Eine Verweisung von Amts wegen kommt nach § 97 Abs. 2 ZPO in Betracht, solange noch nicht über die Inzidentklage zur Hauptsache verhandelt und ein Beschluß verkündet worden ist[880]. Jedoch kann die Verweisung von Amts wegen nicht darauf gestützt werden, daß dem Beklagten die Kaufmannseigenschaft fehle (vgl. § 97 Abs. 2 Satz 2 GVG)[881].

V. Rechtsschutzinteresse

Das Rechtsschutzinteresse[882] bedeutet das berechtigte Interesse des Klägers, zur Erreichung des begehrten Rechtsschutzes ein (Zivil-)Gericht in Anspruch zu nehmen[883]. In Anbetracht der Tatsache, daß die Verfolgung subjektiver Ansprüche im Rechtsstaat der Selbsthilfe (bis auf wenige Ausnahmen) entzogen ist und in Folge dessen der Justizgewährungsanspruch in Verbindung mit dem Rechtsstaatsprinzip den Anspruch auf Rechtsschutz gegen den Staat garantiert[884], ist *grundsätzlich vom Vorliegen eines Rechtsschutzinteresses auszugehen*[885]. Da die ZPO in ihrer liberal-rechtsstaatlichen Prozeßauffassung umfassenden Rechtsschutz gewähren will, erscheint grundsätzlich jedes (vermeintliche bzw.

---

878 Vgl. *Stein/Jonas/Roth*[22], § 33 Rdnr. 15.

879 Vgl. *Thomas/Putzo/Hüßtege*, § 99 GVG Rdnr. 1 ff.; *Zöller/Lückemann*, § 99 GVG Rdnr. 3.

880 Vgl. *Stein/Jonas/Roth*[22], § 33 Rdnr. 15; *Zöller/Lückemann*, § 97 GVG Rdnr. 4. So bereits *Gaupp*, § 253 Anm. III 3a; *Petersen/Anger*, § 280 Anm. 5 a. E.; *Seuffert/Walsmann*, § 280 Anm. 6a; *Wilmowski/Levy*[4], § 253 Anm. 3 a. E.

881 Vgl. *Thomas/Putzo/Hüßtege*, § 97 GVG Rdnr. 4 unter Hinweis auf *KG Berlin* NJW-RR 2009, 469, wonach dies nicht der Fall ist, wenn allein wegen fehlender Eintragung im Handelsregister verwiesen wird (so schon früher *OLG Nürnberg* NJW-RR 2000, 568).

882 Auf die Frage, ob das Rechtsschutzbedürfnis überhaupt von der ZPO als allgemeines Institut des Prozeßrechts anerkannt wird und damit als allgemeine Sachurteilsvoraussetzung gelten kann, soll hier nicht näher eingegangen werden. Dagegen mit überzeugenden Argumenten *Schumann*, FS Fasching, S. 439 ff.; sowie *Brehm*, FG BGH III, 89 (90 ff.); *Pohle*, FS Lent, 195 (197 ff.); *Stein/Jonas/Roth*[22], vor § 253 Rdnr. 136, 142. Lesenswert ist auch die Darstellung bei *v. Mettenheim*, Prozeßökonomie, S. 34 ff.

883 Vgl. *BGH* NJW-RR 1989, 263.

884 Vgl. *BGHZ* 37, 113 (121); 67, 184 (187); *Stein/Jonas/Brehm*[22], Einleitung vor § 1 Rdnr. 290; *Zöller/Vollkommer*, Einleitung Rdnr. 48.

885 Zur aus dem Rechtsstaatsprinzip folgenden Verpflichtung zur Gewährleistung eines wirkungsvollen Rechtsschutzes und einem Verbot der Rechtsverweigerung vgl. *BVerfGE* 61, 126 (135).

behauptete) Recht als schutzwürdig. Die *Verweigerung des Rechtsschutzes* kann daher nur die *Ausnahme* bilden und ist *nur dann* gerechtfertigt, wenn sie sich aus den *Zwecken des Zivilprozesses zwingend ergibt*[886]. Deshalb darf zum einen der Rechtsschutz niemals ohne gesetzliche Grundlage mit dem unscharfen generalklauselartigen Begriff des Rechtsschutzbedürfnisses unter Berufung auf die Prozeßökonomie beschränkt werden, weil die Prozeßökonomie nicht das prozessuale Ziel selbst definiert, sondern lediglich den zweckmäßigsten Weg zu diesem Ziel aufzeigen kann[887]. Zum anderen ist im Interesse eines wirkungsvollen Rechtsschutzes und der Berechenbarkeit des Prozeßverlaufs darauf zu achten, nicht spezielle Zulässigkeitsmängel kurzerhand dem angeblich fehlenden Rechtsschutzbedürfnis „unterzuschieben" und das nur ausnahmsweise fehlende Rechtsschutzbedürfnis damit zum „Sammelbecken für ungelöste prozessuale Überlegungen"[888] zu machen. Dies gilt insbesondere für den Einwand anderweitiger *Rechtshängigkeit* oder entgegenstehender *Rechtskraft*[889], was speziell im Fall der Zwischenfeststellungsklage, die in besonderem Maße in funktionalem Zusammenhang zur Rechtskraft steht, zu beachten ist[890].

A. Kein Feststellungsinteresse erforderlich

Während bei der prinzipalen Feststellungsklage nach § 256 Abs. 1 ZPO ein (rechtliches) Feststellungsinteresse als spezielle Ausgestaltung des Rechtsschutzbedürfnisses[891] unerläßlich ist, tritt im Falle der Zwischenfeststellungs(wider)klage an dessen Stelle die Abhängigkeit des streitigen Rechtsverhältnisses[892].

---

886 Vgl. *Stein/Jonas/Roth*[22], vor § 253 Rdnr. 136.

887 Vgl. *Stein/Jonas/Roth*[22], vor § 253 Rdnr. 136: Grundlegend dazu *Schumann*, FS Larenz I, 271 ff., der nicht zu Unrecht darauf hinweist, daß es an sich für den Richter sicher nichts „ökonomischeres" gäbe, „als keine Entscheidung fällen zu müssen oder sonst um eine Arbeitsbelastung gebracht zu sein", vgl. *Schumann*, FS Larenz I, 271 (278).

888 *Schumann*, FS Fasching, 439 (443).

889 Vgl. *Schumann*, FS Fasching, 439 (443); *Stein/Jonas/Roth*[22], vor § 253 Rdnr. 142. Gegen Vermengung von Rechtshängigkeitseinwand und Rechtsschutzinteresse auch *Bettermann*, Rechtshängigkeit, S. 30 ff., 38 ff. Wie *Schumann*, FS Fasching, a. a. O., bemerkt, ist es meist nur bequemer, einfach vom fehlenden Rechtsschutzbedürfnis zu sprechen. Bedenken ergeben sich insoweit z. B., wenn die zweite Klage wegen angeblich fehlenden Rechtsschutzbedürfnisses abgewiesen wird, während es sich um einen Fall anderweitiger Rechtshängigkeit handelt: Wird die erste Klage zurückgenommen, dann ist die Lage des Zweitklägers unsicherer, als wenn wegen anderweitiger Rechtshängigkeit abgewiesen worden wäre. Denn in diesem Fall wäre sicher, daß die Zweitklage nun zulässig ist, vgl. *Schumann*, FS Fasching, 439 (444).

890 Dazu sogleich.

891 Dazu statt vieler *Jacobs*, Feststellungsverfahren, S. 409 ff.; *Musielak/Foerste*, § 256 Rdnr. 7; *Thomas/Putzo/Reichold*, § 256 Rdnr. 13.

892 Vgl. *BGHZ* 69, 37 (41); *BGH* NJW 1992, 1897; *BGH* NJW-RR 1994, 1272 (1273); *BGH* WM 2010, 332; *BAG* NJW 2003, 991; *BAG*, NZA 1997, 50 (51); 2004, 1406; *Baumbach/*

Erst das Erfordernis der Abhängigkeit (Präjudizialität, Vorgreiflichkeit, Entscheidungserheblichkeit) weist auf ein qualifiziertes Rechtsschutzinteresse des Klägers hin und rechtfertigt die Tatsache, daß das Gesetz bei dieser Klage kein Feststellungsinteresse fordert, weshalb das Gericht bei Vorliegen der Voraussetzungen des § 256 Abs. 2 ZPO nicht etwa prüfen darf, ob ein Feststellungsinteresse besteht[893].

B. Allgemeines Rechtsschutzbedürfnis

I. Kein Ausschluß durch Vorgreiflichkeit

Daß bei der Zwischenfeststellungsklage das Feststellungsinteresse nicht zu prüfen ist, enthält keine Aussage zum Rechtsschutzbedürfnis. Während bei der selbständigen Feststellungsklage das Rechtsschutzbedürfnis im Feststellungsinteresse aufgeht und daneben keine eigene Bedeutung hat, kann dies in derselben Weise nicht bei der Zwischenfeststellungsklage für das Erfordernis des Rechtsschutzbedürfnisses gelten. Die Vorgreiflichkeit tritt zwar an die Stelle des Feststellungsinteresses, aber in der Vorgreiflichkeit geht keineswegs auch das allgemeine Rechtsschutzbedürfnis auf[894]. Daher ist eine Zwischenfeststellungsklage unzulässig, sollte ihr das Rechtsschutzbedürfnis fehlen. Da die Inzidentklage eine rechtshängige Hauptklage erfordert und sie sich in der dargestellten Weise auf die Hauptentscheidung beziehen muß, sind jedoch nur wenige Situationen denkbar, in denen man von einem fehlenden Rechtsschutzbedürfnis sprechen kann[895].

Lauterbach/Albers/Hartmann, § 256 Rdnr. 114; MünchKomm ZPO/*Becker-Eberhard*[4], § 256 Rdnr. 75; *v. Mettenheim*, Prozeßökonomie, S. 93; *Musielak/Foerste*, § 256 Rdnr. 42; *Rosenberg/Schwab/Gottwald*[17], § 90 Rdnr. 18; *Schneider*, MDR 1973, 270 (271); *Schumann*, FS Georgiades, 543 (570); *Stein/Jonas/Roth*[22], § 256 Rdnr. 102; *Thomas/Putzo/Reichold*, § 256 Rdnr. 32; *Wieczorek/Schütze/Assmann*[3], § 256 Rdnr. 369; *Zöller/Greger*, § 256 Rdnr. 25. So schon *RGZ* 9, 337 (339); 95, 36 (39); 128, 234 (237); 144, 54 (59); 166, 175 (182); *OLG Hamburg* SeuffArch 43 (1888), 100 Nr. 65; *Gaupp*, § 253 Anm. II 2; *Reincke*, § 253 Anm. 2; *Wilmowski/Levy*[3], § 253 Anm. 1a; *Seuffert/Walsmann*, § 280 Anm. 4 a. E.

893 Vgl. *BGHZ* 69, 37 (41); *BAG*, DB 1996, 2504; 1997, 50 (51); *Schneider*, MDR 1973, 270 (271); *Stein/Jonas/Roth*[22], § 256 Rdnr. 102 m. w. N. in Fußn. 573.

894 Vgl. *Schumann*, FS Georgiades, 543 (570).

895 Vgl. *Schumann*, FS Georgiades, 543 (571).

2. *Angebliches Erfordernis der „über den gegenwärtigen Streitgegenstand hinausreichenden Bedeutung"*

Nach ganz herrschender Meinung[896] ist für die Zulässigkeit der Zwischenfeststellungsklage erforderlich, daß das inzidenter zu klärende Rechtsverhältnis zwischen den Parteien noch über den gegenwärtigen Streitgegenstand hinaus Bedeutung hat oder gewinnen kann. Anderenfalls fehle der Inzidentklage das erforderliche Rechtsschutzbedürfnis[897], es mangele an der erforderlichen Abhängigkeit[898] oder die zusätzliche Voraussetzung[899] liege schlicht nicht vor. Die folgende Darstellung wird zeigen, daß das Erfordernis zukünftiger Relevanz auf überkommenen Vorstellungen eines präparatorischen Charakters der Feststellungsklagen beruht und als ungeschriebene Tatbestandsvoraussetzungen abzulehnen ist. Sofern die Inzidentklage aufgrund spezieller Prozeßsituationen *mangels Vorliegens besonderer Prozeßvoraussetzungen unzulässig* ist, ist das *Erfordernis zukünftiger Relevanz ohnehin überflüssig.*

a) Unzulässigkeit aufgrund spezieller Prozeßsituationen

Wie schon erwähnt, wurde die Zwischenfeststellungsklage eingeführt, weil das deutsche Zivilprozeßrecht der Rechtskraft bewußt enge Grenzen auferlegt[900]. Daher ist diese Klage notwendigerweise in besonderem Maße von dem *(funktionalen) Zusammenspiel zwischen Streitgegenstand und Rechtskraft abhängig.* Das

---

896 Vgl. *RGZ* 126, 234 (237); 144, 54 (59); 170, 328 (330); *RG* JW 1933, 1259 (1260); 1936, 3047 Nr. 5; *BGHZ* 42, 340 (348 ff.); 69, 37 (42 f.); 169, 153 (156 Rn. 12); *BGH* LM § 280 ZPO a. F. Nr. 2; Nr. 4; LM § 256 Nr. 16; Nr. 113; *BGH* JR 1955, 64; *BGH* NJW 2011, 2195 (2196) Rdnr. 20; *BAGE* 18, 29 (36 f.); *BAG* NZA-RR 210, 305 (306) Rdnr. 21; *BayObLG* NZM 1999, 33 (34); *OLG Koblenz* NJOZ 2002, 2660 (2663); *OLG Nürnberg* MDR 1985, 417; *Baumbach/Lauterbach/Albers/Hartmann*, § 256 Rdnr. 114; *Bergerhoff*, Zwischenfeststellungsklage, S. 18; *Blomeyer*, Erkenntnisverfahren², S. 218 (der hierin allerdings die „Vorgreiflichkeit" sieht); MünchKomm ZPO/*Becker-Eberhard*⁴, § 256 Rdnr. 81 (kritisch); *Enders*, ZAP 1996, 455 (458 f.); *Hager*, KTS 54 (1993), 39 (42); *Musielak/Foerste*, § 256 Rdnr. 42; *Nikisch*, Zivilprozeßrecht, § 44 II 3; *Rosenberg/Schwab/Gottwald*¹⁷, § 96 Rdnr. 36; *Schneider*, MDR 1973, 270 (271); *Stein/Jonas/Roth*²², § 256 Rdnr. 103, 106; *Thomas/Putzo/Reichold*, § 256 Rdnr. 28; *Wieczorek/Schütze/Assmann*³, § 256 Rdnr. 369 ff.; *Zöller/Greger*, § 256 Rdnr. 26; bereits früher *Seuffert/Walsmann*, § 280 Anm. 5a.

897 So ausdrücklich *BGH* MDR 2008, 1046 Rdnr. 32; *BGH* NJW 1992, 1897; *OLG Nürnberg* MDR 1985, 417; *Musielak/Foerste*, § 256 Rdnr. 42; *Rosenberg/Schwab/Gottwald*¹⁷, § 96 Rdnr. 36; *Thomas/Putzo/Reichold*, § 256 Rdnr. 28; *Wieczorek/Schütze/Assmann*³, § 256 Rdnr. 369 ff.

898 So *RGZ* 170, 328 (330); *BGHZ* 169, 153 (155); *BGH* JR 1955, 64; *BayObLG* NZM 1999, 33 (34); *Stein/Jonas/Roth*²², § 256 Rdnr. 106.

899 So *BGHZ* 69, 37 (42 f.); *BGH* NJW-RR 1990, 318 (320); *BGH* NZG 1998, 184 (185).

900 Dazu oben Text bei Fußn. 148 ff.

Beispiel der Vindikationsklage verdeutlicht die Richtigkeit dieser Aussage: Da die herrschende Meinung einem Urteil über eine solche Klage keine Rechtskraftwirkung hinsichtlich des Eigentums gibt, muß diejenige Partei, die eine (positive oder negative) Entscheidung über das Bestehen des Eigentums an der Sache erreichen will, die Zwischenfeststellungsklage erheben. Diese Prozeßstrategie ändert sich sofort, wenn man der Gegenansicht folgt, die sich für eine Erstreckung der Rechtskraftwirkung auf das zugrunde liegende Eigentum ausgesprochen hat. Einer Zwischenfeststellungsklage bedarf es dann nicht mehr[901]. Die Zulässigkeit und Erforderlichkeit der Zwischenfeststellungsklage hängt demnach von der Definition der objektiven Grenzen der Rechtskraft ab, die sich ihrerseits danach richten, was Streitgegenstand des Hauptprozesses ist[902].

Aus diesem Grund ist eine Zwischenfeststellungsklage nach zutreffender Meinung[903] unzulässig, sofern über den Gegenstand der Inzidentklage *schon im Rahmen der Hauptklage rechtskräftig entschieden* wird. Bereits das *Reichsgericht* hat dies für § 280 ZPO a. F. unter Berufung auf die Motive und Protokolle in seinem Urteil vom 19. November 1929[904] wie folgt formuliert:

> „Für den § 280 folgt aus der Abhängigkeit, in der die Hauptentscheidung von dem im Laufe des Prozesses streitig gewordenen Rechtsverhältnis stehen muß, nur eine Einschränkung: das festzustellende Rechtsverhältnis darf nicht derart auch den Gegenstand der Hauptentscheidung bilden, daß darüber schon mit dieser eine in Rechtskraft übergehende Entscheidung zu erlassen ist. Die Inzident-Feststellungsklage des § 280 soll nach dem Gang der Gesetzgebung einen Ersatz dafür bieten, daß nach der Vorschrift des § 322 ZPO die sog. Elemente des Urteils nicht in Rechtskraft übergehen“.

---

901 Vgl. *Schumann*, FS Georgiades, 543 (550 f.).

902 Vgl. *Schumann*, FS Georgiades, 543 (551).

903 Vgl. *RGZ* 126, 234 (237); 144, 54 (59); 170, 328, 330; *RG* JW 1936, 3047 Nr. 5; *BGHZ* 42, 340 (348 ff.); 169, 153 (156 Rn. 12); MünchKomm ZPO/*Becker-Eberhard*[4], § 256 Rdnr. 82; *Baumbach/Lauterbach/Albers/Hartmann*, § 256 Rdnr. 108; *Musielak/Foerste*, § 256 Rdnr. 41; *Rosenberg/Schwab/Gottwald*[17], § 96 Rdnr. 36; *Stein/Jonas/Roth*[22], § 256 Rdnr. 106; *Wieczorek/Schütze/Assmann*[3], § 256 Rdnr. 373.

904 *RGZ* 126, 234 (237). Der Kläger forderte vom Beklagten Zahlung für die Lieferung von Metalldrahtlampen, die er nach den Vorschriften über den Verkauf von Altstoffen von der Deutschen Reichsbahn-Gesellschaft gekauft hatte. Der Beklagte bestritt die Klageforderung und erhob Widerklage auf Zahlung von Schadensersatz, da er meinte, Anspruch auf Lieferung der in den eisenbahnamtlichen Listen verzeichneten Lampen, und zwar nicht nur der Stückzahl, sondern auch den in den Listen verzeichneten Typen nach, zu haben, so daß er neben billigeren Stücken auch besonders wertvolle geliefert bekommen müßte. Im Verfahren erhob der Beklagte Zwischenfeststellungsklage mit dem Antrag festzustellen, daß der Kläger nach dem Vertrag an die amtlichen Listen gebunden und demgemäß verpflichtet gewesen sei, nicht nur die in den Stücklisten genannte Mindestzahl, sondern auch die darin verzeichneten Typen zu liefern. Das Landgericht wies die Widerklage als unbegründet ab, das OLG gab ihr statt, das Reichsgericht hob das Berufungsurteil auf, da die Inzidentwiderklage zulässig, aber unbegründet sei.

aa) Streitgegenstandsidentische Inzidentfeststellung

Von der vom Reichsgericht konstatierten Einschränkung sind zum einen die Fälle der mit dem Streitgegenstand der Hauptklage identischen Zwischenfeststellung erfaßt. Bei diesen ergibt sich die Unzulässigkeit aber weniger aus der fehlenden Vorgreiflichkeit, als vielmehr aus dem *Einwand anderweitiger Rechtshängigkeit*[905].

bb) Rechtskrafteintritt auch ohne Inzidentklage

Zum anderen sind hiervon Konstellationen erfaßt, in denen zwar keine anderweitige Rechtshängigkeit besteht, die Inzidentklage aber dennoch unstatthaft ist. Der dahinter stehende Gedanke ist folgender: *Soweit schon ohne Inzidentantrag eine der Rechtskraft fähige Entscheidung über das Rechtsverhältnis* ergehen muß, ist ein *Inzidentantrag gegenstandslos* und daher *unzulässig*[906]. Der Grund für diese Einschränkung ist offenkundig. Da der *Zweck der Inzidentklage*, die *Erstreckung der Rechtskraft*, bereits mittels der Hauptklage erfolgt, kann er durch sie nicht mehr erreicht werden; die Inzidentklage ist sinnlos und damit unzulässig[907].

Als Beispiele sahen wir die beantragte Inzidentfeststellung des Nichtbestehens der vom Beklagten zur Aufrechnung gestellten Gegenforderung: Die Inzidentklage ist wegen der schon aufgrund § 322 Abs. 2 ZPO erfolgten Rechtskrafterstreckung unzulässig[908]. In diesem Fall fehlt auch nicht das Rechtsschutzbedürfnis. Methodologisch handelt es sich vielmehr um eine *teleologische Reduktion* des Anwendungsbereichs[909]. Dies soll keine Spitzfindigkeit sein. Denn wie eingangs dargestellt, ist es im Interesse des Klägers geboten, im Fall anderweitiger Rechtshängigkeit oder materieller Rechtskraft diesem keine wegen fehlenden Rechtsschutzbedürfnisses unzulässige Klage „unterzuschieben".

---

905 Vgl. *Musielak/Foerste*, § 256 Rdnr. 41; *Schumann*, FS Georgiades, 543 (571 f.); *Stein/Jonas/Roth*[22], § 256 Rdnr. 106 m. w. N. in Fußn. 599; so schon *RG* JW 1887, 38 Nr. 5 („Einrede der Rechtshängigkeit"); *Oertmann*, ZZP 22 (1896), 11 (22); *Petersen/Anger*, § 280 Anm. 2; Dazu bereits oben Text bei Fußn. 444 ff.

906 So schon *Seuffert/Walsmann*, § 280 Anm. 5a.

907 Vgl. *v. Braun*, Inzidentfeststellungsklage, S. 60: „Dann würde ja auch der Inzidentantrag zwecklos sein; denn die rechtskräftige Entscheidung über das Präjudizialitätsverhältnis ist erreicht oder befindet sich bereits mitten auf dem Wege, erreicht zu werden"; *BGHZ* 169, 153 (156) Rdnr. 13; *Stein/Jonas/Roth*[22], § 256 Rdnr. 106; *Wieczorek/Schütze/Assmann*[3], § 256 Rdnr. 373 (fehlendes Rechtsschutzbedürfnis); *Seuffert/Walsmann*, § 280 Anm. 5a.

908 Hierzu oben Text bei Fußn. 716 ff.

909 Dazu *Larenz*, Methodenlehre, S. 391 ff. Gegen eine lediglich „einschränkende Auslegung" spricht die wertende Bezugnahme auf § 322 ZPO, vgl. *Larenz*, Methodenlehre, S. 391.

Abgesehen von § 322 Abs. 2 ZPO gibt es eine Vielzahl von Fällen, in denen eine Rechtskrafterstreckung befürwortet wird[910]: Die Eigentumsfeststellung bei der Vindikationsklage wurde bereits angesprochen; ebenso die Feststellung des dinglichen Rechts bei der Grundbuchberichtigungsklage. *Zeuner*[911] bejaht eine Rechtskrafterstreckung bei der negatorischen Unterlassungsklage im Verhältnis zum Schadensersatzprozeß sowie bei Entscheidungen über den Hilfsanspruch auf Auskunfterteilung und Rechnungslegung im Rahmen einer Stufenklage bezüglich des Anspruchsgrundes für den Hauptanspruch[912]. Diskutiert wird ferner eine Rechtskrafterstreckung für die Gültigkeit eines gegenseitigen Vertrags

910 Darstellungen finden sich etwa bei *Blomeyer*, Erkenntnisverfahren², S. 489 ff.; *Stein/Jonas/Leipold*²², § 322 Rdnr. 202 ff.

911 *Zeuner*, Sinnzusammenhänge, S. 58 ff. Ihm folgend *Blomeyer*, Erkenntnisverfahren², S. 490.

912 Vgl. *Zeuner*, Sinnzusammenhänge, S. 157 ff. Nach h. M. entfaltet das Urteil über den Auskunfts- und Rechnungslegungsanspruch weder Rechtskraft- noch Bindungswirkung für den Hauptanspruch hinsichtlich des zugrunde liegenden Rechtsverhältnisses, vgl. *RG* JW 1936, 2137; *BGH* NJW 1969, 880; 1985, 862; 2000, 1724 (1725); *BGH* ZIP 1999, 447 (448); *OLG Karlsruhe* MDR 1992, 804; *Assmann*, Stufenklage, S. 113 ff., *Stein/Jonas/Roth*²², § 254 Rdnr. 31. Konsequent läßt die h. M. daher die Verbindung des Auskunfts- und Rechnungslegungsanspruchs mit einer Zwischenfeststellungsklage zu, vgl. *BGH* ZIP 1999, 447 (448); *Stein/Jonas/Roth*²², § 254 Rdnr. 34 a. E. (andererseits spricht sich *Roth* an späterer Stelle dafür aus, daß eine Zwischenfeststellungsklage erst im Rahmen der letzten Stufe (Hauptantrag) zulässig sein soll, da die vorausgehenden Stufen lediglich vorbereitenden Charakter hätten, vgl. *Stein/Jonas/Roth*²², § 256 Rdnr. 108); *Wieczorek/Schütze/Assmann*³, § 256 Rdnr. 365; a. A. *BGH* LM § 254 Nr. 6; *Blomeyer*, Erkenntnisverfahren², S. 494, jedoch unter der zumindest fraglichen Annahme, daß das Urteil über den Hilfsanspruch die Bedeutung eines Grundurteils habe, weshalb die Zwischenfeststellungsklage unzulässig sei. Zur Unzulässigkeit der Inzidentklage bei vorhergehendem Grundurteil näher unten Text bei Fußn. 1020 ff. Meines Erachtens ist – sofern man mit *Zeuner* keine Rechtskrafterstreckung annimmt – der h. M. zu folgen. Selbst bei nur vorbereitendem Charakter der vorausgehenden Stufen ist der Hauptanspruch (zumeist Zahlungsanspruch) *bereits mit Geltendmachung der ersten Stufe rechtshängig*, vgl. *BGH* NJW 1992, 2563; *BGH* NJW-RR 1995, 513; *OLG Oldenburg* NJW-RR 2004, 1303 (1304); *Stein/Jonas/Roth*²², § 254 Rdnr. 19. Auch wenn die Entscheidung über den Hauptanspruch erst im Rahmen der dritten Stufe erfolgt, so kann doch bereits die *gesamte Stufenklage auf der ersten Stufe als unbegründet abgewiesen werden*, wenn schon der Auskunftsanspruch aus Gründen zu verneinen ist, die auch dem Hauptantrag die materiell-rechtliche Grundlage nehmen, vgl. *BGH* NJW 2002, 1042 (1044); *OLG Düsseldorf* GmbHR 2004, 356 (Leitsatz 2); *Stein/Jonas/Roth*²², § 254 Rdnr. 22 m. w. N. in Fußn. 88. Ein Abhängigkeitsverhältnis ist demnach nicht von vornherein ausgeschlossen. Viel entscheidender ist, daß zum einen die negative Sachurteilsvoraussetzung anderweitiger Rechtshängigkeit beachtet wird (so daß weder die Feststellung derjenigen Verpflichtung des Beklagten begehrt werden kann, die bereits Gegenstand des Leistungsantrags ist, noch die Inzidentwiderklage auf das kontradiktorische Gegenteil des Leistungsantrags gerichtet werden kann), ebenso *Wieczorek/Schütze/Assmann*³, § 256 Rdnr. 365. Zum anderen ist darauf zu achten, daß die Voraussetzung der Präjudizialität auch tatsächlich in Bezug auf die Entscheidung über den Auskunfts- und Rechnungsanspruch vorliegt. Wenn dies der Fall ist, sollte eine Zwischenfeststellungsklage schon im Rahmen der ersten Stufe grundsätzlich zulässig sein.

hinsichtlich der Entscheidung über den Gegenanspruch[913]. Sofern man eine Rechtskrafterstreckung bejaht, ist daher die Inzidentfeststellungsklage regelmäßig entweder schon wegen anderweitiger Rechtshängigkeit unzulässig oder aber ihr Anwendungsbereich ist teleologisch zu reduzieren, da es ihrer zur Rechtskrafterstreckung nicht bedarf.

Nicht immer ist jedoch in Fällen der Rechtskrafterstreckung die Unzulässigkeit der Inzidentklage auf die Auswirkungen der materiellen Rechtskraft zurückzuführen. So im Fall *gegenseitiger Eigentumsfeststellung*:

> *Beispiel*: E verlangt im Wege der Vindikationsklage von B die Herausgabe eines Fahrrads und beantragt zudem die Inzidentfeststellung seines Eigentums. B beantragt widerklagend nach § 256 Abs. 2 ZPO die Feststellung seines, des B's, Eigentums am Fahrrad.

Unabhängig von der Frage ob es sich bei der Inzidentwiderklage des B um die Geltendmachung des kontradiktorischen Gegenteils[914] oder des disjunktiven Gegenteils[915] handelt und ob daher anderweitige Rechtshängigkeit anzunehmen ist[916], liegt hinsichtlich der gegenseitigen Eigentumsfeststellung *niemals Präjudizialität* vor. Denn die Entscheidung darüber, ob E von B nach § 985 BGB Herausgabe verlangen kann, hängt nicht davon ab, ob B Eigentümer ist, sondern ausschließlich davon, ob E Eigentümer ist oder nicht[917]. Eine *derartige Zwischenfeststellungswiderklage* ist *in jedem Fall* unzulässig.

---

913 Vgl. *Stein/Jonas/Leipold*[22], § 322 Rdnr. 204 m. w. N. in Fußn. 323. Insbesondere *Foerste* spricht sich für Rechtskrafterstreckung bei Ausgleichszusammenhängen aus, vgl. *Foerste*, ZZP 108 (1995), 167 (169 ff.). Konsequent wendet er sich dagegen, die Parteien darauf zu verweisen, divergierende Urteile durch Erhebung der Zwischenfeststellungsklage auszuschließen, vgl. *Foerste*, ZZP 108 (1995), 167 (174 f.).

914 Vgl. *Stein/Jonas/Leipold*[22], § 322 Rdnr. 186; *Althammer*, Streitgegenstand, S. 574 f. der insoweit von „unechtem" kontradiktorischen Gegenteil spricht und die Rechtskraftsperre mit einer wertenden Betrachtung prozessualer Wirkungen aufgrund der materiellen Exklusivität alleiniger Rechtsinhaberschaft begründet.

915 Vgl. *Blomeyer*, Erkenntnisverfahren[2], S. 490 f., mit dem zutreffenden Argument, das kontradiktorische Gegenteil läge nur bei dem Antrag des B, festzustellen, daß E *nicht* Eigentümer ist, vor. Vorliegend handele es sich aufgrund des absoluten Rechts um einen Fall der Alternativität: Wenn E Eigentümer ist, steht fest, daß B es nicht sein kann, und umgekehrt. Daher bejaht die h. M. in diesem Fall auch eine Rechtskrafterstreckung, vgl. *Otto*, Rechtshängigkeitssperre, S. 78 f., mit der kritischen Anmerkung, daß hier „unverblümt" der Urteilsgegenstand weiter gezogen würde als der Verfahrensgegenstand.

916 Dazu *Bettermann*, Rechtshängigkeit, S. 22 f., der dies bejaht, sofern vor einem anderen Gericht geklagt wird. Vor demselben Gericht will Bettermann die Widerklage mit dem disjunktiven Antrag zu Recht zulassen: Es sei das Interesse des B anzuerkennen, daß er sein behauptetes Eigentum feststellen lassen wolle, da die Abweisung der Klage des E nur dessen Nicht-Eigentum feststelle, aber nicht positiv das des B. Ebenso *Otto*, Rechtshängigkeitssperre, S. 96 f.

917 So auch *Bergerhoff*, Zwischenfeststellungsklage, S. 26 f.; a. A. *Oertmann*, ZZP 22 (1896), 11 (25 f.), der zwar Rechtshängigkeit verneint, aber ohne nähere Begründung davon ausgeht, Präjudizialität läge „sicherlich" vor.

Das Beispiel zeigt, daß bei exakter Bestimmung der relevanten Prozeßvoraussetzung ein Rückgriff auf das Rechtsschutzbedürfnis überflüssig ist.

b) Zukünftige Relevanz und „Möglichkeits-Rechtsprechung“

Die Unzulässigkeit der Inzidentklage, bei der das festzustellende Rechtsverhältnis derart den Gegenstand der Hauptentscheidung bildet, daß darüber schon mit dieser eine in Rechtskraft übergehende Entscheidung zu erlassen ist, ergibt sich bereits aus den sonstigen Prozeßvoraussetzungen. Darüber hinaus ist zudem die Forderung, daß aus dem Rechtsverhältnis über den mit der Hauptklage verfolgten Anspruch hinaus *noch weitere Ansprüche* erwachsen müssen können, mithin das Rechtsverhältnis zukünftige Relevanz besitzen müsse, abzulehnen. Hierdurch wird der Rechtsschutz unzulässig verkürzt, wie im Folgenden aufgezeigt wird.

Dazu soll zunächst die Etablierung dieses ungeschriebenen Tatbestandsmerkmals anhand der Rechtsprechung dargestellt werden.

aa) Der Ausgangsfall RGZ 144, 54 und die nachfolgende Rechtsprechung

Unter Bezugnahme auf das vorgehend zitierte Urteil vom 19. November 1929 führte das *Reichsgericht* erstmals in seinem Urteil vom 27. Februar 1934 aus[918]:

> „Der Zweck der Zwischenfeststellungsklage ist die Ausdehnung der Rechtskraftwirkung auf den Grund der Klage; sie ist ein Ersatz dafür, daß die Elemente der Entscheidung nicht in Rechtskraft übergehen. Aus diesem Zweck der Zwischenklage ergibt sich zugleich eine Einschränkung ihrer Zulässigkeit. Für sie ist *dann kein Raum, wenn bereits durch die Entscheidung auf die Hauptklage die Rechtsbeziehungen, die sich aus dem streitigen Rechtsverhältnis ergeben können, mit Wirkung der Rechtskraft erschöpfend klargestellt werden* und deshalb die besondere Feststellung des Rechtsverhältnisses für den Feststellungskläger *keine Bedeutung mehr haben kann.* Wenn demgemäß mit der *Hauptklage nur ein einziger Anspruch aus dem Rechtsverhältnis verfolgt wird* und es feststeht, daß weitere Ansprüche aus diesem den Parteien nicht erwachsen sind, so fehlt für eine besondere Feststellung des Rechtsverhältnisses die Grundlage, weil durch die Entscheidung auf die Hauptklage bereits rechtskräftig klargestellt wird, ob der einzige aus dem Rechtsverhältnis erwachsene Anspruch aus diesem Rechtsverhältnis gegeben ist oder nicht. *Anders liegt es schon,* wenn mit der Hauptklage nicht ein einzelner Anspruch, sondern *mehrere selbständige Ansprüche* aus dem Rechtsverhältnis verfolgt werden, mögen sie auch in ihrer Gesamtheit die Ansprüche erschöpfen, die sich aus ihm überhaupt ergeben können. Alsdann ist nicht ohne weiteres die Bedeutungslosigkeit der begehrten Feststellung dargetan, und zwar deshalb nicht, *weil die Möglichkeit* – bei einer Stufenklage sogar die Notwendigkeit – besteht, daß über die mehreren Ansprüche nicht einheitlich, sondern in *Teilentscheidungen* erkannt wird, daß also nicht von vornherein die Rechtsbeziehungen, die sich aus dem Rechtsverhältnis ergeben, in einer einheitlichen rechtskräftigen Entscheidung zur Hauptklage ihre Erledigung finden. Der rechtskräftigen Feststellung des Bestehens oder Nichtbestehens des Rechtsverhältnisses kann in solchen Fällen eine

918 *RGZ* 144, 54 (59 f.).

grundlegende Bedeutung für etwaige spätere Teilentscheidungen und für die Schlußentscheidung zukommen. Aber auch wenn mit der *Hauptklage nur ein einziger Anspruch aus dem Rechtsverhältnis verfolgt* wird, ist die Klage [...des § 280 ZPO...] immer dann *zulässig*, wenn auch nur die *Möglichkeit* besteht, daß aus dem streitigen Rechtsverhältnis den Parteien *noch weitere Ansprüche erwachsen sind* als derjenige, der mit der Hauptklage verfolgt wird. Diese Auffassung liegt bereits der Entscheidung des erkennenden Senats in RGZ. Bd. 126 S. 234 (238) zugrunde".

[Herv. d. Verf.]

Im Unterschied zur vorangehenden Rechtsprechung hat das Reichsgericht eine *neue Zulässigkeitsvoraussetzung* statuiert, die nicht mit Streitgegenstand oder Rechtskraft zusammen hängt: Das *Erfordernis zukünftiger Relevanz* des Rechtsverhältnisses. Nur wenn aus dem Rechtsverhältnis dem Inzidentkläger noch weitere Ansprüche erwachsen können, sei seine Klage zulässig. Wenn also der Kläger den einzigen aus dem Rechtsverhältnis resultierenden Anspruch einklagt, bleibe ihm die Inzidentklage verschlossen, was aus dem Zweck dieses Instituts folgen solle. In diesem Fall könne die Feststellung für den Kläger keine Bedeutung mehr haben. Sichtlich darum bemüht, diese Einschränkung des Rechtsschutzes zu relativieren, solle aber die *Möglichkeit*, daß *weitere Ansprüche* aus dem Rechtsverhältnis erwachsen, genügen. Anders liege es daher schon, wenn die Möglichkeit von Teilurteilen bestehe.

Das *Reichsgericht* vertiefte diese Rechtsprechung – fast wortgleich – anschließend[919]:

„Für diese ist dann kein Raum, wenn schon durch die Entscheidung auf die Hauptklage die Rechtsbeziehungen, die sich aus dem streitigen Rechtsverhältnis ergeben können, mit Rechtskraftwirkung erschöpfend klargestellt werden und deshalb die besondere Feststellung des Rechtsverhältnisses für den Feststellungskläger keinen Zweck mehr haben kann. Wenn also mit der Hauptklage nur ein einziger Anspruch aus dem Rechtsverhältnis verfolgt wird und es feststeht, daß andere Ansprüche daraus den Parteien nicht erwachsen sind, so fehlt für eine besondere Feststellung des Rechtsverhältnisses die Grundlage, weil durch die Entscheidung auf die Hauptklage schon rechtskräftig klargestellt wird, ob der einzige aus dem Rechtsverhältnis erwachsene Anspruch gegeben ist oder nicht. Wenn aber, wie hier, die [...] Möglichkeit besteht, daß aus dem streitigen Rechtsverhältnis dem Kläger noch ein anderer Anspruch als der mit der Hauptklage verfolgte, nämlich ein Anspruch nach § 666 BGB auf Auskunft und Rechnungslegung erwachsen ist, dann kann der Kläger die Zwischenfeststellungsklage erheben (RGZ Bd. 144, S. 54 [59])."

Der *Bundesgerichtshof* hat sich der Reichsgerichtsjudikatur angeschlossen und in einer Reihe von Fällen genauso entschieden, wie die nachfolgenden Zitate belegen:

---

919 *RGZ* 170, 328 (330). Neben dem Hauptantrag auf Auflassung und Grundbuchbewilligung hatte der Kläger den Inzidentantrag gestellt, daß der Beklagte als sein Treuhänder die betreffenden Grundstücke besitze. Dieses Rechtsverhältnis (Besitz der Grundstücke als Treuhänder) war präjudiziell für den Hauptantrag auf Abgabe der Willenserklärungen (Auflassung und Bewilligung).

BGHZ 69, 37 (42):

„Bei der Zwischenfeststellungsklage genügt grundsätzlich schon die bloße Möglichkeit, daß das inzidenter ohnehin zu klärende Rechtsverhältnis zwischen den Parteien noch über den gegenwärtigen Streitgegenstand hinaus Bedeutung hat oder gewinnen kann."

BGHZ 83, 251 (255):

„Bei der Zwischenfeststellungsklage genügt schon die bloße Möglichkeit, daß das streitige Rechtsverhältnis zwischen den Parteien über den gegenwärtigen Streitstand hinaus Bedeutung gewinnen kann [...] Das ist hier der Fall: Die Lizenzforderung der Klägerinnen bezieht sich auf Lieferungen der Beklagten an K. zwischen 1971 und 1976. Da das Patent durch Zeitablauf erst 1981 erloschen ist, erscheint die künftige Geltendmachung von Lizenzen für Lieferungen nach 1976 nicht ausgeschlossen. In einem solchen künftigen Rechtsstreit könnte daher die Frage der Gültigkeit der Verträge von 1966/67 erneut aufgeworfen werden."

BGHZ 125, 251 (255 f.):

„Auch die nach § 256 Abs. 2 ZPO erforderliche Vorgreiflichkeit des streitigen Rechtsverhältnisses für die Hauptsacheentscheidung ist gegeben. Zwar besteht zwischen dem Wechselanspruch und dem der Wechselbegebung zugrundeliegenden Kausalverhältnis keine eigentliche Präjudizialität in dem Sinne, daß das Rechtsverhältnis ein notwendiges Element für den in der Hauptentscheidung enthaltenen Subsumtionsschluß darstellt [...] Für die Zulässigkeit der Zwischenfeststellungsklage genügt es jedoch, daß das Nichtbestehen des Kausalverhältnisses einen Einwand oder eine Einrede gegenüber dem Hauptanspruch begründet [...] Das im Rahmen der Zwischenfeststellungsklage zu klärende Rechtsverhältnis – nämlich das Zustandekommen bzw. Nichtzustandekommen des Kausalverhältnisses als Voraussetzung einer persönlichen Einwendung der Beklagten gegen die Wechselansprüche – hat zwischen den Parteien auch noch über den gegenwärtigen Streitstand hinaus Bedeutung, [...] weil die Klägerin noch weitere nicht eingelöste Wechsel der Beklagten in Händen hat."

In einem seiner neueren Urteile zur Zwischenfeststellungsklage vom 19. Juni 2008 bezieht sich der *Bundesgerichtshof*[920] dabei ausdrücklich auf das Rechtsschutzbedürfnis:

„Aus denselben Gründen ist die Feststellungsklage gegen die Beklagte zu 3 auch nicht gemäß § 256 Abs. 2 ZPO zulässig. Denn *rechtsschutzbedürftig* ist der Kläger im Rahmen einer *Zwischenfeststellungsklage* nur, wenn das inzidenter zu klärende Rechtsverhältnis zwischen den Parteien noch über den gegenwärtigen Streitgegentand hinaus Bedeutung gewinnen kann. Zweck der Zwischenfeststellungsklage ist die Ausdehnung der Rechtskraft auf den Grund der Klage. Aus diesem Zweck ergibt sich, dass die Zwischenfeststellungsklage *mangels Rechtsschutzbedürfnisses unzulässig* ist, wenn *bereits durch die Entscheidung über die anderen Klageanträge die Rechtsbeziehungen aus dem streitigen Rechtsverhältnis erschöpfend klargestellt werden* und deshalb die besondere Feststellung des Rechtsverhältnisses für den Feststellungskläger gegenüber dem Beklagten keine Bedeutung mehr haben kann (RGZ 144, 54, 59;170, 328, 330; BGHZ 69, 37, 42; 124, 321, 322; BGH, Urteil vom 8. Mai 1961 – II ZR 205/59 – MDR 1961, 751). Vorliegend wird das streitige Rechtsverhältnis schon durch die

920 *BGH* MDR 2008, 1046 (Rdnr. 32) (III ZR 46/06).

beantragte Feststellung gegenüber den Beklagten zu 1 und 2 auch für und gegen die Beklagte zu 3 entschieden."

[Herv. d. Verf.]

Während der *Bundesgerichtshof* an der Voraussetzung der zukünftigen Relevanz strikt festhält, hat er die Erleichterung, daß die Möglichkeit über den Streitgegenstand hinaus reichender Bedeutung genüge, nicht immer so konsequent vertreten, wie die Entscheidung *BGHZ* 124, 321 (322) zeigt: Die Zulässigkeit der Zwischenfeststellungsklage setze weiterhin voraus, daß das streitige Rechtsverhältnis über den gegenwärtigen Prozeß hinaus zwischen den Parteien Bedeutung gewinnen könne. Nur wenn dies *ausdrücklich* festgestellt werde, sei die Zwischenfeststellungsklage zulässig.

bb) Ablehnung des Erfordernisses zukünftiger Relevanz

Meines Erachtens ist die Konstruktion des ungeschriebenen Tatbestandsmerkmals „über den Streitgegenstand hinausreichender Bedeutung" kategorisch abzulehnen. Weder bedarf es eines solchen Erfordernisses zukünftiger Relevanz noch läßt es sich mit dem Sinn und Zweck der Inzidentklage rechtfertigen. Mehr noch, es widerspricht ihm.

Von der Unzulässigkeit dieser ungeschriebenen Voraussetzung abgesehen, führt die Rechtsrechung in der Praxis letztlich dazu, daß es – wie *Enders*[921] konstatiert – „anwaltlicher Phantasie" bedarf, „um aufzuzeigen, daß weitere Folgen aus dem Rechtsverhältnis nicht bereits zum gegenwärtigen Zeitpunkt mit Sicherheit ausgeschlossen werden können."

(1) Prozeßantizipation

Der dem Urteil des Reichsgerichts im Ausgangsfall RGZ 144, 54 (59 f.) zugrunde liegende Gedanke der Prozeßantizipation[922], des präparatorischen Charakters, ist mit Händen zu greifen.

Kroll[923] bemühte ähnliche Wendungen wie das Reichsgericht zur Stützung seiner Sicht von der Feststellungsklage als präparatorisches Mittel:

„Die Feststellung hat also den Zweck, den Kläger gegen einen künftigen Streit über das Rechtsverhältnis zu sichern [...] sie ist ein Mittel zur Verwirklichung eines Anspruchs, indem sie ein Element einer als zukünftig vorausgesetzten Entscheidung über einen Rechtsanspruch schafft. Mit Recht hat man sie daher als Prozeßanticipation bezeichnet. [...] „die Anstellung einer selbständigen Feststellungsklage [ist] *nur zulässig*, wenn die Theilung der

921 *Enders*, ZAP 1996, 455 (459).
922 Dazu oben Text bei Fußn. 116.
923 *Kroll*, Klage, S. 56 f.

Fragen als prozessualisch zweckmäßig erscheint, insbesondere wenn die *aufgeworfene Frage eine über den fälligen Anspruch hinausgehende Tragweite* hat."

[Herv. d. Verf.]

Während *Kroll* diesen Gedanken noch nicht explizit für die Zwischenfeststellungsklage ausformulierte, vertrat *Rocholl*[924] diese Auffassung kurze Zeit später ausdrücklich für die Inzidentklage:

„Die sogenannte Inzidentklage des § 253 ist sowohl bezüglich des Gegenstandes, als auch des zweiten Klagegrundes nur quantitativ von der selbständigen Feststellungsklage des § 231 unterschieden. [...], so findet die Aufnahme dieser Feststellung in die Dispositive nur insoweit einen für die selbständige Feststellung geeigneten Gegenstand, als die Kondemnation oder Absolution *nicht jede künftig denkbare Leistung*, als materielle Folge des festzustellenden Rechtsverhältnisses, *erschöpft*. Es wird z. B. *keine Erweiterung des Klageantrags und keine Widerklage behufs Inzidentfeststellung* [...] eines *Darlehensvertrages* statthaft sein, wenn die erhobene Klage die *Rückzahlung der ganzen Darlehensschuld* zum Gegenstand hat. Denn das *Leistungsurtheil [...] erschöpft das Rechtsverhältnis* derartig, dass ein *künftiger Leistungsprozess aus demselben nicht mehr denkbar* ist."

[Herv. d. Verf.]

Diesen auch heute noch im Rahmen des rechtlichen Interesses bei der prinzipalen Feststellungsklage vertretenen[925] Gedanken der Prozeßantizipation hat *Nikisch*[926] schließlich konsequent auf die Zwischenfeststellungsklage übertragen:

„Mit der Zwischenklage sichert sich der Kläger die Grundlage für weitere, demselben Rechtsverhältnis entspringende Ansprüche. Deshalb ist das *Feststellungsinteresse* [sic!] zu *verneinen*, wenn aus dem streitigen Rechtsverhältnis *weitere Rechtsfolgen* als die mit der Hauptklage geltend gemachten *nicht erwachsen können* (RGZ 144, 60)."

[Herv. d. Verf.]

---

924 *Rocholl*, ZZP 8 (1885), 329 (37); ähnlich auf S. 396 f. Auf das Darlehens-Beispiel stellt auch *Seuffert/Walsmann*, § 280 Anm. 5a: „Dagegen kann in dem Prozeß über den Anspruch auf Rückzahlung eines Darlehens oder über den Anspruch auf Herausgabe der Bereicherung oder über den Anspruch auf Leistung der Entschädigung nicht die Feststellung des Bestehens oder Nichtbestehens der Darlehens-, der Bereicherungs- oder der Entschädigungsschuld beantragt werden, weil sich hier das Rechtsverhältnis in der geltend gemachten Forderung erschöpft." Allerdings liegt hier auch Streitgegenstandsidentität und damit anderweitige Rechtshängigkeit vor, weil der Inzidentkläger die Feststellung begehrt, die mit Entscheidung über die Leistungsklage ohnehin in jedem Fall getroffen wird: ob nämlich der Anspruch auf Darlehenszahlung, auf Herausgabe der Bereicherung etc. besteht oder nicht.

925 So etwa *Grunsky*, Grundlagen, S. 400; ebenfalls in diese Richtung *Michaelis*, FS Larenz II, 443 (447); *Jacobs*, Feststellungsverfahren, S. 224 f.

926 *Nikisch*, Zivilprozeßrecht, § 44 II 3, S. 171.

Nun kann man zu dem Gedanken, die durch rechtskräftige Feststellung erlangte Rechtsgewißheit nütze dem Kläger lediglich mit Blick auf denkbare Folgeprozesse, stehen wie man will[927]. Es besteht aber kein Grund, den Anwendungsbereich der Inzidentklage noch weiter einzuschränken. Meines Erachtens stellt sich der prozeßantizipatorische Gedanke *jedenfalls im Rahmen der Inzidentklage* als *unzulässige Verkürzung des Rechtsschutzes* dar.

(2) Die gegen die Verkürzung des Rechtsschutzes sprechenden Gründe

Es gibt gute Gründe, die gegen eine solche Verkürzung des Rechtsschutzes sprechen.

(a) Unvereinbarkeit dieser Ansicht mit Gesetzestext und Gesetzeszweck

Wie *Schumann*[928] eingehend dargelegt hat, lassen weder der *Wortlaut* von § 256 Abs. 2 ZPO noch der *Zweck* der Zwischenfeststellungsklage zu, ein derartiges Erfordernis eines speziellen Rechtsschutzbedürfnisses (und damit einer ungeschriebenen besonderen Sachurteilsvoraussetzung) der zukünftigen Relevanz der Rechtsfrage für die Zwischenfeststellungsklage anzuerkennen: Da der Inhalt der Hauptentscheidung von der Zwischenfeststellungsklage in keiner Weise beeinflußt wird, geht es bei dieser Klage (nur) um „die Ausdehnung der Rechtskraftwirkung auf den Grund der Klage". Das, was ohnehin Grund der Klage ist, soll das Gericht rechtskraftmäßig feststellen, wenn und soweit es eine der Parteien will[929].

Diese Befugnis einer Prozeßpartei zu versagen, sofern es ihr nicht gelingt, die künftige Relevanz der Rechtsfrage darzulegen (und gegebenenfalls zu beweisen), verstößt gegen das unübersehbare *Motiv*, das dem Institut der Zwischenfeststellungsklage zugrunde liegt: Der „*Wille* der Parteien" soll bestimmen, wann die Rechtskraftwirkung eintritt[930]. Nirgends finden sich in der *Entstehungsgeschichte* Überlegungen, diesen Willen einzugrenzen. Im Gegenteil. Die Intention der Inzidentklage spricht gerade gegen ein solches Erfordernis: Hätten sich die Schöpfer der CPO für die Rechtskrafttheorie *v. Savignys* entschieden, so wäre im Beispiel die Entscheidung über die Frage, ob der Darlehensvertrag besteht oder nicht, in Rechtskraft erwachsen[931]. Auf die Frage, ob ein künftiger Leistungsprozeß denkbar sei oder noch weitere Ansprüche aus dem Darlehensvertrag resultieren können, wäre es nicht angekommen. Das Institut der Zwischenfeststellungsklage sollte aber gerade

927 Zu Recht ablehnend *Stein/Jonas/Roth*[22], § 256 Rdnr. 6.
928 *Schumann*, FS Georgiades, 543 (572 ff.).
929 Vgl. *Schumann*, FS Georgiades, 543 (572).
930 Näher oben Text bei Fußn. 165 ff.
931 Vgl. *v. Savigny*, System VI, S. 394-400, 429 f., 451; *Kerameus*, AcP 167 (1967), 241 (249 ff.).

die Lücke füllen, die durch die Ablehnung der Lehre *v. Savignys* entstand. Den Parteien sollte es überlassen sein, ob sie vermittels der Inzidentklage die Rechtskraft auf präjudizielle Rechtsverhältnisse erstrecken und damit einen Ausgleich für die Begrenzung, welche sie durch die § 322 ZPO erfuhren, erhalten wollten.

(b) Kein Unterfall der Vorgreiflichkeit

Das angebliche Erfordernis zukünftiger Relevanz folgt auch nicht aus der Vorgreiflichkeit für die Hauptentscheidung. Die Abhängigkeit betrifft die Frage, ob tatsächlich ein Bedingungsverhältnis zwischen dem (Nicht)Bestehen des Rechtsverhältnisses und der Entscheidung in der Hauptsache dergestalt besteht, daß darüber in den Entscheidungsgründen zwingend eine Feststellung zu erfolgen hat. Wie schon ausgeführt, bezieht sich die Präjudizialität auf die *Entscheidung in der Hauptsache*, nicht auf noch mögliche weitere Klagen.

(c) Der Verstoß gegen die Prozeßökonomie

Auch die *Prozeßökonomie* spricht entschieden dagegen, die zukünftige Relevanz der Rechtsfrage als (ungeschriebene) Sachurteilsvoraussetzung aufzustellen. Anderenfalls müßte jeder Zwischenfeststellungskläger Ausführungen zu dieser Relevanz machen, das Gericht müßte sich hierzu äußern und gegebenenfalls müßte eine Beweisaufnahme stattfinden. Das würde das prozeßökonomische Konzept der Zwischenfeststellungklage in ihr Gegenteil verkehren[932]. An dieser Stelle sei auf die zitierte Bemerkung *Enders* hingewiesen, wonach es gegebenenfalls „anwaltlicher Phantasie" bedürfe, die mögliche zukünftige Relevanz aufzuzeigen.

(d) Fehlen einer rechtsstaatlichen Begründung

Vom Justizgewährungsanspruch aus betrachtet ist ebenfalls nicht ersichtlich, aus welchen Gründen es notwendig sein soll, die künftige Relevanz der Rechtsfrage als Erfordernis für die Zwischenfeststellungsklage aufzustellen. Insoweit fehlt es an einer *rechtsstaatlichen Argumentation*, die aber erforderlich ist, wenn man in die prozessualen Befugnisse durch die Erfindung einer neuen Sachurteilsvoraussetzung eingreift[933]. Da ohnehin die Hauptentscheidung auf dem „Grund der Klage" beruht, ist es unverständlich, den Antrag einer Partei nicht zuzulassen, die diesen Grund rechtskräftig feststellen lassen will. Obwohl Präjudizialität gegeben ist, das Rechtsverhältnis zwischen den Parteien zudem streitig ist und der Gesetzgeber hierfür die Inzidentklage zur Verfügung stellt, soll die Partei in

932 Vgl. *Schumann*, FS Georgiades, 543 (573).
933 Vgl. *Schumann*, FS Georgiades, 543 (572 f.).

Rocholls Darlehens-Beispiel[934] dennoch keinen Inzidentantrag stellen dürfen. Die Erleichterung durch die Möglichkeits-Rechtsprechung vermag daran nichts zu ändern: Zuerst wird eine ungeschriebene Tatbestandsvoraussetzung konstruiert, deren Nachweis anschließend lediglich erleichtert wird. Man gibt dem Inzidentkläger Steine statt Brot!

Nicht besser ist es für den mit der Hauptklage überzogenen Beklagten, der widerklagend das Nichtbestehen des Darlehensvertrages feststellen lassen will. Wie soll er bei negativer Inzidentfeststellungswiderklage notfalls beweisen, daß außer dem (zu Unrecht) eingeklagten Anspruch weitere Ansprüche möglich sind? Seine Widerklage also wäre unzulässig. Wenn die Hauptklage mangels Erwiesenheit eines Vertrages abgewiesen würde, stünde die Nichtexistenz des Darlehensvertrages nicht rechtskräftig fest. Wenn nun der Kläger eine zweite Klage wegen Zinszahlung anstrengt, dann stellt sich zwar im Nachhinein heraus, daß doch noch ein Anspruch möglich war, aber dies ändert an der Situation des Beklagten nichts. Er hat kein rechtskräftiges Urteil über die Nichtexistenz des Vertrages erhalten. Damit setzt man ihn der Gefahr aus, daß das Gericht, welches über die Zinsklage entscheidet, die Frage des wirksamen Bestehens des Darlehensvertrages anders beurteilt. Hiergegen könnte man einwenden wollen, daß der Beklagte ja keinen Anspruch gegen sich selbst gelten machen will, es also nur bei *positiver* Inzidentklage des zusätzlichen Nachweises einer künftigen Relevanz der Rechtsfrage bedürfe. Darin aber zeigt sich gerade die Nähe zum Verständnis eines präparatorischen Charakters der Feststellungsklage.

3. *Zusammenfassung*

Es ist zwar anerkennenswert, daß die Möglichkeits-Rechtsprechung versucht, bei der Zwischenfeststellungsklage das Erfordernis zukünftiger Relevanz der Rechtsfrage durch die Möglichkeit einer solchen Relevanz zu entschärfen. Aber auch ein solches (höchst unbestimmtes) Merkmal findet sich in § 256 Abs. 2 ZPO nicht[935]. Die Vorschrift verlangt daher außer der Vorgreiflichkeit des Rechtsverhältnisses keine weiteren speziellen Voraussetzungen für die Zwischenfeststellungsklage. Der *Bundesgerichtshof* bricht nicht nur ohne Not mit der Intention der Gesetzesverfasser, sondern *vermengt in unzulässiger Weise auch die beiden Absätze des § 256 ZPO*, wenn er im Sinne des rechtlichen Interesses den Gedanken der Prozeßantizipation für die Inzidentklage aufrecht erhält und eine über den Streitgegenstand hinausgehende Bedeutung des Rechtsverhältnisses fordert. Wie bereits

934 Oben in Fußn. 924.

935 Vgl. *Schumann*, FS Georgiades, 543 (575).

oben[936] ausgeführt, weist das Erfordernis der Abhängigkeit im Übrigen bereits auf ein qualifiziertes Rechtsschutzinteresse des Klägers hin und rechtfertigt die Tatsache, daß das Gesetz bei dieser Klage kein Feststellungsinteresse fordert.

Angesichts der Tatsache, daß der Justizgewährungsanspruch in Verbindung mit dem Rechtsstaatsprinzip den Anspruch auf Rechtsschutz gegen den Staat garantiert, weshalb *grundsätzlich vom Vorliegen eines Rechtsschutzinteresses auszugehen* ist und die *Verweigerung des Rechtsschutzes* daher nur die *Ausnahme* bilden kann sowie *nur dann* gerechtfertigt ist, wenn sie sich aus den *Zwecken des Zivilprozesses zwingend ergibt*[937], verbietet sich eine Einschränkung des Rechtsschutzes aufgrund eines solch ungeschriebenen Tatbestandsmerkmals wie dem „Erfordernis zukünftiger Relevanz".

§ 5 Prozeßtrennung

Nach § 145 ZPO kann das Gericht nach pflichtgemäßem Ermessen die Trennung mehrerer Ansprüche anordnen, die entweder in einer Klage erhoben sind (Abs. 1) oder von denen einer im Wege der Widerklage erhoben wurde und mit dem Klageanspruch nicht in rechtlichem Zusammenhang steht (Abs. 2). Die Frage, ob diese Möglichkeit auch während des Prozesses hinsichtlich der Zwischenfeststellungsklage besteht[938], wird im Schrifttum – soweit überhaupt thematisiert – unterschiedlich beantwortet.

Die weit überwiegende Meinung[939] hält eine Trennung nach § 145 Abs. 1 ZPO, d. h. bei Zwischenfeststellungsantrag durch den *Kläger*, für nicht ausgeschlossen, aber für *unzweckmäßig*. Die Trennung nach § 145 Abs. 2 ZPO bei Zwischenfeststellungsantrag durch den *Beklagten* sei hingegen wegen des bestehenden rechtlichen Zusammenhangs *unstatthaft*.

---

936 Text bei Fußn. 891 ff.

937 Dazu oben Text bei Fußn. 886 ff.

938 Nicht zu verwechseln ist dies mit der Frage, ob die Verbindung gem. § 260 ZPO oder die Erhebung der Widerklage unzulässig ist, weil z. B. im Urkundenprozeß eine Zwischenfeststellungs(wider) klage erhoben wird, was in dieser Prozeßart unzulässig ist. Dazu bereits oben Text bei Fußn. 760 ff.

939 Vgl. *Stein/Jonas/Roth*[22], § 256 Rdnr. 119; so auch schon *Stein/Jonas/Schumann*[21], § 256 Rdnr. 160; bereits früher *Gaupp*, § 253 Anm. III 4; *Loening*, ZZP 4 (1882), 1 (160); *Seuffert/Walsmann*, § 280 Anm. 7a; *Petersen/Anger*, § 280 Anm. 3 (der allerdings beides für unzweckmäßig hält).

Andererseits halten *Schollmeyer*[940] und ihm folgend *Wilmowski/Levy*[941] eine Trennung hinsichtlich des Inzidentfeststellungsantrags des Klägers jederzeit für möglich.

Den entgegengesetzten Standpunkt nehmen *Oertmann*[942], *v. Braun*[943] und *Bergerhoff*[944] ein und verneinen überhaupt die Anwendbarkeit des § 145 ZPO sowohl für die Klage als auch die Widerklage des § 256 Abs. 2 ZPO. Begründet wird dies damit, daß der Zweck der Zwischenfeststellungsklage eine einheitliche Verhandlung und Entscheidung in demselben Prozeß verlange. Es handele sich nicht um mehrere an sich beziehungslose, unabhängige Ansprüche, sondern um zwei ihrem Wesen nach zusammengehörige, nicht trennbare Fragen[945].

Mir scheint die letztgenannte Ansicht vorzugswürdig. Für die Inzidentwiderklage ist die Prozeßtrennung nach § 145 Abs. 2 ZPO *bereits von Gesetzes wegen unzulässig*, da Klage und Widerklage aufgrund des Bedingungsverhältnisses in rechtlichem Zusammenhang stehen. Es fragt sich also nur, ob dieser *generelle Ausschluß auch für die Inzidentklage des Klägers* gelten soll. Berücksichtigt man, daß sich der Antrag des Klägers und der des Beklagten ihrem Wesen und Inhalt nach in keiner Weise unterscheiden, fragt sich, weshalb es für das Verfahren einen Unterschied machen soll, von welcher Partei ein denselben Gegenstand betreffender Antrag – zuerst – gestellt wird. Der Unterschied zur überwiegenden Meinung wird sich praktisch kaum auswirken. Dennoch ist meines Erachtens die Verbindung zwischen dem bedingenden Rechtsverhältnis und dem bedingten Klageanspruch derart eng, daß man dem Zweck des § 256 Abs. 2 ZPO zuwiderhandeln würde, wenn man über beide Punkte in getrennten Verfahren verhandeln würde[946]. Der dem § 145 Abs. 2 ZPO zugrunde liegende *Rechtsgedanke, den rechtlichen Zusammenhang nicht auseinander zu reißen*, muß im selben Maße *auch für die Zwischenfeststellungsklage* des Klägers gelten.

---

940 *Schollmeyer*, Zwischenstreit, S. 31 f., unter Berufung auf den Wortlaut des § 136 Abs. 1 CPO [= § 145 Abs. 1 ZPO]. Er behandelt diese Frage aber vorrangig im Zusammenhang mit der Zuständigkeit des Gerichts für den Inzidentantrag, vgl. *Schollmeyer*, a. a. O., S. 32 ff.

941 *Wilmowski/Levy*[3], § 253 Anm. 3 a. E.

942 *Oertmann*, ZZP 22 (1896), 11 (72 f.).

943 *v. Braun*, Inzidentfeststellungsklage, S. 103.

944 *Bergerhoff*, Zwischenfeststellungsklage, S. 63 f.

945 Vgl. *Bergerhoff*, Zwischenfeststellungsklage, S. 64.

946 So überzeugend auch *Bergerhoff*, Zwischenfeststellungsklage, S. 64.

Drittes Kapitel: Das Urteil über die Zwischenfeststellungsklage

§ 6 Mögliche Entscheidungen

Wie bereits im Rahmen der Präjudizialität erläutert, scheidet nach der hier vertretenen Ansicht ein Teilurteil über die Zwischenfeststellungsklage regelmäßig aus[947]. Aufgrund des erforderlichen tatsächlich bestehenden Abhängigkeitsverhältnisses zwischen Haupt- und Inzidentklage weiß das Gericht grundsätzlich erst im Zeitpunkt der Entscheidung über die Hauptklage, ob die Inzidentklage zulässig ist oder nicht. Der Inzidentkläger wird hierdurch in seiner Rechtsverfolgung nicht benachteiligt, da er – wie ausgeführt – den Weg des Eventualantrags beschreiten kann[948]. Überdies ist im Fall mangelnder Abhängigkeit vom Gericht ohnehin zu prüfen, ob sich der Inzidentantrag als selbständiger Feststellungsantrag aufrecht erhalten läßt. Im Folgenden sollen die Möglichkeiten einer Entscheidung über die Inzidentklage in Konsequenz der restriktiven Handhabung der Präjudizialität dargestellt werden.

I. Gemeinsames Vollendurteil

Keine Besonderheiten treten auf, wenn die Entscheidung über die Inzidentklage und den Hauptanspruch in einem gemeinsamen Vollendurteil ergeht. So etwa, wenn das Gericht gleichzeitig über die Herausgabeklage nach § 985 BGB und die negative Inzidentfeststellungswiderklage über das Eigentum des Klägers entscheidet und die Hauptklage mangels Eigentum abweist. Sofern ein gemeinsames Sachurteil oder ein gemeinsames Prozeßurteil ergeht, treten jedenfalls im Hinblick auf die Prozeßvoraussetzung der Vorgreiflichkeit keine Konflikte auf.

947 Dazu oben Text bei Fußn. 518 ff.

948 Dies sollte der Anwalt im Interesse größtmöglicher Sicherheit für den Mandanten auch stets tun.

II. Teilurteil

Während das Vollendurteil (§ 300 Abs. 1 ZPO) den gesamten Rechtsstreit für eine Instanz erledigt, befindet das Teilurteil lediglich über einen Teil des Rechtsstreites[949]. Hierdurch wird der Prozeß in voneinander unabhängige Teile aufgespaltet, was dazu dient, komplexe Verfahren zu straffen, zu vereinfachen und die Durchsetzung von Ansprüchen zu beschleunigen[950]. In Bezug auf diesen Teil des Rechtsstreits ist das Teilurteil ein Endurteil, womit besagter Teil für diese Instanz aus dem Verfahren ausscheidet und für das weitere Verfahren innerprozessuale Bindungswirkung (Abweichungsverbot) eintritt[951]. Voraussetzung für den Erlaß eines Teilurteils sind *Teilbarkeit*, *Entscheidungsreife* und *Unabhängigkeit.*

Nach § 301 Abs. 1 ZPO kommt ein Teilurteil nur in Betracht, wenn der *Streitgegenstand teilbar* ist[952]. Wenn also entweder der Kläger mehrere prozessuale Ansprüche geltend macht (wie bei der Zwischenfeststellungsklage) oder eine Widerklage vorliegt (wie im Fall der Zwischenfeststellungswiderklage). Des weiteren ist Voraussetzung für die Zulässigkeit eines Teilurteils, daß der zu entscheidende Teil i. S. v. § 300 Abs. 1 ZPO *zur Endentscheidung reif* ist. Dies ist anzunehmen, wenn der Klage nach völliger Aufklärung des Sachverhalts und Erschöpfung der Beweise bzw. nach Abschneiden weiteren Vorbringens (§§ 296, 531 ZPO) stattzugeben oder sie abzuweisen wäre[953]. Nicht zuletzt darf ein Teilurteil nach allgemeiner Ansicht[954] nur ergehen, wenn es *vom weiteren Verlauf des Prozesses nicht mehr betroffen* wird. Wenn also die Entscheidung über den Rest im Schlußurteil weder dem Teilurteil die Grundlage entziehen noch nicht unabhängig von diesem ergehen könnte[955]. Durch die Voraussetzung der Unabhängigkeit des

---

949 Vgl. *Blomeyer*, Erkenntnisverfahren[2], § 84, S. 448 ff.; MünchKomm ZPO/*Musielak*[4], vor § 300 Rdnr. 2; *Stein/Jonas/Leipold*[22], § 301 Rdnr. 1 ff.; *de Lousanoff*, Teilurteil, S. 14.

950 Vgl. Rosenberg/Schwab/Gottwa*ld*[17], § 59 Rdnr. 9.

951 Vgl. *BGH* NJW 1996, 3216; 1998, 686 (687); *Stein/Jonas/Leipold*[22], § 301 Rdnr. 17, § 318 Rdnr. 22; *de Lousanoff*, Teilurteil, S. 14.

952 Vgl. hierzu *Rosenberg/Schwab/Gottwald*[17], § 59 Rdnr. 13 ff.; *Zöller/Vollkommer*, § 301 Rdnr. 2 ff.

953 Vgl. *Rosenberg/Schwab/Gottwald*[17], § 59 Rdnr. 8; *Thomas/Putzo/Reichold*, § 300 Rdnr. 2; *Zöller/Vollkommer*, § 300 Rdnr. 6.

954 Vgl. *RGZ* 151, 384; 159, 294; *BGHZ* 20, 312; 107, 236 (242); 120, 376 (380); *BGH* MDR 2004, 898; *BGH* LM Nr. 5 zu § 843 BGB; *BGH* NJW-RR 2003, 303; *BGH* VersR 1996, 779 (780); 1999, 734; *Peters*, ZZP 111 (1998), 67 (71); *Rosenberg/Schwab/Gottwald*[17], § 59 Rdnr. 18 ff.; *Schönke/Kuchinke*, Zivilprozeßrecht, § 74 I4d, S. 340 f.; *Thomas/Putzo/Reichold*, § 301 Rdnr. 2; *Zöller/Vollkommer*, § 301 Rdnr. 7.

955 So die Formulierung bei *Schönke/Kuchinke*, a. a. O. Letztlich findet sich in der Rechtsprechung und der Literatur eine Vielzahl synonymer Formulierungen, die entweder das Kriterium der Widerspruchsfreiheit oder der Unabhängigkeit in den Vordergrund stellen, vgl. *de Lousanoff*, Teilurteil, S. 15 f. Ausführlich zu dieser Unterscheidung und der Auswirkung auf das Vorliegen

Inhalts des Teilurteils vom Schlußurteil soll die Gefahr des Widerspruchs zwischen beiden vermieden werden[956].

A. Teilurteil über die Hauptklage

1. Unzulässigkeit bei Entscheidung über Inzidentantrag erst im Schlußurteil

Teilweise wurde in der älteren zivilprozessualen Literatur die Zulässigkeit eines Teilurteils generell – ohne Rücksicht darauf, ob dieses hinsichtlich der Hauptsache oder des Präjudizialpunktes erlassen werden sollte – bejaht[957].

Die herrschende Meinung[958] in Rechtsprechung und Literatur verneint allerdings zu Recht die Möglichkeit eines Teilurteils über die Hauptsache, wenn die Entscheidung über den Präjudizialpunkt erst im Schlußurteil erfolgen soll, da dies mit dem Zweck der Inzidentklage nicht vereinbar ist. Die Entscheidung über die Hauptsache hängt ihrer Natur nach ja gerade von der Entscheidung über das bedingende Rechtsverhältnis ab, weshalb das Teilurteil in diesem Fall *nicht unabhängig vom Schlußurteil* erfolgen kann[959]. Anders ist dies freilich, worauf

---

der Entscheidungsreife: *de Lousanoff*, Teilurteil, S. 16 ff., 38 ff., 85 ff.; *Musielak*, FS G. Lüke, 561 (575 ff.).

956 Vgl. *de Lousanoff*, Teilurteil, S. 15; *Rosenberg/Schwab/Gottwald*[17], § 59 Rdnr. 18; MünchKomm ZPO/*Musielak*[4], § 301 Rdnr. 9.

957 So *Wilmowski/Levy*, § 253 Anm. 3: Die Feststellungsklage werde Bestandteil desselben Prozesses und somit erfolge eine Verbindung und Kumulation von Klagen, für welche nach § 273 CPO [=301 ZPO n. F.] Teilurteile zulässig seien. Ebenso *Oertmann*, ZZP 22 (1896), 11 (71): Die Inzidentklage gestalte sich entweder als Widerklage oder als sukzessive Klagenhäufung, so daß bei der vom Kläger erhobenen Inzidentklage „mehrere in einer Klage geltend gemachte Ansprüche" vorliegen. In solchen Fällen aber sei ein Endurteil (Teilurteil) über die zur Entscheidung reife Frage zu erlassen.

958 Vgl. *BGH* NJW 1997, 454; *BGH* NJW-RR 2003, 303; *BGH* FamRZ 2002, 1097; *OLG München* MDR 1957, 425; *Baumbach/Lauterbach/Albers/Hartmann*, § 256 Rdnr. 119; MünchKomm ZPO/*Becker-Eberhard*[4], § 256 Rdnr. 86; MünchKomm ZPO/*Musielak*[4], § 301 Rdnr. 7 a. E.; *Stein/Jonas/Roth*[22], § 256 Rdnr. 119; *Wieczorek/Schütze/Assmann*[3], § 256 Rdnr. 386; *Zöller/Greger*, § 256 Rdnr. 22; *Zöller/Vollkommer*, § 301 Rdnr. 7.

959 Statt vieler MünchKomm ZPO/*Becker-Eberhard*[4], § 256 Rdnr. 87; *Blomeyer*, Erkenntnisverfahren[2], § 84 II, S. 449 f. Teilweise wird in diesem Fall die Entscheidungsreife verneint, vgl. dazu Fußn. 955. *Leipold* ist unter Berufung auf *RG* DR 1939, 879 zwar der Meinung, daß ausnahmsweise der Erlaß eines klageabweisenden Teilurteils durch die Zwischenfeststellungswiderklage nicht ausgeschlossen werde, wenn der Klageanspruch abweisungsreif sei, ohne daß es zugleich einer Entscheidung auf das Zwischenfeststellungsbegehren bedürfe, vgl. *Stein/Jonas/Leipold*[22], § 301 Rdnr. 7. Nach der hier vertretenen Auffassung wäre in diesem Fall jedoch die Inzidentwiderklage mangels tatsächlicher Abhängigkeit ohnehin unzulässig, so daß es eines Teilurteils nicht bedürfe, sondern die Klagabweisung der Hauptklage zusammen mit der Abweisung der Inzidentwiderklage als unzulässig in einem gemeinsamen Endurteil erfolgen könnte und sollte.

Assmann[960] hinweist, soweit über einen von dem (streitigen) Rechtsverhältnis unabhängigen Teil der Hauptklage vorab durch Teilurteil entschieden wird und im Schlußurteil gemeinsam über das bedingende Rechtsverhältnis und den bedingten Teil der Hauptklage entschieden wird.

2. *Zulässigkeit bei gemeinsamem Teilurteil über Haupt- und Inzidentantrag*

Die Gefahr eines Widerspruchs zwischen Teil- und Schlußurteil besteht hingegen nicht bei gemeinsamer Entscheidung über Haupt- und Inzidentantrag in einem *gemeinsamen* Teilurteil.

Dies ist beispielsweise möglich, wenn der Kläger mit seiner Hauptklage *mehrere Ansprüche* geltend macht und die *Zwischenfeststellungswiderklage lediglich für einen davon präjudiziell* ist. Angenommen, der Kläger klagt 2.000 € aus einem Darlehen ein und zusätzlich 500 € als Kaufpreisklage. Der Beklagte beantragt, das Nichtbestehen des Darlehensvertrages festzustellen. In diesem Fall kann über die Darlehens- und die Inzidentwiderklage ein gemeinsames Teilurteil ergehen, ohne daß die Entscheidung im Schlußurteil über die Kaufpreisklage hiervon berührt wird oder umgekehrt die Inzidentklage hierfür nicht mehr vorgreiflich wäre.

B. Isoliertes Teilurteil über die Inzidentklage

Anders stellt es sich dar, wenn etwa im Fall der Vindikationsklage vorab durch Teilurteil über die negative Inzidentklage des Klägers entschieden und das Nichtbestehen eines Rechts des Beklagten zum Besitz festgestellt wird, sich im weiteren Verlauf jedoch heraus stellt, daß der Kläger gar nicht Eigentümer ist und daher im Schlußurteil die Vindikationsklage mangels Eigentums abgewiesen wird und es auf das Recht des Beklagten zum Besitz nicht mehr ankommt.

1. *Die herrschende Meinung läßt Teilurteil zu*

Die herrschende Meinung[961] hat *keine Bedenken*, ein (isoliertes) Teilurteil über die Inzidentklage zuzulassen, ohne die Entscheidungsreife der Hauptklage abzuwarten.

---

960 *Wieczorek/Schütze/Assmann*[3], § 256 Rdnr. 387 in Fußn. 1182.

961 Vgl. *RGZ* 102, 174 (175); 170, 328 (330); *RG* JW 1932, 650; *BGH* JR 1955, 64; *BGH* MDR 2005, 645; *BGH* NJW 1956, 1755; 1961, 75; *BGH* LM Nr. 6 zu § 280 ZPO (sub 5); LM Nr. 15 zu § 280 ZPO (sub I C); LM Nr. 113 zu § 256 ZPO (sub I 1 c); *OLG Karlsruhe* OLGR 2005, 568 f.; *Musielak/Foerste*, § 256 Rdnr. 43; MünchKomm ZPO/*Becker-Eberhard*[4], § 256 Rdnr. 86; *Rosenberg/Schwab/Gottwald*[17], § 96 Rdnr. 35; *Thomas/Putzo/Reichold*, § 256 Rdnr. 35; *Zöller/Greger*, § 256 Rdnr. 22; *Zöller/Vollkommer*, § 301 Rdnr. 7 a. E. Bereits früher: *Kroll*, Klage,

Dem kann grundsätzlich nicht gefolgt werden: Für den Erlaß eines Teilurteils ist die Entscheidungsreife zwingende Voraussetzung. Besinnt man sich auf den Zweck des § 256 Abs. 2 ZPO, eine tatsächlich und notwendig in den Entscheidungsgründen zu behandelnde Vorfrage in Rechtskraft erwachsen zu lassen, so bleibt Voraussetzung, daß es tatsächlich einer Entscheidung über das präjudizielle Rechtsverhältnis bedarf. Daran fehlt es jedoch, solange unklar ist, ob nicht die Klage – etwa wegen Bestehens einer rechtsvernichtenden Einwendung – abgewiesen werden muß[962].

Das Gericht kann sich darüber, ob die Entscheidung des Rechtsstreits tatsächlich von dem festzustellenden Rechtsverhältnis abhängig ist, erst in dem Augenblick schlüssig werden, in welchem die Hauptentscheidung getroffen wird. Anderenfalls würde unter Umständen auch über solche Rechtsverhältnisse entschieden, auf die es schließlich für die Entscheidung des Rechtsstreits nicht mehr ankommt[963]. Damit würde man jedoch Sinn und Zweck des § 256 Abs. 2 ZPO zuwiderhandeln und – worauf *Bergerhoff* völlig zu Recht hinweist – das prozessuale Institut der Inzidentklage über das zulässige Maß hinaus in Anwendung bringen: Denn § 256 Abs. 2 ZPO soll nur ermöglichen, über solche Rechtsverhältnisse eine rechtskräftige Entscheidung zu erwirken, die für die Entscheidung des Rechtsstreites eine Vorfrage bilden, aber an sich nur in den Entscheidungsgründen zur Erledigung gelangen würden. Nur über solche Rechtsverhältnisse, auf die es also auch wirklich für die Entscheidung ankommt und ohne welche man nicht zur Entscheidung gelangen kann, darf mittels des § 256 Abs. 2 ZPO befunden werden. Ob diese Bedingungen aber vorliegen, kann *frühestens* in dem Augenblick festgestellt werden, in welchem die Entscheidung über den ganzen Rechtsstreit gefällt wird[964].

Denn es besteht durchaus die Möglichkeit, daß sich nach Erhebung der Inzidentklage und nach Erlaß eines Teilurteils über diese erweist, daß es auf das

---

S. 63; *Reincke*, § 253 Anm. 2 a. E.; *Wilmowski/Levy*[3], § 253 Anm. 3; *Petersen/Anger*, § 280 Anm. 3; *Seuffert/Walsmann*, § 280 Anm. 7 a. Differenzierend: *Baumbach/Lautebach/Albers/Hartmann*, § 256 Rdnr. 119 („gilt z. B. dann, wenn die Legitimation zur Hauptklage auch von demjenigen Rechtsverhältnis abhängt, das den Gegenstand der Zwischenfeststellungsklage bildet"); *Wieczorek/Schütze/Assmann*[3], § 256 Rdnr. 386 („Allerdings darf damit nicht der Grundsatz, dass die Zwischenfeststellungsklage unzulässig ist, wenn die Entscheidung nicht vom Bestehen des Rechtsverhältnisses abhängt, umgangen werden"); *Oertmann*, ZZP 22 (1896), 11 (71 f.). Ablehnend: *Bergerhoff*, Zwischenfeststellungsklage, S. 69 f.; *v. Braun*, Inzidentfeststellungsklage, S. 109 f.; *Hager*, KTS 54 (1993), 39 (43); *Schollmeyer*, Zwischenstreit, S. 27 ff.

962 Vgl. *Hager*, KTS 54 (1993), 39 (43).

963 Vgl. *Bergerhoff*, Zwischenfeststellungsklage, S. 69.

964 Vgl. *Bergerhoff*, Zwischenfeststellungsklage, S. 69.

festzustellende Rechtsverhältnis – etwa infolge des Ergebnisses der Beweisaufnahme oder infolge veränderten Vorbringens der Parteien – überhaupt nicht mehr ankommt. Zur Veranschaulichung soll folgende Fallkonstellation dienen.

Beispiel: V erhebt gegen K Klage auf Zahlung des Kaufpreises in Höhe von 4.000 €. Da K die Wirksamkeit des Kaufvertrages bestreitet, beantragt V nach § 256 Abs. 2 ZPO festzustellen, daß der Kaufvertrag besteht. Da V den Kaufvertrag im Prozeß vorlegen kann und K daraufhin das Zustandekommen nicht mehr bestreitet, will das Gericht über den Inzidentantrag durch Teilurteil entscheiden. Hinsichtlich der Kaufpreisklage ist zwischen den Parteien noch streitig, ob und wieweit eine Erlaßabrede besteht. Nachdem das Gericht über die Inzidentklage durch Teilurteil entschieden hat, kann K den Erlaß hinsichtlich des ganzen Kaufpreises beweisen. V nimmt daraufhin mit Zustimmung des K (unter Verwahrung gegen die Kosten) die Kaufpreisklage zurück. K legt gegen das Teilurteil Berufung ein.

Im *Beispiel* zeigt sich die Notwendigkeit einer gemeinsamen Entscheidung über Inzident- und Hauptklage deutlich. Zum Zeitpunkt der Entscheidung über die Kosten des Rechtsstreits ist schon keine Hauptklage mehr anhängig. Eine „Entscheidung" i. S. v. § 256 Abs. 2 ZPO, die vom Bestehen des Rechtsverhältnisses abhängen könnte, gibt es nicht mehr. Zwangsläufig wäre zu diesem Zeitpunkt die Zwischenfeststellungsklage als unzulässig abzuweisen[965]. Das Rechtsmittelgericht wird das Teilurteil nicht aufrecht erhalten, da die Zulässigkeitsvoraussetzungen für die Inzidentklage mangels Hauptklage nicht (mehr) vorliegen. Aber auch eine Umdeutung in eine prinzipale Feststellungsklage ist nicht ohne weiteres möglich, da das rechtliche Interesse mangels weiteren Bestreitens und des bewiesenen Erlaßvertrages zumindest fraglich ist.

Der Sinn und Zweck der Zwischenfeststellungsklage liegt in der Rechtskrafterstreckung auf *notwendige* Elemente des Urteils, d. h. in den Entscheidungsgründen zwangsläufig festgestellte Rechtsverhältnisse. Dieser Zweck stellt die innere Rechtfertigung für den Verzicht auf das Erfordernis eines sonst erforderlichen Feststellungsinteresses dar. Der Sinn und Zweck der Inzidentklage würde jedoch preisgegeben, ließe man eine Entscheidung über den Inzidentanspruch durch Teilurteil zu, *solange nicht sicher* ist, daß das Gericht auch *wirklich* auf das festzustellende Rechtsverhältnis in den Gründen der Hauptentscheidung einzugehen hat. Freilich steht hierbei weniger die Gefahr eines Widerspruchs zwischen Teilurteil (über den Inzidentpunkt) und Schlußurteil (über die Hauptklage) im Raum, vielmehr *steht die ratio legis des § 256 Abs. 2 ZPO, der Sinn und Zweck dieser Norm, dem Erlaß eines Teilurteils regelmäßig entgegen.*

Die Regel, daß die Zwischenfeststellungsklage unzulässig ist, wenn die Entscheidung nicht vom Bestehen des Rechtsverhältnisses abhängt, darf nicht – wie

965 Unabhängig davon, ob es an der Sachurteilsvoraussetzung der rechtshängigen Hauptklage (dazu oben Text bei Fußn. 232 ff.) oder der Abhängigkeit mangelt.

Hager[966] betont – dadurch umgangen werden, daß eine der Parteien vorab ein Teilurteil beantragt. Dem Gericht soll nämlich durch § 256 Ab. 2 ZPO gerade nicht zusätzliche Arbeit auferlegt werden[967]. Um das Zustandekommen einer derartigen überflüssigen Entscheidung zu verhüten, ist es unerläßlich abzuwarten, ob es für die Entscheidung in der Hauptsache auf die begehrte Zwischenfeststellung tatsächlich ankommt[968]. In Bezug auf die Möglichkeit eines Teilurteils über die Inzidentklage hat *v. Braun* treffend ausgeführt: „Die Verbindung der beiden Klagen ist eben durch das Verhältnis ihrer Gegenstände zueinander eine derartige, dass sie für einen einheitlichen Prozess geschaffen.“[969]

Dieses Problem scheint auch *Gottwald*[970] zu sehen, wenn er die Entscheidungsreife des durch Teilurteil zu erledigenden Streitgegenstands verneint, wenn von der Entscheidung im Schlußurteil die *Zulässigkeit derjenigen Klage* abhängt, *über die im Teilurteil entschieden* wird. In seinem Urteil vom 28. November 2003 hebt ebenso der *Bundesgerichtshof*[971] die Gefahr widersprüchlicher Entscheidungen bei prozessualer oder materiellrechtlicher Verbindung zwischen den dem Teil- und Schlußurteil zu Grunde liegenden Ansprüchen hervor:

---

966 *Hager*, KTS 54 (1993), 39 (43).

967 Vgl. *BGH* NJW 1961, 75.

968 Vgl. *Bergerhoff*, Zwischenfeststellungsklage, S. 70.

969 *v. Braun*, Inzidentfeststellungsklage, S. 110, der im Fall der Zwischenfeststellungsklage stets eine Unangemessenheit i. S. v. § 301 Abs. 2 ZPO aufgrund der Gefahr widersprechender Entscheidungen erblickt, weshalb ein Teilurteil zu unterbleiben habe, vgl. dort S. 109. Ähnlich argumentiert *Enders* im Rahmen der Abgrenzung zum Zwischenurteil: „Dies ergibt sich daraus, daß das Gericht die Feststellungsklage des § 256 Abs. 2 ZPO erst zusammen mit der Entscheidung über die „Haupt-“Anträge entscheiden kann und häufig auch entscheiden wird“, vgl. *Enders*, ZAP 1996, 455 (456). Indes geht auch er – insofern inkonsequent – von der „anerkanntermaßen“ Zulässigkeit eines Teilurteils über das Inzidentbegehren aus, vgl. *Enders*, ZAP 1996, 455 (465). Bereits früher lehnte *Schollmeyer* ein Teilurteil ab, wenn der durch das Teilurteil zu erledigende Prozeßstoff in so engem Zusammenhang mit dem übrigen Prozeßinhalt stehe, wie es bei präjudiziellen Rechtsverhältnissen der Fall ist, vgl. *Schollmeyer*, Zwischenstreit, S. 27 ff. Allerdings befürwortet er zur Vermeidung widersprechender Urteile eine Aussetzung der Aburteilung des Präjudizialanspruchs, vgl. dort S. 28, bzw. hält – was allerdings abzulehnen ist – ein Zwischenurteil hierüber für vorzugswürdig, vgl. dort S. 27.

970 *Rosenberg/Schwab/Gottwald*[17], § 59 Rdnr. 17 unter Hinweis auf *RGZ* 151, 381 (384). Das *Reichsgericht* hatte in dem zu entscheidenden Sachverhalt über die Zulässigkeit eines Teilurteils über die Eigentumsfeststellungsklage der Klägerin zu befinden. Es verneinte diese, da die Möglichkeit bestehe, daß das spätere Schlußurteil – in welchem über das vom Beklagten geltend gemachte Pfandrecht an den sicherungsübereigneten Gegenständen zu entscheiden war – das Feststellungsinteresse der Eigentumsfeststellungsklage entfallen ließe. Das Teilurteil könne daher nicht bestehen bleiben, weil die *Zuerkennung eines Anspruchs durch Teilurteil als unzulässig angesehen werden müsse, wenn die Möglichkeit bestehe, daß das spätere Schlußurteil zu seiner Abweisung führe.*

971 *BGHZ* 157, 133 ff.

„Eine der Entscheidung durch Teilurteil entgegenstehende Gefahr des Widerspruchs zu dem noch ausstehenden Schlußurteil ist zwar nicht auf den Fall beschränkt, daß ein Teil eines prozessualen Anspruchs zur Entscheidung reif ist (§ 301 Abs. 1 Satz 1, 2. Alt. ZPO). Auch die Entscheidung über einen von mehreren selbständigen prozessualen Ansprüchen, um die es hier geht (§ 301 Abs. 1 Satz 1, 1. Alt. ZPO), kann eine solche Gefahr begründen. *Dies setzt aber voraus, daß zwischen den prozessual selbständigen Ansprüchen eine materiellrechtliche Verzahnung* [...] *besteht oder die Ansprüche prozessual in ein Abhängigkeitsverhältnis gestellt sind* [...]. Eine *materiellrechtliche Verzahnung selbständiger prozessualer Ansprüche kann* bei subjektiver Klagehäufung [...], aber auch *bei objektiver Häufung inhaltlich zusammenhängender Anträge* [...] *auftreten.*“[972]

[Herv. d. Verf.]

Der Erlaß eines isolierten Teilurteils über das Inzidentbegehren ist damit regelmäßig gerade nicht prozeßökonomisch[973]. Als Ergebnis bleibt festzuhalten, daß im Rahmen von Zwischenfeststellungsklagen der Erlaß von Teilurteilen *regelmäßig abzulehnen* ist.

Hierdurch wird der Rechtsschutz auch nicht unzulässig verkürzt. Denn der Zwischenfeststellungskläger kann – sofern er ein Feststellungsinteresse darlegen kann – jederzeit zur prinzipalen Feststellungsklage gem. § 256 Abs. 1 ZPO übergehen und dementsprechend den Erlaß eines Teilurteils hierüber anregen. Es ist jedoch nicht einzusehen, daß unter Preisgabe des Sinns und Zwecks der Inzidentfeststellungsklage ermöglicht werden soll, Teilurteile über Feststellungsklagen zu gestatten, denen das rechtliche Interesse ermangelt.

Soweit man sich mit diesem Gedanken nicht anfreunden kann und den Anwendungsbereich des § 301 ZPO nicht grundsätzlich für Inzidentklagen sperren will, sollte man jedenfalls, um der ratio des § 256 Abs. 2 ZPO gerecht zu werden, das Teilurteil als *auflösend bedingt* betrachten. Bedingung wäre dann, daß das Gericht im Schlußurteil tatsächlich das festzustellende Rechtsverhältnis behandelt[974]. Insofern könnte man im Rahmen des § 301 Abs. 2 ZPO[975] grundsätzlich auch von einer Ermessensreduzierung des Gerichts auf Null ausgehen, mit der Folge, daß ein Teilurteil regelmäßig zu unterbleiben hat. Allerdings würde diese Lösung über die „Rechtsfolgenseite“ nicht genügend berücksich-

---

972 *BGHZ* 157, 133 (142 f.).

973 Dies erst Recht, wenn man die Prozeßökonomie nicht vom einzelnen Prozeß her begreift, sondern als Gestaltung, die sich mit den institutionellen Zielen des Prozesses, wie vorliegend etwa der Rechtssicherheit, verträgt, vgl. dazu *v. Mettenheim*, Prozeßökonomie, S. 17; *Schumann*, FS Larenz I, 271 (279).

974 Zu der Situation, wenn gegen das – von der herrschenden Meinung zugelassene – Teilurteil über die Zwischenfeststellungsklage ein Rechtsmittel eingelegt und das Teilurteil abgeändert wird, näher unten Text bei Fußn. 1089 ff.

975 Nach dieser Vorschrift kann der Erlaß eines Teilurteils unterbleiben, wenn es das Gericht nach Lage der Sache nicht für angemessen erachtet.

tigen, daß die ratio legis des § 256 Abs. 2 ZPO eine Entscheidung über den Inzidentantrag nur bei tatsächlicher Vorgreiflichkeit zuläßt[976]. Nach der hier vertretenen Auffassung ist für die Anwendung des § 301 Abs. 1 ZPO bereits kein Raum, soweit das tatsächliche Abhängigkeitsverhältnis nicht sicher feststeht.

3. *Ausnahme bei stabiler Unzulässigkeit der Inzidentklage*

Eine Ausnahme von dem vorgehend dargestellten Grundsatz der Unzulässigkeit von Teilurteilen über Inzidentpunkte ist lediglich in denjenigen Konstellationen zu machen, in denen *nicht erst im Zeitpunkt der Entscheidung über die Hauptklage sicher* ist, ob die Entscheidung tatsächlich von dem festzustellenden Rechtsverhältnis abhängt. Es handelt sich um die Fälle der sog. stabilen Unzulässigkeit, der von vornherein evidenten Unmöglichkeit einer Abhängigkeit[977]. In diesem Fall spricht nichts gegen ein klagabweisendes Prozeßurteil in Form eines Teilurteils.

III. Prozeßurteil

Sofern nur die Zwischenfeststellungsklage – etwa wegen fehlender allgemeiner Sachurteilsvoraussetzung – als unzulässig abzuweisen ist, steht dies einer Entscheidung über das zugrunde liegende Rechtsverhältnis in den Gründen zur Hauptklage selbstverständlich nicht entgegen[978].

Ein Urteil, das die Zwischenfeststellungsklage *mangels Abhängigkeit* als unzulässig abweist, steht einer neuen Zwischenfeststellungsklage mit anders begründeter Abhängigkeit nicht entgegen[979]. Dies folgt schon aus dem Grundsatz, daß sich die Rechtskraft eines Prozeßurteils auf die darin entschiedene Prozeßfrage beschränkt und nur eingreift, wenn die gleiche Rechtsfrage unter denselben Parteien zur Entscheidung steht[980]. Gleichfalls steht ein derartiges Urteil einer Leistungsklage nicht entgegen[981], jedenfalls dann, wenn die Rechtskraft der Hauptklage nicht entgegensteht.

---

976 Dazu bereits oben Text bei Fußn. 495 ff.

977 Dazu oben Text nach Fußn. 577.

978 Vgl. *Stein/Jonas/Roth*[22], § 256 Rdnr. 112; *Wieczorek/Schütze/Assmann*[3], § 256 Rdnr. 384.

979 Vgl. *Stein/Jonas/Roth*[22], § 256 Rdnr. 120.

980 Vgl. *RGZ* 159, 173 (176); *BGH* NJW 1985, 2535; 1991, 1116; *OLG Brandenburg* NJW-RR 2000, 1735; *OLG München* OLGZ 86, 67 (70); MünchKomm ZPO/*Gottwald*[4], § 322 Rdnr. 27; *Jauernig*, JZ 1955, 235 (235 f.); *Rosenberg/Schwab/Gottwald*[17], § 152 Rdnr. 6; *Stein/Jonas/Leipold*[22], § 322 Rdnr. 126 f.; *Zöller/Vollkommer* § 322 Rdnr. 1a.

981 Vgl. *Stein/Jonas/Roth*[22], § 256 Rdnr. 120.

IV. Zwischenurteil

Wie *Enders*[982] bemerkt, weckt die Bezeichnung Zwischenfeststellungsklage die Assoziation mit dem Begriff des Zwischenurteils und damit eine Vorstellung von diesem Institut, die nicht seiner Aufgabe entspricht. Um dies zu veranschaulichen, soll im Folgenden kurz der Regelungsgegenstand der Zwischenurteile dargestellt werden, bevor auf das Verhältnis zur Inzidentklage eingegangen wird.

A. Regelungsgegenstand

Zwischenurteile sind Urteile, die lediglich über *einzelne*, den Fortgang des Verfahrens betreffende, *Streitpunkte*, *nicht jedoch* über den *Streitgegenstand* entscheiden[983]. Sie erkennen den geltend gemachten Anspruch in der Sache weder ab noch zu, sondern erledigen nur einen Teil des Streitstoffes, wobei sie stets die Natur eines Feststellungsurteils haben[984]. Sie sind vorweggenommene Teile des Endurteils[985]. In der Vorbereitung und Entlastung des Endurteils liegt ihre Bedeutung[986]. Sie entscheiden jedoch nicht über einzelne Elemente der sachlichen Begründetheit des Anspruchs[987], wie die Nichtigkeit eines Vertrages[988] oder die Sachbefugnis[989].

Seit der Vereinfachungsnovelle 1976 ist die Erledigung durch Zwischenurteil nur in drei Fällen möglich[990]: Bei Streitigkeiten um Zulässigkeitsvoraussetzungen der Klage nach § 280 ZPO, beim Zwischenstreit unter den Parteien nach § 303 ZPO und bei der Vorabentscheidung über den Grund des Anspruchs nach § 304 ZPO.

Nach *§ 303 ZPO* ist ein Zwischenurteil zulässig, wenn ein *Zwischenstreit*[991] zur Entscheidung reif, der Rechtsstreit selbst aber noch nicht spruchreif ist. Dies ist der Fall bei Streit über prozessuale Fragen außerhalb der Prozeßvoraussetzungen, z. B. bei Streit über die Zulässigkeit der Wiedereinsetzung, die Unterbre-

982 *Enders*, ZAP 1996, 450 (456).

983 Vgl. *Stein/Jonas/Leipold*[22], § 303 Rdnr. 1.

984 Vgl. *Blomeyer*, Erkenntnisverfahren[2], § 83 I, S. 440; *Rosenberg/Schwab/Gottwald*[17], § 59 Rdnr. 28; *Grunsky*, Grundlagen, § 46 II 2, S. 468; *Tiedtke* ZZP 89 (1976), 64 (65); *Thomas/Putzo/Reichold*, § 303 Rdnr. 1.

985 Vgl. *Zöller/Vollkommer*, § 303 Rdnr. 1.

986 Vgl. *Rosenberg/Schwab/Gottwald*[17], § 59 Rdnr. 28.

987 Vgl. *BGHZ* 72, 34 (38).

988 Vgl. *BGH* NJW 1994, 1652.

989 Vgl. *BGHZ* 8, 383 (385).

990 Vgl. *Stein/Jonas/Leipold*[22], § 303 Rdnr. 3.

991 Unter einem Zwischenstreit versteht man einen unter den Parteien in einem anhängigen Verfahren entstandenen Streit über eine den Fortgang des Verfahrens betreffende Prozeßfrage, vgl. *Blomeyer*, Erkenntnisverfahren[2], § 83 III, S. 440; *Stein/Jonas/Leipold*[22], § 303 Rdnr. 7.

chung des Verfahrens, die Zulässigkeit der Klageänderung oder Klagerücknahme, des Einspruchs oder die Zulässigkeit der objektiven bzw. subjektiven Klagenhäufung[992].

§ 280 ZPO enthält eine Sonderregelung für das Zwischenurteil bei Rüge gegen die *Zulässigkeit der Klage*[993]. Dabei kann durch das Zwischenurteil nur die Zulässigkeit der Klage festgestellt werden. Stellt sich die Unzulässigkeit heraus, ist die Klage durch Prozeßurteil abzuweisen[994].

Nach *§ 304 ZPO* kann das Gericht über den Grund eines Anspruchs durch materielles Zwischenurteil besonderer Art[995], das *Grundurteil,* vorab entscheiden, wenn der Anspruch nach Grund und Betrag streitig ist und lediglich der Streit über den Anspruchsgrund entscheidungsreif ist[996]. Das Verfahren soll dadurch entlastet und beschleunigt werden. Das anschließende Nachverfahren (Betragsverfahren) über die Höhe des Anspruchs führt dann zum Endurteil. Das Grundurteil soll dieses Endurteil vorbereiten und setzt voraus, daß die Klage auf Leistung des streitigen Betrages gerichtet ist[997]. Da ein Grundurteil schon dem Wortlaut nach nur zulässig ist, wenn der durch Klage oder Widerklage erhobene Anspruch nach Grund *und* Betrag streitig ist, setzt § 304 Abs. 1 ZPO regelmäßig einen bezifferten Anspruch, mithin eine Leistungsklage voraus[998]. In der Regel kommt daher bei Feststellungsklagen ein Grundurteil nicht in Betracht. Bei nicht bezifferten Feststellungsklagen scheidet ein Grundurteil schon wesensgemäß aus[999]. Die herrschende Meinung läßt jedoch ausnahmsweise dann ein Grundurteil über die Feststellungsklage zu, wenn ein bestimmter Betrag in dem Sinne geltend gemacht wird, daß die Klage auch zu einem Ausspruch über die Höhe des Anspruchs führen soll. In einem solchen Ausnahmefall sei die Feststellungs-

---

992 Vgl. *Stein/Jonas/Leipold*[22], § 303 Rdnr. 9; *Zöller/Vollkommer*, § 303 Rdnr. 6. Beide mit weiteren Beispielen.

993 Vgl. *Blomeyer*, Erkenntnisverfahren[2], § 83 IV, S. 441 f.; *Rosenberg/Schwab/Gottwald*[17], § 59 Rdnr. 36; *Stein/Jonas/Leipold*[22], § 280 Rdnr. 1 f.; *Zöller/Greger*, § 280 Rdnr. 2.

994 Vgl. *BGHZ* 102, 232; *Rosenberg/Schwab/Gottwald*[17], § 59 Rdnr. 37; *Thomas/Putzo/Reichold*, § 280 Rdnr. 4 f.; *Zöller/Greger*, § 280 Rdnr. 6 f.

995 Vgl. *BGH* NJW 1998, 1709.

996 Vgl. *BGH* MDR 2003, 769; *BGH* NJW 2000, 1572; *Blomeyer*, Erkenntnisverfahren[2], § 83 V, S. 442; *Rosenberg/Schwab/Gottwald*[17], § 59 Rdnr. 42, 44; *Stein/Jonas/Leipold*[22], § 304 Rdnr. 12; *Thomas/Putzo/Reichold*, § 304 Rdnr. 3 f.; *Zöller/Vollkommer*, § 304 Rdnr. 1.

997 Statt vieler *Rosenberg/Schwab/Gottwald*[17], § 59 Rdnr. 42.

998 Vgl. *BGHZ* 126, 217; *BGH* NJW 1991, 1896; *BGH* NJW-RR 1994, 319; *Rosenberg/Schwab/Gottwald*[17], § 59 Rdnr. 44; *Zöller/Vollkommer*, § 304 Rdnr. 3.

999 Vgl. *BGHZ* 7, 331 (333); *BGH* NJW 1991, 1896; 1997, 3177; 2002, 664; 2001, 155; 2002, 302 (303); 2005, 1422; *BGH* NJW-RR 1992, 531; *OLG Celle* NJW 1965, 1866; *OLG Frankfurt a. M.* VersR 1984, 168; *OLG Hamm* VersR 1992, 208; *Stein/Jonas/Roth*[22], § 256 Rdnr. 126; *Stein/Jonas/Leipold*[22], § 304 Rdnr. 7; *Thomas/Putzo/Reichold*, § 304 Rdnr. 2; *Zöller/Vollkommer*, § 304 Rdnr. 3.

klage in einer Weise beziffert, daß ein Grundurteil seinen Zweck erfüllen könne[1000].

In der Praxis kommen Grundurteile insbesondere im Zusammenhang mit Schadensersatzklagen vor. Hat etwa der Kläger auf Zahlung eines Teils des ihm entstandenen Schadens sowie auf Feststellung der Verpflichtung zur Tragung aller zukünftigen Schäden geklagt und hat das Gericht den Klageanspruch dem Grunde nach für gerechtfertigt erklärt, so liegt bezüglich des Leistungsanspruchs ein Grundurteil, hinsichtlich des Feststellungsanspruchs ein der Klage statt gebendes Teilurteil vor[1001].

B. Verhältnis zur Inzidentklage

1. Keine Entscheidung über den Streitgegenstand der Inzidentklage

Eine Entscheidung über den Inzidentfeststellungs*antrag*, also den Streitgegenstand der Zwischenfeststellungsklage, durch *Zwischenurteil* ist *nicht möglich.* Denn wie dargelegt entscheidet das Zwischenurteil nicht über einen Teil des Streitgegenstandes oder über die Widerklage[1002] und nicht über einzelne Elemente der sachlichen Begründetheit des Anspruchs[1003]. Anders als das Zwischenurteil dient die Zwischenfeststellungsklage nicht dem verfahrensmäßigen Fortgang. Dies ergibt sich, wie *Enders*[1004] ausführt, bereits daraus, daß das Gericht die Inzidentklage erst zusammen mit der Entscheidung über die Hauptklage entscheiden kann und häufig[1005] auch wird. Mit dem Inzidentantrag erstrebt der Inzidentkläger schließlich ein Sachurteil. Nicht zuletzt handelt es sich daher bei der Inzidentfeststellungsklage um eine Klage im eigentlichen Sinne[1006], sodaß über sie durch Endurteil zu entscheiden ist[1007].

1000 Vgl. *RGZ* 93, 152 (154); *BGH* NJW 1994, 3296; *BAGE* 23, 62 (63); *Rosenberg/Schwab/Gottwald*[17], § 59 Rdnr. 44; *Stein/Jonas/Leipold*[22], § 304 Rdnr. 8; *Thomas/Putzo/Reichold*, § 304 Rdnr. 2; *Zöller/Vollkommer*, § 304 Rdnr. 3.

1001 Vgl. *BGHZ* 7, 331 (333); *Rosenberg/Schwab/Gottwald*[17], § 59 Rdnr. 43; *Stein/Jonas/Leipold*[22], § 304 Rdnr. 7 m. w. N. in Fußn. 14. Da es sich um einen *unbezifferten* Feststellungsantrag handelt, scheidet insoweit ein Grundurteil aus.

1002 Vgl. *Zöller/Vollkommer*, § 303 Rdnr. 1.

1003 Vgl. *BGHZ* 72, 34 (38); *Rosenberg/Schwab/Gottwald*[17], § 59 Rdnr. 31; *Zöller/Vollkommer*, § 303 Rdnr. 6. Wenn auch das Grundurteil, soweit es den Anspruch für berechtigt erklärt, über Urteilselemente entscheidet, trifft dennoch erst das Schlußurteil auf Grund des Nachverfahrens über die Höhe eine Entscheidung über den Streitgegenstand, vgl. *Blomeyer*, Erkenntnisverfahren[2], § 83 V 4a, S. 445. Näher hierzu sogleich unter Text bei Fußn. 1020 ff.

1004 *Enders*, ZAP 1996, 450 (456).

1005 Zur Möglichkeit eines Teilurteils bei stabiler Unzulässigkeit oben Text bei Fußn. 977.

1006 Dazu schon oben Text bei Fußn. 175.

1007 Vgl. *Lüke*, Zivilprozessrecht, Rdnr. 322.

In der älteren Literatur nahmen jedoch einige Autoren einen anderen Standpunkt ein[1008]. Namentlich *Schollmeyer*[1009] vertrat die Auffassung, daß Zwischenurteile über den Präjudizialinzidentanspruch zulässig seien. Dieser sei zwar Teil des Streitgegenstandes, zugleich aber käme das präjudizielle Rechtsverhältnis als Punkt in Betracht, dessen Entscheidung durch Zwischenurteil das Endurteil über den von vornherein erhobenen Anspruch vorbereiten würde[1010]. Als weitere Begründung diente ihm das – wie oben dargelegt – an sich stichhaltige Argument, daß der Erlaß von Teilurteilen bei Inzidentklagen nicht Platz greife, da sich dies nicht mit der Natur der Zwischenfeststellungsklage vertrage. Er zieht hieraus aber die falsche Konsequenz, daß es nützlich sei, wenn das Gericht einstweilen über das präjudizielle Rechtsverhältnis ein Zwischenurteil erlassen könne[1011].

Dennoch lehnte schon in der älteren Literatur die herrschende Meinung den Erlaß von Zwischenurteilen über die Inzidentklage ab[1012], weil dieses nicht erlassen werden könne, da über selbständige Ansprüche und nicht bloß über Zwischenstreite oder Angriffs- und Verteidigungsmittel zu entscheiden sei. Schollmeyer verkenne, daß ein Urteil über einen Teil der anhängig gemachten Ansprüche begrifflich stets ein Endurteil sei, auch wenn es zugleich die Voraussetzung für einen anderen Teil der Ansprüche entscheide[1013].

Völlig unverständlich ist insoweit die Entscheidung des *OLG Frankfurt a. M.* vom 6. Dezember 1999[1014]: Der Beklagte hatte in der Berufungsinstanz beantragt,

---

1008 Hierzu *Oertmann*, ZZP 22 (1896), 11 (70).

1009 *Schollmeyer*, Zwischenstreit, S. 26 ff.

1010 Vgl. *Schollmeyer*, Zwischenstreit, S. 27.

1011 Vgl. *Schollmeyer*, Zwischenstreit, S. 30. Allerdings trennt *Schollmeyer* auch nicht scharf zwischen einem Zwischenurteil nach § 303 ZPO und einem Grundurteil. Letzteres solle seiner Auffassung nach zur Anwendung kommen, wenn das präjudizielle Rechtsverhältnis den Grund des Anspruchs ausmache.

1012 So *Oertmann*, ZZP 22 (1896), 11 (70 ff.): „Für unsere Auffassung spricht auch die *ratio legis*: durch das Rechtsmittel des § 253 soll eine rechtskräftige Entscheidung herbeigeführt werden; das Zwischenurteil ist zu dieser Wirkung bei seiner Unselbständigkeit vollkommen unfähig", vgl. S. 71; *Kroll*, Klage, S. 63; *Loening* ZZP 4 (1882), 1 (138); *v. Braun*, Inzidentfeststellungsklage, S. 110; *Gaupp*, § 253 Anm. III 1 („denn unter der „richterlichen Entscheidung" in § 253 ist ein Endurteil, nicht die Entscheidung in den Gründen oder durch Zwischenurteil zu verstehen"); *Wilmowski/Levy*³, § 253 Anm. 3; *Petersen/Anger*, § 280 Anm. 3 bei Fußn. 13.

1013 So *Wilmowski/Levy*³, § 253 Anm. 3.

1014 *OLG Frankfurt* IPRspr 1999, Nr. 57 (5 UF 11/99; das Endurteil vom 25. Februar 2000 ist veröffentlicht in OLGR 2000, 196 und IPRax 2001, 140). Unabhängig von der Unzulässigkeit der konkreten Entscheidung ist hier schon fraglich, ob der Antrag überhaupt ein Rechtsverhältnis betraf oder eine abstrakte Rechtsfrage zum Gegenstand hatte. In letzterem Sinne für die Feststellung des „anzuwendenden Rechts" *OLG Düsseldorf* NJW-RR 1998, 283 und *Zöller/Greger*, § 256 Rdnr. 5, unter Bezugnahme auf die Entscheidung des *OLG Frankfurt* („irrig"). Zum Ausschluß abstrakter Rechtsfragen von der Feststellungsfähigkeit bereits oben Text bei Fußn. 278 ff.

im Wege der Zwischenfeststellungsklage festzustellen, daß sich die ehegüterrechtlichen Verhältnisse zwischen den Parteien nach kroatischem Recht bestimmen. Obwohl das OLG davon ausging, daß die Inzidentklage (nach ausführlicher Erörterung des Rechtsverhältnisses und seiner Vorgreiflichkeit) zulässig und begründet sei, erließ es hierüber ein „Zwischenurteil“.

2. *Keine abgesonderte Verhandlung über Zulässigkeit der Inzidentklage*

Wie *Schumann*[1015] überzeugend darlegt, kann es auch keine abgesonderte Verhandlung gem. § 280 Abs. 1 ZPO über die Zulässigkeit der Zwischenfeststellungsklage geben. Denn wie bereits ausgeführt[1016], liegt die von § 256 Abs. 2 ZPO vorausgesetzte Abhängigkeit erst in dem Zeitpunkt vor, in welchem das Gericht die „Entscheidung des Rechtsstreits“ trifft. Aus diesem Grund kann es vorher keine „Zulässigkeit“ der Zwischenfeststellungsklage geben, die durch Zwischenurteil festgestellt werden könnte.

3. *Keine Unzulässigkeit der Inzidentklage wegen Zwischenurteil nach § 303 ZPO im Rahmen der Hauptklage*

Das *Reichsgericht* hatte sich in seinem Urteil vom 1. Februar 1902[1017] noch mit der Frage auseinander zu setzen, welche Auswirkungen es auf den Inzidentantrag hat, wenn der Inzidentkläger die Feststellung eines Rechtsverhältnisses (im zu entscheidenden Fall die Grenzen des Geschäftsbezirks) zu einem Zeitpunkt begehrt, in welchem hierüber im Rahmen der Hauptklage bereits bindend (§ 318 ZPO) entschieden worden war. Das *Reichsgericht* verneinte aufgrund der Bindungswirkung in diesem Fall, daß das Rechtsverhältnis zwischen den Parteien weiter „streitig“ sei, weshalb eine Inzidentwiderklage unstatthaft sei[1018].

Zu einem derartigen Zwischenurteil im Rahmen der Hauptklage konnte es jedoch nur kommen, da nach § 303 ZPO a. F. ein Zwischenurteil über selbständige Angriffs- und Verteidigungsmittel möglich war, was nach der Neufassung von

---

1015 *Schumann*, FS Georgiades, 543 (567) in Fußn. 107.

1016 Dazu oben Text bei Fußn. 518 ff.

1017 *RGZ* 50, 399 ff.

1018 Vgl. *RGZ* 50, 399 (403). Es sollten die Grenzen des der Beklagten eingeräumten Geschäftsbezirks festgestellt werden, worin das Reichsgericht lediglich eine Feststellung über Tatsachen sah, den Antrag aber im Sinne eines Rechtsverhältnisses auslegte, die Zulässigkeit der Inzidentklage aber verneinte: „Dieses Rechtsverhältnis war aber, als der Kläger seinen Feststellungsantrag erhob, nicht mehr streitig; denn darüber hatte das Landgericht bereits in seinem Zwischenurteile entschieden, und zwar nach § 318 C.P.O. in bindender Weise, sodaß damit der Streit der Parteien über diese Frage für die erste Instanz völlig erledigt war.“

§ 303 ZPO mit der Novelle vom 13. Februar 1924 nicht mehr in Betracht kommt[1019].

4. Berührungspunkte mit dem Grundurteil nach § 304 ZPO

Wenn auch ein Grundurteil nicht über den *Zwischenfeststellungsantrag* selbst zulässig ist, so bedeutet dies nicht, daß es keine „Berührungspunkte" zwischen dem Grundurteil und der Zwischenfeststellungsklage gibt.

a) Unzulässigkeit der Zwischenfeststellungsklage aufgrund zulässigen Grundurteils

Nach herrschender Meinung[1020] ist nach Vorabentscheidung über den Grund der Klage im Betragsverfahren (§ 304 ZPO) kein Raum mehr für die Erhebung der Zwischenfeststellungsklage, wenn die Feststellung wegen eines Rechtsverhältnisses begehrt wird, über das schon im Grundurteil entschieden ist. Wenn auch über das Ergebnis Einigkeit herrscht, fragt sich dennoch, wie es sich begründen läßt. Denn eine der materiellen Rechtskraft fähige Entscheidung erhält der Inzidentkläger durch das Urteil ja gerade nicht. Ein denkbarer Ansatz wäre es, in diesem Fall – anknüpfend an die vorgestellte Argumentation des *Reichsgerichts*[1021] im Fall des Zwischenurteils nach § 303 CPO – zu sagen, daß durch die bindende Entscheidung im Grundurteil ein „streitiges" Rechtsverhältnis zwischen den Parteien nicht mehr besteht[1022]. Dogmatisch überzeugender – und ohne Widerspruch zur These, daß selbst unstreitige Rechtsverhältnisse zur Feststellung nach § 256 Abs. 2 ZPO gebracht werden können – ist jedoch die Begründung[1023], daß es in diesem Fall

1019 So schon *Sydow/Busch/Krantz/Triebel*, § 280 Anm. 4. Im Kontext der alten Fassung des § 303 CPO ist auch die Kommentierung bei *Siebenhaar*, zu § 253, zu verstehen („Verschieden hiervon [die Rede ist von den Präjudizialinzidentklagen, d. Verf.] sind die Fälle, in denen es sich lediglich um die Feststellung eines für die Klage oder Widerklage präjudiziellen Inzidentpunktes handelt. In diesen Fällen bildet der präjudizielle Inzidentpunkt den Gegenstand eines Zwischenstreites [...], das Urteil über den präjudiziellen Inzidentpunkt ist ein Zwischenurtheil"). Dazu auch *Tiedtke*, ZZP 89 (1976), 64 (65).

1020 Vgl. *RG* JW 1939, 366; *Musielak/Foerste*, § 256 Rdnr. 40; *Stein/Jonas/Roth*[22], § 256 Rdnr. 108 a. E.; *Zöller/Greger*, § 256 Rdnr. 22. So auch noch *Gottwald* in der 16. Auflage des von Rosenberg begründeten Lehrbuchs, vgl. *Rosenberg/Schwab/Gottwald*[16], § 95 Rdnr. 42 a. E.

1021 Dazu oben Text bei Fußn. 1017 ff.

1022 Sofern man an der „Bestrittenheit" als Zulässigkeitsvoraussetzung weiter festhält und nicht auch die Feststellung unstreitiger Rechtsverhältnisse im Rahmen von § 256 Abs. 2 ZPO zuläßt, vgl. *Musielak/Foerste*, § 256 Rdnr. 41 a. E., dazu bereits oben Text bei Fußn. 394.

1023 In diese Richtung weist die Kommentierung von *Roth* („da hier die Vorfrage schon im Grundurteil beantwortet ist"), vgl. *Stein/Jonas/Roth*[22], § 256 Rdnr. 108 a. E. Ähnlich auch die Kommentierung von *Gottwald* in der 16. Auflage, vgl. *Rosenberg/Schwab/Gottwald*[16], § 95 Rdnr. 42 (der an dieser Stelle die Fälle mangelnder Vorgreiflichkeit behandelt: „oder wenn die

an der „Abhängigkeit“ mangelt. Denn die Entscheidung des Rechtsstreits im Betragsverfahren hängt nicht von der Entscheidung über den Inzidentantrag ab, vielmehr muß das Gericht aufgrund der innerprozessualen Bindungswirkung des Grundurteils gem. § 318 ZPO seine Entscheidung treffen. *Dieses* ist sozusagen „vorgreiflich“ für die Entscheidung des Rechtsstreits im Betragsverfahren.

b) Heilung eines unzulässigen Grundurteils durch Inzidentklage

Andererseits bietet sich über § 256 Abs. 2 ZPO unter Umständen die Möglichkeit, ein unzulässiges Grundurteil in ein Urteil über eine Zwischenfeststellungsklage umzudeuten bzw. eine Heilung herbeizuführen[1024]. So hat der *Bundesgerichtshof* in seinem Urteil vom 30. November 1989[1025] die Möglichkeit diskutiert, ein unzulässiges Grundurteil als Entscheidung über eine Inzidentfeststellungsklage aufrecht zu erhalten. Im dort entschiedenen Sachverhalt hatten sich die Kläger an einer Bauherrengemeinschaft beteiligt, die das entsprechende Grundstück von den Beklagten erwarb. Die Baubetreuung übernahm die Hauptschuldnerin J-GmbH, für deren Verbindlichkeiten gegenüber den Klägern aus dem Bauvorhaben die Beklagten wiederum eine Bürgschaft abgegeben hatten. Aufgrund Zahlungsunfähigkeit machten die Kläger verschiedene Ansprüche gegen die Beklagten geltend. Das LG erließ ein ausdrückliches Grundurteil mit folgender Urteilsformel: „Die Beklagten haften den Klägern aus Bürgschaft für deren Forderungen gegenüber der früheren Firma J-GmbH“. Die Berufung der Beklagten hatte keinen Erfolg; die Revision des Beklagten zu 2 führte zur Aufhebung und Zurückverweisung an das LG.

Die Entscheidung durch Grundurteil war unter anderem deshalb unzulässig, weil die Vorinstanzen die Frage nach dem Bestand der Hauptverbindlichkeit, d. h. ob den Klägern gegen die Hauptschuldnerin die geltend gemachten Schadensersatz- und Garantieansprüche zustanden, vollständig offengelassen und als dem Betragsverfahren zugehörig angesehen hatten. Aufgrund der Akzessorietät gehört jedoch bei einem Bürgschaftsanspruch zum Anspruchsgrund nicht nur die Feststellung des Bestands und Inhalts des Bürgschaftsvertrages, sondern auch die Feststellung, daß die verbürgte Hauptverbindlichkeit dem Grunde nach besteht[1026].

---

im Betragsverfahren (§ 304) erhobene Klage ein Rechtsverhältnis zum Gegenstand hat, das zu dem im Grundverfahren abzuurteilenden Streitstoff gehört“), die sich so aber in der 17. Auflage nicht mehr findet („oder wenn das Urteil über den Hauptantrag die Rechtsbeziehungen der Parteien bereits abschließend regelt“), vgl. *Rosenberg/Schwab/Gottwald*[17], § 96 Rdnr. 42.

1024 Vgl. *BGH* FamRZ 1998, 1293 (1294); 2003, 31 (32 f., sub f); *BGH* LM § 275 ZPO a. F. Nr. 3 (zum Zwischenurteil); BGH NJW 1990, 1368; *BAG* NJW 1967, 647 f.; *Wieczorek/Schütze/Assmann*[3], § 256 Rdnr. 374; *Zöller/Vollkommer*, § 304 Rdnr. 18a.

1025 *BGH* NJW 1990, 1366 (1367 f.).

1026 Vgl. *BGH* NJW 1990, 1366 (1367, sub bb).

Ferner war das Grundurteil hinsichtlich der Freistellung von den Kosten der Änderung der Teilungserklärung unzulässig, da es sich insoweit um einen Anspruch auf Befreiung von einer unbezifferten – und damit der Höhe nach unbestimmten – Schuld handelte[1027]. Auch der dritte Klageantrag war nach Ansicht des *Bundesgerichtshofs* nicht bestimmt genug[1028].

Allerdings lautete die Urteilsformel vorliegend vielmehr wie die eines Feststellungsurteils, das auf eine Inzidentklage über ein präjudizielles Rechtsverhältnis – das Bestehen eines wirksamen Bürgschaftsvertrages – ergeht. Dieser Eindruck verstärkte sich nach Ansicht des *Bundesgerichtshofs* noch durch die Entscheidungsgründe des landgerichtlichen Urteils, die sich lediglich mit dem Zustandekommen und dem Inhalt des Bürgschaftsvertrages befaßten. Da keine der Parteien eine Zwischenfeststellungsklage ausdrücklich erhoben hatte, ging der *Bundesgerichtshof* davon aus, daß das Landgericht auch ein Grundurteil erlassen wollte, zumal auch das Berufungsgericht das erstinstanzliche Urteil als Grundurteil bestätigte.

In dieser Situation führt der *Bundesgerichtshof* nunmehr aus, inwieweit eine Heilung des unzulässigen Grundurteils in der Berufungsinstanz noch möglich gewesen wäre:

> „Als Zwischenurteile über den Anspruchsgrund im Sinne des § 304 ZPO können daher die Urteile der Vorinstanzen, soweit sie den Bekl. zu 2 betreffen […], keinen Bestand haben. Sie lassen sich auch nicht als Entscheidung über eine Zwischenfeststellungsklage i. S. des § 256 Abs. 2 ZPO aufrechterhalten. Zwar hätten der Bestand und der Inhalt des Bürgschaftsvertrages zum Gegenstand einer Zwischenfeststellungsklage gemacht werden können. Eine *solche Klage ist aber von keiner Partei erhoben worden.* […] Erläßt das erstinstanzliche Gericht unter Verletzung des § 308 Abs. 1 ZPO eine Entscheidung, die nicht beantragt war, so kann dieser Verfahrensmangel zwar im Berufungsverfahren dadurch geheilt werden, daß die durch die Entscheidung begünstigte Partei Zurückweisung der Berufung des Gegners beantragt. *Die Heilung hätte aber im vorliegenden Fall vorausgesetzt, daß die Kl. im Berufungsverfahren die Aufrechterhaltung des erstinstanzlichen Urteils als Feststellungsurteil i. S. des § 256 Abs. 2 ZPO begehrt hätten.* In diesem Sinne läßt sich ihr Antrag auf Zurückweisung der Berufung unter Berücksichtigung ihres zweitinstanzlichen Vorbringens nicht auslegen. Das *LG hatte ausdrücklich ein Grundurteil erlassen.* So ist die Entscheidung auch von den Parteien und dem Berufungsgericht verstanden worden. *Die Möglichkeit einer Zwischenfeststellungsklage nach § 256 Abs. 2 ZPO ist ersichtlich von keinem Beteiligten bedacht worden.* Dementsprechend hat das BerGer. die landgerichtliche Entscheidung auch ausdrücklich als Grundurteil bestätigt. Im Revisionsverfahren ist gem. § 561 ZPO die Erhebung einer Zwischenfeststellungsklage nicht mehr möglich.“
>
> [Herv. d. Verf.]

1027 Vgl. *BGH* NJW 1990, 1366 (1367, sub cc).

1028 Vgl. *BGH* NJW 1990, 1366 (1367, sub dd).

Notwendig und ausreichend zur Heilung wäre es folglich gewesen, wenn eine der Parteien ausdrücklich die Zwischenfeststellung *beantragt* hätte[1029]. In diesem Beispiel zeigt sich, wie das Institut der Inzidentklage vom Anwalt auch noch in der Berufungsinstanz dazu genutzt werden kann, ein unzulässiges Grundurteil zum Vorteil des Mandanten (Zeit- und Kostenersparnis) zu „retten"[1030]. Zur *Vermeidung möglicher Haftungsrisiken* sollte der Anwalt davon auch Gebrauch machen.

Doch ist dieser Weg nicht immer gangbar. Anders stellt sich die Situation dar, wenn der Inzidentkläger den Weg der Zwischenfeststellungsklage wählt, um hierdurch eine dem Grundurteil entsprechende Rechtslage herbeizuführen, obwohl ein solches durch die Prozeßordnung gerade ausgeschlossen werden soll.

So etwa im dem Urteil des *Bundesgerichtshofs* vom 28. September 2006[1031] zugrunde liegenden Sachverhalt: Die Beklagte hatte die Klägerin mit dem Ausbau einer Teilstrecke der Autobahn A 9 beauftragt. Das von der Beklagten verwendete Frostschutzmittel erwies sich nach dem Einbau als nicht frostständig, weshalb die Klägerin auf Anforderung der Beklagten die Straße neu herstellte. Die Klägerin machte aus ihrer Schlußrechnung einen Teilbetrag i. H. v. ca. 600.000 € geltend. Die Beklagte rechnete mit Schadensersatzforderungen in gleicher Höhe auf, die sie daraus ableitete, daß es wegen der Mängelbeseitigung zu einem geänderten und verzögerten Bauablauf gekommen sei. Das Landgericht gab der Klage statt und sah die zur Aufrechnung gestellte Gegenforderung als

---

1029 Zum Antragserfordernis bereits oben Text bei Fußn. 804. *Gottwald* gibt insoweit die Aussage des Urteils zwar richtig, aber nur verkürzt wieder, wenn er unter Zitierung dieser Entscheidung formuliert: „Eine Umdeutung in ein Zwischenfeststellungsurteil (§ 256 II) ist unzulässig.", vgl. *Rosenberg/Schwab/Gottwald*[17], § 59 Rdnr. 48. Denn der entscheidende Punkt ist, daß eine Heilung *möglich* gewesen wäre. In seinem Urteil vom 25. September 2002 (XII ZR 55/00) geht der *Bundesgerichtshof* gleichfalls von der Möglichkeit einer Umdeutung des *erst*instanzlichen (Prozeß)Antrags auf Erlaß eines Grundurteils in einen (Sach)Antrag auf Erlaß eines Inzidentfeststellungsurteils aus, was allerdings dahingehende Ausführungen in der Berufungsbegründung erfordere, vgl. *BGH* FamRZ 2003, 31 (32 f.): „Schließlich hatte das OLG auch keine Veranlassung, sich mit der Frage zu befassen, ob der von dem Kl. in erster Instanz gestellte Antrag auf Erlass eines Grundurteils in einen Antrag auf Erlass eines Zwischenfeststellungsurteils nach § 256 II ZPO hätte umgedeutet werden können. Das Urteil des FamG behandelt diese Frage nicht. Hätte der Kl. mit der Berufung geltend machen wollen, dass er eine Entscheidung nach § 256 II ZPO vermisse, hätte er hierzu in der Berufungsbegründung Ausführungen machen müssen. Selbst wenn man unterstellt, dass der Kl. mit seiner Berufung auch das Fehlen einer Entscheidung über einen konkludent gestellten Zwischenfeststellungsantrag angefochten hat, wäre seine Berufung insofern mangels Begründung unzulässig".

1030 Die Zwischenfeststellungsklage wird hier auch nicht etwa durch das Grundurteil ausgeschlossen. Denn ein unzulässiges Zwischenurteil, mithin ein unzulässiges Grundurteil, hat auch keine bindende Wirkung, vgl. *Tiedtke*, ZZP 89 (1976), 64 (73 ff.), (76).

1031 *BGHZ* 169, 153 ff.

unsubstantiiert an. In der Berufungsinstanz erweiterte die Klägerin ihre Klage und *beantragte festzustellen*, daß die gegen den unstreitigen Werklohnanspruch aufgerechneten *Gegenforderungen* in Höhe des klägerischen Teilbetrags der Beklagten bereits *dem Grunde nach nicht zustünden*. Das Berufungsgericht wies durch Teilurteil die Zwischenfeststellungsklage als unbegründet ab, da der Beklagten die Gegenforderungen dem Grunde nach zustünden.

Der *Bundesgerichtshof* sah die Inzidentklage hingegen richtigerweise als unzulässig an. Dies aus zwei Gründen: Zum einen fehle es der Inzidentklage an der nach § 256 Abs. 2 ZPO erforderlichen Vorgreiflichkeit, da die Klägerin lediglich die Feststellung erstrebe, daß der Beklagten hinsichtlich der zur Aufrechnung gestellten Gegenforderungen ein Anspruch dem Grunde nach nicht zustehe, worüber aber nach § 322 Abs. 2 ZPO erschöpfend und der Rechtskraft fähig bereits im Rahmen der Hauptklage entschieden werde[1032]. Zum anderen sei die Zwischenfeststellungsklage auch nicht ausnahmsweise zulässig. Vielmehr führt der *Bundesgerichtshof* hierzu aus[1033]:

> „Der von der Klägerin gestellte Zwischenfeststellungsantrag zielt in der Sache lediglich darauf ab, eine Vorabentscheidung über den Grund der zur Aufrechnung gestellten Gegenforderung zu erreichen, was das Verfahrensrecht im Rahmen des § 304 ZPO gerade nicht vorsieht [...]. Auch unter Berücksichtigung prozeßökonomischer Erwägungen ist es nicht gerechtfertigt, hierfür auf dem Weg einer negativen Zwischenfeststellungsklage des Aufrechnungsgegners über § 256 Abs. 2 ZPO eine Ersatzmöglichkeit zu eröffnen."

Der Gedankengang des Bundesgerichtshofs ist klar. Da ein Grundurteil voraussetzt, daß der Anspruch durch Klage oder Widerklage geltend gemacht wird, kann es über die nur im Wege der Aufrechnung geltend gemachte Gegenforderung nicht ergehen[1034]. Unabhängig davon, daß im entschiedenen Fall die Zulässigkeit der Inzidentklage bereits an der mangelnden Vorgreiflichkeit wegen § 322 Abs. 2 ZPO scheiterte, da rechtskräftig über das Nicht- bzw. Nicht-Mehr-Bestehen der Gegenforderung entschieden wird, wäre es dem Inzidentkläger verwehrt gewesen, mittels Antrags auf Feststellung, daß die Gegenforderung *dem Grunde nach* nicht besteht, die verfahrensrechtliche Anforderung des § 304 ZPO zu umgehen.

Der Inzidentkläger – und insbesondere der Anwalt – bleibt nicht davon verschont, auf eine genaue Antragsformulierung zu achten.

1032 Vgl. *BGHZ* 169, 153 (156) (Rdnr. 13). Zur mangelnden Vorgreiflichkeit bei Zweckerreichung aufgrund der Rechtskrafterstreckung durch § 322 Abs. 2 ZPO bereits oben Text bei Fußn. 716 ff.

1033 *BGHZ* 169, 153 (158) (Rdnr. 18).

1034 Vgl. *RGZ* 6, 420 (422); *BGH* NJW 1992, 511 (512); *Rosenberg/Schwab/Gottwald*[17], § 59 Rdnr. 44; *Stein/Jonas/Leipold*[22], § 304 Rdnr. 10 m. w. N. aus der Rechtsprechung in Fußn. 24; *Thomas/Putzo/Reichold*, § 304 Rdnr. 2 a. E.; *Zöller/Vollkommer*, § 304 Rdnr. 3.

V. Zusammenfassung

1. Grundsätzlich ist die *Entscheidung* über die *Inzidentklage zusammen* mit der Entscheidung über die *Hauptklage* zu treffen. Dies kann in einem gemeinsamen Vollendurteil erfolgen sowie in einem gemeinsamen Teilurteil. Einem isolierten Teilurteil über die Hauptklage steht regelmäßig entgegen, daß dieses gerade nicht unabhängig von der Entscheidung im Schlußurteil erfolgt. Einem *isolierten Teilurteil* über die Inzidentklage *steht der Sinn und Zweck des § 256 Abs. 2 ZPO regelmäßig entgegen.* Die Regel, daß die Zwischenfeststellungsklage unzulässig ist, wenn die Entscheidung nicht vom Bestehen des Rechtsverhältnisses abhängt, darf nicht dadurch umgangen werden, daß eine der Parteien vorab ein Teilurteil beantragt. Dem Gericht soll durch § 256 Ab. 2 ZPO keine zusätzliche Arbeit auferlegt werden.
2. Die *Prozeßabweisung* der Zwischenfeststellungsklage steht einer Entscheidung über das zugrunde liegende Rechtsverhältnis in den Gründen zur Hauptklage ebensowenig entgegen wie ein Urteil, das die Zwischenfeststellungsklage *mangels Abhängigkeit* als unzulässig abweist, einer neuen Zwischenfeststellungsklage mit anders begründeter Abhängigkeit.
3. Eine Entscheidung über den Inzidentfeststellungs*antrag*, also den Streitgegenstand der Zwischenfeststellungsklage, durch *Zwischenurteil* ist *nicht möglich.* Denn das Zwischenurteil entscheidet nicht über einen Teil des Streitgegenstandes oder die Widerklage und nicht über einzelne Elemente der sachlichen Begründetheit des Anspruchs. Anders als das Zwischenurteil dient die Zwischenfeststellungsklage auch nicht dem verfahrensmäßigen Fortgang.
4. Es kann ebenfalls *keine abgesonderte Verhandlung* gem. § 280 Abs. 1 ZPO *über die Zulässigkeit der Zwischenfeststellungsklage* geben. Denn die von § 256 Abs. 2 ZPO vorausgesetzte Abhängigkeit liegt erst in dem Zeitpunkt vor, in welchem das Gericht die „Entscheidung des Rechtsstreits" trifft. Vorher gibt es keine „Zulässigkeit" der Zwischenfeststellungsklage.
5. *Nach Vorabentscheidung über den Grund* der Klage ist im Betragsverfahren (§ 304 ZPO) *kein Raum mehr für* die Erhebung der *Zwischenfeststellungsklage*, wenn die Feststellung wegen eines Rechtsverhältnisses begehrt wird, über das schon im Grundurteil entschieden ist. Denn die Entscheidung des Rechtsstreits im Betragsverfahren *hängt nicht* von der Entscheidung über den Inzidentantrag *ab*, vielmehr muß das Gericht aufgrund der innerprozessualen Bindungswirkung des Grundurteils gem. § 318 ZPO seine Entscheidung treffen. *Andererseits* bietet sich über § 256 Abs. 2 ZPO unter Umständen die Möglichkeit, ein *unzulässiges Grundurteil* als *Entscheidung über eine Inzidentfeststellungsklage* aufrecht zu erhalten. *Notwendig* ist jedenfalls ein entsprechender *Antrag* auf Zwischenfeststellung, soweit sich dieser nicht den Parteierklärungen entnehmen läßt. Eine Umdeutung bzw. *Handlung scheidet*

jedoch *aus*, wenn die Inzidentfeststellung darauf abzielt, eine vom Verfahrensrecht gerade nicht vorgesehene Ersatzmöglichkeit zu eröffnen. Dies ist z. B. der Fall, sofern beantragt wird, das Nichtbestehen der aufgerechneten Gegenforderung dem Grunde nach festzustellen.

§ 7 Wechsel zwischen den Feststellungsklagen

Wie bereits mehrfach erwähnt, ist es dem Feststellungskläger nach allgemeiner Meinung[1035] unbenommen, von der selbständigen zur unselbständigen Feststellungsklage überzugehen und umgekehrt, sofern die Voraussetzungen des jeweiligen Absatzes des § 256 ZPO vorliegen. Dies hat seinen Grund darin, daß *beide Formen* der Feststellungsklage aus § 256 ZPO *gleichwertig* sind[1036], denn sowohl die Voraussetzung der Vorgreiflichkeit bei der Zwischenfeststellungsklage als auch die Voraussetzung des Feststellungsinteresses bei der prinzipalen Feststellungsklage verhindern eine unbeschränkte Zulässigkeit von Feststellungsanträgen[1037]. Hierdurch wird auch nicht etwa der Beklagte benachteiligt. Denn mangels Streitgegenstandsänderung liegt eine (zustimmungspflichtige) Klageänderung gerade nicht vor[1038]. Für den Wechsel von der Inzidentfeststellungsklage zur selb-

---

1035 Vgl. *RGZ* 113, 410 (413); *BGHZ* 139, 116 (118); *BGH* LM § 280 ZPO a. F. Nr. 2; *BGH* NJW-RR 1990, 318 (320); 1994, 1272 (1273); 2008, 69 (71); *BayObLGZ* 2003, 61 (66); *OLG Dresden* OLGRspr 13, 137 f.; *OLG Hamm* NJW-RR 1998, 424; *OLG Köln* FamRZ 2006, 1768; *Baumbach/Lauterbach/Albers/Hartmann*, § 256 Rdnr. 24 („Zwischenfeststellung“); MünchKomm ZPO/*Becker-Eberhard*[4], § 256 Rdnr. 82; *Bergerhoff*, Zwischenfeststellungsklage, S. 67; *Enders*, ZAP 1996, 455 (458); *E. Habscheid*, ZZP 112 (1999), 37 (51); *Rosenberg/Schwab/Gottwald*[17], § 96 Rdnr. 45; *Schumann*, FS Georgiades, 543 (545); *Stein/Jonas/Roth*[22], § 256 Rdnr. 9, 104, 105; *Thomas/Putzo/Reichold*, § 256 Rdnr. 4, 13 a. E., 30 a. E.; *Wieczorek/Schütze/Assmann*[3], § 256 Rdnr. 359; *Zöller/Greger*, § 256 Rdnr. 29; bereits früher *Oertmann*, ZZP 22 (1896), 11 (77); *Gaupp*, § 253 Anm. II 2; *Petersen/Anger*, § 280 Anm. 4; *Seuffert/Walsmann*, § 280 Anm. 7b; *Sydow/Busch/Krantz/Triebel*, § 280 Anm. 4.

1036 So auch *Enders*, ZAP 1996, 455 (458).

1037 Vgl. *Schumann*, FS Georgiades, 453 (458). Dazu bereits oben Text nach Fußn. 128. Insofern ist auch nicht erheblich, ob man in der Zwischenfeststellungsklage eine *lex specialis* der allgemeinen Feststellungsklage sieht, so *Bolgiano*, Handbuch, S. 98 f. (Anm. 7a); *v. Braun*, Inzidentfeststellungsklage, S. 20, 25 in Fußn. 53; *Loening*, ZZP 4 (1882), 1 (15); oder ob man in ihr einen Unterfall der selbständigen Feststellungsklage erblickt, so *Kadel*, Feststellungsklage, S. 100; *Oertmann*, ZZP 22 (1896), 11 (67). Daher zu Recht diese Frage offen lassend *Stein/Jonas/Roth*[22], § 256 Rdnr. 9.

1038 Insoweit könnte man einen Erst-Recht-Schluß zu § 264 Nr. 2 ZPO ziehen: Wenn schon bei gleich bleibendem Klagegrund eine Erweiterung oder Beschränkung des Antrags stets zulässig ist, muß es ohne weiteres zulässig sein, daß der Kläger seinen auf denselben Klagegrund gestützten gleich bleibenden Antrag mittels derselben Rechtsschutzform (mit anderen Zulässigkeitsvoraussetzungen) weiterverfolgt.

ständigen und vice versa ist nicht entscheidend, ob man in diesem Übergang eine Umdeutung sieht[1039], den jeweiligen Antrag dahin auslegt, daß bei Unzulässigkeit die andere Klage beantragt sein soll[1040] oder man hierin eine stets zulässige Klageänderung i. S. v. § 264 Nr. 2 ZPO erblickt[1041]. Entscheidend ist vielmehr, daß – soweit sich die unzulässige Inzidentklage als selbständige Feststellungsklage aufrecht erhalten läßt – eine Abweisung durch Prozeßurteil vermieden wird[1042] und mittels einer nachgeschobenen Leistungsklage die drohende Prozeßabweisung einer prinzipalen Feststellungsklage verhindert werden kann:

Beispiel: Der Kläger erhebt Klage mit dem Antrag festzustellen, daß er Eigentümer des dem Beklagten geliehenen Fahrrades ist. Der Kläger befürchtet zwar, daß der Beklagte das Fahrrad nach dem Ende der Leihfrist nicht herausgeben wird, von der Vindikationsklage macht er aber keinen Gebrauch, da die Leihfrist noch nicht abgelaufen ist.

Alternative: Der Beklagte hat bereits mehrfach gegenüber dem Kläger sowie Dritten ernsthaft geäußert, das Fahrrad behalten zu wollen.

Der Feststellungsantrag des Klägers ist als Zwischenfeststellungsklage nach § 256 Abs. 2 ZPO mangels rechtshängiger Hauptklage[1043] unzulässig. Eine (Haupt-) Klage wegen Besorgnis nicht rechtzeitiger Leistung (§ 259 ZPO) scheidet im Beispielsfall – anders als in der Alternative – aus, da seitens des Beklagten nicht einmal ein ernstliches Bestreiten, welches die Besorgnis der Leistungsverweigerung begründen würde[1044], vorliegt. Falls der Kläger ein rechtliches Interesse an alsbaldiger Feststellung dartun kann, steht ihm der Weg über die prinzipale Feststellung offen[1045]. Anderenfalls ist die Feststellungsklage durch Prozeßurteil als unzulässig abzuweisen.

Was aber, wenn er nach Ende der Leihfrist (vor Erlaß eines Prozeßurteils) noch besagte Leistungsklage erhebt[1046]? Hier zeigt sich das Wechselspiel zwischen selbständiger und unselbständiger Feststellungsklage deutlich. Zu-

---

1039 So etwa *E. Habscheid*, ZZP 112 (1999), 37 (51); *Stein/Jonas/Roth*[22], § 256 Rdnr. 104, 105; *Wieczorek/Schütze/Assmann*[3], § 256 Rdnr. 359.

1040 So *BGHZ* 139, 116 (118): „Der Kläger hat in der Berufungsinstanz ausdrücklich einen Feststellungsantrag gestellt. Dieser ist jedenfalls hilfsweise im Sinne des hier allein zulässigen Antrags gemäß § 256 Abs. 2 ZPO auszulegen".

1041 So *Stein/Jonas/Roth*[22], § 256 Rdnr. 9, für den Fall des Übergangs von einer Nebenfeststellungsklage zur Zwischenfeststellungsklage.

1042 Vgl. *Schumann*, FS Georgiades, 543 (566) in Fußn. 100.

1043 Dazu bereits oben Text bei Fußn. 229.

1044 Vgl. *BGHZ* 5, 342 (344); *BGH* NJW 1999, 954; *Thomas/Putzo/Reichold*, § 259 Rdnr. 2; *Zöller/Greger*, § 259 Rdnr. 1.

1045 Hierzu schon oben Text bei Fußn. 131 f.

1046 Dieser Fall entspricht der von *Stein/Jonas/Roth*[22], § 256 Rdnr. 11, dargestellten Situation, allerdings auf die Inzidentklage des Klägers bezogen.

nächst ist zu konstatieren, daß sein Antrag mangels rechtshängiger Hauptklage nur als selbständige Feststellungsklage zulässig war. Sollte ein rechtliches Interesse nicht bestanden haben, wäre diese unzulässig gewesen; durch die Erhebung der Leistungsklage liegt nun aber die Prozeßvoraussetzung der rechtshängigen Hauptklage vor. Ebenso ist die Präjudizialität zwischen der Eigentumsfeststellung und der Vindikationsklage gegeben. *Da sich die prinzipale Feststellungsklage jetzt als Zwischenfeststellungsklage aufrecht erhalten läßt, kommt es auf ein etwaiges Feststellungsinteresse nicht mehr an.*

Das aufgezeigte Wechselspiel zwischen prinzipaler und unselbständiger Feststellungsklage ist die Konsequenz des gleichartigen Rechtsschutzzieles und der dynamischen Entwicklung des Prozesses.

Eine vergleichbare Konstellation lag dem Urteil des *Bundesgerichtshofs* vom 6. Juli 1989[1047] zu Grunde. Der *Bundesgerichtshof* führte insoweit aus[1048]:

> „Die Norm setzt bei wörtlicher Auslegung mithin voraus, daß zunächst eine Hauptklage und im Laufe des Prozesses eine Zwischenfeststellungsklage erhoben wird. Im Streitfall war es umgekehrt: Zunächst wurde eine Feststellungsklage und erst gegen Ende der Berufungsinstanz mit dem Antrag zu 5 eine „Hauptklage" erhoben. Dies allein steht einer Zulässigkeit der Feststellungsanträge als Zwischenfeststellungsklage nicht entgegen. Es ist anerkannt, daß die Zulässigkeit einer solchen Klage nicht zu verneinen ist, wenn das Rechtsverhältnis, dessen Bestehen oder Nichtbestehen festgestellt werden soll, schon vor Erhebung der Hauptklage streitig geworden ist, wenn der Feststellungsantrag bereits in diese Klage aufgenommen und wenn er zunächst als selbständiges Feststellungsbegehren auf § 256 I ZPO gestützt wird [...]. Dann kann es die Zulässigkeit einer Zwischenfeststellungsklage auch nicht hindern, wenn zunächst eine selbständige Feststellungsklage erhoben und eine Hauptklage im Laufe des Rechtsstreits nachgeschoben wird."

Gerade dem prozessual versierten Anwalt bietet sich mittels der Zwischenfeststellungsklage die Möglichkeit, für seinen Mandanten ungünstigen Verfahrensentwicklungen entgegen zu wirken. Neben der bereits[1049] aufgezeigten Gelegenheit, ein an sich unzulässiges Grundurteil noch in der Berufungsinstanz durch Stel-

---

1047 *BGH* NJW-RR 1990, 318 ff. Der Kläger hatte erstinstanzlich unter anderem beantragt festzustellen, daß der Beklagten aufgrund eines Rahmenvertrages keine Rechte und Pflichten aus der Weitervermarktung vermieteter Computeranlagen oder dingliche Rechte bzw. Rechte auf Verschaffung des Eigentums an von dem Vertrag betroffenen Computeranlagen zustünden. Mit diesen Anträgen war er erfolgreich. In der Berufungsinstanz erhob er zusätzlich Zahlungsklage. Das Berufungsgericht wies die Berufung der Beklagten sowie den Zahlungsantrag des Klägers – diesen als unzulässig – zurück. In der Revision machte die Beklagte (letztlich zur Überzeugung des Bundesgerichtshofs) geltend, daß es an einem Feststellungsinteresse für die Feststellungsanträge fehle, woraufhin der Kläger in der Revisionserwiderung die Auffassung vertrat, ein Feststellungsinteresse sei gem. § 256 Abs. 2 ZPO entbehrlich, da der Zahlungsantrag von der Unwirksamkeit des Rahmenvertrages abhängig sei.

1048 *BGH* NJW-RR 1990, 318 (320).

1049 Oben Text bei Fußn. 1024 ff.

lung eines Inzidentantrags zu „retten“, kann insbesondere die Prozeßabweisung einer Feststellungsklage, der das rechtliche Interesse ermangelt (oder nicht nachweisbar ist), durch Erhebung einer Hauptklage, für die das festzustellende Rechtsverhältnis vorgreiflich ist, vermieden werden. *Enders*[1050] schreibt der Zwischenfeststellungsklage daher zu Recht eine *salvatorische Funktion* zu.

§ 8 Beweislast

Im Folgenden soll die Verteilung der Beweislast bei der Zwischenfeststellungsklage untersucht werden. Dabei wird zunächst von der Grundregel der Beweislastverteilung ausgegangen, um sodann darstellen zu können, wem bei der Inzidentklage die Beweislast obliegt.

I. Grundregel der Beweislast

Da ein gesetzlicher, normativer, Tatbestand nur angewendet werden kann, wenn seine Voraussetzungen Wirklichkeit geworden sind, hat seine Anwendung zu unterbleiben, wenn der Richter im Streitfall nicht die volle Überzeugung hiervon erlangt. Insoweit stellt sich die objektive Beweislast als materielle Risikoverteilung dar[1051]. Deshalb muß die Beweislastverteilung ebenso wie das sonstige materielle Recht im wesentlichen durch den Gesetzgeber rechtssatzmäßig bestimmt sein, so daß auch eine Grundregel der Beweislastverteilung letztlich Normcharakter haben muß[1052].

Die Beweislastnormen fingieren im Regelfall bei einem Scheitern der Sachverhaltsaufklärung ein negatives Beweisergebnis, d. h. die Frage nach der tatsächlichen Verwirklichung des betreffenden Tatbestandsmerkmals ist danach zu verneinen[1053]. In dieser negativen Entscheidung, bei Nichterweislichkeit vom Nichtvorliegen des Tatbestandsmerkmals auszugehen, kommt das Grundprinzip der gesamten Beweislastregelung zum Ausdruck, die sog. *negative Grundregel der Beweislast*[1054]. Eine Ausnahme von diesem Grundprinzip ergibt sich dort, wo

---

1050 *Enders*, ZAP 1996, 455 (464).

1051 Vgl. *Prütting*, Beweislast, S. 20.

1052 Vgl. *Ebenda.*

1053 Vgl. *Musielak*, Grundkurs, Rdnr. 476.

1054 So *Musielak*, Beweislast, S. 293; *Musielak/Stadler*, Grundfragen, Rdnr. 202; ebenso *Gottwald*, Jura 1980, 225 (228); *Rosenberg/Schwab/Gottwald*[17], § 115 Rdnr. 7; *Seibl*, Beweislast, S. 110 f.

es das materielle Recht in Form einer Beweislastsonderregel anordnet[1055]. Auswirkung dieser Grundregel ist, daß diejenige Partei, deren Prozeßbegehr ohne die Anwendung einer bestimmten Rechtsnorm erfolglos bleibt, die Beweislast für das Vorhandensein aller tatsächlichen Voraussetzungen dieser Rechtsnorm trägt[1056]. Dementsprechend trägt grundsätzlich der Anspruchsteller die Beweislast für die anspruchsbegründenden Tatbestandsmerkmale, der Anspruchsgegner die Beweislast für rechtshindernde, rechtsvernichtende und rechtshemmende Einwendungen[1057]. Verkürzt läßt sich daher sagen: Jede Partei trägt die Beweislast für die tatsächlichen Voraussetzungen der ihr günstigen Rechtsnorm[1058].

II. Beweislastverteilung bei der Zwischenfeststellungsklage

Die Frage, wem bei der Inzidentfeststellungsklage die Beweislast obliegt, ist im Gesetz selbst nicht besonders geregelt. Da jedoch die Zwischenfeststellungsklage ihrer Natur nach eine Feststellungsklage ist, gelten bezüglich der Beweislast dieselben Grundsätze wie bei der Klage des § 256 Abs. 1 ZPO[1059]. Demzufolge bestimmt sich die Beweislast nach den eingangs dargestellten Grundsätzen und unabhängig von der Zufälligkeit der Parteistellung[1060]. Denn die Beweislast

---

1055 Vgl. *Gottwald*, Jura 1980, 225 (227 f.); *Musielak*, Beweislast, S. 303 ff.; 313 ff.; *Seibl*, Beweislast, S. 110 f. Beweislastsonderregeln finden sich z. B. in §§ 179 Abs. 1, 182, 280 Abs. 1 S. 2, 345, 363, 476, 543 Abs. 4 S. 2, 2336 Abs. 3 BGB, vgl. *Rosenberg/Schwab/Gottwald*[17], § 115 Rdnr. 10 ff. Ausnahmen statuiert das Gesetz vor allem dort, wo es rechtsbegründende als rechtshindernde Merkmale behandelt, indem es die Beweislast dem Anspruchsgegner zuschiebt, vgl. *Musielak/Foerste*, § 286 Rdnr. 36.

1056 Diese Grundregel wird auch als *Rosenbergsche Normentheorie* bezeichnet, da sie in ihrer Ausformung auf *Leo Rosenberg* zurückgeht, vgl. *Prütting*, Beweislast, S. 265; *Rosenberg/Schwab/Gottwald*[17], § 115 Rdnr. 9.

1057 Vgl. *BGHZ* 113, 222 (225); *BGH* NJW 1985, 1774 (1775); NJW 1999, 3481; *Musielak*, Grundkurs, Rdnr. 476; *Musielak/Foerste*, § 286 Rdnr. 35; *Prütting*, Beweislast, S. 266; *Rosenberg/Schwab/Gottwald*[17], § 115 Rdnr. 9; *Stein/Jonas/Leipold*[22], § 286 Rdnr. 62; *Thomas/Putzo/Reichold*, vor § 284 Rdnr. 23; *Zöller/Greger*, vor § 284 Rdnr. 17a.

1058 Vgl. *BGHZ* 101, 172 (179); 113, 222 (224 f.); *BGH* NJW 1988, 640 (642); *Prütting*, Beweislast, S. 266; *Rosenberg/Schwab/Gottwald*[17], § 115 Rdnr. 7 a. E.; *Thomas/Putzo/Reichold*, vor § 284 Rdnr. 23.

1059 Vgl. *RGZ* 9, 337 (339); 14, 89 (91); *RG* JW 1883, 194 Nr. 9; *BGHZ* 125, 251 (257); *Bergerhoff*, Zwischenfeststellungsklage, S. 65; *v. Braun*, Inzidentfeststellungsklage, S. 98; *Wieczorek/Schütze/Assmann*[3], § 256 Rdnr. 385; bereits früher *Oertmann*, ZZP 22 (1896), 11 (67); *Rocholl*, ZZP 8 (1885), 329 (332), (373 ff.); *Petersen/Anger*, § 280 Anm. 3 a. E.

1060 Vgl. *RGZ* 9, 337 (339); 14, 89 (91); *BGH* NJW 1977, 1637 (1638); NJW 1993, 1716 (1717); *BGH* KTS 1982, 405 (406); *Bergerhoff*, Zwischenfeststellungsklage, S. 65; MünchKomm ZPO/*Becker-Eberhard*[4], § 256 Rdnr. 68; *Musielak/Foerste*, § 256 Rdnr. 38; *Oertmann*, ZZP 22 (1896), 11 (68); *Rosenberg*, Beweislast, S. 173 ff.; *Stein/Jonas/Leipold*[22], § 286 Rdnr. 58; *Thomas/Putzo/Reichold*, § 256 Rdnr. 21; *Zöller/Greger*, § 256 Rdnr. 18.

richtet sich ausschließlich nach dem materiellen Recht, welches nicht danach differenziert, ob sein Bestehen oder Nichtbestehen festgestellt werden soll. So hat das *Reichsgericht*[1061] schon in seinem Urteil vom 13. April 1883 festgestellt:

> „Die Frage der Beweislast, welche gleichbedeutend ist mit der Behauptungslast, *gehört dem materiellen Rechte an.* [...;] dies erkennen auch die Motive an, indem sie es als selbstverständlich bezeichnen, „daß durch die Zulassung der Feststellungsklage eine Änderung in der Beweislast rücksichtlich der Existenz oder Nichtexistenz des Rechtsverhältnisses [...] nicht herbeigeführt wird. [...]
>
> Die Lehre von der Behauptungs- und Beweislast wird beherrscht von dem Grundsatze, daß derjenige, welcher einen Anspruch geltend macht, die den Anspruch begründenden Thatsachen, und derjenige, welcher die Aufhebung eines Anspruches seines Gegners geltend macht, die den Anspruch aufhebenden Thatsachen zu behaupten und zu beweisen hat. Die prozessuale Parteirolle ist für die Verteilung der Beweislast ohne Bedeutung. [...]
>
> Wie die Beweislast in betreff der Hauptsache sich verteilt, hängt dem obigen nach *nicht von der Parteirolle, sondern nur von der materiellen Sachlage* ab. Hieraus folgt, wenn die Klage gerichtet ist auf die *Feststellung des Nichtbestehens* eines vom Beklagten in Anspruch genommenen Rechtsverhältnisses, *der Beklagte* [...] den *Beweis der Begründung desselben* zu führen hat."
>
> [Herv. d. Verf.]

1. Positive Zwischenfeststellungsklage

Dementsprechend hat der *Kläger* bei der positiven Zwischenfeststellungs(wider)klage, da er die Feststellung des Bestehens eines Rechtsverhältnisses begehrt, alle Tatsachen zu behaupten und gegebenenfalls zu beweisen, die zur *Begründung* des Rechtsverhältnisses erforderlich sind. Der *Beklagte* dagegen trägt die Beweislast für alle Tatsachen, die eine *Einwendung oder Einrede* gegen das Rechtsverhältnis begründen. Insoweit bestehen keine Unterschiede zu einer Leistungsklage.

Will also der Vindikationskläger nach § 256 Abs. 2 ZPO feststellen lassen, daß er Eigentümer der Sache ist, trägt er die Beweislast für die Nichterweislichkeit der Tatsachen, auf die er sich zur Entstehung seines Eigentums beruft. Verkürzt: Er hat sein Eigentum darzulegen und zu beweisen, was ihm auch in Ansehung der Hauptklage obliegt. Folgerichtig kann die Beweislast im Rahmen der Inzidentklage für dieselbe Voraussetzung nicht eine andere sein[1062]. Insoweit läßt sich sagen, daß die Beweislastverteilung im Rahmen der Zwischenfeststellungsklage derjenigen bei der Hauptsache entspricht[1063].

1061 *RGZ* 9, 337 (339 ff.).

1062 So schon *Oertmann*, ZZP 22 (1896), 11 (69).

1063 Vgl. *BGHZ* 125, 251 (257); *Stein/Jonas/Leipold*[22], § 286 Rdnr. 58; *Wieczorek/Schütze/Assmann*[3], § 256 Rdnr. 385.

Die Geltung der allgemeinen Grundsätze und damit die Abhängigkeit der Beweislast vom materiellen Recht zeigt sich anschaulich am Fall der Zahlungsklage aus mehreren Wechseln und der hiermit verbundenen Zwischenfeststellungsklage auf Feststellung des wirksamen Zustandekommens des der Wechselbegebung zu Grunde liegenden Kausalverhältnisses, worüber der *Bundesgerichtshof* in seinem Urteil vom 9. März 1994[1064] zu entscheiden hatte:

> „Unabhängig von dieser Frage ist die Beklagte beweispflichtig vielmehr schon deshalb, weil die Beweislastverteilung im Rahmen der Zwischenfeststellungsklage keine andere sein kann als bei der Hauptsacheklage. Das hat seinen *Grund in Zweck und Natur der Zwischenfeststellungsklage*: Sie soll, da die Rechtskraft der Entscheidung des Hauptprozesses nur den Klageanspruch und nicht das präjudizielle Rechtsverhältnis ergreift, die Ausdehnung der Rechtskraftwirkung auf den Grund der Klage ermöglichen [...]. *Die Beweislast für die tatsächlichen Voraussetzungen dieser Einwendung aber trifft stets die Beklagte als Wechselschuldnerin, gleichviel, ob über diese Frage im Rahmen einer Leistungsklage, einer positiven Zwischenfeststellungsklage oder einer negativen Zwischenfeststellungswiderklage zu entscheiden ist.* Denn diese *Verteilung der Beweislast ergibt sich aus dem materiellen Recht*, nämlich als Folge der abstrakten Natur der Wechselforderung, und ist grundsätzlich *unabhängig von der prozessualen Form*, in der die Sachauseinandersetzung dem Gericht unterbreitet wird, oder der Parteirolle im Prozeß [...]. *Der »Gleichlauf« der Beweislastverteilung hat zur Folge, daß sich die Entscheidung über die Hauptsache und diejenige über die Zwischenfeststellung auch nicht widersprechen können*".
>
> [Herv., d. Verf.]

2. Negative Zwischenfeststellungsklage

In der älteren Literatur sprachen sich vereinzelt Stimmen dafür aus, daß der Kläger der negativen (Zwischen-)Feststellungsklage die Beweislast für das Nichtbestehen des Rechtsverhältnisses zu tragen habe. So namentlich *Wendt*[1065],

---

1064 *BGHZ* 125, 251 (257) (VIII ZR 165/93). In dem der Entscheidung zu Grunde liegenden Sachverhalt machte die Klägerin im (dem Wechselprozeß folgenden) Nachverfahren neben der Zahlungsklage aus Wechselansprüchen mit der Zwischenfeststellungsklage das wirksame Zustandekommen der (der Wechselbegebung zu Grunde liegenden) Kaufverträge geltend, da die Beklagte gegenüber den Wechselansprüchen die Bereicherungseinrede erhoben hatte. Diese Einrede begründete sie damit, daß sie die Kaufverträge nach dem Abzahlungsgesetz wirksam widerrufen habe. Der *BGH* bejahte – überzeugend – die Vorgreiflichkeit des Nichtbestehens der Kaufverträge für die von der Beklagten erhobene Bereicherungseinrede, vgl. *BGHZ* 125, 251 (255). Die Beklagte sei auch für das Nichtbestehen der Kaufverträge beweislastpflichtig, da sich die Beweislastverteilung nach materiellem Recht richte und die Beklagte als Wechselschuldnerin wegen der abstrakten Natur der Wechselforderung zu beweisen habe, daß das Kausalgeschäft nicht bestehe und daher der Hingabe des Wechsels keine Verpflichtung zur Zahlung der Wechselsumme zugrunde liege, vgl. *BGHZ* 125, 251 (255), (257) unter Berufung auf *BGH* WM 1975, 10 und *BGH* WM 1988, 1435 (1436).

1065 *Wendt*, AcP 70 (1896), 1 (1 ff.), (37 ff.). Seiner Ansicht nach würde der Beklagte anderenfalls ganz so zum Beweis genötigt, wie wenn er selbst die positive Feststellungsklage erhoben

Leonhard[1066] und *v. Braun*[1067]. Auch in zwei früheren Urteilen des *Reichsgerichts*[1068] klingt diese Vorstellung an.

Bei einer negativen Zwischenfeststellungsklage hat nach den obigen Ausführungen weder generell der Kläger das Nichtbestehen des Rechtsverhältnisses zu beweisen noch der Beklagte das Bestehen[1069]. Vielmehr hat nach den allgemeinen Grundsätzen und der materiellen Rechtsstellung der Beklagte die das Rechtsverhältnis begründenden Tatsachen zu beweisen, der Kläger die eine rechtshindernde, rechtsvernichtende oder rechtshemmende Einwendung begründenden Tatsachen[1070]. Bleibt folglich unklar, ob das streitige Rechtsverhältnis

---

hätte. *Wendt* übersieht dabei, daß die Beweislast keine Sanktion für die Klageerhebung darstellt, sondern eine Risikoverteilung der Nichterweislichkeit vornimmt, die dem materiellen Recht folgt. Das materielle Recht unterscheidet aber selbst nicht danach, wer die Feststellung des Rechtsverhältnisses begehrt. Hinzu kommt, daß es für den Kläger der negativen Feststellungsklage keinen Unterschied macht, ob – im Falle des § 256 Abs. 1 ZPO – der Gegner positive Feststellungsklage erhebt oder sich des Rechtsverhältnisses berühmt. Dieser will schließlich Rechte aus dem Rechtsverhältnis ableiten, weshalb er auch die Entstehungstatsachen zu beweisen hat.

1066 *Leonhard*, Beweislast, S. 438. Er bemüht hierfür eine Analogie der negativen Statusklagen und der negativen Klagen des preußischen Rechts. Außerdem solle sich die Beweislast nicht von der der Leistungsklage unterscheiden, was angeblich der „dringenden Billigkeit" entspräche.

1067 *v. Braun*, Inzidentfeststellungsklage, S. 99, der darauf abstellt, daß in der Feststellungsklage ein Rudiment zu Leistungsklage stecke. Die Nichtexistenz des Rechtsverhältnisses sei daher nur ein negativer Grund zu dem Leistungsanspruch. Da die Beweislast eine prozessuale Frage sei, sehe er keinen Grund, die Fälle ungleich zu behandeln, so daß der Feststellungskläger die Beweislast zu tragen habe. Er verkennt dabei jedoch, daß die Beweislast dem materiellen Recht folgt und kein prozessualer Selbstzweck ist. Zudem scheint er die Nichtexistenz als Einwendung zu verstehen und deshalb demjenigen, der sich darauf beruft die Beweislast aufbürden zu wollen. Dies wäre allerdings nur dann berechtigt, wenn etwa der Gegner der negativen Feststellungsklage das Entstehen des Vertrages hätte beweisen können und der Kläger sich anschließend z. B. auf eine Anfechtung beruft. In diesem Fall wäre der Kläger selbstverständlich beweisbelastet.

1068 Vgl. *RGZ* 7, 374 (375): „Der Kläger hat nicht eine sogenannte negative Feststellungsklage nach § 231 C.P.O. erhoben, bei welcher die Beweislast hinsichtlich des behaupteten Nichtbestehens eines Rechtsverhältnisses dem Kläger obliegen würde"; *RG* Gruchot 26, 839, welches nach Preussischem Recht an dem Grundsatz des § 2 A.G.O.I. 32 festhalten und die Klagebegründungs- und Beweispflicht nach allen Richtungen hin dem Kläger auferlegen wollte.

1069 *Schumann* bezeichnet eine derartige Fragestellung zu Recht als „schief", vgl. *Stein/Jonas/Schumann*[21], § 256 Rdnr. 117.

1070 Vgl. *RGZ* 9, 337 (339); 14, 89 (91); *BGH* NJW 1986, 2508 (2509); 1992, 1101 (1103); *OLG Oldenburg* FamRZ 1991, 1071; *OLG Karlsruhe* VersR 1982, 264; *Baltzer*, Negative Feststellungsklage, S. 177 ff.; MünchKomm ZPO/*Becker-Eberhard*[4], § 256 Rdnr. 68; *Musielak/Foerste*, § 256 Rdnr. 38; *Rosenberg*, Beweislast, S. 174 f.; *Stein/Jonas/Leipold*[22], § 286 Rdnr. 58; *Stein/Jonas/Roth*[22], § 256 Rdnr. 82; so bereits *Weismann*, Feststellungsklage, S. 104 („Beruht die negative Feststellungsklage auf Negation der Entstehung eines Rechtsverhältnisses, so ist dieselbe vom Beklagten zu erweisen; gründet sie sich auf Einredethatsachen, so liegt der Beweis dem Kläger ob").

besteht, dann muß der negativen Feststellungsklage ebenso stattgegeben werden, wie wenn das Nichtbestehen feststeht[1071].

§ 9 Rechtskraft des Zwischenfeststellungsurteils

I. Reichweite der materiellen Rechtskraft

Die Rechtskraft des Sachurteils über die Inzidentklage bestimmt sich nicht anders als bei der prinzipalen Feststellungsklage. Mit jedem Urteil wird zugleich das Nichtvorliegen des kontradiktorischen Gegenteils festgestellt[1072]. Daher wird das *Nichtbestehen* des Rechtsverhältnisses durch ein Urteil *festgestellt*, das die *positive* Inzidentfeststellungsklage aus sachlichen Gründen *abweist* oder das der *negativen* Inzidentfeststellungsklage *stattgibt*[1073]:

Beispiel 1: K klagt auf Rückzahlung der Darlehensvaluta i. H. v. 6.000 € und erhebt zugleich Zwischenfeststellungsklage mit dem *Antrag* festzustellen, daß der von B bestrittene Darlehensvertrag *besteht*. Beide Klagen werden als unbegründet abgewiesen, da das Gericht zur Überzeugung kommt, daß ein Schenkungsvertrag besteht. Damit steht *rechtskräftig* fest, daß ein Darlehensvertrag *nicht besteht*.

Beispiel 2: K klagt auf Rückzahlung der Darlehensvaluta i. H. v. 6.000 €. Nunmehr erhebt B Zwischenfeststellungswiderklage mit dem *Antrag* festzustellen, daß der von ihm bestrittene Darlehensvertrag *nicht besteht*. Die Klage des K wird als unbegründet abgewiesen, weil das Gericht zur Überzeugung kommt, daß ein Schenkungsvertrag besteht. Der Klage des B wird demgemäß stattgegeben. Damit steht *rechtskräftig* fest, daß ein Darlehensvertrag *nicht besteht*.

Umgekehrt wird das *Bestehen* des Rechtsverhältnisses durch ein Urteil *festgestellt*, das der *positiven* Zwischenfeststellungsklage *stattgibt*; ebenso wenn die

---

1071 Vgl. *BGH* NJW 1993, 1716; MünchKomm ZPO/*Becker-Eberhard*[4], § 256 Rdnr. 68; *Stein/Jonas/Leipold*[22], § 286 Rdnr. 58; *Zöller/Greger*, § 256 Rdnr. 18.

1072 Vgl. *RGZ* 29, 345 (347 f.); 50, 416 (417); *BGHZ* 123, 137 (139 f.); *BGH* NJW 1975, 1320; 1995, 1757; *KG* ZMR 2004, 752; *Baltzer*, Negative Feststellungsklage, S. 21 ff.; *Blomeyer*, Erkenntnisverfahren[2], § 89 II 3b, S. 480; *Stein/Jonas/Leipold*[22], § 322 Rdnr. 186; *Stein/Jonas/Roth*[22], § 256 Rdnr. 121 m. w. N. in Fußn. 624; so bereits früher *Bähr*, Urteile, S. 143, 164; *Hellmann*, Lehrbuch, S. 377; *Planck*, Lehrbuch I, S. 207.

1073 Vgl. *BGH* NJW-RR 2006, 712 (714); *Rosenberg/Schwab/Gottwald*[17], § 90 Rdnr. 1; *Stein/Jonas/Roth*[22], § 256 Rdnr. 121. Wie *Schumann* nachgewiesen hat, folgt diese Rechtskraftwirkung des die Feststellungsklage abweisenden Urteils aus dem Rechtsfriedenszweck der möglichst umfassenden Streitbereinigung. So soll dem erfolglosen Feststellungskläger die Möglichkeit genommen werden, durch Leistungs-(Unterlassungs-)klage erneut gegen den Beklagten vorgehen zu können, ohne daß sich dieser auf die positive Wirkung des abweisenden Urteils berufen könnte, vgl. *Schumann*, GS Michelakis, 553 (571 ff.).

negative Zwischenfeststellungsklage deshalb *abgewiesen* wird, weil das Rechtsverhältnis besteht oder der Kläger wegen der rechtsvernichtenden Tatsache beweisfällig bleibt[1074]:

Beispiel 3: K klagt auf Rückzahlung der Darlehensvaluta i. H. v. 6.000 € und erhebt zugleich Zwischenfeststellungsklage mit dem *Antrag* festzustellen, daß der von B bestrittene Darlehensvertrag *besteht*. Beiden Klagen wird stattgegeben, da das Gericht zur Überzeugung kommt, daß ein Darlehensvertrag besteht und die Darlehensvaluta ausbezahlt und zur Rückzahlung fällig ist. Damit steht *rechtskräftig* fest, daß ein Darlehensvertrag *besteht*.

Beispiel 4: K klagt auf Rückzahlung der Darlehensvaluta i. H. v. 6.000 €. Nunmehr erhebt B Zwischenfeststellungswiderklage mit dem *Antrag* festzustellen, daß der Darlehensvertrag wegen später erfolgter einvernehmlicher Aufhebung *nicht besteht*. Der Klage des K wird stattgegeben und die des B abgewiesen, weil B hinsichtlich der Aufhebung beweisfällig bleibt. Damit steht *rechtskräftig* fest, daß ein Darlehensvertrag *besteht*.

Der *Bundesgerichtshof* und Teile der Literatur[1075] vertreten jedoch die Auffassung, die Rechtskraftwirkung der Zwischenfeststellungsklage reiche nicht weiter, als die Vorgreiflichkeit des festgestellten Rechtsverhältnisses für die Hauptsache gehe. Der *Bundesgerichtshof* begründet diese Auffassung in seinem Urteil vom 9. März 1994[1076] folgendermaßen:

> „Gegenstand der Zwischenfeststellungsklage der Klägerin ist mithin nicht das Bestehen des Kausalverhältnisses schlechthin, sondern nur in seiner Vorgreiflichkeit für die Hauptsache, also in seiner Bedeutung für eine persönliche Einwendung der Beklagten gegenüber den Wechselansprüchen der Klägerin. […] Dem Gegenstand der Zwischenfeststellungsklage und der für sie geltenden Beweislastverteilung entspricht die Rechtskraftwirkung der Zwischenfeststellung: Sie reicht nicht weiter, als die Vorgreiflichkeit des festgestellten Rechtsverhältnisses für die Hauptsache geht, und schneidet daher der Bekl. die Berufung auf das Nichtzustandekommen des Kausalverhältnisses nur gegenüber künftigen Wechselklagen der Kl., nicht aber gegenüber einer Kaufpreisklage aus dem Kausalverhältnis selbst ab."

Anderer Auffassung sind völlig zu Recht *Gerhard Lüke*[1077], *Ekkehard Becker-Eberhard*[1078] und *Wolfgang Foerste*[1079]. Weder ist eine derartige Begrenzung der Rechtskraft dem Wortlaut der Norm noch den Protokollen und der Begründung der Entwürfe zur CPO zu entnehmen. Sie läßt sich auch nicht mit dem Sinn und

---

1074 Vgl. *BGH* NJW 1985, 2022; *Stein/Jonas/Roth*[22], § 256 Rdnr. 121.

1075 Etwa *BGHZ* 125, 251 (258); *Wieczorek/Schütze/Assmann*[3], § 256 Rdnr. 390; *Zöller/Greger*, § 256 Rdnr. 21 a. E.

1076 *BGHZ* 125, 251 (258). Zum Sachverhalt bereits oben Fußn. 1064 im Rahmen der Beweislast (Wechsel/Kaufpreis-Fall).

1077 MünchKomm ZPO/*Lüke*[2], § 256 Rdnr. 75 a. E.

1078 MünchKomm ZPO/*Becker-Eberhard*[4], § 256 Rdnr. 75 a. E.

1079 *Musielak/Foerste*, § 256 Rdnr. 39.

Zweck des § 265 Abs. 2 ZPO vereinbaren. Im Gegenteil. Die Inzidentfeststellungsklage soll ein Ausgleich dafür sein, daß sich die Rechtskraft des Urteils nicht auf die notwendig in den Entscheidungsgründen entschiedenen präjudiziellen Rechtsverhältnisse erstreckt[1080]. Die Erstreckung der Rechtskraft hängt folglich nur davon ab, *daß* das Gericht in den Entscheidungsgründen zur Hauptklage notwendig das (Nicht-)Bestehen des Rechtsverhältnisses feststellt. Denn das streitige präjudizielle Rechtsverhältnis soll rechtskräftig festgestellt werden können, wenn dies dem *Willen der Parteien* entspricht. Dieser Wille der Partei, welche die Inzidentfeststellung beantragt, ist aber nicht auf eine Feststellung „in den Grenzen der Vorgreiflichkeit" beschränkt. Der Streitgegenstand und damit die Grenzen der Rechtkraft werden durch den *Antrag der Partei* bestimmt. Dieser ist jedoch auf Feststellung des Rechtsverhältnisses an sich und nicht nur in den Grenzen der Vorgreiflichkeit gerichtet. Eine derartige Beschränkung des Willens der Partei ist daher schwerlich mit der Dispositionsmaxime in Einklang zu bringen.

Hinzu kommt, daß eine solche Sichtweise dem Prozeßzweck des Rechtsfriedens[1081] zuwider liefe. Unterstellt man in dem oben[1082] geschilderten Wechsel/Kaufpreis-Fall des *Bundesgerichtshofs* eine durch die Vorgreiflichkeit begrenzte Rechtskraft, dann wäre es der Beklagten nur gegenüber künftigen Wechselansprüchen der Klägerin verwehrt, sich auf das Nichtbestehen der Kaufverträge zu berufen. Damit würde sich folgende Situation ergeben: Die Beklagte könnte nach Rechtskraft des Urteils eine kontradiktorische negative Feststellungsklage erheben mit dem Antrag festzustellen, daß die Kaufverträge nicht bestehen. Diese Klage begründet sie damit, daß es nunmehr nicht um die Wechselansprüche, sondern den Kaufpreis ginge. Die (ursprüngliche) Inzidentklägerin wird sich die nicht unberechtigte Frage stellen, wozu sie überhaupt die Zwischenfeststellung des Bestands der Kaufverträge beantragt hat. Hinzu kommt, daß eine Begrenzung der Rechtskraft auf die Vorgreiflichkeit nur auf die Zwischenfeststellungsklage Anwendung finden kann. Hätte sie denselben Antrag ausdrücklich als prinzipale Feststellung erhoben, wäre die Rechtskraft des Urteils, das ihrer positiven Feststellungsklage stattgab, nicht auf die Vorgreiflichkeit beschränkt gewesen. Ein Zustand der Rechtssicherheit stellt sich damit bestenfalls bedingt ein.

In diesem Zusammenhang – die Auffassung des *Bundesgerichtshofs* unterstellt – ließe sich dann ebenfalls fragen, wie eine Inzidentklage in eine selbständige

1080 Ausführlich dazu oben Text bei Fußn. 148 ff., 161 ff.

1081 Zum Verhältnis zwischen dem Zweck der materiellen Rechtskraft und dem Prozeßzweck des Rechtsfriedens vgl. *Schumann*, FS Bötticher, 289 (319); *Stein/Jonas/Leipold*[22], § 322 Rdnr. 27 ff.

1082 In Fußn. 1064.

Feststellungsklage umgedeutet werden können soll. Denn dann würde die Rechtskraft ja weiter reichen als ursprünglich beantragt und damit die unterlegene Partei mit Rechtsfolgen belastet, mit denen sie nicht gerechnet hat. Weil der Streitgegenstand bei prinzipaler wie unselbständiger Feststellung derselbe ist – das im Antrag enthaltene Begehren[1083] ist auf positive oder negative Feststellung des Rechtsverhältnisses gerichtet – hat der Kläger die Möglichkeit, von der einen zur anderen übergehen zu können[1084]. Eine Beschränkung der Rechtskraft auf die Reichweite der Vorgreiflichkeit macht unter diesem Aspekt ebenfalls keinen Sinn.

Die Auffassung des *Bundesgerichtshofs* ist ersichtlich durch die Umstände des entschiedenen Einzelfalls beeinflußt: Zwischen den Parteien war im Revisionsrechtszug vor allem umstritten, zu wessen Lasten die Unaufklärbarkeit, ob den Kaufverträgen tatsächlich ein Abzahlungsgeschäft zugrunde lag und damit die Kaufverträge überhaupt widerrufbar waren, gehen sollte. Wegen der abstrakten Natur der Wechselforderung mußte die Beklagte beweisen, daß der Hingabe des Wechsels keine Verpflichtung zur Zahlung aufgrund Kaufvertrages zugrunde lag. Damit war sie letztlich beweislastpflichtig für das Nichtbestehen der Kaufverträge. Hätte die Klägerin dagegen ausschließlich eine Kaufpreisklage erhoben, wäre sie für das Bestehen der Kaufverträge beweislastpflichtig gewesen. Diese Konstellation ist aber weder für die Frage nach der Reichweite der materiellen Rechtskraft eines Urteils über die Zwischenfeststellungsklage verallgemeinerungsfähig noch ist die Rechtskraft von der Beweislastverteilung abhängig. Während die materielle Rechtskraft genuin prozeßrechtlich ist, ist die Beweislast vom materiellen Recht abhängig[1085]. Hätte beispielsweise nicht die Klägerin Kaufpreisklage, sondern statt dessen die Beklagte Klage auf Lieferung der Ware erhoben, so wäre sie nunmehr für das Bestehen der Kaufverträge als anspruchsbegründende Tatsache beweisbelastet gewesen. Die Rechtskraftwirkung hinsichtlich der Entscheidung über das Bestehen oder Nichtbestehen der Kaufverträge wäre aber keine andere.

Zusammenfassend läßt sich festhalten, daß die Rechtskraft eines Urteils über die Inzidentklage der eines Urteils über die selbständige Feststellungsklage entspricht und insbesondere nicht begrenzt ist durch die Vorgreiflichkeit für die Hauptsache.

1083 Ausführlich zur Unterscheidung hinsichtlich des Adressaten des klägerischen Antrags zwischen der Meinung, der Streitgegenstand sei primär als das *an das Gericht* bestimmte Begehren um Rechtsschutz (die gewünschte Entscheidung zu tenorieren) zu bestimmen, im Gegensatz zur Auffassung, die den Streitgegenstand als Rechts(folgen)behauptung mit dem *Beklagten als Bezugspunkt* verstanden haben will: *Althammer*, Streitgegenstand, S. 251 ff. In erstem Sinne etwa *Schwab*, Streitgegenstand, S. 185; a. A. *Habscheid*, Streitgegenstand, S. 221.

1084 Dazu bereits oben Text bei Fußn. 1035 ff.

1085 Dazu bereits oben Text nach Fußn. 1060.

II. Formelle Rechtskraft

Wie bei jedem Urteil[1086] tritt auch bei Urteilen über Zwischenfeststellungsklagen die formelle Rechtskraft nach § 705 ZPO mit Ablauf der für die Einlegung des zulässigen Rechtsmittels bestimmten Frist ein. Ist ein *Rechtsmittel in der Hauptsache* zulässig, so *erstreckt sich* die Zulässigkeit des Rechtsmittels auf die *Inzidentfeststellungsentscheidung*, weil über Hauptsache und Zwischenfeststellung nicht einander widersprechende Entscheidungen ergehen können[1087]. Sofern das Rechtsmittel auf die Hauptsache beschränkt ist, wird die Feststellung allerdings unanfechtbar und bindet insoweit das Rechtsmittelgericht (§§ 318, 512, 557 Abs. 2 ZPO)[1088].

Da die herrschende Meinung von der generellen Zulässigkeit eines isolierten Teilurteils über die Zwischenfeststellungsklage ausgeht[1089], stellt sich das Problem, daß gegen das Teilurteil ein Rechtsmittel wie gegen jedes Endurteil eingelegt werden kann[1090]. Da für das Rechtsmittelgericht grundsätzlich keine Zuständigkeit zur Entscheidung über den beim unteren Gericht anhängig gebliebenen Teil (Hauptklage) besteht[1091], kann es folglich dazu kommen, daß das Rechtsmittelgericht das Teilurteil über die Inzidentklage abändert, was zu widersprüchlichen Entscheidungen führen kann. Aus diesem Grund befürworten einige Autoren[1092], daß wegen der Vorgreiflichkeit ein vor Rechtskraft des Inzidentfeststel-

---

1086 Statt vieler *Rosenberg/Schwab/Gottwald*[17], § 150 Rdnr. 1.

1087 Vgl. *RGZ* 166, 175 (181 f.); *Musielak/Foerste*, § 256 Rdnr. 44; *Baumbach/Lauterbach/Albers/Hartmann*, § 256 Rdnr. 120; MünchKomm ZPO/*Becker-Eberhard*[4], § 256 Rdnr. 89; *Wieczorek/Schütze/Assmann*[3], § 256 Rdnr. 388; *Zöller/Greger*, § 256 Rdnr. 31.

1088 Vgl. *Baumbach/Lauterbach/Albers/Hartmann*, § 256 Rdnr. 120; MünchKomm ZPO/*Becker-Eberhard*[4], § 256 Rdnr. 89; *Musielak/Foerste*, § 256 Rdnr. 44; *Wieczorek/Schütze/Assmann*[3], § 256 Rdnr. 389; *Zöller/Greger*, § 256 Rdnr. 31.

1089 Vgl. hierzu die Nachweise oben in Fußn. 961.

1090 Statt vieler *Thomas/Putzo/Reichold*, § 301 Rdnr. 6.

1091 Vgl. *BGHZ* 30, 213; *BGH* NJW 1983, 1311; 1984, 120; *BAGE* 14, 212; *Rosenberg/Schwab/Gottwald*[17], § 138 Rdnr. 20 f.; *Stein/Jonas/Leipold*[22], § 301 Rdnr. 40. Nach Ansicht des *Bundesgerichtshofs* kann das Berufungsgericht zwar den im ersten Rechtszug anhängig gebliebenen Teil des Rechtsstreits an sich ziehen und nach § 528 Abs. 1 ZPO darüber mitentscheiden, dies allerdings nur, wenn das Gericht des ersten Rechtszugs ein unzulässiges Teilurteil erlassen hat, vgl. *BGH* NJW 1960, 39; 1983, 1311; 1984, 120; 1992, 511 (512); 1999, 1035 (1036).

1092 Vgl. *Baumbach/Lauterbach/Albers/Hartmann*, § 256 Rdnr. 120; MünchKomm ZPO/*Becker-Eberhard*[4], § 256 Rdnr. 89; *Wieczorek/Schütze/Assmann*[3], § 256 Rdnr. 389; *Zöller/Greger*, § 256 Rdnr. 31. Nach anderer Auffassung soll das Berufungsgericht über den in erster Instanz anhängigen Teil entscheiden können, sofern der im Berufungsrechtszug anhängige Anspruch präjudiziell für den Rest ist und das Gericht die Klage abweisen will, vgl. *Rosenberg/Schwab/Gottwald*[17], § 138 Rdnr. 24 f., m. w. N. in den entsprechenden Fußnoten. *Gottwald* erkennt zwar die Systemwidrigkeit, hält sie aber durch das Parteiinteresse und die Prozeßökonomie für gerechtfertigt, vgl. *Rosenberg/Schwab/Gottwald*[17], § 138 Rdnr. 25.

lungsurteils zur Hauptsache ergangenes Endurteil analog § 304 Abs. 2 ZPO auflösend bedingt sei durch die Aufhebung des Teilurteils über die Inzidentklage durch das Rechtsmittelgericht.

Diese Friktionen ließen sich von vornherein vermeiden, wenn man der hier vertretenen Auffassung[1093] folgt, wonach über die Inzidentklage ein isoliertes Teilurteil grundsätzlich unstatthaft ist. In diesem Fall erfolgt eine Entscheidung über Inzident- und Hauptklage in einem gemeinsamen Endurteil. Zu widersprüchlichen Entscheidungen zwischen den Instanzen kann es nicht kommen.

§ 10 Der Rat zur Erhebung einer Eventualzwischenfeststellungsklage unter kostenrechtlichen Gesichtspunkten

Abschließend soll noch kurz auf den in dieser Arbeit mehrfach geäußerten Rat[1094], zur Vermeidung einer Klagabweisung Eventualzwischenfeststellungsklage zu erheben, unter kostenrechtlichen Gesichtspunkten eingegangen werden. Der prozeßtaktische Rat, eine *bedingte* Zwischenfeststellungsklage zu erheben, erscheint nur berechtigt, wenn sich bei unbedingter Antragstellung eine andere Kostenentscheidung ergeben könnte. Denn wenn es kostenrechtlich gleichgültig ist, ob der Inzidentantrag unbedingt erhoben wird oder nicht, dann geht der Inzidentkläger kein Risiko ein, wenn er von vornherein unbedingt klagt.

I. Die kostenrechtliche Situation des Klägers

Auf Seiten des Klägers variiert die kostenrechtliche Situation danach, ob er vollumfänglich obsiegt oder sowohl mit Haupt- und Zwischenfeststellungsklage als auch mit nur einer von beiden unterliegt. Für den Inzidentkläger kann es sich kostenrechtlich aber nur unterschiedlich auswirken, ob er unbedingt oder bedingt klagt, wenn seine *Inzidentklage abgewiesen* wird. Aus diesem Grund konzentriert sich die nachfolgende Darstellung auf die Fallgestaltungen der Abweisung der Zwischenfeststellungsklage.

Entsprechend dem Grundgedanken von § 91 Abs. 1 Satz 1 ZPO setzt die Kostenpflicht ein Unterliegen im Prozeß nach dessen Gesamtergebnis voraus. Unterlegen ist dabei die Partei, die mit ihrem Antrag in der Hauptsache nicht

1093 Dazu oben Text bei Fußn. 962 ff.

1094 Insbesondere oben Text bei Fußn. 598 ff.

durchdringt[1095]. Die Kosten des Rechtsstreits selbst bestehen vorwiegend in den nach Maßgabe des GKG angefallenen Gebühren und Auslagen des Gerichts sowie den Kosten der Prozeßvertretung, die sich nach dem RVG berechnen[1096]. § 23 Abs. 1 Satz 1 RVG ordnet insoweit an, daß sich die Anwaltsgebühren nach dem Gegenstandswert richten, der sich im gerichtlichen Verfahren grundsätzlich nach den für die Gerichtsgebühren geltenden Vorschriften bestimmt. Diesbezüglich gelten für bürgerliche Rechtsstreitigkeiten die Vorschriften der §§ 41 bis 49 GKG und über § 48 GKG die Vorschriften der §§ 3 bis 9 ZPO[1097].

A. Abweisung von Haupt- und Inzidentklage

Als erstes soll hierzu die kostenrechtliche Situation beleuchtet werden, daß sowohl die Hauptklage als auch die Inzidentklage des Klägers abgewiesen werden.

1. Unbedingter Zwischenfeststellungsantrag

Wenn der Zwischenfeststellungskläger seine Inzidentklage unbedingt erhoben hat und diese zusammen mit seiner Hauptklage abgewiesen wird, hat er gem. § 91 Abs. 1 Satz 1 ZPO die Kosten des Rechtsstreits zu tragen, da er mit beiden Anträgen unterlegen ist[1098]. Fraglich ist nur, welcher Gebührenstreitwert diesbezüglich zu Grunde zu legen ist.

Für den Gebührenstreitwert regelt § 39 Abs. 1 Satz 1 GKG, daß die Werte mehrerer Streitgegenstände in demselben Verfahren und Rechtszug zusammengerechnet werden, soweit nichts anderes bestimmt ist[1099]. Dies gilt allerdings dann nicht, wenn es sich um *denselben gebührenrechtlichen*[1100] *Streitgegenstand* handelt, weil die Anträge das *gleiche Interesse* betreffen. Dies ist insbesondere

---

1095 Vgl. *Stein/Jonas/Bork*[22], vor § 91 Rdnr. 7. Ein Unterliegen i. S. v. § 91 Abs. 1 Satz 1 ZPO liegt auch dann vor, wenn die Klage als unzulässig abgewiesen wird, da es für die einheitlich zu treffende Kostenentscheidung auf die Gründe für das letztliche Unterliegen nicht ankommt, vgl. *BGHZ* 10, 303 (306); *BGH* ZZP 1956, 37 (39); *OLG Zweibrücken* NJW-RR 1999, 1666; MünchKomm ZPO/*Schulz*[4], § 91 Rdnr. 15.

1096 Vgl. *Musielak/Lackmann*, vor § 91 Rdnr. 3 ff.; *Stein/Jonas/Bork*[22], vor § 91 Rdnr. 30 f.

1097 Vgl. *Gerold/Schmidt/Müller-Rabe*, RVG, § 23 Rdnr. 1 ff., 7 f. In Familiensachen sind insoweit die §§ 33 ff. FamGKG zu beachten. Ausführlich zur „normativen" Streitwertberechnung *Schumann*, NJW 1982, 1257 (1258 ff.).

1098 Vgl. MünchKomm ZPO/*Schulz*[4], § 91 Rdnr. 12, 15.

1099 Dies wird in § 22 Abs. 1 RVG ausdrücklich bestätigt, vgl. *Mayer/Kroiß*, RVG, S. 185. Für Familiensachen bestimmt dies der inhaltsgleiche § 33 Abs. 1 Satz 1 FamGKG.

1100 Vgl. *OLG Rostock*, Beschluß vom 23. Oktober 2007 (7 W 75/07), Rdnr. 18. Ausführlich zur Verschiedenheit vom zivilprozessualen Streitgegenstandsbegriff *Frank* Anspruchsmehrheiten, S. 284.

der Fall bei *wirtschaftlicher Identität*[1101]. Dies entspricht dem bereits bei der Frage des Zuständigkeitsstreitwerts angesprochenen Grundsatz des Additionsverbots bei wirtschaftlicher Identität[1102]. Daß bei mehreren wirtschaftlich auf das gleiche Ziel gerichteten Ansprüchen der höhere Einzelwert zum Zuge kommt, gehört in diesem Fall – wie *Frank* es formuliert – „zu den wenigen unbestrittenen Grundsätzen des Streitwertrechts“[1103].

a) Wirtschaftliche Identität

Entscheidend ist somit, inwieweit zwischen der Haupt- und der Inzidentklage eine *wirtschaftliche Identität* besteht. Hierzu folgender Fall:

Beispiel 1: K verlangt im Wege der Vindikationsklage von B aufgrund behaupteter Universalsukzession die Herausgabe des einzigen Erbstücks, einer mittelalterlichen Handschrift (Wert: € 340.000,-). B beruft sich neben mangelndem Eigentum des K auf ein Recht zum Besitz wegen eines noch andauernden Leihvertrags mit dem von K behauptetem Erblasser. K beantragt Inzidentfeststellung, daß er Eigentümer der Handschrift sei. Die Hauptklage wird abgewiesen, da B den Leihvertrag vorlegen kann. Die Inzidentklage wird mangels Vorgreiflichkeit als unzulässig abgewiesen, da das Gericht es dahingestellt sein läßt, ob K Eigentümer sei.

Im *Beispiel 1* verfolgt der Kläger mit dem positiven Zwischenfeststellungsantrag neben dem Hauptantrag auf Herausgabe der Handschrift als einzigem Erbstück kein wirtschaftlich selbständiges Ziel. Sein Interesse ist vielmehr durch den Wert der Sache nach oben begrenzt. Eine Zusammenrechnung scheidet daher aus[1104]. Demzufolge werden die Gerichtskosten und außergerichtlichen Kosten aus dem Gebührenstreitwert des Hauptantrags (€ 340.000,- entsprechend dem Wert der Handschrift) berechnet[1105].

1101 Vgl. *BGH* NJW-RR 2004, 638; *BGH* Rpfleger 1987, 205; *Binz/Dörndorfer/Petzold/ Zimmermann*, GKG, § 39 Rdnr. 2; *Meyer*, GKG, § 39 Rdnr. 2.

1102 Ausführlich dazu *Frank*, Anspruchsmehrheiten, S. 164 ff.

1103 *Frank*, Anspruchsmehrheiten, S. 206 unter Hinweis auf *Schumann*, NJW 1982, 2800 (2801).

1104 Vgl. *Frank*, Anspruchsmehrheiten, S. 178 f. Der Wert der Feststellungsklage orientiert sich an den wirtschaftlichen Auswirkungen der begehrten Feststellung, die auf die Herausgabe des Buches begrenzt sind. Unerheblich ist diesbezüglich, ob der Feststellungsantrag zulässig ist oder nicht, vgl. *Frank*, Anspruchsmehrheiten, S. 179. In diesem Sinne bei Zusammentreffen von negativer Eigentumsfeststellungsklage und Herausgabewiderklage bereits *KG* JW 1934, 2171.

1105 Dieses ist auch der höhere Wert, weil nach § 48 GKG i. V. m. § 3 ZPO bei der positiven Zwischenfeststellungsklage auch beim Gebührenstreitwert ein Abschlag wegen der mangelnden Vollstreckbarkeit vorzunehmen ist, vgl. *BGH* NJW 1965, 2298; MünchKomm ZPO/*Becker-Eberhard*[4], § 256 Rdnr. 90 f.; *Enders*, RVG, „Feststellungsklage“ Rdnr. 935; *Schneider/Herget*, Streitwert, Rdnr. 1812. An Verfahrensgebühr (Nr. 3100 VV RVG) fallen somit € 3.127,80 an, an Terminsgebühr (Nr. 3104 VV RVG) € 2.887,20. Hinzu kommen eine Auslagenpauschale von € 20,- (Nr. 7002 VV RVG) und Umsatzsteuer in Höhe von € 1.146,65. Insgesamt

b) Teilweise wirtschaftliche Identität

Damit stellt sich die Frage, ob sich an dem gefundenen Ergebnis etwas ändert, wenn zwischen Haupt- und Inzidentklage nur *teilweise* wirtschaftliche Identität besteht. Dazu folgendes Beispiel:

> *Beispiel 2*: Vermieter K klagt gegen B auf Zahlung der rückständigen Miete (€ 500,-) für den Monat April 2012 und beantragt im Wege der Inzidentklage festzustellen, daß zwischen ihm und B ein Mietverhältnis (von 1. Januar 2012 bis 30. September 2012) bestand. B bestreitet einen wirksamen Mietvertrag und behauptet im Übrigen Erfüllung. Die Hauptklage wird als unbegründet abgewiesen, da B mittels Kontoauszugs die Überweisung nachweisen konnte. Die Inzidentklage wird als unzulässig abgewiesen, da es wegen der Erfüllung für die Entscheidung der Hauptklage nicht auf das Bestehen des Mietvertrages ankommt.

Der *Bundesgerichtshof* hat insofern für den Fall des Zusammentreffens von Leistungsklage und Feststellungsklage im Rahmen einer mietrechtlichen Klage mit Beschluß vom 22. Juni 2006 entschieden[1106]:

> „Werden in einer Klage a) durch Leistungsantrag ein Mietzinszahlungsanspruch und b) durch Feststellungsantrag das Bestehen oder Nichtbestehen des Mietverhältnisses geltend gemacht, so sind die *beiden Ansprüche einzeln zu bewerten und sodann zu addieren, wenn und soweit* der Zeitraum, für den Zahlung verlangt wird, und der Zeitraum, für den das Bestehen oder Nichtbestehen des Mietverhältnisses festgestellt werden soll, *sich nicht decken. Wenn und soweit* sich die Zeiträume überschneiden, *ist allein auf den höheren Anspruch abzustellen, da es sich im Umfang der zeitlichen Kongruenz wirtschaftlich um denselben Gegenstand handelt*".
>
> [Herv. d. Verf.]

Dies gilt, so der *Bundesgerichtshof*, auch „wenn Zahlungs- und Feststellungsbegehren nicht im Verhältnis von Klage und Widerklage stehen"[1107].

Diese Auffassung ist überzeugend und entspricht den hier gemachten Ausführungen zur teilweisen wirtschaftlichen Identität im Rahmen der sachlichen Zuständigkeit[1108]. Danach sind die *Gebührenstreitwerte zu addieren*, soweit sich die *Ansprüche nicht decken*. Sofern also die Inzidentklage mit der Hauptklage nicht wirtschaftlich identisch ist, sind beide gesondert zu bewerten und zu addieren.

---

somit € 7.181,65, vgl. *Mayer/Kroiß*, RVG, Anhang II S. 1626. Diese außergerichtlichen Kosten hat K dem B zu erstatten. Die Gerichtskosten in Höhe von € 6.618,- hat K bereits bei Klageeinreichung als Vorschuß eingezahlt (vgl. § 12 Abs. 1 Satz 1 GKG).

1106 *BGH* NJW-RR 2006, 378, unter Hinweis auf den Senatsbeschluß vom 2. November 2005, *BGH* NZM 2006, 138 (139).

1107 *BGH* NJW-RR 2006, 378.

1108 Dazu oben Text bei Fußn. 847 f.

Im *Beispiel 2* beträgt der Gebührenstreitwert für die Hauptklage € 500,- und gem. § 41 Abs. 1 Satz 1 GKG € 4.500,- für die Inzidentklage. Da sich die Zeiträume der Anträge im April decken, ergibt eine Zusammenrechnung einen Gesamtgebührenstreitwert von € 4.500,-, aus dem sich die Kosten des unterliegenden Klägers errechnen.

c) Wirtschaftlich verschiedene Gegenstände

Bei wirtschaftlich verschiedenen Gegenständen bleibt es bei der Grundregel des § 39 Abs. 1 GKG, daß die Werte von Haupt- und Inzidentklage zusammenzurechnen sind. Bei Abweisung beider Anträge hat der Kläger daher gem. § 91 Abs. 1 Satz 1 ZPO die Kosten aus dem addierten Gesamtgebührenstreitwert zu tragen.

2. Bedingter Zwischenfeststellungsantrag

Es fragt sich, ob sich an den gefundenen Ergebnissen etwas ändert, wenn der Hauptkläger seinen Zwischenfeststellungsantrag hilfsweise für den Fall der Stattgabe des Hauptantrags stellt. Nach § 45 Abs. 1 Satz 2 GKG wird ein hilfsweise geltend gemachter Anspruch mit dem Hauptanspruch zusammengerechnet, *soweit* eine Entscheidung über ihn ergeht. Hilfsansprüche wirken sich damit gebührenrechtlich erst aus, wenn der Eventualfall eingetreten ist *und* das Gericht darüber streitig entschieden hat[1109]. Ob dies nur für die Gerichtskosten oder über § 23 Abs. 1 Satz 1 RVG auch für die Rechtsanwaltsgebühren gilt, ist strittig:

Nach *einer Meinung* ist der Wert des Hilfsantrags mit demjenigen des Hauptantrags selbst dann zu addieren, wenn das Gericht über den Hilfsantrag nicht entschieden hat oder dieser nicht verglichen wurde, da sich die anwaltliche Tätigkeit, anders als die gerichtliche, auf den Hilfsantrag erstreckt hat[1110]. Nach der vorzugswürdigen und hier vertretenen *Gegenauffassung* ist auch für die Abrechnung des Anwalts mit seinem Mandanten § 45 GKG uneingeschränkt anzuwenden[1111]. Die an der Honorierung nach Zeitaufwand orientierte Sichtweise der ersten Auffassung ist mit dem Gebührenschema des RVG nicht in Einklang zu bringen[1112]. Das RVG geht vielmehr von einer Mischkalkulation des Anwalts aus, weshalb dieser

1109 Vgl. *BGH* NJW 2001, 3616; *Hartmann*, GKG, § 45 Rdnr. 30 ff.; *Meyer*, GKG, § 45 Rdnr. 17; *Göttlich/Mümmler/Hellstab*, RVG, „Hilfsantrag“, Entscheidung über den Hilfsantrag, S. 594 f. In Familiensachen findet insoweit § 39 Abs. 1 Satz 2 FamGKG Anwendung, der aber inhaltsgleich mit § 45 Abs. 1 Satz 2 GKG ist, weshalb hierauf nicht gesondert eingegangen wird.

1110 So etwa *LAG Nürnberg* MDR 2005, 120; *LAG Köln* NZA-RR 2002, 437.

1111 So etwa *OLG Hamburg* JurBüro 2009, 645; *OLG Hamm* JurBüro 2007, 204; *OLG Köln* MDR 1994, 1152.

1112 So zutreffend *Göttlich/Mümmler/Hellstab*, RVG, „Hilfsantrag“, Grundsatz, S. 494.

durch eine entsprechende Gebührenvereinbarung einem eventuellen Mehraufwand vorbeugen kann[1113]. Die anwaltliche Gebühr richtet sich demzufolge *auch im Fall eines Hilfsantrags* stets nach dem *Wert für die Gerichtsgebühren.*

a) Wirtschaftliche Identität

Betreffen Haupt- und Hilfsanspruch – sofern letzterer nach § 45 Abs. 1 Satz 2 GKG zu berücksichtigen ist – *denselben Gegenstand,* ist gem. § 45 Abs. 1 Satz 3 GKG nur der *Wert des höheren Anspruchs* maßgebend[1114].

Stellt der Kläger hingegen seinen *Inzidentantrag hilfsweise* für den Fall des Obsiegens mit seinem Hauptantrag, ergeht über den Inzidentantrag im Fall der Abweisung des Hauptantrags keine Entscheidung, weshalb eine *gebührenrechtliche Berücksichtigung* des Eventualinzidentantrags *nach § 45 Abs. 1 Satz 2 GKG ausscheidet.* Insoweit kommt es auch nicht darauf an, ob der Inzidentantrag im Umfang der wirtschaftlichen Identität möglicherweise einen höheren Wert als der Hauptantrag haben kann, da der höhere Wert ohnehin nur Berücksichtigung findet, soweit eine Entscheidung über den Hilfsantrag ergeht. Demgemäß kommt es im Fall der *bedingten* Inzidentantragsstellung auf wirtschaftliche Identität nur dann an, wenn über den Inzidentantrag entschieden wird[1115].

Stellt etwa der Kläger K im *Beispiel 1*[1116] seinen Zwischenfeststellungsantrag hilfsweise für den Fall der Stattgabe der Vindikationsklage und weist das Gericht diese ab, weil B zum Besitz berechtigt ist, dann fällt die Rechtshängigkeit des Zwischenfeststellungsantrags mangels Bedingungseintritts rückwirkend weg[1117]. In diesem Fall findet gem. § 45 Abs. 1 Satz 2 GKG keine Zusammenrechnung statt. Für die Kosten, die der Kläger K in diesem Fall gem. § 91 Abs. 1 Satz 1 ZPO zu tragen hat, ist demnach einzig der Gebührenstreitwert der Hauptklage maßgebend.

Damit wirkt es sich *kostenrechtlich* für den Kläger *im Fall wirtschaftlicher Identität* bei Abweisung seiner Hauptklage aber *nicht nachteilig* aus, wenn er seinen *Inzidentantrag unbedingt* stellt, da sich die Kosten in diesem Fall ebenfalls nur nach dem einfachen höheren Wert der Hauptklage bestimmen.

1113 Ebenda.

1114 Vgl. *BGH* NJW-RR 2003, 713; MünchKomm ZPO/*Wöstmann*[4], § 5 Rdnr. 15; *Binz/Dörndorfer/Petzold/Zimmermann*, § 45 GKG Rdnr. 20; *Musielak/Heinrich*, § 5 Rdnr. 13. In Familiensachen ist § 39 Abs. 1 Satz 3 FamGKG wiederum inhaltsgleich.

1115 Vgl. *OLG Frankfurt a. M.* GRUR-RR 2012, 367 (368), im Fall eines „eigentlichen" Hilfsantrags.

1116 Oben Text nach Fußn. 1103.

1117 Hierzu oben Text bei Fußn. 607.

b) Wirtschaftliche Teilidentität

Damit stellt sich die Frage, ob sich im Fall wirtschaftlich lediglich teilweiser Identität der gebührenrechtlichen Streitgegenstände von Haupt- und Inzidentklage kostenrechtlich ein Unterschied für den Kläger ergibt, wenn er seine Inzidentklage bedingt erhebt. Dazu folgender Fall:

Beispiel 3: Vermieter K klagt gegen B auf Zahlung der rückständigen Miete (€ 500,-) für den Monat April 2012. Da B einen wirksamen Mietvertrag bestreitet und im Übrigen Erfüllung behaupte, beantragt K hilfsweise für den Fall der Begründetheit der Zahlungsklage im Wege der Inzidentklage festzustellen, daß zwischen ihm und B ein Mietverhältnis (von 1. Januar 2012 bis 30. September 2012) bestand. Die Hauptklage wird als unbegründet abgewiesen, da B mittels Kontoauszugs die Überweisung nachweisen konnte. Die Rechtshängigkeit der Inzidentklage fällt rückwirkend weg, da die Bedingung nicht eingetreten ist.

Im Fall einer bedingten Inzidentklage würden den Kläger im *Beispiel 3* nur die Kosten aus dem Gebührenstreitwert der Hauptklage (€ 500,-) treffen. Denn gem. § 45 Abs. 1 Satz 2 GKG bleibt der Gebührenstreitwert des Eventualinzidentantrags bei der Bemessung des Gesamtgebührenstreitwerts unberücksichtigt. Auf den „überschießenden“, wirtschaftlich nicht identischen Teil des Streitgegenstands der Inzidentklage kommt es dabei nicht an. Dieser darf trotz Verschiedenheit der Streitgegenstände nicht in die Bemessung der Kosten einfließen.

Damit wirkt es sich im Fall *teilweiser wirtschaftlicher Identität* für den Inzidentkläger *kostenmäßig nachteilig* aus, wenn er seinen *Inzidentantrag unbedingt* stellt. Denn im Fall der Abweisung von Haupt- und Inzidentantrag ist der überschießende Teil des Inzidentantrags dann gebührenrechtlich zu bewerten und mit dem Hauptantrag gem. § 45 Abs. 1 Satz 1, § 45 Abs. 1 Satz 3 GKG zu addieren[1118].

c) Wirtschaftlich verschiedene Gegenstände

Wenn der Kläger bei wirtschaftlich verschiedenen Gegenständen von Hauptklage und Eventualinzidentklage mit seiner Hauptklage abgewiesen wird, scheidet eine gebührenrechtliche Berücksichtigung der bedingt (für den Fall der Klagestattgabe) erhobenen Zwischenfeststellungsklage jedenfalls nach § 45 Abs. 1 Satz 2 GKG aus. Eine unbedingt erhobene Inzidentfeststellungsklage hingegen wäre nach der Grundregel des § 39 Abs. 1 GKG gebührenrechtlich zu berücksichtigen.

Demzufolge wirkt es sich im Fall *wirtschaftlich verschiedener Gegenstände* von Haupt- und Inzidentklage *kostenmäßig nachteilig* für den Kläger aus, wenn er seinen *Inzidentantrag nicht bedingt* stellt und damit abgewiesen wird.

1118 Dazu oben Text bei Fußn. 1106 f.

3. Ergebnis

Als Ergebnis bleibt festzuhalten, daß sich bei Abweisung von Haupt- und Inzidentklage eine unbedingt erhobene Zwischenfeststellungsklage nur dann nicht kostenrechtlich nachteilig für den Inzidentkläger auswirkt, wenn zwischen Haupt- und Inzidentklage wirtschaftliche Vollidentität besteht.

Es macht damit *bei wirtschaftlicher Identität* für den Kläger *kostenrechtlich keinen Unterschied*, ob er neben seiner Hauptklage den Inzidentantrag *unbedingt oder bedingt* erhebt.

In den Fällen *wirtschaftlich nur teilweiser identischer* oder *verschiedener* (gebührenrechtlicher) *Streitgegenstände* ist dem Kläger zur Vermeidung von Kostenachteilen zu einer (uneigentlichen) *Eventualzwischenfeststellungsklage* zu raten.

B. Abweisung nur der Inzidentklage

Damit stellt sich die Frage, wie sich die Situation kostenrechtlich für den Kläger darstellt, wenn lediglich seine Inzidentklage abgewiesen wird.

1. Bedingter Zwischenfeststellungsantrag

Zunächst soll die kostenrechtliche Situation für den Fall untersucht werden, daß der Kläger seinen Inzidentantrag bedingt (in Form des uneigentlichen Eventualinzidentantrags) stellt. Dazu folgendes Beispiel:

Beispiel 4: K klagt gegen B aus Schlechterfüllung des Beförderungsvertrags im Rahmen eines Verkehrsunfalls auf Schadensersatz von € 1.000,- und beantragt im Wege der Inzidentklage festzustellen, daß der von B bestrittene Beförderungsvertrag besteht. Seinen Inzidentantrag stellt er hierbei hilfsweise für den Fall, daß das Gericht seiner Entscheidung das Bestehen eines Beförderungsvertrags zu Grunde legt. Der Leistungsklage wird aus Gefährdungshaftung statt gegeben, die Rechtshängigkeit der Inzidentklage fällt rückwirkend weg, da die Bedingung für den Hilfsantrag nicht eingetreten ist.

Im *Beispiel 4* erfolgt hinsichtlich des hilfsweisen Inzidentantrags keine Entscheidung. Gem. 45 Abs. 1 Satz 2 GKG, § 23 Abs. 1 Satz 1 RVG bleibt der Inzidentantrag somit kostenrechtlich unberücksichtigt. Auf die Frage, ob wirtschaftliche Identität besteht, kommt es wegen der Regelung in § 45 Abs. 1 Satz 2 GKG nicht an. Nach *§ 91 Abs. 1 Satz 1 ZPO* hat daher der *Beklagte die Kosten* des Rechtsstreits zu tragen, die sich aus dem Gebührenstreitwert der Hauptklage (€ 1.000,-) berechnen.

2. *Unbedingter Zwischenfeststellungsantrag*

Es fragt sich, ob sich hinsichtlich der Kosten an diesem Ergebnis etwas ändert, wenn der Kläger seinen Zwischenfeststellungsantrag unbedingt stellt. Zur Veranschaulichung soll eine Abwandlung des *Beispiels 3* dienen:

> *Beispiel 5*: K klagt gegen B aus Schlechterfüllung des Beförderungsvertrags im Rahmen eines Unfalls auf Schadensersatz von € 1.000,- und beantragt im Wege der Inzidentklage festzustellen, daß ein Beförderungsvertrag besteht. Der Leistungsklage wird aus Gefährdungshaftung statt gegeben, die Inzidentklage wird mangels Vorgreiflichkeit als unzulässig abgewiesen.

Im *Beispiel 5* betreffen der Hauptantrag (Schadensersatz wegen des Unfalls) und der Inzidentantrag (Bestehen des Beförderungsvertrags) das gleiche Interesse, da insoweit *wirtschaftliche Identität* und damit (gebührenrechtliche) Streitgegenstandsidentität vorliegt[1119]. Fraglich ist, wie sich eine wirtschaftliche Identität zwischen Haupt- und Inzidentklage auswirkt, da eine Zusammenrechnung der Gebührenstreitwerte gem. § 39 Abs. 1 GKG, § 45 Abs. 1 Satz 3 GKG, §§ 22, 23 RVG in diesem Fall ausscheidet[1120].

a) Kostenfolge des § 91 Abs. 1 Satz 1 ZPO

Eine Möglichkeit wäre es, in diesem Fall – entsprechend der von der h. M. im Rahmen der Kostenentscheidung bei erfolglosem Haupt- und erfolgreichem, mindestens gleichwertigem, Hilfsantrag vertretenen Lösung[1121] – *nach § 91 Abs. 1 Satz 1 ZPO* dem *Beklagten* die *volle Kostenlast* aufzuerlegen. Denn der Gebührenstreitwert bestimmt sich nach dem (nach 20%-Abschlag für die positive Zwischenfeststellungsklage[1122]) höheren Streitwert des Hauptantrags in Höhe von € 1.000,-. In diesem Umfang hat der Kläger obsiegt, so daß er entsprechend der am Gebührenstreitwert auszurichtenden Kostenquote keine Kosten zu tragen hätte. Der Beklagte hätte danach die gesamten Kosten zu tragen, weil er den Rechtsstreit in voller Höhe des zu berücksichtigenden Gebührenstreitwerts

1119 Vgl. *Meyer*, GKG, § 39 Rdnr. 2. Dem Feststellungsantrag kommt insoweit keine selbständige Bedeutung zu, da er (wirtschaftlich) lediglich dazu dient den Schadensersatzanspruch wegen Schlechterfüllung des Beförderungsvertrags vorzubereiten. Dem Kläger geht es vielmehr wirtschaftlich nur um die Beseitigung seiner Schadensfolgen aus dem Verkehrsunfall, mit seinem Inzidentantrag verfolgt er kein wirtschaftlich weitergehendes, eigenständiges, Ziel. Dazu schon oben Text bei Fußn. 1104.

1120 Dazu schon oben Text bei Fußn. 1099 ff. Gem. § 39 Abs. 1 Satz 3 FamGKG gilt in Familiensachen nichts anderes.

1121 Vgl. *BGH* NJW 1962, 915; *OLG Düsseldorf* NJW 1991, 3040 (3041); *OLG Koblenz* NJW-RR 1989, 1002; *Stein/Jonas/Bork*[22], § 92 Rdnr. 3 m. w. N. in Fußn. 12 auch zur Gegenmeinung.

1122 Vgl. *OLG Jena* JurBüro 2008, 534; *Enders*, RVG, Rdnr. 909 f. und oben Fußn. 1105.

verloren hat[1123]. Diese Kostenfolge würde vorliegend auch der Auffassung in der Literatur entsprechen, die eine Anwendung von § 91 Abs. 1 Satz 1 ZPO jedenfalls bei wirtschaftlicher Identität von Haupt- und Hilfsantrag vertritt.[1124]

Die Kostenfolge nach § 91 Abs. 1 Satz 1 ZPO berücksichtigt jedoch nicht, daß der Kläger vorliegend mit seinem Inzidentantrag (und damit einem Streitgegenstand) unterlegen ist, weshalb nur § 92 ZPO, nicht aber § 91 ZPO als Rechtsgrundlage für die Kostenfolge einschlägig sein kann[1125]. Denn ein Teilunterliegen im Sinne von § 92 Abs. 1 Satz 1 ZPO liegt auch vor, wenn bei objektiver Klagehäufung nicht alle Ansprüche zugesprochen werden[1126]. Ob ein teilweises Obsiegen/Unterliegen gegeben ist, beurteilt sich nach dem Streitgegenstand[1127]. Im *Beispiel 5* wird der Beklagte zwar auf die Hauptklage hin zur Zahlung von € 1.000,- verurteilt, im Übrigen wird die Klage aber abgewiesen[1128]. Als Rechtsfolge sind die Kosten grundsätzlich – von der Ausnahme des § 92 Abs. 2 ZPO abgesehen – entsprechend dem Gewicht des Obsiegens und Unterliegens der Parteien nach dem Gesamtgebührenstreitwert quotenmäßig zu teilen oder gegeneinander aufzuheben[1129].

Für die *Anwendung des § 92 ZPO* selbst kann die Nichtberücksichtigung des wirtschaftlich identischen Inzidentantrags (im Rahmen des Gesamtgebührenstreitwerts) vielmehr *keine Rolle* spielen, wie insbesondere die Rechtsprechung bei Nebenansprüchen zeigt. Insoweit ist anerkannt, daß es unerheblich für die Anwendung des § 92 ZPO ist, ob es sich beim teilweisen Unterliegen um einen Haupt- oder Nebenanspruch handelt, mag der Nebenanspruch (z. B. Zinsen) auch bei der Streitwertberechnung gem. § 4 ZPO unberücksichtigt bleiben[1130].

b) Kostenfolge des § 92 Abs. 2 Nr. 1 ZPO

Denkbar wäre, dem Beklagten aufgrund der Nichtberücksichtigung des Inzidentantrags bei der Höhe des Gebührenstreitwerts die Kosten gem. § 92 Abs. 2 Nr. 1

1123 Vgl. *Wendtland*, Haupt- und Hilfsantrag, S. 45, in seiner Darstellung der h. M.

1124 Vgl. MünchKomm ZPO/*Schulz*[4], § 92 Rdnr. 8 m. w. N. in Fußn. 13.

1125 So auch die Kritik von *Frank*, Anspruchsmehrheiten, S. 263 f.; 268 f. an der von der h. M im Rahmen der Kostenentscheidung bei Haupt- und Hilfsantrag vertretenen Auffassung.

1126 Vgl. *Stein/Jonas/Bork*[22], § 92 Rdnr. 1; MünchKomm ZPO/*Schulz*[4], § 92 Rdnr. 6.

1127 Vgl. MünchKomm ZPO/*Schulz*[4], § 92 Rdnr. 3.

1128 Wegen § 308 Abs. 1 ZPO darf der Inzidentantrag vom Gericht auch nicht unentschieden bleiben, vgl. MünchKomm ZPO/*Musielak*[4], § 308 Rdnr. 17.

1129 Vgl. *Stein/Jonas/Bork*[22], § 92 Rdnr. 6 ff.; MünchKomm ZPO/*Schulz*[4], § 92 Rdnr. 12; *Musielak/Lackmann*, § 92 Rdnr. 3 f.

1130 Vgl. *RGZ* 42, 83 (84 f.); *BGHZ* 104, 240 = *BGH* NJW 1988, 2173 (2175); *BGH* MDR 1961, 141; MünchKomm ZPO/*Schulz*[4], § 92 Rdnr. 4; *Stein/Jonas/Bork*[22], § 92 Rdnr. 1 (m. w. N. in Fußn. 3).

ZPO aufzuerlegen. Nach dieser Ausnahmeregelung kann eine Partei mit den vollen Kosten belastet werden, wenn die *Zuvielforderung* der anderen Partei im Verhältnis zu dem Gesamtgegenstand des Streits *geringfügig* ist *und* außerdem *keine oder nur geringfügig höhere Kosten* verursacht hat. Beide Voraussetzungen müssen kumulativ erfüllt sein[1131]. Vorliegend ist aufgrund der wirtschaftlichen Identität die zweite Voraussetzung (kein Anfall besonderer Kosten) erfüllt, weil mangels Berücksichtigung des Inzidentantrags weder ein Gebührensprung eintritt noch insoweit besondere Gebühren oder Auslagen (etwa durch eine Beweisaufnahme) entstanden sind[1132].

Es kommt folglich darauf an, ob der unbedingte Zwischenfeststellungsantrag eine verhältnismäßig geringfügige Zuvielforderung darstellt. Daß es sich um einen Feststellungsantrag und nicht um einen Zahlungsanspruch handelt, ist insoweit unerheblich[1133]. *Frank* will bei wirtschaftlich identischem Haupt- und Hilfsantrag die Zuvielforderung durch den abgewiesenen Streitgegenstand (Hauptantrag) als verhältnismäßig gering betrachten, weil sie im Grunde nur eine Form der Realisierung des vom Kläger wirtschaftlich begehrten Ziels darstelle und der Hilfsantrag mit diesem Ziel – wenn auch auf einem anderen Weg – erfolgreich war[1134].

Nicht anders stellt sich die Situation bei Haupt- und Inzidentklage dar. Der Inzidentklage kommt wirtschaftlich keine eigenständige Bedeutung zu, vielmehr geht sie insofern vollständig im Hauptantrag auf. Ihre Bedeutung ist auf die prozessuale Natur als Mittel zur Rechtskrafterstreckung beschränkt. Soweit der Kläger aber sein wirtschaftliches Interesse im *Beispiel 5* verwirklichen wollte – die Beseitigung der Schadensfolgen – hat er in vollem Umfang obsiegt, weshalb ihm die Abweisung des Zwischenfeststellungsantrags kostenmäßig nicht zum Nachteil gereichen darf.

c) Kostenquote gem. § 92 Abs. 1 Satz 1 ZPO

Denkbar wäre im *Beispiel 5* auch eine Kostenquote anhand eines *fiktiven Gesamtgebührenstreitwerts* unter Einschluß des Inzidentantrags, wie dies im Fall des Unterliegens des Klägers mit einer den Gebührenstreitwert nicht erhöhenden Nebenforderung angenommen wird[1135], da vorliegend die Inzidentklage gleichfalls

---

1131 Vgl. *RGZ* 42, 83 (84); *BGHZ* 76, 50 (53); *OLG München* OLGZ 31, 30; *Stein/Jonas/Bork*[22], § 92 Rdnr. 11; MünchKomm ZPO/*Schulz*[4], § 92 Rdnr. 18; *Musielak/Lackmann*, § 92 Rdnr. 6.

1132 Vgl. *Stein/Jonas/Bork*[22], § 92 Rdnr. 11; MünchKomm ZPO/*Schulz*[4], § 92 Rdnr. 21.

1133 Vgl. *BGH* NJW-RR 1996, 256; MünchKomm ZPO/*Schulz*[4], § 92 Rdnr. 20.

1134 Vgl. *Frank*, Anspruchsmehrheiten, S. 269 f.

1135 Vgl. hierzu *BGHZ* 26, 174; 104, 240; *BGH* MDR 1961, 141; *OLG Saarbrücken* NJW-RR 2007, 426; *Stein/Jonas/Bork*[22], § 92 Rdnr. 1; MünchKomm ZPO/*Schulz*[4], § 92 Rdnr. 4.

gebührenrechtlich unberücksichtigt bleibt. Unabhängig davon, wie eine solche Kostenquote zu bilden wäre[1136], ist dies im Fall wirtschaftlicher Identität – jedenfalls soweit durch den abgewiesenen Inzidentantrag keine besonderen Kosten (etwa durch eine hierauf bezogene Beweisaufnahme) verursacht wurden – aus den unter b) dargelegten Gründen nicht angezeigt.

Anders ist dies folglich dann, wenn und soweit keine wirtschaftliche Identität vorliegt, der *Inzidentantrag* also *gebührenrechtlicht zu berücksichtigen* ist, oder durch die Zwischenfeststellung zusätzliche besondere Kosten verursacht wurden. In diesen Fällen ist im Kosteninteresse des Beklagten eine Quote zu bilden.

3. *Ergebnis*

Sofern zwischen dem erfolgreichen Hauptantrag und dem abgewiesenen Zwischenfeststellungsantrag wirtschaftliche Identität besteht und durch den Inzidentantrag auch keine zusätzlichen besonderen Kosten entstanden sind, hat der Beklagte die Kosten des Rechtsstreits, die sich nach dem Gebührenstreitwert der Hauptklage berechnen, gem. § 92 Abs. 2 Nr. 1 ZPO zu tragen. In diesem Fall macht es kostenrechtlich keinen Unterschied, ob der Kläger seinen Inzidentantrag unbedingt oder bedingt stellt.

Anders ist dies dann, wenn keine oder nur teilweise wirtschaftliche Identität besteht (wie im *Beispiel 2*[1137]) oder durch den Inzidentantrag zusätzliche besondere Kosten verusacht wurden, so daß eine Anwendung der Ausnahmeregel des § 92 Abs. 2 Nr. 1 ZPO ausscheidet

II. Die kostenrechtliche Situation des Beklagten

Auch beim Beklagten stellt sich die Frage, ob es sich kostenrechtlich unterschiedlich auswirkt, wenn er seinen Inzidentwiderklageantrag unbedingt oder bedingt stellt, sofern dieser abgewiesen wird. Als Ausgangspunkt der Überlegungen wird dabei die Situation gewählt, daß die Hauptklage erfolgreich ist.

1. *Kostensituation bei erfolgreicher Hauptklage*

Die Kostensituation des Beklagten bei erfolgreicher Hauptklage und abgewiesener Inzidentwiderklage soll zunächst für den Fall der unbedingten Inzidentwiderklage dargestellt werden, um hieran anschließend aufzuzeigen, ob sich an dem gefundenen Ergebnis durch eine Eventualzwischenfeststellungswiderklage etwas ändert.

1136 Eine Möglichkeit findet sich bei *Prütting/Gehrlein/Schneider*, § 92 Rdnr. 22, 34.

1137 Dazu oben Text nach Fußn. 1105.

a) Unbedingte Zwischenfeststellungswiderklage

Wenn die unbedingte Zwischenfeststellungswiderklage des Beklagten abgewiesen wird und gleichzeitig die Hauptklage Erfolg hat, bestimmt sich die Kostentragungspflicht des Beklagten nach § 91 Abs. 1 Satz 1 ZPO[1138]. Der Gebührenstreitwert richtet sich nach § 45 Abs. 1 GKG[1139].

Dabei werden die Werte von Klage und Widerklage nach § 45 Abs. 1 Satz 1 GKG zusammengerechnet, sofern die Ansprüche wirtschaftlich nicht denselben Gegenstand betreffen. Betreffen Klage und Widerklage bei *wirtschaftlicher Betrachtungsweise denselben Gegenstand*, sind die Gebühren gem. § 45 Abs. 1 Satz 3 GKG nach dem einfachen (höheren) Wert eines dieser Ansprüche zu berechnen[1140]. Eine Zusammenrechnung kann grundsätzlich nur dort erfolgen, wo durch das Nebeneinander von Klage und Widerklage eine „wirtschaftliche Werthäufung" entsteht, beide also nicht das *wirtschaftlich identische Interesse* betreffen[1141].

Eine solche wirtschaftliche Identität von Klage und Widerklage liegt nach der von der Rechtsprechung entwickelten „Identitätsformel" vor, wenn die Ansprüche aus Klage und Widerklage nicht in der Weise nebeneinander stehen können, daß das Gericht unter Umständen beiden stattgeben kann, sondern die Verurteilung nach dem einen Antrag notwendigerweise die Abweisung des anderen Antrags nach sich zieht[1142].

Unter Einbeziehung einer wirtschaftlichen Betrachtungsweise[1143] liegt daher derselbe (gebührenrechtliche) Streitgegenstand vor bei Klage auf Leistung aus einem Vertrag und Feststellungswiderklage, daß der Vertrag nicht besteht[1144]. In

---

1138 Vgl. statt vieler MünchKomm ZPO/*Schulz*[4], § 92 Rdnr. 5.

1139 Vgl. *Musielak/Heinreich*, § 5 Rdnr. 15; MünchKomm ZPO/*Wöstmann*[4], § 5 Rdnr. 35; *Meyer*, GKG, § 45 Rdnr. 1; *Scherer*, RVG, S. 201. In Familiensachen regelt dies der deckungsgleiche § 39 Abs. 1 FamGKG.

1140 Vgl. *BGHZ* 43, 31 (33); *BGH* NJW-RR 2005, 506; *OLG Celle* OLGR 2009, 1025; *OLG Frankfurt a. M.* NJOZ 2011, 1414; *OLG Saarbrücken* NJW-RR 2009, 864; *OLG Stuttgart* FamRZ 2006, 1055; *Binz/Dörndorfer/Petzold/Zimmermann*, GKG, § 45 Rdnr. 4; *Hartmann*, GKG, § 45 Rdnr. 8; *Musielak/Heinreich*, § 5 Rdnr. 15; *Lappe*, NJW 2006, 270 (272); *Meyer*, GKG, § 45 Rdnr. 2; *Stein/Jonas/Roth*[22], § 5 Rdnr. 48 f.; *Scherer*, RVG, S. 201; MünchKomm ZPO/*Wöstmann*[4], § 5 Rdnr. 35; *Göttlich/Mümmler/Hellstab*, RVG, „Widerklage" Anm. 1.1.1, S. 1212.

1141 So ausdrücklich *BGH* NJW-RR 2005, 506 unter Hinweis auf *Schumann*, NJW 1982, 2800 (2802).

1142 Vgl. *RGZ* 145, 164 (166); *BGHZ* 43, 31 (33); *BGH* NJW-RR 1992, 1404; 2003, 713; 2005, 506. Vgl. hierzu auch *Stein/Jonas/Roth*[22], § 5 Rdnr. 48 f.

1143 Ausführlich hierzu *Frank*, Anspruchsmehrheiten, S. 288 f.

1144 Vgl. *BGH* NJW-RR 1992, 1404; *OLG Koblenz* VersR 1996, 521; *OLG Braunschweig* MDR 1975, 848; *KG* Rechtspfleger 1962, 120; *Frank*, Anspruchsmehrheiten, S. 291; *Hartmann*, GKG, § 45 Rdnr. 23; *Meyer*, GKG, § 45 Rdnr. 13.

diesem Fall besteht ein Additionsverbot. Betreffen Klage und Widerklage *nur teilweise* denselben Gegenstand und schließen sich die Anträge damit gegenseitig nur teilweise aus, ist dagegen der Streitwert der Klage um den Teilbetrag der Widerklage zu erhöhen, der einen verschiedenen Gegenstand betrifft[1145]. Zur Veranschaulichung soll folgendes Beispiel dienen:

Beispiel 1: K klagt gegen B aus Kaufvertrag auf Zahlung von € 1.000,- mit dem Hinweis, daß ihm aus diesem Kaufvertrag insgesamt ein Kaufpreisanspruch in Höhe von € 10.000,- zusteht. B bestreitet die Wirksamkeit des Kaufvertrags, beantragt Klageabweisung und widerklagend festzustellen, daß der *Kaufvertrag nicht besteht*. Der Leistungsklage wird statt gegeben, da das Gericht von der Wirksamkeit des Kaufvertrags ausgeht. Die Widerklage wird abgewiesen.

Im *Beispiel 1* besteht im Umfang der Zahlungsklage über € 1.000,- wirtschaftliche Identität mit der vom Beklagten erhobenen Zwischenfeststellungswiderklage, da das wirtschaftliche Interesse des Beklagten auf die Negierung der vom Kläger beantragten Zahlung gerichtet ist. Die Zuerkennung des Anspruchs des Beklagten bedingt insoweit auch die Aberkennung des Zahlungsantrags. Darüber hinaus ist das wirtschaftliche Interesse des Beklagten aufgrund der offenen Teilklage des Klägers auf die Aberkennung des restlichen Zahlungsanspruchs in Höhe von € 9.000,- gerichtet, dessen sich der Kläger berühmt.

Der Gebührenstreitwert bestimmt sich somit hinsichtlich des wirtschaftlich identischen Streitgegenstands in Höhe von € 1.000,- nach dem Streitwert der Klage ohne Addition des entsprechenden Teils der Inzidentwiderklage gem. § 45 Abs. 1 Satz 3 GKG. Der den Teilbetrag übersteigende Wert der negativen Zwischenfeststellungswiderklage in Höhe von € 9.000,-[1146] ist dagegen gem. § 45 Abs. 1 Satz 1 GKG zu addieren. Der für die Kostentragungspflicht des Beklagten im *Beispiel 1* nach § 91 Abs. 1 Satz 1 ZPO zu Grunde zu legende Gesamtgebührenstreitwert beläuft sich damit auf € 10.000,-.

Sofern der Beklagte B in Abwandlung des Beispiels 1 wiederklagend beantragt hätte festzustellen, daß er dem *K über den geltend gemachten Betrag hinaus nichts schuldet*, würde sich am Gesamtgebührenstreitwert in Höhe von € 10.000,00 nichts ändern. In diesem Fall läge hinsichtlich der Klage und der Inzidentwiderklage keine wirtschaftliche Identität der Streitgegenstände vor[1147], so daß die Streitwerte gem. § 45 Abs. 1 Satz 1 zu addieren wären. Auch in

1145 Vgl. *Scherer*, RVG, S. 202.

1146 Bei der negativen Feststellungsklage ist nach h. M. auch kein Abschlag vorzunehmen, vgl. statt vieler *Schneider/Herget*, Streitwert, „Feststellungsklage“, Rdnr. 2032; *Enders*, RVG, Rdnr. 937 f.

1147 Vgl. *Frank*, Anspruchsmehrheiten, S. 291 f. unter Hinweis auf *RG* JW 1906, 202; *OLG Hamburg* RPfleger 1953, 193.

diesem Fall würde die unbedingt erhobene Inzidentwiderklage zu einer Erhöhung es Gesamtgebührenstreitwerts führen.

Lediglich im Fall wirtschaftlicher Vollidentität der Streitgegenstände führt auch die unbedingt erhobene Zwischenfeststellungswiderklage gem. § 45 Abs. 1 Satz 3 GKG nicht zu einem höheren Gebührenstreitwert, wie am folgenden Beispiel verdeutlicht werden soll:

Beispiel 2: K klagt gegen B aus Schlechterfüllung des Beförderungsvertrags im Rahmen eines Verkehrsunfalls auf Schadensersatz von € 1.000,-. B beantragt Klageabweisung und widerklagend festzustellen, daß ein *Beförderungsvertrag nicht besteht*. Der Leistungsklage wird aus Gefährdungshaftung statt gegeben. Die Inzidentwiderklage wird als unzulässig abgewiesen, da es für die Entscheidung des Rechtsstreits auf das Bestehen des Beförderungsvertrags nicht ankommt.

Würde man bei der von der Rechtsprechung entwickelten „Identitätsformel" keine wirtschaftliche Betrachtungsweise anstellen, dann käme man im *Beispiel 2* zu dem Ergebnis, daß keine Streitgegenstandsidentität besteht, da das Gericht sowohl dem Antrag des Klägers (z. B. auf der Anspruchsgrundlage der Gefährdungshaftung) als auch dem des Beklagten (z. B. wenn kein wirksamer Beförderungsvertrag zustande gekommen wäre) statt geben könnte.

Im *Beispiel 2* betreffen Klage und Inzidentwiderklage jedoch dasselbe Interesse, da die Widerklage sich wirtschaftlich darauf beschränkt, ein dem Zahlungsanspruch des Klägers zu Grunde liegendes Rechtsverhältnis zu negieren, um hierdurch den Anspruch des Klägers zu Fall zu bringen. Daher findet im *Beispiel 2* gem. § 45 Abs. 1 Satz 3 GKG keine Streitwertaddition statt. Der Gebührenstreitwert bestimmt sich ausschließlich nach dem Wert der Klage. In diesem Fall wirkt sich die Abweisung der unbedingten Zwischenfeststellungswiderklage somit kostenrechtlich nicht aus.

b) Bedingte Zwischenfeststellungswiderklage

Sofern der Beklagte hilfsweise Zwischenfeststellungswiderklage erhebt, ist im Hinblick auf den Gebührenstreitwert fraglich, ob die bedingte Inzidentklage als Hilfsantrag im Sinne des § 45 Abs. 1 Satz 2 GKG zu verstehen und daher erst dann zu berücksichtigen ist, wenn eine Entscheidung über sie ergeht. Dazu folgender Beispielsfall:

Beispiel 3: K klagt gegen B aus Kaufvertrag auf Zahlung von € 1.000,- mit dem Hinweis, daß ihm aus diesem Kaufvertrag insgesamt ein Kaufpreisanspruch in Höhe von € 10.000,- zusteht. B bestreitet die Wirksamkeit des Kaufvertrags, beantragt Klageabweisung und widerklagend *hilfsweise für den Fall, daß das Gericht von der Unwirksamkeit des Kaufvertrages ausgeht*, dessen Nichtbestehen festzustellen. Der Leistungsklage wird statt gegeben, da das Gericht von der Wirksamkeit des Kaufvertrags ausgeht. Die Rechtshängigkeit der Hilfswiderklage fällt rückwirkend weg, da die Bedingung nicht eingetreten ist.

Hierbei ist zunächst festzuhalten, daß der in § 45 Abs. 1 Satz 2 GKG vorgesehene Vergleich zwischen mehreren Ansprüchen nicht auf den Fall der Eventualinzidentwiderklage zutrifft, da der in erster Linie vom Beklagten gestellte Antrag auf Klageabweisung *kein Anspruch in diesem Sinne* ist. Denn der in § 45 Abs. 1 Satz 2 GKG vorgesehene Wertvergleich setzt voraus, daß es sich um einen Haupt- und einen Hilfsanspruch *derselben Partei* handelt[1148]. Dies hätte jedoch im *Beispiel 3* die Konsequenz, daß der Hilfswiderklageanspruch gebührenrechtlich Berücksichtigung finden würde, obwohl die Bedingung nicht eingetreten ist und nicht über ihn entschieden wurde.

Wie *Frank* zu Recht betont, kann aber für die Hilfswiderklage nichts anderes gelten als für die Hilfsaufrechnung oder den klägerischen Hilfsantrag[1149]. Nach ganz h. M. wird die Hilfswiderklage daher (§ 45 Abs. 1 Satz 2, Abs. 3 GKG analog) gebührenwertmäßig erst ab Bedingungseintritt berücksichtigt[1150]. Denn mit Eintritt des Eventualverhältnisses liegt eine unbedingte Widerklageerhebung vor, die – entsprechend der einfachen Klage – nun abhängig von ihrem prozessualen Schicksal streitwertrechtlich in Ansatz zu bringen ist[1151].

Nach h. M. ist bei einer Eventualinzidentwiderklage, wenn die Bedingung nicht eintritt, der analog § 45 Abs. 1 Satz 2, Abs. 3 GKG zu Grunde zu legende Gebührenwert der Hauptklage auch für die Berechnung der anwaltlichen Gebühren allein maßgeblich[1152].

Da im *Beispiel 3* die Bedingung für die Eventualzwischenfeststellungswiderklage nicht eingetreten ist, wird sie folglich bei der Bestimmung des Gebührenstreitwerts nicht berücksichtigt, unabhängig davon, ob und inwieweit wirtschaftliche Identität besteht.

1148 Vgl. *Meyer*, GKG, § 45 Rdnr. 19.

1149 Vgl. *Frank*, Anspruchsmehrheiten, S. 320. Ebenso *Schneider/Herget*, Streitwert, Rdnr. 3110, 3114 f., 3129 ff.

1150 Vgl. *BGH* NJW 1973, 2206 (2207); *BGH* NJW-RR 1999, 1736; *OLG Köln* JurBüro 1990, 246 f.; *OLG Stuttgart*, JurBüro 1978, 1374; *Stein/Jonas/Roth*[22], § 5 Rdnr. 56; *Schneider/Herget*, Streitwert, Rdnr. 3117; MünchKomm ZPO/*Wöstmann*[4], § 5 Rdnr. 36; *Zöller/Herget*, § 3 Rdnr. 16 („Eventualwiderklage"); *Göttlich/Mümmler/Hellstab*, RVG, „Hilfswiderklage", S. 1214. Ausführlich hierzu *OLG Stuttgart*, Beschluß vom 23. April 2012 (13 W 19/12).

1151 Vgl. *OLG Stuttgart*, Beschluß vom 23. April 2012 (13 W 19/12) unter Hinweis auf *Schneider/Herget*, Streitwert, Rn. 3118.

1152 Vgl. *OLG Brandenburg* JurBüro 2006, 595 (596); *OLG Hamm* OLGR 2007, 194; OLG Karlsruhe OLGR 2007, 965 (966); *OLG Karlsruhe*, Beschluß vom 20. März 2007 (7 W 1/07); *OLG Köln* NJW-RR 1995, 827; *OLG Köln* OLGR 2009, 158; *LAG Berlin* MZA-RR 2004, 374. Dazu schon oben Text bei Fußn. 1110 ff. für den Fall der nicht beschiedenen Eventualinzidentklage des Hauptklägers.

c) Ergebnis

Als Ergebnis bleibt festzuhalten, daß es sich bei Erfolg der Hauptklage – abgesehen von den Fällen wirtschaftlicher Vollidentität des Streitgegenstands – kostenrechtlich für den Beklagten nachteilig auswirkt, wenn er seine Zwischenfeststellungswiderklage unbedingt erhebt.

2. Kostensituation bei erfolgloser Hauptklage

Abschließend soll die Kostensituation dargestellt werden, daß neben der Inzidentwiderklage auch die Hauptklage abgewiesen wird.

a) Unbedingte Zwischenfeststellungswiderklage

Wenn sowohl die unbedingt erhobene Zwischenfeststellungswiderklage als auch die Hauptklage abgewiesen werden, liegt für beide Parteien ein teilweises Obsiegen/Unterliegen vor, so daß sich die Kostentragungspflicht nach § 92 ZPO richtet[1153].

Beispiel 4: K klagt gegen B aus Schlechterfüllung des Beförderungsvertrags im Rahmen eines Verkehrsunfalls auf Schadensersatz von € 1.000,-. B beantragt Klageabweisung und widerklagend festzustellen, daß ein *Beförderungsvertrag nicht besteht.* Die Leistungsklage wird abgewiesen, da eine Gefährdungshaftung wegen Verwirkung nach § 15 StVG ausscheidet und ein Anspruch aus Schlechterfüllung des Beförderungsvertrags am mangelnden Verschulden des K scheitert. Die Inzidentwiderklage wird abgewiesen, da das Gericht das Bestehen des Beförderungsvertrags angenommen hat.

Entsprechend den Ausführungen zur Kostensituation des Klägers bei erfolgreicher Hauptklage und Abweisung der Inzidentklage[1154] ist es jedenfalls bei wirtschaftlicher Identität zwischen Haupt- und Inzidentwiderklage nicht angezeigt, dem Beklagten im *Beispiel 4* einen Teil der Kosten des Rechtsstreits aufzuerlegen, da sein Zwischenfeststellungswiderklageantrag wirtschaftlich nur auf die Aberkennung des klägerischen Zahlungsanspruchs gerichtet ist und insoweit in seinem Klageabweisungsantrag enthalten ist. Mit diesem wirtschaftlichen Interesse hat der Beklagte jedoch vollumfänglich obsiegt. Soweit durch den Inzidentantrag *keine zusätzlichen besonderen Kosten* entstanden sind, sind daher dem Kläger die Kosten des Rechtsstreits, die sich gem. § 45 Abs. 1 Satz 3 GKG nach

1153 Vgl. *BGHZ* 19, 172 (176); *Stein/Jonas/Bork*[22], § 92 Rdnr. 1; *Musielak/Lackmann*, § 92 Rdnr. 2; MünchKomm ZPO/*Schulz*[4], § 92 Rdnr. 5.

1154 Dazu oben Text bei Fußn. 1119 ff.

dem Streitwert des Klageantrags richten, nach *§ 92 Abs. 2 Nr. 1 ZPO* aufzuerlegen[1155].

Anders ist dies dann, wenn lediglich wirtschaftliche Teilidentität oder Verschiedenheit zwischen den (gebührenrechtlichen) Streitgegenständen vorliegt oder durch den Inzidentwiderklageantrag zusätzliche besondere Kosten verursacht wurden[1156].

b) Bedingte Zwischenfeststellungswiderklage

Wenn der Beklagte in Abwandlung des Beispiel 4 etwa seine Zwischenfeststellungswiderklage hilfsweise für den Fall erhebt, daß das Gericht seiner Entscheidung das Nichtbestehen eines Beförderungsvertrags zu Grunde legt, fällt die Rechtshängigkeit der Eventualinzidentwiderklage rückwirkend weg, da die Bedingung für den Hilfsantrag nicht eingetreten ist.

Analog § 45 Abs. 1 Satz 2, Abs. 3 GKG[1157] bleibt der Inzidentantrag des Beklagten somit gebührenrechtlich unberücksichtigt, unabhängig davon, ob und inwieweit wirtschaftliche Identität besteht. Nach § 91 Abs. 1 Satz 1 ZPO hat daher der Kläger die Kosten des Rechtsstreits zu tragen, die sich allein aus dem Gebührenstreitwert der Hauptklage berechnen.

c) Ergebnis

Als Ergebnis bleibt festzuhalten, daß es sich auch bei Abweisung der Hauptklage – abgesehen von den Fällen wirtschaftlicher Vollidentität des Streitgegenstands – kostenrechtlich für den Beklagten nachteilig auswirkt, wenn er seine Zwischenfeststellungswiderklage unbedingt erhebt.

III. Zusammenfassung

1. Wenn der Kläger neben seiner Hauptklage Zwischenfeststellungsklage erhebt, wirkt sich die unbedingte Inzidentklage im Fall der *Abweisung beider Anträge* nur dann nicht kostenrechtlich nachteilig für ihn aus, wenn zwischen Haupt- und Inzidentklage *wirtschaftliche Vollidentität* besteht. Anderenfalls findet bei der Bestimmung der gem. *§ 91 Abs. 1 Satz 1 ZPO* vom Kläger zu tragenden Kosten eine Zusammenrechnung im Umfang der Streitgegestandsverschiedenheit statt[1158].

1155 Dazu oben Text nach Fußn. 1130.

1156 Dazu oben Text bei Fußn. 1137.

1157 Dazu oben Text bei Fußn. 1149 ff.

1158 Dazu oben Text bei Fußn. 1098 ff.

2. Sofern bei wirtschaftlicher Identität zwischen den Streitgegenständen lediglich die *Inzidentklage abgewiesen* wird und durch den Inzidentantrag auch *keine zusätzlichen besonderen Kosten* entstanden sind, hat der *Beklagte die Kosten* des Rechtsstreits *gem. § 92 Abs. 2 Nr. 1 ZPO* zu tragen, die sich nach dem Gebührenstreitwert der Hauptklage berechnen. In diesem Fall macht es kostenrechtlich keinen Unterschied, ob der Kläger seinen Inzidentantrag unbedingt oder bedingt stellt. Anders ist dies dann, wenn *keine oder nur teilweise wirtschaftliche Identität* besteht oder durch den Inzidentantrag *zusätzliche besondere Kosten* verusacht wurden, so daß eine Anwendung der Ausnahmeregel des § 92 Abs. 2 Nr. 1 ZPO ausscheidet. In diesem Fall ist eine *Kostenquote nach § 92 Abs. 1 Satz 1 ZPO* zu bilden[1159].
3. Wenn der *Beklagte* Zwischenfeststellungswiderklage erhebt, wirkt sich die unbedingte Antragstellung *bei Erfolg der Hauptklage* und Abweisung der Inzidentwiderklage kostenrechtlich nicht nachteilig für ihn aus, sofern zwischen Klage und Inzidentwiderklage *wirtschaftliche Identität* besteht. In diesem Fall bestimmt sich die Kostenlast des Beklagten gem. *§ 91 Abs. 1 Satz 1 ZPO* nur nach dem Streitwert der Hauptklage. Anderenfalls findet eine Zusammenrechnung der Streitwerte im Umfang der Steitgegenstandsverschiedenheit statt[1160].
4. Wenn sowohl die *Hauptklage* als auch die *Zwischenfeststellungswiderklage abgewiesen* werden, wirkt sich die unbedingte Inzidentwiderklage kostenrechtlich gem. *§ 92 Abs. 2 Nr. 1 ZPO* nur dann nicht nachteilig für den Beklagten aus, *wenn* zwischen den Streitgegenständen *wirtschaftliche Identität* besteht und durch die Inzidentwiderklage *keine zusätzlichen besonderen Kosten* verursacht wurden[1161].
5. Sofern keine wirtschaftliche Vollidentität zwischen den Streitgegenständen der Haupt- und Inzidentklage besteht, ist beiden Parteien anzuraten, ihren Zwischenfeststellungsantrag hilfsweise zu erheben.

1159 Dazu oben Text bei Fußn. 1120 ff.
1160 Dazu oben Text bei Fußn. 1138 ff.
1161 Dazu oben Text bei Fußn. 1153 ff.

Viertes Kapitel: Schlußbetrachtung und Ausblick

Faßt man die wichtigsten Ergebnisse der vorliegenden Untersuchung zur Zwischenfeststellungsklage des § 256 Abs. 2 ZPO zusammen, so läßt sich folgendes konstatieren:

1. Da bei der Leistungsklage unmittelbar nur die gerichtliche Entscheidung über das Bestehen der geltend gemachten konkreten Rechtsfolge in materieller Rechtskraft erwächst, besteht die Gefahr, daß die Entscheidung über ein vorgreifliches Rechtsverhältnis in einem Zweitprozeß abweichend getroffen wird. *Sinn und Zweck* der Zwischenfeststellungsklage ist daher die *Ausdehnung der Rechtskraftwirkung auf den Grund der Klage*[1162]. Sie ist ein Ersatz dafür, daß die Grundlagen der Entscheidung nicht in Rechtskraft erwachsen. Im Lichte dieses Zwecks der Zwischenfeststellungsklage – der Rechtskrafterstreckung auf den Rechtsgrund – sind auch die Sachurteilsvoraussetzungen zu verstehen und auszulegen.

2. Soweit es um das Rechtsverhältnis als Gegenstand und wesentliches Merkmal der Zwischenfeststellungsklage geht, sollten entgegen der h. M. *Vorfragen und Elemente nicht von vornherein* von der Feststellungsfähigkeit *ausgeschlossen* werden[1163]. Unabhängig davon, ob man dies auch für die prinzipale Feststellungsklage vertreten mag, sprechen die Entstehungsgeschichte sowie der Zweck der Inzidentklage für die Zulassung derartiger Anträge. Gerade weil sie als Ersatz dafür gedacht war, daß man die Lehre *v. Savignys* ablehnte, und die Rechtskraft nicht auf Elemente und Vorfragen erstrecken wollte, sollten die Parteien nach ihrem Willen mittels der Inzidentklage eine rechtskräftige Entscheidung hierüber erreichen können. Entscheidend für die Zulässigkeit der Zwischenfeststellungsklage ist, ob die Voraussetzung der Präjudizialität tatsächlich gegeben ist.

1162 Dazu oben Text bei Fußn. 148 ff.

1163 Dazu oben Text bei Fußn. 288 ff.

3. Entgegen der h. M. sollte die Feststellung *unstreitiger Rechtsverhältnisse* zugelassen werden[1164]. Die Vorgreiflichkeit des festzustellenden Rechtsverhältnisses kann auch vorliegen, ohne daß die Parteien darüber im Streit sind. Der gesetzgeberischen Intention und der ratio des § 256 Abs. 2 ZPO wird man nur dann wirklich gerecht, wenn man den Parteien gestattet, unter Verzicht auf den Wortlaut auch unstreitige Rechtsverhältnisse inzident zur Feststellung zu bringen. Soweit der Gegner den Bestand des Rechtsverhältnisses nicht bestreitet, der Inzidentkläger aber das vorgreifliche Rechtsverhältnis – etwa um eine Rechtskrafterstreckung zur Sicherung weiterer Ansprüche herbeizuführen – zur Feststellung bringen will, ist der Inzidentbeklagte durch das *Regulativ des § 93 ZPO* ausreichend geschützt. Da er den Bestand nie bestritten hat, kann er sofort anerkennen und damit die Kostentragung für die Inzidentfeststellung dem Zwischenfeststellungskläger aufbürden.

4. Die Untersuchung des entscheidenden Kriteriums der Zwischenfeststellungsklage, der *Abhängigkeit* (Präjudizialität, Vorgreiflichkeit, Entscheidungserheblichkeit), führt zu folgenden Schlußfolgerungen:
   a) Aus dem Kreis der feststellbaren Rechtsverhältnisse sind von vornherein streitgegenstandsidentische Rechtsverhältnisse auszuschließen, da dem bereits der *Einwand anderweitiger Rechtshängigkeit* (§ 261 Abs. 3 Nr. 1 ZPO) entgegensteht. Eine Ausnahme ist aufgrund des Gebots materiellrechtsfreundlicher Auslegung des Zivilprozeßrechts zu machen, wenn dem inzident festzustellenden Anspruch die *Verjährung* droht und die Bezifferung unmöglich ist[1165].
   b) Bezugspunkt der Abhängigkeit ist der *Urteilsgegenstand* der Hauptklage[1166]. Denn die Entscheidung des Rechtsstreits in der Hauptsache hängt nicht nur davon ab, ob ein das klägerische Begehren stützender Anspruch besteht, sondern auch, ob seitens des Beklagten *Einwendungen* und *Einreden* geltend gemacht werden. Über die Zwischenfeststellungsklage ist aber nicht nur das den Anspruch begründende, sondern auch das die Einwendung oder Einrede begründende Rechtsverhältnis feststellbar.
   c) Die Vorgreiflichkeit muß *tatsächlich* vorliegen. Weder genügt die bloße Behauptung noch die bloße Möglichkeit der Abhängigkeit[1167]. Das Rechtsverhältnis, dessen Inzidentfeststellung begehrt wird, steht *nur dann* in dem geforderten Abhängigkeitsverhältnis, wenn *ohnehin* in den Grün-

1164 Dazu oben Text bei Fußn. 391 ff.
1165 Dazu oben Text bei Fußn. 444 ff.
1166 Dazu oben Text bei Fußn. 470 ff.
1167 Dazu oben Text bei Fußn. 481 ff. und 495 ff.

den der Hauptklage über den Gegenstand der Inzidentklage *entschieden* wird. Wird indessen die Klage zur Hauptsache unabhängig davon abgewiesen, ob das zwischen den Parteien streitige Rechtsverhältnis besteht, dann ist dessen beantragte Feststellung nicht vorgreiflich. Entscheidungen über Rechtsverhältnisse, die für die Entscheidung des Rechtsstreits in der Hauptsache somit gänzlich belanglos sind oder geworden sind und daher in den Urteilsgründen nicht (mehr) berücksichtigt werden, sollen nach dem Sinn und Zweck des § 256 Abs. 2 ZPO gerade nicht rechtskräftig gemacht werden können.

d) In Anbetracht dessen und angesichts der Tatsache, daß es sich bei der Präjudizialität um eine Sachurteilsvoraussetzung handelt, kommt es für ihr Vorliegen nicht auf den Zeitpunkt der Klageerhebung an, sondern auf den Zeitpunkt der letzten mündlichen Tatsachenverhandlung über die Inzidentklage[1168]. Der Schluß der mündlichen Verhandlung über die Inzidentklage hat grundsätzlich jedoch mit dem über die Hauptklage zusammenzufallen, die *Entscheidung über sie hat grundsätzlich einheitlich mit der Entscheidung über die Hauptklage* zu erfolgen. Denn erst zu diesem Zeitpunkt weiß das Gericht sicher, ob tatsächlich die Entscheidung des Rechtsstreits (noch) von dem (streitigen) Rechtsverhältnis abhängt oder ob das Rechtsverhältnis ohne Relevanz für die Entscheidung ist.

e) Im Fall einer *klagestattgebenden* Entscheidung in der Hauptsache ist folglich *jedes* (streitig gewordene) *Rechtsverhältnis tatsächlich vorgreiflich* und somit im Wege der Zwischenfeststellungsklage feststellbar[1169]. Denn in den Entscheidungsgründen ist zwingend auf jedes (anspruchs- oder einredebegründende) Rechtsverhältnis einzugehen, damit das Urteil auf Klagestattgabe lauten kann. Anders stellt sich die Situation im Fall einer *Klageabweisung* in der Hauptsache dar. Da eine Klage bereits abgewiesen werden kann, wenn es an *einer* unerläßlichen Anspruchsvoraussetzung mangelt oder eine Einwendung oder Einrede des Beklagten durchgreift, ist die Entscheidung des Rechtsstreits *nur* von demjenigen Rechtsverhältnis *tatsächlich abhängig*, welches die *Klageabweisung konkret bedingt*.

f) Daraus folgt weiter: Sofern das Gericht ein *Angriffs- oder Verteidigungsmittel* nach § 296 Abs. 1 ZPO als *präkludiert* zurückweist, ist auch die Inzident(wider)klage hierüber unzulässig[1170]. Im Fall *alternativer Begründungsmöglichkeit* ist die Inzidentklage nur dann zulässig, wenn das Gericht bei der Wahl seiner Begründung ohnehin über das festzustellende

1168 Dazu oben Text bei Fußn. 512 ff.

1169 Dazu oben Text bei Fußn. 533 ff.

1170 Dazu oben Text bei Fußn. 542.

Rechtsverhältnis zu entscheiden hat[1171]. In Verbundverfahren über Scheidungsfolgen ist *grundsätzlich* nur die *einzelne*, geltend gemachte *Rechtsfolge*, *nicht* aber der Ehevertrag *im Ganzen* vorgreiflich für die Entscheidung des Rechtsstreits[1172].

5. Die Zwischenfeststellungs(wider)klage ist bei stabiler Unzulässigkeit, d. h. von vornherein fehlender Vorgreiflichkeit, durch *Prozeßurteil* abzuweisen, sofern sie sich nicht als *prinzipale Feststellungsklage* aufrecht erhalten läßt[1173]. Auf die drohende Prozeßabweisung hat das Gericht nach § 139 Abs. 3 ZPO den Inzidentkläger selbstverständlich hinzuweisen.

   Im Fall *nachträglich entfallender Vorgreiflichkeit* („labile" Unzulässigkeit, etwa bei Prozeßabweisung der Hauptklage oder Sachabweisung unabhängig vom festzustellenden Rechtsverhältnis) ist eine Gleichbehandlung mit der „anfänglichen" Unzulässigkeit nicht angezeigt, da der Inzidentkläger bis zur Entscheidung über die Haupt- und Inzidentklage davon ausgeht, daß seine Klage zulässig ist[1174]. Das Gericht hat nach § 139 Abs. 3 ZPO zwar darauf hinzuweisen, wenn es zur Auffassung gelangt, daß es bei seiner Entscheidung auf das festzustellende Rechtsverhältnis nicht mehr ankommen wird. Allerdings scheidet eine einseitige Erledigungserklärung des Inzidentklägers als Reaktion hierauf aus. Denn zu erledigen vermag sich nur die zulässige und begründete Klage, wohingegen man hier vor Entscheidung des Rechtsstreits nicht weiß, ob die Zwischenfeststellungsklage überhaupt zulässig ist. Verfahrensgerechte Ergebnisse lassen sich aber über eine *Eventualzwischenfeststellungsklage* erreichen[1175]. Die Zwischenfeststellungs(wider)klage wird dann mit ihrer Erhebung *auflösend bedingt rechtshängig*; ihre Rechtshängigkeit entfällt *rückwirkend* wieder, wenn die auflösende Bedingung endgültig eintritt, weil es für die Entscheidung in der Hauptsache auf das festzustellende Rechtsverhältnis nicht mehr ankommt. In jedem Fall sollte der Anwalt im Interesse seines Mandanten von der Eventualzwischenfeststellungsklage Gebrauch machen, um nicht eine Prozeßabweisung wegen unzulässiger, weil nicht (mehr) vorgreiflicher, Inzidentfeststellung zu riskieren und die Inzidentklage unter der auflösenden Bedingung erheben, daß die Hauptentscheidung auch ohne Entscheidung des (streitigen) Rechtsverhältnisses ergehen kann.

1171 Dazu oben Text bei Fußn. 543 ff.

1172 Dazu oben Text bei Fußn. 555 ff.

1173 Dazu oben Text bei Fußn. 577 ff.

1174 Dazu oben Text bei Fußn. 580 ff.

1175 Dazu oben Text bei Fußn. 590 ff., 598 ff.

6. Im Hinblick auf den Sinn und Zweck der Zwischenfeststellungsklage hängt die Frage, ob das Nichtbestehen der Gesamt- oder Restforderung bei *Teilklagen* beantragt werden kann[1176], nicht unerheblich davon ab, welchen Umfang man der Rechtskraft eines Urteils über die Teilklage beimißt. Nicht weniger bedeutsam ist, welchen Standpunkt man hinsichtlich der Rechtshängigkeit bei Teilklagen einnimmt[1177]. Keine Konflikte mit Fragen der Rechtskraft und der Rechtshängigkeit treten auf bei Inzidentwiderklagen, die das Nichtbestehen des dem Teilanspruch zu Grunde liegenden Rechtsverhältnisses festzustellen begehren, etwa des Nichtbestehens des Kaufvertrages, aus dem die Teil-Kaufpreisklage abgeleitet wird.

   a) Folgt man der h. M. zur Rechtskrafterstreckung, ist die Inzidentwiderklage hinsichtlich des Nichtbestehens des *gesamten Anspruchs* ausschließlich im Fall der *Klageabweisung* vorgreiflich, da vor Klagabweisung des Teilanspruchs notwendig jeder Teil des Gesamtanspruchs geprüft und verneint werden muß[1178]. Dies aber nur, soweit man nicht bereits teilweise anderweitige Rechtshängigkeit bejaht. Hinsichtlich der *Restforderung* liegt *keinesfalls* Präjudizialität vor, da die Entscheidung über den Teilbetrag stets unabhängig von der Entscheidung über den Restbetrag erfolgt. Ihr Nichtbestehen kann allenfalls mittels §§ 256 Abs. 1, 33 ZPO geltend gemacht werden. Mangels erkennbaren Nachforderungsvorbehalts im Fall einer *verdeckten* Teilklage fehlt hierfür regelmäßig das rechtliche Interesse. Im Fall der Klagabweisung der verdeckten Teilklage wäre zwar Präjudizialität der Gesamtforderung denkbar. Da die Gesamtforderung aber meist nicht bekannt ist, fehlt es an dem für die Abhängigkeit notwendigen Merkmal, daß über das Rechtsverhältnis ohnehin zu befinden ist[1179]. Falls ausnahmsweise die Gesamtforderung bekannt sein sollte, stellt sich wiederum das Problem teilweise anderweitiger Rechtshängigkeit.

   b) Folgt man den Ansichten, die eine *Rechtskrafterstreckung* bei Abweisung der *offenen* Teilklage für den Gesamtanspruch annehmen, so ist die Zwischenfeststellungsklage gänzlich *unzulässig*[1180]. Im Fall der Klagestattgabe sind weder Gesamt- noch Restforderung präjudiziell für die Entscheidung über die Teilforderung. Diese erfolgt unabhängig davon, ob dem Kläger die Restforderung oder die ganze Forderung zusteht. Im Fall der sachlichen Klagabweisung der Teilklage ist eine Zwischenfeststellungswiderklage

1176 Dazu oben Text bei Fußn. 616 ff.

1177 Dazu oben Text bei Fußn. 632 ff.

1178 Dazu oben Text bei Fußn. 685 f.

1179 Dazu oben Text bei Fußn. 687 f.

1180 Dazu oben Text bei Fußn. 681 ff.

überflüssig und aufgrund teleologischer Reduktion ihres Anwendungsbereichs unzulässig, da der Zweck der Inzidentklage, die Erstreckung der Rechtskraft, nicht mehr erreicht werden kann. Sofern man innerhalb dieser Auffassung davon ausgeht, daß mit Rechtshängigkeit des Teilbetrags zugleich die gesamte Forderung rechtshängig werde, folgt die Unzulässigkeit der Inzidentwiderklage über den Rest- und Gesamtbetrag bereits aus dem Einwand anderweitiger Rechtshängigkeit. Schließt man sich der Ansicht an, die bei sachlicher Abweisung einer *verdeckten* Teilklage eine Rechtskrafterstreckung befürwortet, ist die negative Zwischenfeststellungswiderklage sowohl hinsichtlich der Restforderung wie der Gesamtforderung nicht notwendig und aufgrund unmöglicher Zweckerreichung nicht zulässig[1181].

c) Für den Anwalt empfiehlt sich daher, sollte er das Nichtbestehen der Gesamtforderung inzident feststellen lassen wollen, eine *Eventualzwischenfeststellungswiderklage* zu erheben für den Fall der Klageabweisung der Teilklage. Um sich aber nicht dem Einwand anderweitiger (teilweiser) Rechtshängigkeit auszusetzen, sollte er mittels prinzipaler Feststellungsklage das Nichtbestehen der Restforderung feststellen lassen. Bei offener Teilklage ist auch das Feststellungsinteresse regelmäßig zu bejahen.

7. Für die Zulässigkeit einer Zwischenfeststellungsklage über das (Nicht)Bestehen einer zur *Aufrechnung* gestellten Gegenforderung hat die Untersuchung folgende Ergebnisse gezeitigt[1182]:

a) In Fällen der Inzidentklage gegenüber einer zur Aufrechnung gestellten Gegenforderung ist der Inzidentantrag schon *unzulässig*, soweit das Gericht das Bestehen der aufgerechneten Forderung (etwa wegen Zurückweisung des tatsächlichen Vorbringens hierzu) nicht ohnehin zu prüfen hat. Dies folgt aus dem Erfordernis tatsächlich bestehender Präjudizialität.

b) Falls die aufgerechnete Gegenforderung die *Klageforderung nicht übersteigt*, ist weder der Inzidentantrag des Klägers auf Nichtbestehen noch der des Beklagten auf Bestehen der behaupteten Gegenforderung zulässig.

Der negativen Zwischenfeststellungsklage des Klägers bedarf es nicht, da aufgrund der Regelung des § 322 Abs. 2 ZPO bereits eine der Rechtskraft fähige Entscheidung darüber ergeht, daß die Gegenforderung nicht besteht bzw. nicht mehr besteht[1183]. Die auf das gleiche Ziel gerichtete negative Zwischenfeststellungsklage des Hauptklägers ist zwecklos und

---

1181 Dazu oben Text nach Fußn. 688.

1182 Dazu oben Text bei Fußn. 690 ff.

1183 Dazu oben Text bei Fußn. 716 ff.

damit unzulässig. Methodologisch handelt es sich um eine *teleologische Reduktion des Anwendungsbereichs der Inzidentklage.*

Auch dem Beklagten ist eine Inzidentwiderklage verwehrt[1184]: Nach § 322 Abs. 2 ZPO enthält das Urteil *bei erfolgreicher Aufrechung* die rechtskräftige Feststellung, daß die Gegenforderung bestanden hat, infolge der Aufrechnung jetzt aber *nicht mehr besteht*, weshalb die Klage abgewiesen wird. Würde die Inzidentklage mit dem Antrag festzustellen, daß die Gegenforderung besteht, zugelassen, bestünde die Gefahr zweier sich widersprechender rechtskräftiger Feststellungen. Bei *erfolgloser Aufrechnung* gilt nichts anderes. Wenn die Gegenforderung nicht begründet ist, dann wird der Klage stattgegeben und rechtskräftig festgestellt, daß die Gegenforderung nicht besteht. In diesem Fall würde der Beklagte mit seinem Inzidentantrag die Feststellung des kontradiktorischen Gegenteils dessen, was nach § 322 Abs. 2 ZPO rechtskräftig festgestellt wird, begehren.

c) Wenn die Aufrechnungsforderung die *Klageforderung übersteigt*[1185], ist lediglich der Inzidentantrag des *Klägers* über das Nichtbestehen der aufgerechneten *Gesamtforderung* zulässig, *sofern* das Gericht der Klage unter Berücksichtigung der Gegenforderung stattgibt. Dem Inzidentkläger ist daher zu einem dementsprechenden *Eventualinzidentantrag* zu raten. Der Inzidentantrag des Beklagten (Feststellung des Bestehens der aufgerechneten Gesamtforderung) zielt im Umfang der Klageforderung auf eine widersprüchliche rechtskräftige Feststellung. Hinsichtlich der Restforderung fehlt es an der Vorgreiflichkeit für die Entscheidung über den Aufrechnungseinwand. Hinzu kommt, daß die Inzidentwiderklage unbegründet ist und an einer stets unzulässigen oder jedenfalls unbegründeten Zwischenfeststellungsklage kein Bedürfnis besteht. Sofern die Parteien den Restbetrag „unbedingt" einer rechtskräftigen Feststellung zuführen wollen, sind sie auf die *selbständige Feststellungsklage* gem. § 256 Abs. 1 ZPO verwiesen, falls ein rechtliches Interesse besteht und die Voraussetzungen für eine Klageänderung (im Fall des Klägers) bzw. der Widerklage (im Fall des Beklagten) vorliegen. Der *Beklagte* hat des weiteren die Möglichkeit, die Restforderung im Wege der *Leistungswiderklage* geltend zu machen. Überdies bleibt es beiden Parteien unbenommen, das (Nicht)Bestehen des der Gegenforderung zu Grunde liegenden Kausalverhältnisses (z. B. Wirksamkeit des Kaufvertrages) über § 256 Abs. 2 ZPO rechtskräftig feststellen zu lassen.

1184 Dazu oben Text nach Fußn. 727.

1185 Dazu oben Text bei Fußn. 733 ff.

8. Es ist zwar anerkennenswert, daß die Rechtsprechung im Rahmen des *Rechtsschutzbedürfnisses* versucht, bei der Zwischenfeststellungsklage das angebliche Erfordernis zukünftiger Relevanz der Rechtsfrage („über den Streitgegenstand hinausreichende Bedeutung“) durch die *Möglichkeit* einer solchen Relevanz zu entschärfen[1186]. Aber § 256 Abs. 2 ZPO erfordert ein derartiges ungeschriebenes Tatbestandsmerkmal „über den Streitgegenstand hinausreichender Bedeutung“ nicht. Die Vorschrift verlangt außer der Vorgreiflichkeit des Rechtsverhältnisses keine weiteren speziellen (noch dazu ungeschriebenen) Voraussetzungen für die Zwischenfeststellungsklage. Die Rechtsprechung bricht nicht nur ohne Not mit der Intention der Gesetzesverfasser, sondern vermengt in unzulässiger Weise auch die beiden Absätze des § 256 ZPO, wenn sie im Sinne des rechtlichen Interesses den Gedanken der Prozeßantizipation für die Inzidentklage aufrecht erhält und eine über den Streitgegenstand hinausgehende Bedeutung des Rechtsverhältnisses fordert.

9. Grundsätzlich ist – wie schon erwähnt – die *Entscheidung* über die *Inzidentklage zusammen* mit der Entscheidung über die *Hauptklage* zu treffen. Dies kann in einem gemeinsamen Vollendurteil erfolgen sowie in einem gemeinsamen Teilurteil. Einem isolierten Teilurteil über die Hauptklage steht regelmäßig entgegen, daß dieses gerade nicht unabhängig von der Entscheidung im Schlußurteil erfolgt. Einem *isolierten Teilurteil* über die *Inzidentklage* steht – im Widerspruch zur h. M. – *der Sinn und Zweck des § 256 Abs. 2 ZPO regelmäßig entgegen*[1187]. Die Regel, daß die Zwischenfeststellungsklage unzulässig ist, wenn die Entscheidung nicht vom Bestehen des Rechtsverhältnisses abhängt, darf nicht dadurch umgangen werden, daß eine der Parteien vorab ein Teilurteil beantragt.

10. Die Rechtskraftwirkung der Zwischenfeststellungsklage entspricht der eines Urteils über die selbständige Feststellungsklage. Insbesondere ist sie nicht begrenzt durch die Vorgreiflichkeit des festgestellten Rechtsverhältnisses für die Hauptsache[1188].

11. Der prozeßtaktische Rat, die Zwischenfeststellungs(wider)klage hilfsweise zu erheben, ist – abgesehen von den Fällen wirtschaftlicher Vollidentität zwischen den gebührenrechtlichen Streitgegenständen der Haupt- und Inzidentklage – schon unter kostenrechtlichen Gesichtspunkten gerechtfertigt[1189].

1186 Dazu oben Text bei Fußn. 896 ff.

1187 Dazu oben Text bei Fußn. 961 ff.

1188 Dazu oben Text bei Fußn. 1072 ff.

1189 Dazu oben Text bei Fußn. 1094 ff.

Die Untersuchung hat gezeigt, daß die Anwendbarkeit der Zwischenfeststellungsklage entscheidend davon abhängt, wo man die Grenzen der Rechtskraft über die Hauptklage zieht. Dies kann gar nicht anders sein. Denn die Zwischenfeststellungsklage verdankt ihre „Existenz“ dem Umstand, daß man bei Schaffung der CPO die präjudiziellen Rechtsverhältnisse nicht an der Rechtskraft des Urteils teilhaben lassen wollte, sondern zur Rechtskrafterstreckung auf sie die Zwischenfeststellungsklage zum Ausgleich bestimmt hatte. Die deutsche Zivilprozeßrechtswissenschaft wird sich daher hinsichtlich der Zulässigkeit einer Zwischenfeststellungsklage in Zukunft mit der Frage auseinandersetzen müssen, welchen Weg man bei den Grenzen der materiellen Rechtskraft einschlagen will.

Möchte man schrittweise „zurück zu Savigny“, also die Rechtskraft über die engen Grenzen des § 322 ZPO hinaus erweitern? Will man im Hinblick auf rechtliche Sinn- und Ausgleichszusammenhänge, auf das Urteil über eine Teilklage oder den Bestand der über die Klageforderung hinausgehenden Aufrechnungsforderung die Rechtskraft des Urteils erstrecken? Hierzu könnte man sich in Anbetracht der Kernpunktlehre des *EuGH* – die in der vorliegenden Arbeit außer Betracht blieb – und einer „Europarechtsfreundlichkeit“ des Zivilprozeßrechts möglicherweise veranlaßt sehen[1190]. Oder will man der Rechtskraft im Sinne der Schöpfer der CPO bewußt weiter enge Grenzen setzen? Von der Antwort auf diese Fragen hängt es ab, wie der Anwendungsbereich der Zwischenfeststellungsklage zukünftig bestimmt wird.

1190 Instruktiv hierzu *Althammer*, Streitgegenstand, S. 172 ff.

Literaturverzeichnis

Norbert Achterberg: Rechtsverhältnisse als Strukturelemente der Rechtsordnung, Rechtstheorie. Prolegomena zu einer Rechtsverhältnistheorie, in: Theorie und Dogmatik des öffentlichen Rechts, Ausgewählte Abhandlungen 1960-1980, Berlin 1980 (zitiert: Achterberg, Rechtsverhältnisse).

Christoph Althammer: Streitgegenstand und Interesse. Eine zivilprozessuale Studie zum deutschen und europäischen Streitgegenstandsbegriff, Tübingen 2012 (zitiert: Althammer, Streitgegenstand).

Monika Anders/ Burhard Gehle/ Wolfgang Kunze: Streitwert-Lexikon, 4. Auflage, Düsseldorf 2002 (zitiert: Anders/Gehle/Kunze, Streitwert-Lexikon).

Ernst Anger: in: *Julius Petersen*: Die Civilprozessordnung für das Deutsche Reich, Erster Band, 5. Auflage, Lahr 1904 (zitiert: Petersen/Anger).

Dorothea Assmann: Das Verfahren der Stufenklage, Erlangen 1990 (zitiert: Assmann, Stufenklage).

Dorothea Assmann: Erbrechtliche Prozesse zu Lebzeiten, ZZP 111 (1998), S. 357-372.

Dorothea Assmann: siehe auch *Wieczorek/Schütze*: Zivilprozessordnung und Nebengesetze.

Otto Bähr: Die Anerkennung als Verpflichtungsgrund, Cassel 1855 (zitiert: Bähr, Anerkennung).

Otto Bähr: Die Anerkennung als Verpflichtungsgrund, 2. Auflage, Cassel und Göttingen 1867 (zitiert: Bähr, Anerkennung^2).

Otto Bähr: Urteile des Reichsgerichts mit Besprechungen, München und Leipzig 1883 (zitiert: Bähr, Urteile).

Johannes Baltzer: Die negative Feststellungsklage aus § 256 I ZPO, Köln u. a. 1980 (zitiert: Baltzer, negative Feststellungsklage).

J. Baron: Kann die Unzuständigkeit des Gerichts immer von Amts wegen ausgesprochen werden?, ZZP 1 (1879), S. 29-46.

Karlludwig Batsch: Zur materiellen Rechtskraft bei „Teilklagen" und zur Repräsentationswirkung des Klageantrags, ZZP 86 (1973), S. 254-292.

Manfred Bauer: Feststellungsklage über Drittrechtsverhältnisse, München 1971 (zitiert: Bauer, Drittrechtsverhältnisse).

Adolf Baumbach/ Wolfgang Lauterbach/ Jan Albers/ Peter Hartmann: Zivilprozeßordnung, 71. Auflage, München 2013 (zitiert: Baumbach/Lauterbach/Albers/Hartmann).

Ekkehard Becker-Eberhard: Die Entwicklung der höchstrichterlichen Rechtsprechung zur Erledigung der Hauptsache im Zivilprozeß, in: 50 Jahre Bundesgerichtshof, Festgabe aus der Wissenschaft, Band III, München 2000, S. 273-307 (zitiert: Becker-Eberhard, FG BGH III).

Ekkehard Becker-Eberhard: siehe *Rauscher/Wax/Wenzel*: Münchener Kommentar zur Zivilprozessordnung.

Ernst Immanuel Bekker: Die Aktionen des Römischen Privatrechts, Band 1, Neudruck der Ausgabe Berlin 1871, Aalen 1970 (zitiert: Bekker, Aktionen I).

Ernst Immanuel Bekker: Die Aktionen des Römischen Privatrechts, Band 2, Neudruck der Ausgabe Berlin 1873, Aalen 1970 (zitiert: Bekker, Aktionen II).

Günther Bergerhoff: Die Zwischenfeststellungsklage des § 280 ZPO unter Berücksichtigung der Rechtsprechung des Reichsgerichts, Köln 1940 (zitiert: Bergerhoff, Zwischenfeststellungsklage).

Wolfgang Bergmann: Probleme bei der verwaltungsgerichtlichen Feststellungs- und Zwischenfeststellungsklage, DÖV 1959, S. 570-575.

Moritz August von Bethmann-Hollweg: Der Civilprozeß des gemeinen Rechts in geschichtlicher Entwicklung, Band II, Bonn 1864 (zitiert: v. Bethmann-Hollweg, Civilprozeß).

Karl August Bettermann: Rechtshängigkeit und Rechtsschutzform, Eine prozessrechtliche Abhandlung, Detmold u. a. 1949 (zitiert: Bettermann, Rechtshängigkeit).

Julius Binder: Prozeß und Recht, Ein Beitrag zur Lehre vom Rechtsschutzanspruch, Neudruck der Ausgabe Leipzig 1927, Aalen 1969 (zitiert: Binder, Prozeß).

Karl Josef Binz/ Josef Dörndorfer/ Rainer Petzold/ Walter Zimmermann: Gerichtskostengesetz Gesetz über Gerichtskosten in Familiensachen Justizvergütungs- und -entschädigungsgesetz, 2. Auflage, München 2009 (zitiert: Binz/Dörndorfer/Petzold/Zimmermann, GKG).

Arwed Blomeyer: Rechtskrafterstreckung infolge zivilrechtlicher Abhängigkeit, ZZP 75 (1962), S. 1-27.

Arwed Blomeyer: Zivilprozeßrecht, Erkenntnisverfahren, Berlin u. a. 1963 (zitiert: Blomeyer, Erkenntnisverfahren).

Arwed Blomeyer: Zivilprozeßrecht, Erkenntnisverfahren, 2. Auflage, Berlin 1985 (zitiert: Blomeyer, Erkenntnisverfahren²).

Carl Bolgiano: Handbuch des Reichszivilprozeßrechts auf rationellen Grundlagen mit vergleichender Darstellung des gemeinen deutschen Zivilprozesses, Allgemeiner Theil, Stuttgart 1879 (zitiert: Bolgiano, Handbuch).

Paul Bonin: Der Prozeßvergleich unter besonderer Berücksichtigung seiner personellen Erstreckung, Stuttgart 1957 (zitiert: Bonin, Prozeßvergleich).

Hans Otto de Boor: Zur Lehre vom Parteiwechsel und vom Parteibegriff, Leipzig 1941 (zitiert: de Boor, Parteiwechsel).

Hans Otto de Boor: Gerichtsschutz und Rechtssystem, Leipzig 1941 (zitiert: de Boor, Gerichtsschutz).

Reinhard Bork: Der Vergleich, Berlin 1988 (zitiert: Bork, Vergleich).

Wilhelm von Braun: Die Inzidentfeststellungsklage des § 280 der Reichszivilprozessordnung, Heidelberg 1910 (zitiert: v. Braun, Inzidentfeststellungsklage).

Wolfgang Brehm: Rechtsschutzbedürfnis und Feststellungsinteresse, in: 50 Jahre Bundesgerichtshof, Festgabe aus der Wissenschaft, Band III, München 2000, S. 89-108 (zitiert: Brehm, FG BGH III).

Rudolf Bruns: Der materiellrechtliche Anspruch und der Zivilprozeß, in: Festskrift till Per Olof Ekelöf, Stockholm 1972, S. 161-178 (zitiert: Bruns, FS Ekelöf).

Rudolf Bruns: Zivilprozeßrecht, 2. Auflage, München 1979 (zitiert: Bruns, Zivilprozeßrecht).

Oskar Bülow: Die Lehre von den Prozeßeinreden und die Prozeßvoraussetzungen, Gießen 1868 (zitiert: Bülow, Prozeßeinreden).

Chii-Chwei Chern: Die Feststellungsklage im Zivilprozeß, Hamburg 2004 (zitiert: Chern, Feststellungsklage).

Donald Cramer: Probleme des Feststellungsinteresses im Zivilprozeß, Freiburg i. Br. 1972 (zitiert: Cramer, Feststellungsinteresse).

Carl Creifelds: Rechtswörterbuch, 20. Auflage, München 2011 (zitiert: Creifelds, Rechtswörterbuch).

Heinrich Degenkolb: Einlassungszwang und Urteilsnorm, Leipzig 1877 (zitiert: Degenkolb, Einlassungszwang).

Andreas Dichtl: Der Prozess der negativen Feststellungsklage. Unter Einbeziehung der prozessualen und materiell-rechtlichen Nebenwirkungen, Hamburg 2004 (zitiert: Dichtl, Negative Feststellungsklage).

W. Endemann: Der deutsche Civilprozess, Band II, Berlin 1879 (zitiert: Endemann).

Peter Enders: Prozeßtaktische Möglichkeiten der unselbständigen Feststellungsklage, ZAP 1996, S. 455-468.

Horst-Reiner Enders: RVG für Anfänger, 15. Auflage, München 2012 (zitiert: Enders, RVG).

Hans W. Fasching/ Andreas Konecny: Kommentar zu den Zivilprozeßgesetzen, 2. Auflage, Band 3 (§§ 226-460 ZPO), Wien 2004 (zitiert: Fasching/ Bearbeiter).

Hans W. Fasching: Lehrbuch des österreichischen Zivilprozeßrechts, 2. Auflage, Wien 1990 (zitiert: Fasching, Lehrbuch).

Hilmar Fenge: Über Chancen und Risiken einer Teilklage im Zivilprozeß, in: Festschrift für Helmut Pieper, Hamburg 1998, S. 31-51 (zitiert: Fenge, FS Pieper).

Hermann Fitting: Bemerkungen zur Reichs-Civilprozessordnung, ZZP 2 (1880), S. 266-296.

Julius Flechtheim: Die Struktur der negativen Feststellungsklage, ZZP 25 (1899), S. 405-446.

Ulrich Foerste: Zur Rechtskraft in Ausgleichszusammenhängen, ZZP 108 (1995), S. 167-191.

Ulrich Foerste: siehe auch *Musielak*: Kommentar zur Zivilprozessordnung.

A. Förster/ Richard Kann: Die Zivilprozeßordnung für das Deutsche Reich, Band 1, Teilband 2, 3. Auflage, Berlin 1913 (zitiert: Förster/ Kann).

Johann Frank: Anspruchsmehrheiten im Streitwertrecht, Köln u. a. 1985 (zitiert: Frank, Anspruchsmehrheiten).

Hans Friedhelm Gaul: Zur Frage nach dem Zweck des Zivilprozesses, AcP 168 (1968), S. 27-62.

L. Gaupp: Die Zivilprozeßordnung für das Deutsche Reich, Erster Band, 2. Auflage, Freiburg 1890 (zitiert: Gaupp).

Wilhelm Gerold/ Herbert Schmidt Rechtsanwaltsvergütungsgesetz, 20. Auflage, München 2012 (zitiert: Gerold/Schmidt/Bearbeiter, RVG).

Apostolos Georgiades: Die Anspruchskonkurrenz im Zivilrecht und Zivilprozeßrecht, München 1968 (zitiert: Georgiades, Anspruchskonkurrenz).

Walter Göttlich/ Alfred Mümmler Rechtsanwaltsvergütungsgesetz, Kommentar in alphabetischer Zusammenstellung, 4. Auflage, Köln 2012 (zitiert: Göttlich/Mümmler/Bearbeiter, RVG).

James Goldschmidt: Zivilprozeßrecht, 2. Auflage, Berlin 1932 (zitiert: Goldschmidt, Zivilprozeßrecht).

James Goldschmidt: Der Prozeß als Rechtslage. Eine Kritik des prozessualen Denkens, Berlin 1925 (zitiert: Goldschmidt, Rechtslage).

Peter Gottwald: Grundprobleme der Beweislastverteilung Jura 1980, S. 225-236.

Peter Gottwald: siehe auch *Rosenberg/Schwab/Gottwald*: Zivilprozessrecht und *Krüger/Rauscher*: Münchener Kommentar zur Zivilprozessordnung.

Helmut Graf: Feststellungsklage und Verjährungsunterbrechung, Regensburg 1989 (zitiert: Graf, Feststellungsklage).

Reinhard Greger: siehe *Zöller*: Zivilprozessordnung.

Wolfgang Grunsky: Grundlagen des Verfahrensrechts, 2. Auflage, Bielefeld 1974 (zitiert: Grunsky, Grundlagen).

Wolfgang Grunsky: Zivilprozessrecht, 13. Auflage, München 2008 (zitiert: Grunsky, Zivilprozeßrecht).

Edgar J. Habscheid: Rechtsverhältnis und Feststellungsinteresse. Zur Rechtsdogmatik und Rechtsvergleichung sowie zu aktuellen Fragen der allgemeinen Feststellungsklage (§ 256 ZPO), ZZP 112 (1999), S. 37-59.

Walther J. Habscheid: Der Streitgegenstand im Zivilprozeß, Bielefeld 1956 (zitiert: Habscheid, Streitgegenstand).

Walther J. Habscheid: Probleme der Teilklage. Rechtsnatur und Zulässigkeit – Umfang der Rechtskraft, FamRZ 1962, S. 352-355.

Ludwig Häsemeyer: Die sogenannte „Prozeßaufrechnung" – eine dogmatische Fehlakzentuierung, in: Festschrift für Friedrich Weber zum 70. Geburtstag am 19. Mai 1975, Berlin – New York 1975, S. 215-236 (zitiert: Häsemeyer, FS Weber).

Ludwig Häsemeyer: Drittinteressen im Zivilprozeß, ZZP 101 (1988), S. 385-412.

Johannes Hager: Die Zulässigkeit der Zwischenfeststellungsklage, KTS 54 (1993), S. 39-51.

Carl Hahn: Die gesammten Materialien zu den Reichs-Justizgesetzen, Band II: Die gesammten Materialien zur CPO, Berlin 1880 (zitiert: Hahn, Materialien II).

Carl Hahn/ Benno Mugdan: Die gesammten Materialien zu den Reichs-Justizgesetzen, Band V: Materialien zum Gesetz über die Zwangsversteigerung und die Zwangsverwaltung und zur Grundbuchordnung, Berlin 1897 (zitiert: Hahn/ Mugdan, Materialien V).

Peter Hartmann: Kostengesetze, 42. Auflage, München 2012 (zitiert: Hartmann, GKG).

August Wilhelm Heffter: System des römischen und deutschen Civil-Proceßrechts, 2. Auflage, Bonn 1843 (zitiert: Heffter, System).

Christian Heinrich: Der gewillkürte Parteiwechsel, München 1990 (zitiert: Heinrich, Parteiwechsel).

Samuel Hellmann: Lehrbuch des Deutschen Zivilprozeßrechts, München 1886 (zitiert: Hellmann, Lehrbuch).

Konrad Hellwig: Anspruch und Klagrecht, Jena 1900 (zitiert: Hellwig, Anspruch).

Konrad Hellwig: Klagrecht und Klagmöglichkeit. Eine Auseinandersetzung über die Grundfragen des heutigen Civilprozeßrechts, Leipzig 1905 (zitiert: Hellwig, Klagmöglichkeit).

Konrad Hellwig: Lehrbuch des deutschen Zivilprozeßrechts, Band 3, 1. Abteilung, Lehre von der Klage, Leipzig 1909 (zitiert: Hellwig, Lehrbuch III).

Konrad Hellwig: System des deutschen Zivilprozeßrechts, Teil 1, Ordentliches Verfahren, ausschließlich besondere Prozeßarten und Zwangsvollstreckung, Leipzig 1912 (zitiert: Hellwig, System I).

Wolfram Henckel: Parteilehre und Streitgegenstand im Zivilprozeß, Heidelberg 1961 (zitiert: Henckel, Parteilehre).

Wolfram Henckel: Prozeßrecht und materielles Recht, Göttingen 1970 (zitiert: Henckel, Prozeßrecht).

Walter Herbst: Die Bedeutung des Rechtsschutzanspruchs für die moderne Zivilprozeßrechtslehre, Bonn 1973 (zitiert: Herbst, Rechtsschutzanspruch).

Ulrich Herrmann: Die Grundstruktur der Rechtshängigkeit, Köln u. a. 1988 (zitiert: Herrmann, Rechtshängigkeit).

Herzog: Zur Lehre von der Rechtskraft der Urtheile nach § 293 der Reichs-Civilprozessordnung, ZZP 1 (1879), S. 416-431.

Moon-Hyuck Ho: Zum Anspruchsbegriff bei der Feststellungsklage, Pfaffenweiler 1987 (zitiert: Ho, Anspruchsbegriff).

Michael Huber: Aus der Praxis: Zwischenfeststellungswiderklage bei offener Teilklage und Sachantrag, JuS 2003, S. 490.

Oskar Huber: Streitgegenstand, Klagänderung, Rechtskraft bei der Feststellungsklage, Bruchsal 1932 (zitiert: O. Huber, Streitgegenstand).

Walter Immerwahr: Actio praejudicialis und Feststellungsklage, Berlin 1894 (zitiert: Immerwahr, Actio praejudicialis).

Matthias Jacobs: Der Gegenstand des Feststellungsverfahrens, Tübingen 2005 (zitiert: Jacobs, Feststellungsverfahren).

Othmar Jauernig: Das fehlerhafte Zivilurteil, Frankfurt a. M. 1958 (zitiert: Jauernig, Zivilurteil).

Othmar Jauernig: Teilurteil und Teilklage, in: 50 Jahre Bundesgerichtshof, Festgabe aus der Wissenschaft, Band III, München 2000, S. 311-336 (zitiert: Jauernig, FG BGH III).

Othmar Jauernig: Warum keine Verbindung von Prozeß- und Sachabweisung, JZ 1955, S. 235-237.

Othmar Jauernig: Zivilprozessrecht, 29. Auflage, München 2007 (zitiert: Jauernig, Zivilprozessrecht).

Othmar Jauernig/ Burkhard Hess: Zivilprozessrecht, 30. Auflage, München 2011 (zitiert: Jauernig/Hess).

Martin Jonas: in: *Ludwig Gaupp/Friedrich Stein/Martin Jonas*: Kommentar zur Zivilprozeßordnung, Erster Band, 15. Auflage, Tübingen 1934 (zitiert: Gaupp/Stein/Jonas).

Rolf L. Jox: Die Bindung an Gerichtsentscheidungen über präjudizielle Rechtsverhältnisse, Köln u. a. 1991 (zitiert: Jox, Bindung).

Horst Kadel: Zur Geschichte und Dogmengeschichte der Feststellungsklage nach § 256 der Zivilprozeßordnung, Köln-Berlin 1967 (zitiert: Kadel, Feststellungsklage).

Erwin Kaupert: Die Rechtsnatur der Aufrechnung im Prozeß, Nürnberg 1964 (zitiert: Kaupert, Aufrechnung).

Konstantin D. Kerameus: Die Rechtskraftwirkung der Entscheidungsgründe nach gemeinem und partikularem Recht, AcP 167 (1967), S. 241-267.

Hildebert Kirchner/ Cornelie Butz: Abkürzungsverzeichnis der Rechtssprache, 6. Auflage, Berlin 2008 (zitiert: Kirchner/Butz, Abkürzungsverzeichnis).

Wilhelm Kisch: Das Feststellungsurteil. Deutsche Landesreferate zum Internationalen Kongreß für Rechtsvergleichung im Haag 1932, Sonderheft des sechsten Jahrgangs der Zeitschrift für ausländisches und internationales Privatrecht, Berlin und Leipzig 1932, S. 45-54 (zitiert: Kisch, Feststellungsurteil).

Otto Rudolf Kissel/ Herbert Mayer: Gerichtsverfassungsgesetz, 6. Auflage, München 2010 (zitiert: Kissel/Mayer).

Peter Klöppel: Die Einrede der Rechtskraft nach der deutschen Civilprozess-Ordnung, Berlin 1982 (zitiert: Klöppel, Rechtskraft).

Horst Konzen: Rechtsverhältnisse zwischen Prozeßparteien, Berlin 1976 (zitiert: Konzen, Rechtsverhältnisse).

Ferdinand O. Kopp/ Wolf-Rüdiger Schenke: Verwaltungsgerichtsordnung, Kommentar, 18. Auflage, München 2012 (zitiert: Kopp/Schenke).

Walter Krantz/ Franz Triebel: in: *Sydow/Busch*: Zivilprozeßordnung mit Gerichtsverfassungsgesetz, Erster Band, 21. Auflage, Berlin – Leipzig 1935 (zitiert: Sydow/Busch/Krantz/Triebel).

Wilhelm Kroll: Klage und Einrede nach Deutschem Recht, Berlin 1884 (zitiert: Kroll, Klage).

Wolfgang Krüger/ Thomas Rauscher (Hrsg.): Münchener Kommentar zur Zivilprozessordnung, Band 1 (§§ 1-354), 4. Auflage, München 2013 (zitiert: MünchKomm ZPO/Bearbeiter[4]).

Wolfgang Krüger/ Thomas Rauscher (Hrsg.): Münchener Kommentar zur Zivilprozessordnung, Band 2 (§§ 355-1024), 4. Auflage, München 2012 (zitiert: MünchKomm ZPO/Bearbeiter[4]).

Horst Kuschmann: Die materielle Rechtskraft bei verdeckten Teilklagen, in: Festschrift für Gerhard Schiedermair zum 70. Geburtstag, München 1976, S. 351-376 (zitiert: Kuschmann, FS Schiedermair).

Paul Langheineken: Der Urteilsspruch – Ein Beitrag zur Lehre vom Klagerecht, Leipzig 1899 (zitiert: Langheineken, Urteilsspruch).

Friedrich Lappe: Die Entwicklung des Gerichts- und Notarkostenrechts im Jahr 2005, NJW 2006, S. 270-276.

Karl Larenz: Allgemeiner Teil des deutschen Bürgerlichen Rechts, 7. Auflage, München 1989 (zitiert: Larenz, Allgemeiner Teil).

Karl Larenz: Methodenlehre der Rechtswissenschaft, 6. Auflage, Berlin 1991 (zitiert: Larenz, Methodenlehre).

Dieter Leipold: Teilklagen und Rechtskraft, in: Festschrift für Albrecht Zeuner zum 70. Geburtstag, Tübingen 1994, S. 431-450 (zitiert: Leipold, FS Zeuner).

Dieter Leipold: Wirksamer Ehrenschutz durch gerichtliche Feststellung von Tatsachen, ZZP 84 (1971), S. 150-162.

Dieter Leipold: siehe auch *Stein/Jonas*: Kommentar zur Zivilprozessordnung.

Franz Leonhard: Die Beweislast, Berlin 1904 (zitiert: Leonhard, Beweislast).

Richard Loening: Die Widerklage im Reichs-Civilprozeß, ZZP 4 (1882), S. 1-190.

Oleg de Lousanoff: Zur Zulässigkeit des Teilurteils gem. § 301 ZPO, Berlin 1979 (zitiert: de Lousanoff, Teilurteil).

Gerhard Lüke/ *Peter Wax* (Hrsg.): Münchener Kommentar zur Zivilprozeßordnung, Band 1 (§§ 1-354), 2. Auflage, München 2000, (zitiert: MünchKomm ZPO/Bearbeiter[2]).

Gerhard Lüke: Zur Klage auf Feststellung von Rechtsverhältnissen mit oder zwischen Dritten, in: Festschrift für Wolfram Henckel zum 70. Geburtstag, Berlin 1995, S. 567-578 (zitiert: G. Lüke, FS Henckel).

Wolfgang Lüke: Die Beteiligung Dritter im Zivilprozeß, Tübingen 1993 (zitiert: W. Lüke, Beteiligung Dritter).

Wolfgang Lüke: Zivilprozessrecht, 9. Auflage, München 2006 (zitiert: W. Lüke, Zivilprozessrecht).

Theodor Maunz/ Günter Dürig (Begr.): Grundgesetz, Band 2 (Art. 6-15), München, Stand: April 2012 (zitiert: Maunz/Dürig/Bearbeiter).

Hans-Jochem Mayer/ Ludwig Kroiß: Rechtsanwaltsvergütungsgesetz mit Streitwertkommentar und Tabellen, 5. Auflage, Baden-Baden 2012 (zitiert: Mayer/Kroiß, RVG).

Christoph von Mettenheim: Der Grundsatz der Prozeßökonomie im Zivilprozeß, Berlin 1970 (zitiert: v. Mettenheim, Prozeßökonomie).

Karl E. Meyer: Der Streitwert der Zwischenfeststellungsklage, JR 1955, S. 253-254.

Dieter Meyer: GKG/FamGKG, 13. Auflage, Berlin-Boston 2012 (zitiert: Meyer, GKG).

Karl Michaelis: Der materielle Gehalt des rechtlichen Interesses bei der Feststellungsklage und bei der gewillkürten Prozeßstandschaft, in: Festschrift für Karl Larenz zum 80. Geburtstag, München 1983, S. 443-486 (zitiert: Michaelis, FS Larenz II).

Ingo Mittenzwei: Die Aussetzung des Prozesses zur Klärung von Vorfragen, Berlin 1971 (zitiert: Mittenzwei, Aussetzung).

Gabriele Moser: Die Zulässigkeitsvoraussetzungen der Feststellungsklage unter besonderer Berücksichtigung erbrechtlicher Streitigkeiten zu Lebzeiten des Erblassers, Nürnberg 1981 (zitiert: Moser, Zulässigkeitsvoraussetzungen).

Hans-Joachim Musielak: Der rechtskräftig entschiedene Lebenssachverhalt, NJW 2000, S. 3593-3599.

Hans-Joachim Musielak: Grundlagen der Beweislast im Zivilprozeß, Berlin – New York 1975 (zitiert: Musielak, Beweislast).

Hans-Joachim Musielak: Grundkurs ZPO, 11. Auflage, München 2012 (zitiert: Musielak, Grundkurs).

Hans-Joachim Musielak: Kommentar zur Zivilprozessordnung, 9. Auflage, München 2012, (zitiert: Musielak/Bearbeiter).

Hans-Joachim Musielak: Rechtskraftprobleme bei Nachforderungsklagen, in: Festschrift für Ekkehard Schumann zum 70. Geburtstag, Tübingen 2002, S. 295-309 (zitiert: Musielak, FS Schumann).

Hans-Joachim Musielak: Zum Teilurteil im Zivilprozeß, in: Verfahrensrecht am Ausgang des 20. Jahrhunderts, Festschrift für Gerhard Lüke zum 70. Geburtstag, München 1997, S. 561-583 (zitiert: Musielak, FS G. Lüke).

Hans-Joachim Musielak/ Max Stadler: Grundfragen des Beweisrechts: Beweisaufnahme – Beweiswürdigung – Beweislast, München 1984 (zitiert: Musielak/Stadler, Grundfragen).

Eugen Muskat: Der Rechtsschutz des Beklagten gegen Theilklagen, ZZP 12 (1888), S. 335-349.

Theodor Muther: Die Diffamationsklage, in: Jahrbuch des gemeinen deutschen Rechts, Band 2, 1858, S. 53-196 (zitiert: Muther, Diffamationsklage).

Julius Neussel: Anspruch und Rechtsverhältnis, Mainz 1952 (zitiert: Neussel, Anspruch).

Arthur Nikisch: Zivilprozeßrecht, 2. Auflage, Tübingen 1952 (zitiert: Nikisch, Zivilprozeßrecht).

Uwe Niklas: Die Klägeraufrechnung, MDR 1987, S. 96-100.

Rainer Oberheim: Die Reform des Zivilprozesses, Neuwied – Kriftel 2001 (zitiert: Oberheim, Reform).

Paul Oertmann: Die Inzidentfeststellungsklage, ZZP 22 (1896), S. 11-78.

Sebastian Otto: Die subjektiven Grenzen der Rechtshängigkeitssperre im deutschen und europäischen Zivilprozessrecht, Berlin 2007 (zitiert: Otto, Rechtshängigkeitssperre).

Max Pagenstecher: Die Einrede der Rechtskraft im Aufwertungsprozeß im Lichte der Judikatur des Reichsgerichts, Mannheim 1925 (zitiert: Pagenstecher, Einrede).

Max Pagenstecher: Zur Lehre von der materiellen Rechtskraft, Berlin 1905 (zitiert: Pagenstecher, Rechtskraft).

Otto Palandt (Begr.): Bürgerliches Gesetzbuch, Kommentar, 72. Auflage, München 2013 (zitiert: Palandt/Bearbeiter).

Hans-Martin Pawlowski: Die „Berühmung“ als unerlaubte Handlung, BB 1965, S. 849-851.

Frank Peters: Die Entscheidungen bei der Stufenklage, ZZP 111 (1998), S. 67-75.

Julius Wilhelm Planck: Lehrbuch des Deutschen Civilprozessrechts, Band I, Nördlingen 1887 (zitiert: Planck, Lehrbuch I).

Julius Wilhelm Planck: Lehrbuch des Deutschen Civilprozessrechts, Band II, München 1896 (zitiert: Planck, Lehrbuch II).

Julius Wilhelm Planck: Über die historische Methode auf dem Gebiet des dt. Civilprozeßrechts (1889) (zitiert: Planck, Methode).

Rudolf Pohle: Erstreckung der Rechtskraft auf nicht vorbehaltene Nachforderungen des siegreichen Klägers?, ZZP 77 (1964), S. 98-115.

Rudolf Pohle: Zur Lehre vom Rechtsschutzbedürfnis, in: Festschrift für Friedrich Lent zum 75. Geburtstag am 6. 1. 1957, München – Berlin 1957, S. 195-235 (zitiert: Pohle, FS Lent).

P. Posener: Grundriss des gesamten deutschen Rechts, Band 9, Reichszivilprozess, 2. Auflage, Berlin 1905 (zitiert: Posener, Grundriss).

Hanns Prütting: Gegenwartsprobleme der Beweislast, München 1983 (zitiert: Prütting, Beweislast).

Thomas Rauscher/ Peter Wax/ Joachim Wenzel (Hrsg.): Münchener Kommentar zur Zivilprozessordnung, Band 3 (§§ 946-1086; EGZPO, GVG, EGGVG, UklaG, IZPR), 3. Auflage, München 2008 (zitiert: MünchKomm ZPO/ Bearbeiter[3]).

Thomas Rauscher/ Peter Wax/ Joachim Wenzel (Hrsg.): Münchener Kommentar zur Zivilprozessordnung, Band 4 Gesetz über das Verfahren in Familiensachen und in den Angelegenheiten der freiwilligen Gerichtsbarkeit, 3. Auflage, München 2010 (zitiert: MünchKomm ZPO/Bearbeiter[3]).

Otto L. Reincke: Die Deutsche Civilprozeßordnung, 2. Auflage, Berlin 1893 (zitiert: Reincke).

Klaus Reischl: Die objektiven Grenzen der Rechtskraft im Zivilprozeß, Tübingen 2002 (zitiert: Reischl, Rechtskraft).

Ernst Remele: in: *Julius Petersen*: Die Civilprozessordnung für das Deutsche Reich, Band 1, 5. Auflage, Lahr 1904 (zitiert: Petersen/Remele).

Bruno Rimmelspacher: Zur Bedeutung des § 33 ZPO, in: Verfahrensrecht am Ausgang des 20. Jahrhunderts, Festschrift für Gerhard Lüke zum 70. Geburtstag, München 1997, S. 655-674 (zitiert: Rimmelspacher, FS G. Lüke).

Bruno Rimmelspacher: Materiellrechtlicher Anspruch und Streitgegenstandsprobleme im Zivilprozeß, Göttingen 1970 (zitiert: Rimmelspacher, Anspruch).

C. Rocholl: Die Feststellungsklage im heutigen Klagensysteme, ZZP 22 (1885), S. 329-417.

Klaus F. Röhl: Allgemeine Rechtslehre, 3. Auflage, Köln u. a. 2008 (zitiert Röhl, Rechtslehre).

Leo Rosenberg: Die Beweislast. Auf der Grundlage des Bürgerlichen Gesetzbuches und der Zivilprozeßordnung, 5. Auflage, München 1965 (zitiert: Rosenberg, Beweislast).

Leo Rosenberg/ Karl Heinz Schwab/ Peter Gottwald: Zivilprozessrecht, 16. Auflage, München 2004 (zitiert: Rosenberg/Schwab/Gottwald^{16}).

Leo Rosenberg/ Karl Heinz Schwab/ Peter Gottwald: Zivilprozessrecht, 17. Auflage, München 2010 (zitiert: Rosenberg/Schwab/Gottwald^{17}).

Herbert Roth: Die Einrede des Bürgerlichen Rechts, München 1988 (zitiert: Roth, Einrede).

Herbert Roth: siehe auch *Stein/Jonas*: Kommentar zur Zivilprozessordnung.

Helmut Rüßmann/ Christine Eckstein-Puhl: Prozeßtaktik mit rechtlichen Tücken, JuS 1998, S. 441-445.

Friedrich Carl von Savigny: System des heutigen römischen Rechts, Band V, Berlin 1841 (zitiert: v. Savigny, System V).

Friedrich Carl von Savigny: System des heutigen Römischen Rechts, Band VI, Berlin 1847 (zitiert: v. Savigny, System VI).

Kurt Schellhammer: Zivilprozess, 14. Auflage, Heidelberg 2012 (zitiert: Schellhammer, Zivilprozess).

Michael Scherer: Grundlagen des Kostenrechts – Rechtsanwaltsvergütungsgesetz RVG, 14. Auflage, Rinteln 2011 (zitiert: Scherer, RVG).

Eberhard Schilken: Zivilprozessrecht, 6. Auflage, München 2010 (zitiert: Schilken, Zivilprozessrecht).

Eberhard Schilken: Anmerkung zum Urteil des Bundesgerichtshofes – III ZR 53/90 – vom 28. 2. 1991, ZZP 105 (1992), S. 88-92.

Eike Schmidt: Die Prozeßaufrechnung im Spannungsfeld von Widerklage und prozessualer Einrede, ZZP 87 (1974), S. 29-49.

Egon Schneider: Die Zulässigkeit der Zwischenfeststellungs(wider)klage, MDR 1973, S. 270-272.

Egon Schneider/ Kurt Herget: Streitwert-Kommentar für den Zivilprozess in ABC-Form, 13. Auflage, Köln 2011 (zitiert: Schneider/Herget, Streitwert).

Adolf Schönke/ Kurt Kuchinke: Zivilprozeßrecht, 9. Auflage, Heidelberg 1969 (zitiert: Schönke/Kuchinke, Zivilprozeßrecht).

Friedrich Schollmeyer: Der Zwischenstreit unter den Parteien, I. Abtheilung, Berlin 1880 (zitiert: Schollmeyer, Zwischenstreit).

Friedrich Schollmeyer: Die Compensationseinrede im deutschen Reichs-Civilprozeß, Berlin-Leipzig 1884 (zitiert: Schollmeyer, Compensationseinrede).

Klaus Schreiber: Die Aufrechnung im Prozeß, in: 50 Jahre Bundesgerichtshof, Festgabe aus der Wissenschaft, Band III, München 2000, S. 227-252 (zitiert: Schreiber, FG BGH III).

Ekkehard Schumann: Anspruchsmehrheiten im Streitwertrecht, NJW 1982, S. 2800-2803.

Ekkehard Schumann: Die materiellrechtsfreundliche Auslegung des Prozeßgesetzes, in: Festschrift für Karl Larenz zum 80. Geburtstag, München 1983, S. 571-604 (zitiert: Schumann, FS Larenz II).

Ekkehard Schumann: Die Prozeßermächtigung (die gewillkürte Prozeßstandschaft) und der Rechtsschutz des Beklagten, in: Festschrift für Hans-Joachim Musielak zum 70. Geburtstag, München 2004, S. 457-492 (zitiert: Schumann, FS Musielak).

Ekkehard Schumann: Die Prozeßökonomie als rechtsethisches Prinzip, in: Festschrift für Karl Larenz zum 70. Geburtstag, München 1973, S. 271-287 (zitiert: Schumann, FS Larenz I).

Ekkehard Schumann: Die Relativität des Begriffes der Rechtshängigkeit. Zugleich ein Beitrag zu § 1933 und § 2077 BGB, in: Verfahrensrecht am Ausgang des 20. Jahrhunderts, Festschrift für Gerhard Lüke zum 70. Geburtstag, München 1997, S. 767-792 (zitiert: Schumann, FS G. Lüke).

Ekkehard Schumann: Die ZPO-Klausur. Eine Anleitung zur Lösung von Fällen aus dem Erkenntnisverfahren und der Zwangsvollstreckung – Hinweise zur Bearbeitung der Hauptprobleme des Zivilprozessrechts, 3. Auflage, München 2006 (zitiert: Schumann, ZPO-Klausur).

Ekkehard Schumann: Die Zwischenfeststellungsklage als Institut zwischen Prozeßrecht und materiellem Recht, in: Festschrift für Apostolos Georgiades zum 70. Geburtstag, Athen 2006, S. 543-576 (zitiert: Schumann, FS Georgiades).

Ekkehard Schumann: Fehlurteil und Rechtskraft. Eine dogmengeschichtliche Auseinandersetzung mit den Leugnern des Fehlurteils, in: Festschrift für Eduard Bötticher zum 70. Geburtstag, Berlin 1969, S. 289-320 (zitiert: Schumann, FS Bötticher).

Ekkehard Schumann: Grundsätze des Streitwertrechts, NJW 1982, S. 1257-1263.

Ekkehard Schumann: Sachabweisung ohne Prüfung des Feststellungsinteresses, in: Gedächtnisschrift für Emmanuel Michelakis, Athen 1972, S. 553-584 (zitiert: Schumann, GS Michelakis).

Ekkehard Schumann: Verfassungs- und Menschenrechtsbeschwerde gegen richterliche Entscheidungen, München 1963 (zitiert: Schumann, Verfassungs- und Menschenrechtsbeschwerde).

Ekkehard Schumann: „Kein Bedürfnis für das Rechtsschutzbedürfnis" – Zur Fragwürdigkeit des Rechtsschutzbedürfnisses als allgemeiner Prozeßvoraussetzung, in: Festschrift für Hans W. Fasching, Wien 1988, S. 439-449 (zitiert: Schumann, FS Fasching).

Ekkehard Schumann: siehe auch *Stein/Jonas*: Kommentar zur Zivilprozeßordnung.

Karl Heinz Schwab: Der Streitgegenstand im Zivilprozeß, München und Berlin 1954 (zitiert: Schwab, Streitgegenstand).

Karl Heinz Schwab: Rechtskrafterstreckung auf Dritte und Drittwirkung der Rechtskraft, ZZP 77 (1964), S. 124-160.

Maximilian Seibl: Die Beweislast bei Kollisionsnormen, Tübingen 2009 (zitiert: Seibl, Beweislast).

Max Seidel: Die Feststellungsklage im Civil- und Verwaltungsprozeß, Göttingen 1893 (zitiert: Seidel, Feststellungsklage).

Lothar von Seuffert: Kommentar zur Civilprozeßordnung für das Deutsche Reich, 7. Auflage, München 1895 (zitiert: v. Seuffert).

Lothar von Seuffert/ Hans Walsmann: Kommentar zur Zivilprozeßordnung, Band 1, 12. Auflage, München 1932 (zitiert: Seuffert/Walsmann).

Eduard Siebenhaar: Kommentar zur Deutschen Civilprozeßordnung, Leipzig 1877 (zitiert: Siebenhaar).

Wilhelm Simshäuser: Zur Entwicklung des Verhältnisses von materiellem Recht und Prozeßrecht seit Savigny, Bielefeld 1965 (zitiert: Simshäuser, Entwicklung).

Rudolph Sohm/ Ludwig Mitteis/ Leopold Wenger: Institutionen. Geschichte und System des Römischen Privatrechts, 17. Auflage, Berlin 1949 (zitiert: Sohm/ Mitteis/Wenger, Institutionen).

Julius v. Staudinger (Begr.): Kommentar zum Bürgerlichen Gesetzbuch, Buch 3, Sachenrecht (§§ 883-902), 14. Auflage, Berlin 2008 (zitiert: Staudinger/Bearbeiter).

Julius v. Staudinger (Begr.): Kommentar zum Bürgerlichen Gesetzbuch, Buch 3, Sachenrecht (§§ 985-1011), 14. Auflage, Berlin 2013 (zitiert: Staudinger/Bearbeiter).

Friedrich Stein: Der Urkunden- und Wechselprozess, Leipzig 1887 (zitiert: Stein, Urkundenprozeß).

Friedrich Stein/ Martin Jonas (Begr.):
– Kommentar zur Zivilprozeßordnung, Erster Band (§§ 1-252), 20. Auflage, Tübingen 1984 (zitiert: Stein/Jonas/Bearbeiter[20]).

– Kommentar zur Zivilprozeßordnung, Band 3 (§§ 253-299a), 21. Auflage, Tübingen 1997 (zitiert: Stein/Jonas/Bearbeiter[21]).
– Kommentar zur Zivilprozessordnung, Band 1 (Einleitung §§ 1-40), 22. Auflage, Tübingen 2003 (zitiert: Stein/Jonas/Bearbeiter[22]).
– Kommentar zur Zivilprozessordnung, Band 3 (§§ 128-252), 22. Auflage, Tübingen 2005 (zitiert: Stein/Jonas/Bearbeiter[22]).
– Kommentar zur Zivilprozessordnung, Band 4 (§§ 253-327), 22. Auflage, Tübingen 2008 (zitiert: Stein/Jonas/Bearbeiter[22]).

Anja Steinhauer/ Josef Werlin: Duden, Wörterbuch der Abkürzungen, 5. Auflage, Mannheim u. a. 2005 (zitiert: Steinhauer/Werlin, Duden-Abkürzungen).

Hans Stoll: Typen der Feststellungsklage aus der Sicht des bürgerlichen Rechts, in: Festschrift für Eduard Bötticher zum 70. Geburtstag, Berlin 1969, S. 341-368 (zitiert: Stoll, FS Bötticher).

Johannes Struckmann/ Richard Koch: Die Civilprozeßordnung für das Deutsche Reich, 5. Auflage, Berlin-Leipzig 1887 (zitiert: Struckmann/ Koch).

Sydow/Busch (Begr.): Zivilprozeßordnung mit Gerichtsverfassungsgesetz, Erster Band, 21. Auflage, Berlin – Leipzig 1935 (zitiert: Sydow/Busch/Krantz/Triebel).

Klaus Tiedtke: Das unzulässige Zwischenurteil, ZZP 89 (1976), S. 64-79.

Heinz Thomas/ Hans Putzo/ Rainer Hüßtege/ Klaus Reichold/ Christian Seiler: Zivilprozessordnung, 33. Auflage, München 2012 (zitiert: Thomas/Putzo/Bearbeiter).

Andreas von Tuhr: Der Allgemeine Teil des Deutschen Bürgerlichen Rechts, Band I, Allgemeine Lehren und Personenrecht, Leipzig 1910 (zitiert: v. Tuhr, Allgemeiner Teil).

Christoph Trzaskalik: Die Rechtsschutzzone der Feststellungsklage im Zivil- und Verwaltungsprozeß, Berlin 1978 (zitiert: Trzaskalik, Rechtsschutzzone).

Joseph Unger: System des österreichischen allgemeinen Privatrechts, Band 2, 5. Auflage, Leipzig 1892 (zitiert: Unger, System).

Max Vollkommer: siehe *Zöller*: Zivilprozessordnung.

Dennis Oliver Vorsmann: Die arbeitsgerichtliche Feststellung als Mittel individuellen Rechtsschutzes, Berlin 2005 (zitiert: Vorsmann, Arbeitsgerichtliche Feststellung).

Adolf Wach: Das Prinzip des gewillkürten Gerichtsstandes, AcP 62 (1879), S. 373-404.

Adolf Wach: Der Feststellungsanspruch. Ein Beitrag zur Lehre vom Rechtsschutzanspruch, Neudruck der Originalausgabe von 1888, Innsbruck 2007 (zitiert: Wach, Feststellungsanspruch).

Adolf Wach: Handbuch des Deutschen Zivilprozeßrechts, Band 1, Leipzig 1885 (zitiert: Wach, Handbuch).

Jakob Weismann: Die Feststellungsklage, Bonn 1879 (zitiert: Weismann, Feststellungsklage).

Jakob Weismann: Hauptintervention, Leipzig 1884 (zitiert: Weismann, Hauptintervention).

Otto Wendt: Die Beweislast bei der negativen Feststellungsklage, AcP 70 (1886), S. 1-41.

Holger Wendtland: Die Verbindung von Haupt- und Hilfsantrag im Zivilprozeß, Berlin u. a. 2001 (zitiert: Wendtland, Haupt- und Hilfsantrag).

Albert Westerburg: Besprechung von Louis Freiherr von Bülow, Die Civilprozeßordnung und ihre Nebengesetze, 2. Auflage 1882, Gruchot 26 (1882), S. 450-455.

Georg Wilhelm Wetzell: System des ordentlichen Civilprocesses, 2. Auflage, Leipzig 1865 (zitiert: Wetzell, System).

Bernhard Wieczorek: Zivilprozeßordnung und Nebengesetze, Band 2 (§§ 253-510c), 2. Auflage, Berlin – New York 1976 (zitiert: Wieczorek^2).

Bernhard Wieczorek/ Rolf A. Schütze: Zivilprozessordnung und Nebengesetze, Band 2, Teilband 2 (§§ 253-299a), 3. Auflage, Berlin – New York 2008 (zitiert: Wieczorek/Schütze/Bearbeiter^3).

G. von Wilmowski/ M. Levy: Civilprozeßordnung und Gerichtsverfassungsgesetz für das Deutsche Reich nebst den Einführungsgesetzen, Band I, 4. Auflage, Berlin 1886 (zitiert: Wilmowski/ Levy).

Bernhard Windscheid: Die Actio des römischen Civilrechts vom Standpunkt des heutigen Rechts, Düseldorf 1856 (zitiert: Windscheid, Actio).

Bernhard Windscheid: Lehrbuch des Pandektenrechts, 4. Auflage, Band I, Düsseldorf 1875 (zitiert: Windscheid, Pandektenrecht I^4).

Bernhard Windscheid/ Theodor Kipp: Lehrbuch des Pandektenrechts, 8. Auflage, Band I, Frankfurt am Main 1900 (zitiert: Windscheid/Kipp, Pandektenrecht I^8).

Walter Zeiss: Zivilprozeßrecht, 9. Auflage, Tübingen 1997 (zitiert: Zeiss, Zivilprozeßrecht).

Albrecht Zeuner: Die objektiven Grenzen der Rechtskraft im Rahmen rechtlicher Sinnzusammenhänge, Tübingen 1959 (zitiert: Zeuner, Sinnzusammenhänge).

Albrecht Zeuner: Überlegungen zum Begriff des Rechtsverhältnisses i. S. von § 256 ZPO, in: Festschrift für Ekkehard Schumann zum 70. Geburtstag, Tübingen 2001, S. 595-611 (zitiert: Zeuner, FS Schumann).

Albrecht Zeuner: Zur Bemessung der Rechtskraft in Fällen der Aufrechnung – BGHZ 89, 349, JuS 1987, S. 354-358.

Ernst Zitelmann: Rechtskraft bei Theilforderungen, ZZP 8 (1885), S. 254-284.

Richard Zöller (Begr.): Zivilprozessordnung, 29. Auflage, Köln 2012 (zitiert: Zöller/Bearbeiter).

Walter Zumstein: Die Feststellungsklage. Ein Beitrag zur Theorie des Klagerechts, Bern 1916 (zitiert: Zumstein, Feststellungsklage).

Schriften zum Verfahrensrecht

Herausgegeben von Jens Adolphsen, Peter Gottwald und Ulrich Haas

Band 1 Matthias Rauscher: Die neue Berufung in Zivilsachen. 2002.

Band 2 Jörn-Christian Schulze: Grenzen der objektiven Schiedsfähigkeit im Rahmen des § 1030 ZPO. Eine Betrachtung des Rechts der Schiedsfähigkeit nach der Schiedsverfahrensrechtsform. 2003.

Band 3 Roman Rodloff: Das vereinfachte Verfahren zur Festsetzung von Kindesunterhalt nach §§ 654 ff. ZPO. Zugleich ein Beitrag zur Unterhaltsannexklage nach § 653 ZPO und zum vereinfachten Abänderungsverfahren nach § 656 ZPO. 2003.

Band 4 Helia-Verena Daubach: Kammer oder Einzelrichter? Ist die Kammer ein Qualitätselement des Zivilprozesses? 2003.

Band 5 Thomas Gemmeke: Beweisverwertungsverbote im arbeitsgerichtlichen Verfahren. 2003.

Band 6 Wolfgang Kreißig: Der Sportverein in Krise und Insolvenz. 2004.

Band 7 Alexander M. Krämer: Leasingverträge in der Insolvenz. 2005.

Band 8 Timo Christian Walther: Das Verfahren bei Masseunzulänglichkeit nach den §§ 208 ff. InsO. 2005.

Band 9 Henning Müller: Die Lebensversicherung in der Zwangsvollstreckung. 2005.

Band 10 Oliver Hilsbos: Die Mitwirkungspflicht von Personenstandsbehörden in Nachlassverfahren. 2006.

Band 11 Matthias Holla: Der Einsatz von Schiedsgerichten im organisierten Sport. 2006.

Band 12 Matthias Hofmann: Die Eigenverwaltung in der Insolvenz. Darstellung eines Rechtsinstituts unter besonderer Berücksichtigung der Gesellschaftsinsolvenz. 2006.

Band 13 Christian Schindler: Rechtskraft und Innenbindung von Beschlüssen nach der ZPO-Reform. 2006.

Band 14 Carola Reimann-Dittrich: Die Finanzierungsfolgenverantwortung des Gesellschafters. 2006.

Band 15 Viktoria Kress: Internationale Zuständigkeit für elterliche Verantwortung in der Europäischen Union. Das neue europäische Familienverfahrensrecht in Fragen der elterlichen Verantwortung im Kontext der Haager Abkommen. 2006.

Band 16 Frank Martin Herget: Die internationale Zuständigkeit im Electronic Commerce in der Europäischen Union. 2006.

Band 17 Cornelia Drenckhahn: Urkundsvorlagepflichten im Zivilprozess und im arbeitsgerichtlichen Verfahren nach der ZPO-Reform unter besonderer Berücksichtigung der Neufassung des § 142 ZPO. 2007.

Band 18 Walter Boeckh: Beschwerde und Rechtsbeschwerde im Zivilverfahren. 2007.

Band 19 Gökçe Nazar Uzar: Rechtsmittel gegen Schiedssprüche nach dem neuen deutschen und türkischen Schiedsverfahrensrecht. 2007.

Band 20 Christa Kraemer: Eigenkapitalersatz und Insolvenz. Klassische und moderne Fallgruppen. 2007.

Band 21 Martin Beckmann: Statutarische Schiedsklauseln im deutschen Recht und internationalen Kontext. 2008.

Band 22 Ulf Pechartscheck: Entgeltansprüche aus Altersteilzeitarbeit in der Arbeitgeberinsolvenz. Analyse gegenwärtiger Sicherungsmodelle in Deutschland. 2008.

Band 23 Thomas Baumann: Patentstreitigkeiten vor Schiedsgerichten. Eine rechtsvergleichende Betrachtung ausgewählter Probleme nach deutschem und schweizerischem Recht. 2008.

Band 24 Désirée Cimmino: Das UNCITRAL-Modellgesetz über internationale ADR-Verfahren in Wirtschaftsstreitigkeiten. 2008.

Band 25 Ralf Burkhard: Der Einfluss der Schuldrechtsreform auf von § 103 InsO erfasste Kaufverträge. 2010.

Band 26 Stefan Roßkopf: Die Aufrechnung im deutschen und englischen Insolvenzrecht. Eine rechtsvergleichende Untersuchung. 2008.

Band 27 Thomas Rothammer: Die insolvenzrechtliche Restschuldbefreiung – Probleme und Lösungen. 2008.

Band 28 Franziska Schmalenberg: Anerkennung von Patenten in Europa. 2009.

Band 29 Michael Schaumann: Reform des Eigenkapitalersatzrechts im System der Gesellschafterhaftung. Unter Berücksichtigung der Änderungen durch das MoMiG. 2009.

Band 30 Hengliang Shen: Das Absonderungsrecht in der Insolvenz. Erfahrungen aus Deutschland und die Praxis in China. 2009.

Band 31 Alexander Panier: Der Grundsatz der Schadenseinheit. 2009.

Band 32 Ming-Sheng Liu: Die richterliche Hinweispflicht. Dogmatik und Rechtskultur. 2009.

Band 33 Lothar Czaja: Umsetzung der Kooperationsvorgaben durch die Europäische Insolvenzverordnung im deutschen Insolvenzverfahren. 2009.

Band 34 Stefanie Reiche: Die prozessualen Folgen eines Betriebsübergangs nach § 613a BGB. 2009.

Band 35 Christoph Stieber: Der gesicherte Geld- und Warenkredit in der Insolvenz. Das Insolvenzverwalterwahlrecht nach § 103 InsO und dessen Wirkungen auf die Sicherungsübereignung und den Eigentumsvorbehalt. 2009.

Band 36 Miguel Teixeira de Sousa: Die Zulässigkeitsprüfung im Zivilprozess. 2010.

Band 37 Michael Schulze: Das Besteuerungsverfahren der Personengesellschaft bei Insolvenz. 2010.

Band 38 Ulrich Hönle: Die deliktische Grundanknüpfung im IPR und IZVR. Auswirkungen der Kollisionsrechtsvereinheitlichung auf europäischer Ebene. 2011.

Band 39 Hilke Schapp: Die Präklusion von Gestaltungsrechten nach § 767 Abs. 2 ZPO. Eine kritische Untersuchung der Rechtsprechung unter besonderer Berücksichtigung der Rechtskraft und der materiellen Rechtslage. 2011.

Band 40 Moritz Büchele: Eingriff in Gesellschafterrechte im Insolvenzplan. 2011.

Band 41 Markus Wimmer: Unternehmenssanierung mittels Transfergesellschaften. 2011.

Band 42 Christoffer Bortz: Urheberrechtliche Lizenzen in nationaler und internationaler Insolvenz. 2012.

Band 43 Martin Wigand: Verzicht, Vergleich und sonstige Haftungsbeschränkungen im Gesellschaftsrecht. 2012.

Band 44 Michael Schick: Die Zwischenfeststellungsklage des § 256 Abs. 2 ZPO. 2013.

www.peterlang.de

www.ingramcontent.com/pod-product-compliance
Ingram Content Group UK Ltd.
Pitfield, Milton Keynes, MK11 3LW, UK
UKHW021838290926
8980IPUK00004B/526

9 783631 605714